멘토링으로 성장하는 법

Mentoring Handbook

| 하워드 헨드릭스 · 윌리엄 헨드릭스 지음 |
| 전의우 옮김 |

요단

철이 철을 날카롭게 하는것 같이(개정판)
멘토링으로 성장하는 법

2004년 2월 15일 · 제 1 판 1쇄 발행
2019년 2월 15일 · 개정판 5쇄 발행

지은이 | 하워드 헨드릭스 · 윌리엄 헨드릭스
옮긴이 | 전의우
펴낸이 | 이요섭
펴낸곳 | 요단출판사
　　　　07238 서울특별시 영등포구 국회대로 76길 10

기　획 | (02)2643-9155
영　업 | (02)2643-7290~1 FAX (02)2643-1877
등　록 | 1973. 8. 23. 제13-10호

편집기획 | 강성모
제　작 | 박태훈
영　업 | 김승훈 김창윤 이대성 정준용 이영은
구입문의 | 인터넷서점 유세근
　　　　　요단인터넷서점 www.jordanbook.com

ⓒ 요단출판사 2004

값 14,000원
ISBN 978-89-350-0777-6 03230

이 책의 한국어판 저작권은 요단출판사가 소유하고 있습니다.
출판사의 사전 승인 없이 책의 내용이나 표지 등을 복제, 인용할 수 없습니다.

Copyright ⓒ1995 by Howard G. Hendricks and William D. Hendricks
Published by Moody Press
Korean Edition Copyright ⓒ 1996 by Jordan Press.

As Iron Sharpens Iron

*Building Character
In a Mentoring Relationship*

Howard & William Hendricks

하워드와 빌 헨드릭스 부자는 오늘날 미국에서 가장 필요로 하는 책을 집필하였다. 「멘토링으로 성장하는 법」은 헨드릭스 교수가 필생을 다해서 연구한 고전에 속한다.
이 책은 통찰력, 감동, 용기를 불어넣어 주는 격려가 넘친다.
이 책에는 더할 것도 뺄 것도 없다.
또 엄청난 정보가 가득하다.

지그 지글러 / 「정상에서 만납시다」의 저자

헨드릭스 박사는 나의 절친한 친구이다.
그의 가르침에는 대단한 위트와 날카로운 지성이 겸비되어 있다.
하워드와 그의 아들 빌은 오늘날 그리스도인들이
절실하게 필요로 하는 메시지를 이 책에 담고 있다.
우리의 인생길에는 멘토가 필요하다.
이 책은 또한 우리가 다른 사람들의 멘토가 되어야 한다고 말한다.
이 책을 적극적으로 추천하는 바이다.

래리 버케트 / 크리스천 경제 모임 설립자

이 책은 성경적 원리와 찬란한 개인 체험이 잘 어우러진 작품이다.
이 책은 당신을 매혹시킬 것이고, 당신을 가르칠 것이며, 하나님이 원하시는 일에 참여하는 데 흥미마저 느끼게 할 것이다.
멘토링에 참여하는 당신은
성숙과 봉사의 길로 들어서게 될 것이다.

워렌 위어스비 / 저자 및 설교자

나는 하워드 교수를 사랑하고 존경해마지 않는다.
나는 이 분과 40년 동안이나 교제해 왔다.
리더십과 멘토링에 대한 강의에서
그는 타의 추종을 불허한다. 멘토링은 많은 사람들이
놓치고 관심을 기울이지 않지만 매우 중요한 문제이다.
그의 지혜와 통찰력은 우리의 생각을 뛰어넘는다.
나는 모든 열정을 가지고 이 책을 추천한다.
이 책은 당신을 그대로 두지 않을 것이다.

빌 브라이트 / 대학생선교회 총재

멘토링은 선택이 아니라 필수이다.
헨드릭스 박사는 이 문제에 대해서 심오한 통찰력과
실제적인 가르침을 준다.
이 책에서 얻은 정보와 지식은 당신의 삶에서
결정적인 역할을 할 것이다.

토니 에반스 / 저자 및 설교자

멘토링 문제에 관한 한 헨드릭스 박사보다
더 적절한 사람은 생각할 수 없다.
그는 아들 빌의 도움으로 이 분야에서 최고의 걸작을 만들어냈다.
"모든 사람들이여, 이 책을 사서 읽으십시오" 하고 소리치고 싶을 지경이다.
이 책을 만난 후 당신은 변화되지 않을 수 없을 것이다.

조셉 스토웰 / 무디바이블학교 교장

Contents

서 문 • 8

1

멘토링 관계를 원하는 사람들을 위해

제1장   멘토에게 지목받는 사람이 돼라 • 15
제2장   "나는 너를 믿는다" • 27
제3장   당신의 필요를 발견하라 • 51
제4장   멘토가 찾는 것 • 71
제5장   멘토의 특징 • 91
제6장   어떻게 멘토를 찾을 것인가? • 113
제7장   첫단계 • 131
제8장   성장전략들 • 151
제9장   주의: 사람들은 공사중! • 171
제10장 책임지기 • 189

2 기꺼이 멘토로 봉사하려는 사람들을 위해

제11장 멘토가 되라는 부르심 • 205
제12장 왜 멘토가 되어야 하는가? • 225
제13장 멘토는 어떤 일을 하는가? • 243
제14장 제자는 어떻게 찾는가? • 261
제15장 당신도 할 수 있다! • 281
제16장 함께 배우고 성장하는 길 • 303
제17장 피해야 할 문제와 함정 • 329
제18장 길이 남을 유산 남기기 • 347

부록 교회에서 멘토링 프로그램을 시행하는 방법

멘토링 관계 형성을 위한 실천단계 • 369
주(註) • 415

서문

책은 본래 저자와 독자의 대화이다. 따라서 이 책의 저자인 우리들은 독자와의 대화를 시작하기 전에 먼저 중요한 정보를 서로 나누려 한다. 이것은 독자들이 이 책의 다른 내용을 충분히 이해하는 데 도움이 될 것이기 때문이다.

첫째, 당신은 이 책이 두 부분으로 되어 있음을 알게 될 것이다. 이것은 멘토링, 즉 멘토와 제자(자주 protege라 불린다) 사이의 관계이기 때문이다. 우리는 일상생활에서 기꺼이 멘토가 되려는 사람보다 멘토를 찾고 있는 사람이 훨씬 더 많음을 보게 된다.

따라서 1부에서는 멘토링을 원하는 제자에 대해 다룰 것이다. 그리고 멘토를 통해 얻을 수 있는 유익들, 멘토를 찾는 방법, 멘토와의 관계를 지속하는 방법 그리고 멘토와의 상호 관계에서 최대 유익을 얻을 수 있는 방법 등을 살펴볼 것이다.

2부에서는 멘토의 관점에서 멘토링을 살펴볼 것이다. 어떤 면에서는, 멘토가 이 관계의 중심이다. 따라서 우리는 어떤 사람이 멘토이고, 멘토가 무엇을 행하는지 살펴볼 것이다.

그런 다음 우리는 사람들에게 멘토의 역할을 행하도록 도전을 줄 것이다. 그리고 1부에서처럼, 멘토링이 어떻게 이뤄지는지 살펴볼 것이다. 그러나 우리는 멘토가 최대의 성장과 유익을 얻어내려고 제자들과 보내는 시간을 어떻게 '구성할' 수 있는지를 살펴보는 데에도 상당한 시간을 할애할 것이다.

이 책 어느 곳이든 당신에게 필요하다고 생각되는 부분을 먼저 읽어도 좋다. 그러나 멘토링의 다른 면들을 어느 정도 이해할 수 있도록 다른 부분들도 빠짐없이 읽도록 하라.

또한 본문 뒤에 첨가된 '멘토링 관계 형성을 위한 실천단계' 부분도 꼭 읽어보라. 무디출판사에서 일하고 있는 우리의 좋은 친구 짐 벨이 준비한 이 계획서는 당신이 멘토링 관계를 발전시키는 데 있어 당신의 목표들을 평가하고 충족시키는 데 도움이 될 것이다.

본서에서, 우리는 이론적이기보다는 실제적인 것, 즉 '왜'가 아니라 '어떻게'를 강조하려 했다. 왜냐하면 실제로 이 책은 이 주제에 대한 입문서에 불과하지만 우리가 이 책을 쓴 목적은 사람들로 하여금 멘토링 과정에 참여하게 하는 것이기 때문이다. 우리의 목표는 수백 명 아니 수천 명의 독자들이 이 책을 읽고 멘토링 관계를 발전시키는 모습을 보는 것이다. 우리는 멘토링 관계와 관련된 이론적 기초들과 경험적 연구가 모두 중요하다는 점을 인정한다. 사실 우리는 이미 또 다른 책을 준비하고 있으며, 그 책에서는 이러한 문제들을 다루려 한다. 그러나 이 책의 핵심은 사람들로 하여금 실제로 서로서로 생명력 있는 관계를 갖게 하는 것이다.

이것은 우리를 또 다른 핵심으로 이끈다. 이 책 「멘토링으로 성장하는 법」은 특별히 남성을 위한 책이다. 왜냐하면 필자가 이 책을 준비한 것은 1995년 남성들의 필요와 문제들을 다루는 "약속을 지키는 사람들의 모임"(Promise Keepers)의 정기모임에서 발표하기 위해서였기 때문이다.

물론 멘토링은 남성뿐만 아니라 여성에게도 유익을 가져다줄 수 있는 과정이다. 그러므로 우리가 이 책의 논의를 남성에게 맞춘다고 해서 여성을 완전히 배제하는 것은 아니다. 여기에 주어진 모든 개념과 원리들은 여성에게도 똑같이 적용될 수 있다. 그리고 몇몇 분명한 경우들을 제외하고, 여성 독자들은 이 책의 '남성'(사람)이란 단어를 '여성'으로 바꿀 수 있으며, 그렇게 하더라도 우리가 말하고자 하는 내용이 바뀌지 않을 것이다.

어떤 독자들, 특히 그리스도인이 된 지 얼마 안되는 사람들은 '멘토링'을 '제자훈련'을 가리키는 막연한 단어라고 생각할 수 있다. 이 둘이 서로 관계가 있으며 공통된 부분도 다소 있다는 것은 분명하다. 그러나 이 둘이 정확하게 같은 것은 아니다(286쪽 "멘토링과 제자훈련"을 보라). 멘토링은 또한 개인의 영적 생활, 즉 기도, 성경 읽기, 교회일 참여, 다른 신앙생활에 국한되지 않는다. 앞으로 살펴보겠지만 멘토들의 영향력은 제자의 개인적 신앙생활을 훨씬 넘어 삶의 전 영역에 미친다.

독자들이 이 책을 가능한 한 쉽게 이해할 수 있도록 우리는 실화를 예로 많이 들었다. 이 이야기들 대부분은 멘토링에 대한 자료와 우리의 개인적인 경험에서 추려 낸 것들이다. 몇몇 경우들에서, 우리는 등장하는 사람들의 사생활을 보호하기 위해 이름과 상황을 적절하게 바꾸었다.

마지막으로, 여기에서 당신이 듣는 목소리는 하워드라는 같은 이름을 가진 두 사람의 목소리이지만 일인칭('내가' '나를' '나의' 등)으로 기록된다는 데 유념하기 바란다. 이런 형식으로 글을 쓰는 것은 한편으로는 복수보다 단수로 글을 쓰는 것이 훨씬 더 쉽기 때문이다. 다른 한편으로는 하워드(아버지)가 이 주제를 40년 이상 가르치고 실천해 왔기 때문이다. 그러나 멘토링의 가치에 대한 우리의 믿음을 공유할 수 있도록 두 명의 저자, 우연히도 아버지와 아들이 이 글을 썼다는 사실을 기억하기 바란다.

1

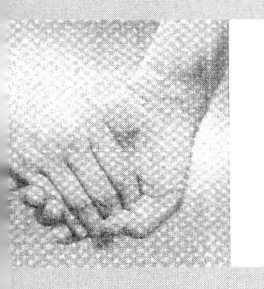

멘토링 관계를 원하는
사람들을 위해

제1장

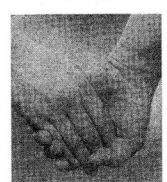

멘토에게 지목받는 사람이 돼라

한 가지 질문으로 이 글을 시작하도록 하자. "지금의 당신이 있도록 당신을 도와준 사람은 누구인가?" 당신을 지목하고, 당신에게 중요한 영향을 미쳤으며, 당신 삶에 영원히 남을 인상을 심어준 사람들을 말하는 것이다. 이들은 중요한 순간에 당신이 가야 할 길을 가르쳐준 사람들이다. 이들은 오늘날 당신이 과거를 돌아보면서 "그 사람의 도움이 없었다면 지금 내가 이 자리에 결코 있을 수 없을 거야"라고 말할 수 있는 사람들이다.

당신은 분명히 부모님 중 한 분 또는 두 분 모두를 먼저 떠올릴 것이다. 아버지는 항상 지혜의 말씀으로 당신을 인도하시고 사랑과 희생의 본을 보여주셨을 것이다. 또 어머니는 당신이 어려울 때 더 강한 믿음과 성품으로 당신의 길을 인도해 주셨을 것이다.

그러나 내가 우선 염두에 두고 있는 것은 가정 밖에 있는 사람들이다. 말하자면, 선생님, 젊은 목회자, 이웃 어른, 교회의 어떤 분일 수 있다. 이들은 당신의 개인적 상황에 가족과 같은 관심을 보이지는 않지만, 그들의 삶에 당신을 초대하여 당신 삶에서 지워지지 않을 흔적을 남긴 사람들이다.

여기에 꼭 맞는 사람이 있는가? 그렇다면, 당신은 과거를 돌이켜 봄으로써 이러한 관계가 얼마나 깊고 지속적인 유익을 만들어낼 수 있는가를 알 수 있을 것이다. 그러나 그런 사람이 없더라도, 나는 이러한 관계에서 얻는 유익은 비할 데 없이 중요하다는 것을 자신있게 말할 수 있다. 내 경우, 나는 하나님께서 내 삶을 바꾸시려고 전략적으로 사용하신 내게 강한 영향을 미친 사람들을 여러 명 기억할 수 있다. 그 중 첫번째 사람은 월트(Walt)였다. 월트가 없었다면, 나는 결코 예수 그리스도의 제자가 될 수 없었을 것이다.

나는 아버지가 없는 가정에서 태어났다. 내가 태어나기 전에 부모님은 이혼했다. 그리고 두 분 모두 나의 영적 상태에는 관심을 갖지 않으셨다. 더 솔직히 말하자면, 내가 살든 죽든 지옥에 가든 아무 관심이 없었다.

그러나 월트는 관심이 있었다. 그는 내가 살던 동네의 작은 교회에 다니고 있었는데, 그 교회는 동네에 예수를 전하려는 열정으로 가득 차 있었다.

"구슬치기 할래?"

월트는 나처럼 아홉 살이나 열 살쯤 되는 아이들에게 복음을 전하는 데 열심이었다. 나는 그를 처음 만난 토요일 아침을 결코 잊지 못한다. 나는 필라델피아의 어느 길거리에서 쭈그리고 앉아 구슬치기를 하고 있었다. 그 때 갑자기 어떤 사람이 내 앞에 나타났다. 나는 그를 올려다보았다. 그는 키가 무려 190센티미터나 되는 데다 생긴 것은 꼭 강도 같았다. 나는 입이 딱 벌어졌다.

"이봐 꼬마야, 교회학교에 가보고 싶지 않니?" 그가 물었다. 이것은 내게 달갑지 않은 물음이었다. '학교'라는 말이 들어가면 무엇이든 기분 나쁜 말이었기 때문이다. 그래서 나는 머리를 흔들었다.

그러자 월트가 "구슬치기 하고 싶니?" 하고 무릎을 굽히면서 물었다. 내게 먹혀들 수 있는 말을 하고 있는 것이었다! "물론이죠!" 나는 대답했다. 그리고 재빨리 게임을 할 수 있도록 구슬을 놓았다. 나는 동네에서 최고 구슬치기 선수였다. 따라서 나는 이 도전자의 코를 납작하게 해줄 수 있을 것이라고 생각했다. 하지만 그가 매번 나를 이겼다면 믿겠는가! 사실, 그는 내 구슬을 모두 따버렸다. 그 과정에서, 그는 내 마음까지 따버렸다. 나는 그 날 구슬만 아니라 자존심도 잃고 말았다. 그러나 나는 더 중요한 것을 얻었다. 그것은 나를 돌봐주는 한 사람과의 우정이었다. 덩치도 크고, 나이도 훨씬 많은 사람이 무릎을 꿇고 나와 구슬치기를 했다. 말 그대로 내 수준까지 낮아졌던 것이다. 그 때부터, 나는 월트가 있는 곳이라면 어디든 가고 싶었다.

다른 사람을 돌보는 데 박사 학위가 필요한가?

그 후 여러 해 동안 월트는 영원히 잊혀지지 않으리만큼 내 삶에 깊이 파고들었다. 그는 매번 나와 다른 아이들을 교회학교 하이킹에 데려갔다. 나는 그 때를 결코 잊지 못한다. 그는 심장이 좋지 않았다. 하지만 우리는 그것을 조금도 생각하지 않고 함께 온 숲을 뛰어다니곤 했다.

그러나 그는 조금도 싫어하지 않았다. 왜냐하면 그것은 그가 원하는 바였기 때문이다. 사실 그는 내게 무조건적 사랑을 베푼 첫 번째 사람이었다.

또한 그는 아주 성실한 사람이었다. 내가 기억하기로 그가 교회학교 공과공부시간에 준비 없이 나타난 적은 한번도 없었다. 뿐만 아니라 그는 이 부분에 대해서 거의 교육을 받지 못했음에도 불구하고 세상에서 가장 지혜로운 교사였다. 그는 금형 일에 종사하였는데, 정말 열심히 일했고, 창조적이기까지 했다. 그는 우리를 배움의 길로 끌어낼 수 있는 방법들을 찾아냈다. 이것들은 나의 교육 형태에도 지속적인 영향을 미쳤다.

무엇보다도 월트는 내게 있어서 성육하신 그리스도였다. 그리고 나뿐만 아니라 우리 동네의 다른 열세 명의 아이들에게도 그러했다. 이들 중 아홉은 나처럼 결손 가정에서 자라난 아이들이었다. 놀랍게도 우리 중 열한 명은 나중에 목회자가 되었다. 월트 자신은 겨우 초등학교밖에 나오지 못했다는 사실에 비추어 볼 때, 이것은 놀라운 일이었다. 다른 사람을 성숙한 인간으로 키우는 일에 하나님의 쓰임을 받는 데는 박사 학위가 필요없다!

설교자와 그의 제자

다른 한편으로, 하나님께서는 어떤 사람에게는 입을 열 때마다 사람들에게 유익을 끼치는 은사를 주기도 하신다. 이것은 설교의 은사이다. 도널드 그레이 반하우스(Donald Grey Barnhouse)는 내게 이러한 영향을 끼친 분이며, 특히 목회를 시작할 때 큰 영향을 끼쳤다. 반하우스 박사는 오랫동안 필라델피아 제10장로교회에서 목회를 했다. 그분은 탁월한 설교자요 심오한 성경해석자였다. 그분은 자주 "여러분이 하나님을 얼마나 크게 생각하느냐에 따라 여러분의 믿음의 크기가 좌우됩니다"라고 말했다. 그분 자신이 하나님을 아주 크게 생각했다. 그러니까 그분은 내가 말할 수 있는 가장 큰 믿음의 소유자였다. 구세주에 대한 그분의 고귀한 생각은, 내가 받은 가장 큰 유산이었다.

또한 그분은 대화의 귀중함도 깨우쳐주었다. 그분은 설명의 대가였다. 그러므로 그분은 깊은 영적 진리를 묘사하기 위해 일상적인 경험에서 놀라운 비유를 끌어낼 수 있었다. 나도 그분처럼 그렇게 할 수 있기를 얼마나 소원했는지 모른다. 그래서 어느 날 그분에게 어떻게 하면 그렇게 할 수 있는지 가르쳐달라고 했다. 그분의 대답은 아주 간단했다. "자네는 거기에 따르는 대가를 기꺼이 치르려 하지 않을 걸세!"

"아닙니다. 기꺼이 치르겠습니다." 나는 고집을 부렸다.

"그래, 그렇다면 자네 앞에 있는 이 책상 위에서 무엇이든 골라 그것의 쓰임새를 찾아보게." 그분은 그렇게 말하고는 신을 신고 떠나버리셨다. 그 후 몇 시간 동안 나는 쭈그리고 앉아 내 앞에 놓인 세상 것들에서 한 가지 유익한 원리를 찾으려고 마음먹었다. 오늘날까지, 나는 여전히 이러한 훈련을 하고 있다.

그분의 또 다른 장점은 질문과 대답 시간을 갖는 것이었다. 그분은 강연이 끝난 후, 질문이 있는 사람은 누구든 자기 방으로 찾아와

도 좋다고 했다. 질문은 어려울수록 좋았다. 나는 그분이 한 사람 한 사람을 다루는 모습을 보고 놀랐으며, 기쁘기까지 했다. 그분의 이야기를 듣는 청중의 반응에서 그분의 교육방법의 가치를 발견할 수 있었다. 사실 나는 한 사람의 대화자로서 내 일을 할 때, 그분의 방법을 사용한다.

내가 다른 방법으로 이러한 교훈들을 얻을 수 있을까? 누가 알겠는가? 중요한 것은 하나님께서 중요한 순간에, 즉 내가 목회를 막 시작하려는 순간에 반하우스 박사를 보내주셨다는 것이다. 사실대로 말한다면, 그분은 지금의 내가 있도록 나를 도와주셨으며, 그분의 지도가 없었다면 내 삶은 지금과는 다른 방향으로 가고 있었을 것이다.

안내자 찾기

무엇이 사람들로 하여금 우리 삶에 깊은 영향을 미치게 할까? 그 무엇이 그들에게 있는 것일까? 우리에게 있는 것일까? 그렇지 않으면 양쪽 모두에게 있는 것일까? 이러한 관계는 어떤 시간, 어떤 장소에서 우연히 형성되는 것인가? 그렇지 않으면 이러한 관계를 형성하기 위해 의도적인 조치를 취할 수 있는가? 요즘 나는 어디를 가든 젊은이와 나이 든 사람 할 것 없이 모두들 자신에게 이러한 질문들을 던지는 것을 본다. 이들은 이런 문제로 고민한다. '어디 가서 나보다 좀더 지혜롭고 경험이 많아, 내 인생 항해에서 나를 기꺼이 도와줄 수 있는 사람을 찾을 수 있을까?'

예를 들면 다음과 같다.

- 버팔로의 한 소년이 그 지역 폭력서클에 가입하라는 압력을 거세게 받으면서도 이를 물리치려고 애쓰고 있다. 아버지는 오래 전에 돌아가셨고, 형은 감옥에 있다. 그래서 어머니께서 가족을 부양한다. 이 아이는 아주 지혜로우며 옳은 일을 하고 싶어한다. 그러나 그는 겁이 난다. 그는 용기와 실제적인 조언을 해줄 수 있는 나이 든 남자가 있었으면 하고 생각한다.

- 보스턴의 한 대학생이 경영학과 경제학을 복수 전공하고 있다. 졸업 후에는 미국 회사에서 일하고 싶어한다. 그러나 그는 그리스도를 위해 자신의 삶을 드리고 싶어한다. 그래서 이런 어려움을 알고 직업 선택에 조언을 해주며 직장을 알선해 주고, 믿음과 하루 하루의 일을 연결할 수 있는 실질적인 방법을 가르쳐줄 수 있는 사업가를 찾고 있다.

- 애틀랜타에 대릴 헬드(Daryl Heald)라는 한 젊은 지도자가 캐피탈 그룹(Capital Group)을 이끌고 있다. 이 단체는 자신들의 모든 삶에서 하나님을 경외하는 법을 배우고자 헌신된, 400명이 넘는 20대와 30대 젊은이들로 구성된 단체이다. 지난 3년 동안 대릴은 얼마나 많은 회원들이 정기적으로 연장자들을 만나 조언과 격려를 받고 기도를 부탁하는지를 알아보기 위해 전 회원을 대상으로 두 번에 걸쳐 설문조사를 했다. 가장 최근의 조사에 의하면, 단지 2퍼센트만 그렇게 한다고 대답했다. 그러나 나머지 98퍼센트도 하나같이 그런 관계를 갖고 싶다고 말했다.

- 베이비 붐 세대로 알려진 거대한 인구군이 요즘 들어 50대로

21

접어들기 시작했다. 이것은 수십만, 궁극적으로는 수백만의 사람들이 예견할 수 있는 일련의 질문을 던지기 시작할 것임을 의미한다. 내가 무엇을 성취했는가? 내 삶은 어느 정도의 가치가 있었는가? 어느 정도의 성공이면 충분한가? 나는 어떤 의미 있는 일을 했는가? 나는 무엇에 관심을 쏟고 있는가? 지금 직장을 그만두면 무엇을 할 것인가? 나는 결국 어떤 모습으로 비춰질까? 나는 어떤 사람으로 기억될까?

전통적으로 사람들이 이와 같은 개인적 질문들을 던진다는 사실을 생각해 볼 때, 베이비 붐 세대의 대부분 남성들이 혼자 이러한 질문들을 던지고 대답할 것이다. 그러나 기회가 주어진다면, 많은 사람들이 이처럼 나이 든 분들의 조언을 듣기 위해 어떤 대가든 지불할 것이다.

첫 스승

우리는 어디를 가든지 안내자, 코치, 귀감, 사표(師表), 조언자를 찾는 사람들을 발견할 수 있을 것이다. 이들은 인생이 무엇인지 알고 있는 사람을 찾는다. 실제로 이들은 스승을 찾고 있다. 그리스의 장군 오디세이는 트로이 전쟁에 나갈 때 어린 아들 텔레마쿠스를 멘토에게 맡겼다. 트로이 전쟁은 10년이나 계속되었으며, 오디세이는 그 후 10년이 더 지난 후에야 집에 돌아올 수 있었다. 그가 집에 돌아왔을 때 소년 텔레마쿠스는 건장한 남성이 되어 있었다. 그리고 이것은 모두 멘토의 지혜로운 가르침 덕분이었다.

우리는 이 이야기에 기초해서, 어느 정도까지는 아버지의(아버지라는 말이 가지는 가장 좋은 의미에서)역할을 하며, 다른 사람에게 깊은 영향을 미치며, 그를 발전시키는 사람을 가리켜 멘토라고 말한다. 후에 우리는 '멘토'라는 용어를 더 자세하게 규명할 것이다.

이제 내가 처음에 던졌던 질문으로 돌아가보자. 지금의 당신이 있도록 도와준 사람은 누구인가? 다시 말해, 누가 당신의 멘토였는가? 그들은 당신의 삶에 어떤 기여를 했는가? 만일 당신이 이러한 사람들을 알지 못했다면 지금보다 얼마나 못한 사람이 되어 있겠는가?

멘토링은 필수!

사람들이 당신에게 미친 결정적인 영향을 생각해 보라. 그러면 당신은 오늘날 멘토와의 관계가 선택이 아니라 필수라는 것을 쉽게 알 수 있을 것이다. 멘토들은 우리의 내면을 관찰하고 우리가 어떤 사람이 되길 원하는가를 알아낸다. 그런 다음, 그들은 우리가 그런 사람이 될 수 있도록 도와준다.

멘토들은 최선을 다해 우리의 영혼을 보살핀다. 이들은 우리의 인격을 형성한다. 이들은 우리에게 완전한 사람, 온전한 사람이 될 것을 요구하며, 하나님의 은혜를 통해 거룩한 사람이 될 것을 요구한다. 성경은 이를 이렇게 표현한다. "철이 철을 날카롭게 하는 것같이 사람이 그 친구의 얼굴을 빛나게 하느니라"(잠 27:17). 당신은 다른 사람의 지혜나 인격이라는 숫돌에 갈려 날카롭게 된 적이 있는가?

물론 당신은 (대체로 크게 후회하면서) "내겐 멘토가 한 사람도 없었어. 내 기억에 나의 발전에 관심을 보인 사람은 한 사람도 없어"라고 말하는 사람들 가운데 속할 수도 있다. 요즘 이런 사람들이 점점 더 많아지고 있다.

정말 그렇다면, 이러한 모습은 지금 당신보다 당신의 후대에 더 심하게 나타날 것이다. 오늘날 각기 다른 세대가 과거처럼 서로 더불어 살지 못하는 것도 바로 이 때문이다. 그렇다 할지라도, 나는 누군가가 당신의 삶에 영향을 미치기에는 아직도 늦지 않았음을 보여줄 것이다. 멘토링은 나이 또는 경험의 많고 적음에 제한을 받지 않는다. 당신이 개인적 성장을 위해 기꺼이 가르침을 받고자 한다면, 당신은 멘토링을 가질 수 있는 우선적인 후보자이다.

당신이 시작할 수 있도록 도와주는 안내서

이 책은 당신이 이러한 과정을 시작할 수 있도록 도와주려는 목적에서 기록되었다. 내 아들 빌(Bill)과 나는 멘토란 무엇이며, 어디에서 멘토를 찾을 수 있고, 어떻게 멘토링을 발전시킬 수 있는가를 설명해 줄 것이다. 우리는 당신이 다른 사람의 전문적인 지식으로부터 유익을 얻을 수 있도록 실천적인 제안들을 할 것이다. 그리고 우리는 말하고 있는 내용을 분명히 하기 위해 실화를 예로 들 것이다.

2부에서는 다른 사람들을 위해 기꺼이 모범을 보이려는 사람, 즉 멘토에게 관점을 둘 것이다. 멘토링에서 자신이 가르치는 사람보다 많지는 않더라도 비슷한 정도의 유익을 얻는다. 이런 사실은 당신을 놀라게 할 것이다. 그리고 당신을 더욱 놀라게 할 일은 조만간에 다른 어떤 사람이 당신을 그의 삶의 멘토로 삼을 것이라는 것이다. 생각만 해도 벌써부터 가슴이 떨리지 않는가? 마음을 굳게 하라. 당신은 당신이 생각하는 것보다 훨씬 더 큰 자질을 갖춘 사람일 수 있다.

우리 목적은 분명하다. 그것은 할 수 있는 한, 많은 사람들을 하나님의 사람으로 생산하고, 재생산하는 생명력 있는 관계로 이끄는 것이다. 그러나 이러한 일을 시작하기 전에, 나는 왜 이러한 관계가 참으로 생명력이 있는가를 보여주고 싶다. 다시 말해, 나는 당신에게 이러한 관계들을 갖지 않고서는 남편, 아버지, 아들, 할아버지, 친구, 직장인, 시민, 하나님의 자녀로서 살 수 없음을 보여주고 싶다.

"마이애미 헤럴드"(Miami Herald)라는 신문의 칼럼니스트 레오나르드 핏츠(Leonard Pitts)는 "소년들뿐 아니라 어른들까지 만연되어 있는 수그러들 줄 모르는 야만성"에 대해 말한다. 나는 우리 가운데 많은 사람들이 개인적이며 영적인 성장을 순전히 자신에게만 의존해서 이루려 애쓰므로 이 야만성의 강을 혼자 힘으로 건너려 하는 것 같아 걱정이 된다. 다행히도, 하나님께서는 더 나은 길을 주셨다. 이제 다음 장에서 멘토링이 가져다주는 유익들을 살펴보도록 하자.

제2장

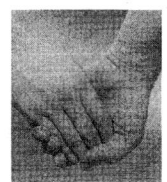

"나는 너를 믿는다"

멘토링의 가치는 관계의 가치에 따라 결정된다. 내게 당신의 가장 가까운 친구들을 보여달라. 그러면 당신이 어떤 사람이 될는지, 그리고 당신이 어떤 사람인지도 정확하게 말해 주겠다. 알다시피, 사람들은 서로 비비고 부대끼며 살아간다. 다시 말해, 이것은 '철이 철을 날카롭게 하는 것' 이다.

줄리어스는 10대 때 이 진리를 깨달았다. 그는 덴버의 어느 가난한 동네에서 사생아로 태어났다. 청소년이 되었을 즈음에는 문제아가 되어가고 있었다. 주변의 많은 아이들처럼, 줄리어스는 목적의식도 없고 화도 잘 내는 아이였다. 그리고 무엇보다도 삶의 의욕이 없었다.

줄리어스는 가게에서 돈이나 물건을 훔치고, 자동차를 훔치는 일로 소년원을 들락거렸다. 그러던 중 한 교도관이 그를 불러 세워놓고 이렇게 말했다. "줄리어스, 너는 내가 아는 것보다 훨씬 더 훌륭한 사람이야. 그리고 이곳은 네가 있을 곳이 아니야. 너는 네 삶에서 무엇인가를 개척할 수 있어. 하지만 네가 가고 있는 이 길은 아니야. 너에게 한 사람을 소개시켜 줄게. 그 사람은 네가 다시 이곳에 들어오지 않도록 너를 도와줄 거야. 어때, 그 사람과 함께 가서 그 사람이 시키는 대로 해 볼 생각 없니?"

온순한 곰

이렇게 해서 줄리어스는 제리를 만났다. 제리는 곰같이 덩치가 컸다. 하지만 그의 인생관은 단순했다. 제리는 자신의 인생관을 이렇게 피력했다. "예수께서는 네 형제를 사랑하라고 말씀하셨어. 하지만 내 형은 16세 때 강도질을 하다가 총에 맞아 죽었어. 그래서 나는 형제가 없어. 나는 누군가 다른 사람의 형제를 사랑하지 않으면 안돼."

이 인생관에 따라, 제리는 덴버의 거리를 샅샅이 뒤져 문제아들을 찾아냈다. 제리가 이러한 아이들과 사귀는 데는 세 가지 유리한 점이 있었다. 첫째는 그의 큰 덩치였다. 그의 큰 덩치는 위협적이지는 않더라도 과히 상대를 압도할 만했다. 둘째는 그가 대학시절 미식 축구 선수였다는 것이었다. 그가 축구를 그만둔 것은 부상 때문이었다. 그리고 셋째는 그의 끈질긴 성격이었다. 줄리어스가 제리에게 강한 매력을 느낀 것은 특히 그가 왕년의 미식 축구 선수였다는 사실 때문이었다.

"그는 어디를 가나 나와 함께 있었습니다. 하지만 저는 그렇게 고

분고분한 아이는 아니었습니다." 줄리어스는 어린시절을 회상하면서 이렇게 말했다. 줄리어스는 지금 견실한 가정을 꾸리고 장사를 하면서 성실히 살고 있다.

"제리가 저를 소년원에서 끌어낸 후 제일 먼저 한 일이 무엇인지 아십니까? 자기 전화번호를 주면서 꼭 외우라고 했습니다. 그리고 우리는 차 안에서 꼬박 한 시간을 보냈습니다. 그리고 나서 어디론가 갔습니다.

나는 그가 미쳤다고 생각했습니다. 그러나 나중에 생각해 보니, 제리는 누군가 나를 돌보고 있다는 사실을 깨닫게 해주고 있었습니다. 그는 언제나 내 부름에 달려올 준비가 되어 있었습니다. 그저 내가 전화만 하면 됐습니다. 그는 내게 낮이든 밤이든 상관없으니 언제든 전화하라고 했습니다.

한번은 이런 일이 있었습니다. 제가 버스에 앉아 잠이 들었습니다. 전날 밤 꼬박 밤을 세웠습니다. 어머니께서 일 나가시고 없는 사이 여동생이 밤새 아팠기 때문입니다. 저는 학교를 마친 후 제리가 구해 준 직장에 나갔습니다. 그런데 집으로 돌아오는 버스 안에서 그만 잠이 들고 말았던 것입니다. 깨어보니 사방이 조용했습니다. 일어나 주위를 둘러보았습니다. 버스 안은 어둡고 추웠습니다. 엔진은 이미 꺼져 있었습니다. 창 밖을 내다보니 주변에는 다른 버스들이 서 있었습니다. 그 때서야 저는 종점까지 와 버렸다는 것을 깨달았습니다. 운전사가 버스를 주차시켜 놓고 나를 깨워주지도 않고 그냥 내려버렸던 것입니다.

그래서 저는 버스 앞쪽으로 가서 문을 열었습니다. 막 버스에서 내리려 할 때, 갑자기 여러 개의 불빛이 저에게 쏟아졌습니다. 그리고 누군가가 외쳤습니다. '그 놈이 저기 있다!

그리곤 여러 명이 나를 버스에 밀치고는 쓰러뜨렸습니다. 그들은 경비원들과 교통 경찰관들이었습니다.

'도대체 무슨 일입니까?' 하고 제가 물었습니다. '도무지 영문을 모르겠습니다! 저는 자고 있었을 뿐입니다!'

'닥쳐!' 그들이 계속 말했습니다. '네가 무슨 짓을 했는지 다 알고 있어!'

나중에 안 일이지만 어떤 나쁜 녀석들이 그날 밤 그곳에 몰래 들어가 버스마다 스프레이로 장난을 쳐놓았던 것입니다. 제가 타고 있던 버스에도 말입니다. 제 생각으로는 교통 경찰관이 저도 그 녀석들과 한 패라고 생각했던 모양입니다. 그래서 그들이 저를 잡았던 것입니다. 저는 아무 짓도 하지 않았다고 애써 설명하려 했습니다. 그러나 그들은 제게 '닥쳐' 라고 소리를 질렀습니다."

투견 같은 끈질김

"경찰관이 저를 경찰서에 데려가려고 차를 기다리고 있을 때, 제가 한 경찰관에게 말했습니다. '제리 포머로이에게 전화 좀 해주십시오. 그러면 그가 제 무죄를 입증해 줄 것입니다.'

지금 생각해 보니, 그 때 그 경찰관은 제리라는 이름을 들어본 적이 있었던 것 같습니다. 그는 고개를 끄덕이더니 '좋아, 어디 한번 해보지' 라고 말하면서 전화를 걸러 갔습니다. 그리고 저는 제리가 나타나주기를 기도하기 시작했습니다.

얼마 안 있어 정말 제리가 나타났습니다. 경찰관들은 그와 이야기를 나누기 시작했고, 제리는 나에게 도대체 무슨 일이냐고 물었습니다. 나는 내가 아는 대로, 제가 종점까지 와서 잠이 깨어 버스에서 내리려 할 때 일어난 일을 말해 주었습니다. 경찰관 한 사람이 제게 이렇게 말했습니다. '이봐! 이 녀석, 너 무슨 짓 했어? 주차장에 세워 둔 버스마다 온통 페인트 자국뿐이고 주변에는 너 하나밖에 없었어! 그런데도 네가 잠을 자고 있었다는 것을 믿으란 말이냐?'

'그 버스 한번 봅시다' 하고 제리가 말했습니다. 그리고 저희들은 제가 타고 온 버스 쪽으로 갔습니다.

'경찰관 아저씨, 줄리어스를 발견한 것이 언제였습니까?' 제리가 물었습니다.

'이 녀석이 버스에서 막 내리려는 순간이었습니다. 이 녀석은 버스 안에 숨어 있었던 것 같습니다. 하지만 우리는 이 녀석이 일어나 앞쪽으로 걸어 나오는 것을 보았습니다. 그리고 이 녀석이 문을 열고 바깥으로 나왔습니다. 그 때 우리가 이 녀석을 붙잡았습니다.'

'그렇습니까? 그가 버스 안에 있었다면, 버스 바깥쪽에 있는 페인트 자국들을 어떻게 설명하시겠습니까?' 제리가 바깥쪽에 난 몇 줄의 페인트 자국을 가리키면서 물었습니다.

제리의 이 말에 기세가 등등하던 그들의 기세가 한풀 꺾였습니다. 내가 제리와 함께 있었고, 제리가 나를 변호해 주었기 때문에 그들은 나를 풀어주었습니다. 그 후, 제리가 나를 믿는다는 사실을 조금도 의심하지 않았습니다. 그뿐 아니라 저는 한 번도 제리의 말을 거역하지 않았습니다. 그는 언제나 제가 나쁜 짓을 하지 않았다는 것을 믿어주었습니다. 그는 언제나 나에게 이렇게 말해 주었습니다. '줄리어스, 하나님께서는 너를 나쁜 사람으로 만들지 않으셨다. 나쁜 짓은 네 자신이 선택한 것이다. 하나님께서는 너를 선하게 창조하셨다. 그러니까 너는 하나님께서 계획하신 대로 살아야 한다. 인

간답게 살아야 한다. 너는 하나님께서 원하시는 길을 가야 한다.'

여러분도 알다시피, 제가 제리에 대해 더 많이 알게 될 수록 제 삶이 달라질 수 있으며, 다른 사람들에게 해를 끼치는 일을 하지 않아도 된다는 것을 절실히 깨달았습니다. 제리는 제 삶이 망가지는 것을 그냥 두지 않으려는 큰형님 같은 분이었습니다. 제리는 저를 교회에 가게 했습니다. 이것은 정말 잘된 일이었습니다. 교회에 나가지 않았다면, 저는 주님을 만나지 못했을 것입니다. 제리는 또한 제가 학교에 남아 있도록 해주었습니다. 그래서 일자리를 얻을 수 있었습니다.

제리는 주말마다 저와 다른 아이들을 데리고 산이나 강으로 낚시며 캠핑을 떠났습니다. 지금 생각해 보면, 제가 그 때 다시 소년원에 들어가지 않을 수 있었던 중요한 이유는 제리를 따라 주말마다 도시를 벗어날 수 있었기 때문이었습니다. 제리는 제가 집에 있으면 또 무슨 사고를 저지를 것인지 알고 있었습니다. 그래서 제리는 이를 막기 위해 저와 다른 문제 친구들을 데리고 주말마다 도시를 벗어났던 것입니다. 제리는 상대방이 꼼짝 못하도록 물고 늘어지는 투견 같았습니다. 물론 좋은 의미에서 말입니다. 제리는 일단 어떤 사람을 사랑하겠다고 결심하면, 도무지 놓아주려 하지 않았습니다! 그는 그 사람을 놓아주려 하지 않았던 것입니다!"

남에게 인정받고 싶은 열망

이제 당신은 멘토링의 특별한 힘을 느낄 수 있는가? 이 관계는 한 인간의 삶을 변화시킬 수 있다. 예수께서 밤새도록 기도하신 후에

'그와 함께할' 열두 제자를 선택하신 것도 바로 이 때문이었다(막 3:13-14; 눅 6:12-13). 예수께서는 자신의 영향력이 그가 직접 뽑은 사람들을 통해 날마다 그들의 삶 속에 나타날 것임을 알고 계셨다. 다른 사람을 알게 되고, 그 사람에게 자신이 알려지는 것을 대신할 것은 아무것도 없다. 이런 일을 통하지 않고는 우리가 인간으로서 간절히 원하는 것을 달리 경험할 수 없다. 다시 말해, 우리는 다른 사람과의 관계를 통해서만 우리의 말을 전하고, 이해받으며, 확신받고, 우리의 가치를 인정받을 수 있다. 하나님께서는 우리 자신이 중요한 존재임을 생각하도록 하셨다. 하지만 너무나 많은 사람들이 자신이 받은 달란트를 알지 못하고 자신을 무시한다.

현대 기독교계에서 가장 유명한 설교자 중 한 사람을 들라면 "생명의 빛"이라는 라디오 방송을 맡고 있는 찰스 스윈돌을 들 수 있다. 그는 오랫동안 목회를 했으며, 지금은 그의 모교이자 내가 가르치고 있는 달라스 신학교 총장으로 있다. 나는 스윈돌이 학생이었던 때를 기억한다. 그를 처음 만났을 때부터 나는 "이 녀석은 승리자야!" 하는 생각이 들었다. 그는 마치 불도저 같은 사람이었다. 그는 언제나 강의실 맨 앞줄에 앉아서 강의를 들었다. 그의 질문은 특별히 날카로웠다. 그는 수업이 끝난 후 나를 찾아와 더 많은 질문으로 괴롭히곤 했다. 스윈돌의 미래가 밝을 것이라는 것은 너무나 분명했다. 적어도 내가 생각하기로는 분명했다. 스윈돌이 당신에게 직접 말하게 된다면, 그는 여러 해 동안 자신감 결여로 어려움을 당했다는 사실을 말할 것이다. 사실, 때때로 그는 목회를 그만두어야겠다는 생각까지 했었다. 하지만 목회를 계속할 수 있도록 그를 도와준 것 중 한 가지는 그와 나의 관계였다. 스윈돌은 말한다. "헨드릭스는 내가 나 자신을 믿을 수 없을 때에도 나를 믿어주었다!"

이것은 오늘날 남성들이 남에게 인정받고 싶은 열망으로 가득 차 있음을 보여주는 분명한 증거이다. 아무리 많은 재능을 가졌다 할지라도, 타인의 인정이 필요하다. 스윈돌이 하나님으로부터 목회사역의 은사를 받았다는 데 어떤 의심이 있었는가? 물론 그런 것은 아니었다. 그가 목회은사를 받은 것은 분명했다. 그럼에도 불구하고, 그에게 다가와 그를 한 사람의 인간으로 인정해 줄 수 있는 사람, 다시 말해 그가 한 사람의 인간임을 확인시켜 줄 수 있는 사람이 참으로 필요했다.

이것이 멘토의 역할이다. 모든 사람에겐 그의 존경의 대상이면서 그에게 용기를 북돋아주며 "너는 할 수 있어!"라고 말해 줄 사람이 필요하다. "너는 멍청해", "너는 가난해", "너는 약해", "너에겐 그런 능력이 없어"와 같은 말들은 끊임없이 용기를 꺾어버리기 때문에 모든 사람에게 멘토가 필요하다. 멘토는 이를 역전시키는 사람이다.

당신도 자신에 대해 이렇게 느끼는가? 다시 말해, 당신이 그리스도의 제자, 남편, 아버지, 능력 있는 일꾼, 한 사람의 인간이 되는 데 필요한 것을 갖추지 못했다고 생각하는가? 그렇다면 멘토, 곧 당신이 하나님께서 원하시는 사람이 될 수 있도록 당신의 두려움과 실패를 해결해 줄 수 있는 사람을 찾아보도록 하라.

멘토를 통해 얻는 유익

당신의 삶에 영향을 미칠 멘토를 찾는 일은 당신이 할 수 있는 가장 지혜로운 일 중 하나이다. 나는 이 장에서 그 다섯 가지 이유를 제시할 것이다. 솔직히 말해, 나는 멘토링 관계가 기대했던 결과를 가져다주지 못한 경우도 알고 있다. 그러나 나는 이 과정에 정직한 노력을 기울였다고 해서 후회하는 사람은 보지 못했다. 내가 말하는 다섯 가지 이유는 다음과 같다. (1) 멘토는 제자의 진정한 성장을 촉진한다. (2) 멘토는 제자가 따를 모델을 제시한다. (3) 멘토는 당신의 목적을 효과적으로 성취할 수 있도록 도와준다. (4) 멘토는 당신을 성장시키려는 하나님의 계획에서 핵심적인 역할을 한다. (5) 멘토는 당신의 삶에서 다른 사람들이 유익을 얻게 한다. 이제 이 다섯 가지 이유를 하나하나 살펴보도록 하자.

멘토는 제자의 진정한 성장과 변화를 촉진한다.

모든 멘토의 목적은 그가 가르치는 사람, 즉 제자의 정서적, 사회적, 영적 성장을 도모하는 것이어야 한다. 사실 멘토에 대해 내가 알고 있는 가장 간단한 정의는, 멘토란 두 가지에 헌신된 사람이라는 것이다. 다시 말해, 멘토는 당신을 돕고 당신이 계속 성장하도록 하는 일에 헌신되었으며, 당신 삶의 목적을 실현하도록 도와주는 일에 헌신된 자이다.

그러면 이 두 가지 목적을 성취하는 데는 어떤 희생이 따르는가? 단순히 몇 가지 원칙을 기록하여 책으로 출판한다고 해서 모든 일이 해결되지는 않는다. 만일 그렇다면, 우리는 간단하게 세상을 변화시킬 수 있지 않겠는가!

오히려 삶이란 그런 것이 아니다. 사람들은 그저 행동하고, 선택하고, 변화하고, 성장할 수 있다. 그러나 대부분의 사람들에게는, 성장과 변화가 단순히 일어나는 것이 아니다. 사람들의 성장과 변화는 그들의 발전에 영향을 미치고, 그 발전에 동기를 부여하며, 그 발전을 책임지는 중요한 인물이라 인정되는 사람과의 관계를 통해 이루어진다.

뉴욕의 동부 할렘에 있는 121초등학교를 생각해 보자. 당신이 1970년대에 이 학교 6학년에 다니고 있다면, 당신이 고등학교를 졸업할 수 있는 확률은 50퍼센트가 안된다. 이것은 빈민가의 가난과 비참한 생활과 연관된 일상적인 문제들 때문이다. 그 문제들은 높은 범죄율, 마약, 미혼모, 낮은 교육열, 아버지가 없는 가정, 어머니가 가족을 부양해야 하는 경우 등이다. 내가 생각하기로 아이들을 학교에 남게 하려는 웬만한 방법들은 다 사용되었다. 하지만 대부분의 경우 이 방법들은 실패로 끝났다. 당신이 121초등학교에 다니고 있었다면, 그 학교를 졸업하지 못했을 가능성이 아주 컸을 것이다.

그런데 1981년 봄, 유진 랭(Engene Lang)이라는 한 사업가가 이 학교 입학식에 연사로 초청되었다. 랭은 여러 해 전에 이 학교를 졸업했으며, 아주 성공적인 투자회사의 사장이 되었다. 지금 그는 별 다른 미래가 없는 61명의 아이들 앞에 서 있다. 도대체 랭이 그들에게 무슨 말을 해줄 수 있었겠는가?

랭은 준비한 연설문을 주머니에 도로 구겨 넣었다. 그리고는 간단하지만 힘있는 제안을 했다. 그것은 누구든지 이 학교를 끝까지 떠나지 않고 졸업하는 학생에게는 대학 학비를 모두 대주겠다는 것이었다.

이 제안에 아이들은 눈이 휘둥그레졌다. 통계적으로 볼 때, 이들 중 겨우 13명만이 고등학교 상급반까지 갈 수 있었다. 그런데 놀랍게도 그들 중 52명이 고등학교 상급반까지 갔다. 그리고 이들 중 34명이 대학에 갔다. 그리고 나머지도 고등학교를 졸업하거나 동등한 학력을 인정받고 안정된 직장을 가진 생산적인 시민이 되었다.

무엇이 이런 차이를 낳았는가? 돈인가? 실제로는 그렇지 않다. 뉴욕 타임즈 편집자가 후에 설명했듯이, "랭이 선물로 준 돈은 그가 준 그 자신이라는 선물이었다. 돈은 사람에 대한 사랑의 손길에 비하면 그리 중요하지 않다… 랭이 말했듯이, 후에 그는 돈을 주는 것은 어렵지 않다는 것을 깨달았다. 그 어렵고 중요한 일은 시간 투자였다. 다시 말해, 학생들에게 인격적 관심을 쏟는 일이었다. 이들이 처한 빈민가라는 상황은 '장해'였다. 랭은 아이들이 사무실에 찾아오는 것을 좋아했으며, 기꺼이 진정한 후원자가 되어주었다."[1]

당신은 랭이 아이들과 어떻게 인격적 유대관계를 형성했다고 생각하는가? 그는 사실 "나는 너희를 믿는다"고 말했다. 그런 다음 그들이 성공의 기회를 가질 수 있도록 뒷받침해 주어 이 말에 책임을 졌다. 다른 모든 사람들이 그들에게 "네 녀석들은 안돼!"라고 말할 때, 그는 그들에게 "너희는 할 수 있어, 내가 도와줄게"라고 말했다.

이것이 바로 멘토링 관계의 힘이다. 당신에게 당신을 진정으로 돌봐주는 사람이 있다면, 당신이 실망하기보다는 최선의 노력을 기울일 가능성이 훨씬 더 크다. 그러나 당신이 혼자서 인생의 파도를 헤쳐나가고 있다면 포기할 확률이 더 크다.

스승은 제자가 따를 모델을 제시한다.

여러 해 전 여름에 우리 가족은 콜로라도에 있는 로스트 벨리에서 함께 휴가를 보낸 적이 있다. 일 주일을 그곳에서 지내는 동안, 장남 내외와 외손자가 제물낚시(깃털로 모기 모양으로 만든 낚싯바늘) 강습에 등록했다. 강사는 그 지역의 낚시 전문가들이었다. 마지막 교육에는 록키산맥에 있는 세계적으로 연어가 많기로 소문난 계곡에서 직접 낚시를 하는 시간이 있었다.

이 세 명의 낚시꾼들은 잊을 수 없는 추억이었다고 말할 것이다. 그러나 당신이 추측하다시피 그들이 처음부터 계곡에서 낚시를 시작한 것은 아니었다. 사실, 강사는 세번째 시간까지는 물 근처에 얼씬도 못하게 했다.

당신도 알다시피 제물낚시는 기술이 필요하다. 이것은 사람이 태어나면서부터 타고나는 기술이 아니다. 낚시꾼이 초보자에서 전문가가 되는 데는 상당한 시간과 경험이 요구된다. 이 과정에서 중요한 것은 강사가 하는 것을 잘 지켜보는 것이다. 강사는 낚싯대를 열시 방향과 두 시 방향으로 왔다갔다하면서 부드럽게 낚시 바늘을 옮긴다. 그리고 나서 그는 초보자에게 낚싯대를 주면서 "한 번 해보세요"라고 말한다.

이것은 바로 모델링(modeling)원칙이다. 어떤 기술을 습득하는 데는 이러한 원칙이 필요하다. 사실, 오랫동안 스탠포드대학에서 가르쳤던 유명한 심리학자 알버트 반두라(Albert Bandura)는 대부분의 인간 행동이 모델링을 통해 습득된다고 주장한다. 이 분야에서의 그의 개척자적인 업적은 모델링이 무의식적인 학습의 가장 큰 형태임을 보여주었다.

예를 들면, 최근 몇 년 동안 아버지의 역할을 다룬 수십 권의 책들이 쏟아져 나왔다. 그러나 이 중 어느 것도 살아 있는 아버지가 자녀들에게 미치는 영향을 자세히 다루지 않았다. 당신의 아버지는 선하든 악하든 건전하든 불건전하든 당신에게 아버지로서 어떤 태도를 보이셨을 것이다. 그리고 당신은 자녀에게 적어도 처음에는 이와 똑같은 태도를 보인다. 아버지에 대한 당신의 경험이 '아버지'라는 말이 당신에게 갖는 의미를 결정한다.

물론, 오늘날 점점 더 많은 남자들이 아버지에 대한 다른 모델을 찾을 필요가 있다. 그들의 아버지는 한 남자가 가족과 어떤 관계를 가져야 하는가를 제대로 보여주지 못했다. 이것은 이들이 따를 수 있는 적절한 아버지 모델이 없었기 때문인 경우가 많다. 당신의 상황도 이와 같다면, 한 사람의 멘토, 적어도 가족에 대해서는 그리스도를 닮은 모습을 보여줄 수 있는 사람을 찾아라. 그렇지 않을 경우, 당신이 그토록 싫어했던 아버지의 모습을 자녀들에게 그대로 보여주기 쉽다.

모델링 원리는 성육신, 즉 하나님께서 인간이 되신 교리를 통해 이해될 수 있다. 무한하신 하나님께서는 무한한 방법들을 통해 자신을 인간에게 계시하신다. 이러한 무한한 방법 중 첫째 되는 것이 인간, 즉 예수 그리스도를 통한 방법이다. 예수께서는 경건과 선하심의 완벽한 모델이었을 뿐만 아니라 인간이 되신 하나님이셨다.

이러한 성육신 진리는 신약성경 전체에 배어 있다. 예를 들면, 빌립은 예수께 "아버지를 우리에게 보여주옵소서"라고 요구한다. 그때 예수께서는 "나를 본 자는 아버지를 보았거늘 어찌 아버지를 보이라 하느냐"고 대답하신다(요 14:8-9). 후에 베드로는 예수께서 우리에게 본을 보이신 것은 "(너희로) 그 자취를 따라오게 하려"(벧전 2:21) 하심이었다고 말했다.

이와 마찬가지로, 바울은 고린도교회 교인들에게 "내가 그리스도를 본받는 자 된 것같이 너희는 나를 받는 자 되라"(고전 11:1)고 촉구했다. 그리고 바울과 그의 동료들은 데살로니가 교인들로부터 급료 받기를 거절했다. 대신에 이들은 "스스로 너희에게 본을 주어 우리를 본받게 하려고"(살후 3:7, 9) 자신의 생계를 위해 열심히 일했다.

하나님께서는 항상 당신의 진리를 한 사람 속에 숨겨 두신다. 경건한 멘토가 귀중한 이유가 바로 여기에 있다. 멘토는 한 사람의 마음 속에 자리잡은 성경진리가 어떤 것인가를 보여준다.

멘토는 당신의 목표를 더 효과적으로 성취하도록 도와준다.

당신은 공항에서 '무빙 사이드워크'(moving sidewalk)를 이용해 본 적이 있는가? 우리는 같은 속도로 걸어오고 있었다 하더라도 그 앞에서는 두세 번 머뭇거리게 된다. 멘토가 당신의 개인적 발전속도를 조정할 수 있도록 도와주는 일도 이와 비슷하다. 그는 목표에 도달하는 시간과 에너지를 절약시켜 줄 수 있다. 그는 당신의 속도를 높여줄 수 있다. 왜냐하면 그는 당신이 알지 못하는 것들을 알고 있기 때문이다. 그에게는 당신에게 없는 다른 친분 있는 사람들이 있다. 그는 당신이 매달릴 땐 꿈쩍도 하지 않는 문들을 여는 경우가 많다. 가장 중요한 것은, 그가 당신이 전혀 생각지도 못한 질문을 던진다는 것이다. 당신은 인생을 살아오면서 이미 상당한 발전을 이룩했을 수도 있다. 그러나 그가 당신과 함께할 때, 당신의 발전속도는 더 빨라질 수 있으며 당신의 발전도 한결 더 쉬워 보일 수 있다.

제이라는 한 학생이 최근에 큰 회사 사장으로부터 그 회사 비행기로 달라스에서 시카고로 가는 여행에 초대를 받았다. 이 사장은 사업계에서는 존경받는 인물이었다. 그래서 달라스의 소규모 경영자들은 하나같이 이 사람을 만나 함께 시간을 보내고 싶어했다.

그러니 비행기 안에서 제이가 이 사람에게 다음과 같은 제의를 받았을 때 얼마나 놀랐겠는가! "내가 자네에게 제안을 하나 하겠네. 만일 자네가 성경에 대해 알고 있는 모든 것을 내게 가르쳐준다면, 나는 자네에게 내가 사업에 대해 알고 있는 모든 것을 가르쳐주겠네."

이 얼마나 황금 같은 기회인가! 제이는 평신도들에게 더 친숙한 목회를 할 수 있도록 사업을 알고 싶다고 말했다. 만일 이 제안을 받아들인다면, 제이는 사업에 대해 MBA(경영관리학 석사 과정) 프로그램에서 3년 동안 배울 수 있는 것보다 더 많은 것을 단 3개월 안에 배울 수 있을 것이다. 또한 이 사장은 성경에 대한 자신의 이해의 폭을 훨씬 더 넓힐 수 있을 것이다.

당신의 성장을 위한 하나님의 계획에서 멘토는 핵심적인 역할을 한다.

앞에서 나는 하나님께서 나로 하여금 그리스도를 믿게 하시려고 월트라는 사람을 어떻게 사용하셨는가를 말했다. 실제로, 월트는 내가 예수를 믿게 된 가장 큰 요인 중 하나였다. 월트가 다니던 교회의 다른 사람들도 무시할 수 없다. 그들은 우리 동네를 위해 열심히 기도하고 있었기 때문이다. 마찬가지로 할머니도 나를 위해 기도하고 계셨다. 그리고 월트에게 복음을 전해 준 사람도 잊어서는 안된다.

하나님께서는 불신자가 신자 되게 하시는 일에 언제나 영향력 있는 것들을 사용하신다. 이와 마찬가지로, 하나님께서는 언제나 신자들이 그리스도 안에서 성숙하도록 영향력 있는 것들을 사용하신다. 이 중 몇 가지만 들어본다면, 하나님의 말씀, 가정, 지역교회, 목회에서의 체험, 위기와 갈등, 책, 테이프, 모임 등을 들 수 있다.

멘토는 성숙을 가져다주는 요소들 가운데서 중요한 역할을 한다. 그가 하는 것은 단순한 역할이 아니라 살아 있고 생명력 있는 역할이다. 예를 들면, 바울의 회심 직후에 바나바의 중요한 역할을 생각해 보라. 예루살렘의 어느 그리스도인도 바울(그 때는 사울)과 함께 하고 싶어하지 않았다. 그들은 이전의 원수였던 자를 믿지 않았다. 바울이 아무리 애를 쓰더라도 그들의 공동체에 들어갈 수 없었다.

그러나 바나바는 그를 사도들에게 데리고 갔다(행 9:27). 이러한 바나바의 행동이 바울과 그들 사이의 차가운 냉기를 녹였으며 마침내 바울의 영성 형성의 계기가 되었다.

하나님께서는 연륜 있는 신자들의 도움으로 당신의 신앙을 발전시키신다. 히브리서 13장 7절은 이렇게 말한다. "하나님의 말씀을 너희에게 이르고 너희를 인도하던 자들을 생각하며 저희 행실의 종말을 주의하여 보고 저희 믿음을 본받으라." 이것은 바로 본보이기와 멘토링에 대한 명령이다.

어쨌든, "인도하던 자들"(복수)이라는 말에 주의하라. 당신은 인생을 살아가면서 당신에게 다양한 영향을 미칠 수 있는 사람을 찾아야 한다. 단 한 사람이 아니다. 이렇게 해서 당신은 좀더 넓은 시야를 가질 수 있다.

멘토의 영향은 당신과 관련된 다른 사람들에게도 유익을 끼친다.

당신이 멘토링 관계를 추구해야 하는 마지막 이유는 이 관계로 인한 유익이 당신의 개인적인 필요들을 훨씬 넘어 주변사람들에게도 미치기 때문이다. 배우자, 가족, 교회, 당신이 살고 있는 마을, 직장동료, 그리고 함께 일하는 다른 사람들, 다시 말해 당신이 접촉하는 모든 사람들이 당신이 멘토링 관계를 통해 얻은 성장의 결과에서 유익을 얻는다.

유진 랭이 121초등학교 아이들에게 미친 영향을 생각해 보라. 이 이야기의 핵심은 랭 자신이 멘토링 관계의 산물이었다는 것이다. 고등학교를 졸업한 후, 랭은 천하고 장래성이 없는 일을 하고 있었다. 그 때 그보다 나이가 많은 어떤 친구가 그의 잠재력을 알아보고 대학 등록금을 지원해 주겠다고 제안했다. 즉 누군가가 유진 랭을 믿었고 그의 발전을 촉진하기 위해 자신을 헌신했던 것이다. 당신은 이 사람의 적절한 헌신과 랭이 아이들에게 제안한 것과 어떤 관계가 있다고 생각하는가? 그 사람이 랭에게 했던 투자의 첫 결과를 생각해 보자. 랭은 교육을 받을 수 있게 되었다. 그 결과 랭은 마침내 사업을 시작할 수 있게 되었으며, 직원들을 고용할 수 있게 되었다. 뿐만 아니라 그 회사는 투자회사였기 때문에 수많은 사람들에게 일자리를 마련해 줄 수 있었다.

다음으로 랭이 고등학교를 졸업한 52명의 아이들에게 투자했던 결과를 생각해 보자. 52명의 아이들은 거리의 갱단이 되거나 마약을 하거나 감옥에 들어가는 대신 사회에 기여하는 훌륭한 시민들이 되었다.

누군가 당신의 도움으로 적극적이고 의미 있는 삶을 살아가고 있다면 이것은 얼마나 아름다운 일이겠는가? 당신이 그러한 복을 받았다면, 당신은 하나님께서 다른 사람들에게 복 주시는 통로가 될 수 있다. 바울이 디모데에게 자신을 본받을 뿐만 아니라 다음과 같이 하라고 가르친 것도 바로 이러한 이유 때문이었다. "또 네가 많은 증인 앞에서 내게 들은 바를 충성된 사람들에게 부탁하라 저희가 또 다른 사람들을 가르칠 수 있으리라"(딤후 2:2). 여기에서 사도 바울은 영적 재생산의 과정을 말하고 있다.

멘토 – 너무 귀한 생명줄

오늘날 우리에게 이러한 과정이 필요한가? 과거 어느 때보다 더 필요하다! 너무나 많은 사람들이 결혼, 가정생활, 개인생활, 직장, 그

외 그들의 영적인 일들에서 혼자 힘으로 모든 것을 해결하려 한다. 이들은 알량한 자존심 때문에 히말라야를 혼자 힘으로 오르려 애쓰는 것과 같다. 이것은 소용없는 짓이다. 사람들에겐 멘토가 필요하다. 다시 말해, 그들과 함께 길을 가면서 도와줄 수 있는 숙련된 안내자들이 필요하다.

국제계획협회(Masterplanning Group International)의 밥 빌(Bobb Biehl)은 멘토링이 함께 산을 오르는 사람들과 같다고 했다. 암벽을 오를 때 뒤를 따라가는 사람은 앞에서 오르는 사람과 밧줄로 연결되어 있다. 또 뒷사람과도 밧줄로 연결되어 있다면, 그들에겐 안전과 안정과 힘이 있다. 이 경우 한 사람이 미끄러져 떨어지더라도, 열다섯이나 스무 명이 그 충격을 흡수하여 그를 다시 끌어올려 재난에서 보호해 줄 수 있다. 하지만 아무런 지지기반도 없이 혼자서 암벽을 오른다고 생각해 보라. 물론 혼자서도 암벽을 정복할 수 있을 것이다. 그러나 혹시라도 한 발을 잘못 내디디면 수 백미터 아래로 떨어져 죽을 것이며, 비명 소리를 들어줄 사람조차 없을 것이다.

성경이 다음과 같이 말하는 것도 바로 이런 이유에서이다. "두 사람이 한 사람보다 나음은 저희가 수고함으로 좋은 상을 얻을 것임이라 혹시 저희가 넘어지면 하나가 그 동무를 붙들어 일으키려니와 홀로 있어 넘어지고 붙들어 일으킬 자가 없는 자에게는 화가 있으리라"(전 4:9, 10).

오늘 우리 사회의 비극은 점점 더 많은 사람들이 외로운 방랑자처럼 방황하는 인생을 살고 있다는 것이다. 이들은 다른 사람들과의 관계를 무가치한 것으로 생각한다. 그 결과 성공한 사람들은 더 큰 소외감과 외로움, 심지어는 절망감을 느낀다.

당신은 당신의 삶을 바꾸고 싶지 않은가? 그것은 당신에게 달려 있다. 지금 당장 멘토를 찾아야겠다고 결심하라. 다시 말해, 당신의 성장을 돕고, 당신을 계속적으로 성장시키는 일에 헌신하며, 당신으로 하여금 당신 삶의 목표들을 실현하도록 도와줄 사람을 찾아라. 단지 나약한 사람만이 도움을 구한다는 마귀의 새빨간 거짓말을 믿지 말라. 강한 사람도 도움을 구하는 사람이라는 진실을 잊지 말라.

그러면 당신은 어떻게 멘토를 찾을 수 있는가? 다음 장에서 여기에 대한 몇 가지 방법을 제시할 것이다.

또래 간의 멘토링

멘토링 관계는 많은 형태를 띤다. 대부분 가장 친숙한 형태는 연장자(멘토)가 연소자(제자)를 의미 있고 지속적인 방법으로 안내하고, 가르치며, 코치하거나 영향을 미치는 형태이다. 이것이 바로 멘토와 텔레마쿠스, 바울과 디모데의 관계였다. 이 책에서 '멘토링'에 대해 말할 때, 우리는 일반적으로 이와 같은 멘토 - 제자 관계를 지칭한다.

그러나 우리 사회의 멘토링의 실제를 많이 관찰할수록 한 가지 재미있는 현상을 발견할 것이다. 그것은 멘토링 관계를 규정하는 특징이 또래 집단(나이 차이가 5-6세 이내인)에서도 나타난다는 것이다. 처음에는 이러한 관계를 단순히 우정이라고 말하고 싶을 것이다. 그러나 이들은 실제로 서로에게 '또래 멘토'의 역할을 하고 있다. 또래 간의 멘토링은 매우 유익하다. 그래서 나는 당신에게 이러한 관계를 가질 것을 강력히 권하는 바이다.

또래 간의 멘토링의 예

우리는 성경에서 또래 간의 멘토링의 두 가지 예를 찾아볼 수 있다. 첫째는 요나단과 다윗의 관계이며, 둘째는 바나바와 바울의 관계이다. 그리고 현대사회에서 그 예를 찾으라면, 네비게이토 선교회의 책임자인 제리 화이트(Jerry White)와 부동산 개발 및 경영회사 사장인 프레드 힉넬 3세(Fred Hignell III)의 오래된 관계를 들 수 있다. 제리는 그들의 관계를 이렇게 말했다.

"프레드와 나는 십 여 년 전에 친구로 만났습니다. 우리는 서로 비슷한 점이 많았습니다. 둘 다 기술자 출신이었으며, 둘 다 화를 잘 내는 편이었고, 둘 다 친구들을 그리스도께 인도하는 일을 좋아했으며, 둘 다 경건한 사람, 경건한 남편, 경건한 아버지가 되려는 간절한 바람을 가지고 있었습니다.

처음 친구로 만날 때, 우리는 가족과 개인생활과 직장에서의 목표 등에 대해 이야기를 나누었습니다. 그리고 우리는 구체적인 기도제목을 나누었습니다. 물론, 우리는 서로에 대한 책임을 말로 표현하지는 않았습니다. 하지만 서로에 대한 책임감이 은연 중에 있었던 것은 분명합니다. 그래서 우리는 서로에게 더욱 솔직해질 수 있었고, 서로를 믿고 더 많은 것을 털어놓을 수 있었습니다. 서로에 대한 책임감은 처음부터 있었던 것이 아니라 우리 관계가 발전하면서 생긴 결과였습니다."[1]

서로 격려하며 힘을 북돋우고 독려하기

이제 프레드의 이야기와 비교해 보자.

"제가 영적으로 성장하기 시작했을 때 그리고 하나님께서 영적 깊이를 가진 사람들을 저에게 보내주셨을 때, 저는 '고독한 방랑자'의 삶을 싫어하게 되었습니다.

저는 나이가 들어가면서 여전히 배울 수 있고, 나의 그리스도인의 삶을 훌륭히 마치기 위해서는 한 사람 또는 그 이상과 관계를 발전시킴으로써 나 자신을 열어야 한다는 것을 깨닫기 시작했습니다.

제리와의 우정이 시작되었을 때, 저는 서로에게 책임감을 느끼는 관계를 바랐던 것은 아니었습니다. 그런데 함께 시간을 보내면서, 제리는 내 모든 것을 털어놓을 수 있는 사람임을 깨닫게 되었습니다. 나는 제리가 나를 믿어줄 사람이었으며, 함께 인생의 거친 물결을 헤쳐갈 수 있는 사람임을 알게 되었습니다.

제리와 저는 목표 지향적이며, 따라서 서로에 대한 우리의 책임감도 우리의 한 해 목표를 서로 논의하고 그 목표를 위해 함께 정진하는 데서 시작되었습니다. 언젠가 우리가 함께 모임에 참석한 적이 있었습니다. 그런데 그 모임의 연사가 서로를 책임져주는 의미 있는 관계를 발전시켜야 한다고 말했습니다. 그 때 우리는 우리 관계의 목적을 분명하게 정했습니다. 그것은 '온 마음과 영으로 예수님을 사랑하며 하나님의 이름을 욕되게 하지 않고 인생을 마칠 수 있도록 서로를 격려하고, 서로에게 힘을 북돋으며, 서로를 독려하는 것' 이었습니다."[2]

험한 파도 가운데서 꼭 필요한 도움

제리와 프레드의 지혜 때문에 그들의 삶이 '예리해진' 경우를 얼마든지 이야기해 줄 수 있다. 이들은 직장을 옮기고, 가정의 중요한 결정을 내리며, 가정의 문제로 고민하는 것을 지켜보았다. 이들의 우정에서 가장 감동적인 순간이자 또래 간의 멘토링의 엄청난 가치와 힘을 보여주는 순간이 있었다. 그것은 제리의 33세 된 아들 스티브가 콜로라도의 스프링스에서 운전 중에 총에 맞아 죽었을 때였다.

"아내 매리와 내가 충격에 사로잡혀 집에 돌아왔을 때 프레드가 저희를 돕기 위해 먼저 와 있었습니다. 그는 우리의 절망과 슬픔을 함께 나누었습니다. 우리는 장례식 전후로 며칠 동안이나 그 끔찍한 사건에 기가 막혀 아무 말도 못했습니다.

그런데 이렇게 어려울 때 프레드와 그의 아내 케이린 그리고 다른 두 부부가 저희를 이끌어 주었습니다. 하지만 제게는 특히 함께 기도할 사람이 필요했습니다. 그 때, 프레드가 있었습니다. 그는 내가 생각을 정리할 수 있도록 도와주었으며, 내가 내릴 수 있는 몇 가지 결정까지 이야기해 주었습니다.

그 때까지 저는 제 인생의 대부분의 시간을 강하고 부족함 없이 지냈습니다. 어려움에 처한 사람들을 도우며 살았습니다. 그런데 이제 저에게 다른 사람의 도움이 간절히 필요하게 된 것입니다. 저는 약했고, 날마다 죄의식, 슬픔, 두려움, 피곤함 등 제 감정들이 어떻게 변할지 알지 못했습니다. 프레드는 이런 제 마음상태를 알고 성경말씀과 기도를 함께 나누었습니다.

시카고로 돌아간 후에도, 프레드는 거의 매일 전화를 걸어 제 상태를 살펴보았습니다. 그는 심지어 제 여행계획까지 줄이도록 했습니다. 그는 제가 이제 사업상의 여행을 강행할 수 없다고 경고해 주었습니다. 그는 제가 슬픔에서 벗어날 수 있도록 여러 면에서 배려를 아끼지 않았습니다. 그는 제가 잠은 몇 시간을 잤으며, 다시 운동은 시작했는지까지 묻곤 했습니다.

　프레드는 제 이야기를 많이 들어주었습니다. 그리고 때로는 훌륭한 조언도 해주었습니다. 그의 도움이 제게는 정말 꼭 필요했습니다."[3]

　당신은 이러한 관계의 깊이를 느낄 수 있는가? 이런 일은 비슷한 또래의 사람들이 서로 생명력 있는 관계를 추구할 때 일어날 수 있다.

제3장

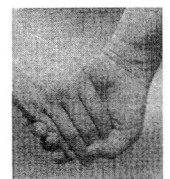

당신의 필요를 발견하라

小매상들에게 남성과 여성의 구매방법이 전혀 다르다는 것은 잘 알려져 있다. 여성은 이 가게 저 가게를 둘러보고 가격과 상인의 태도를 비교해 보는 등 '둘러보는 쇼핑'을 주로 한다.

여성은 이러한 요소가 모두 맞아떨어질 때 물건을 살 수도 있으나 반드시 사는 것은 아니다.

이들은 물건을 사지도 않으면서 그저 "한번 둘러보러 왔어요"라고 말하는 경우가 많다. 하지만 남성들은 이와는 정반대이다. 남성들은 사려는 물건이 있는 가게를 찾아 그 가게로 들어간다. 그리고 물건을 찾으면 돈을 지불하고 나온다. 이렇게 하면 쇼핑 '사건'은 끝나며, 산 물건을 가지고 가게를 나온다. 이것이 남성들의 구매 양식이다.

이러한 모습은 특히 성탄절 때 흔히 볼 수 있다. 대개의 남성은 12

월 22일이나 23일, 심지어 24일 오후까지 미루다가 선물을 산다. 가게에 들어가 몇 가지 물건들을 움켜쥐고는 신용카드로 결제한 다음 집으로 간다(그 결과, 남편은 선물비로 아내보다 많은 돈을 지출한다). 한 소매 가게 여주인이 말했듯이, 남성들은 그저 한가해서 시간 때우는 경우가 아니라면 성탄절 쇼핑이 재미있다고 생각하지 않는다. 그녀는 "성탄절 쇼핑은 남성의 위기 관리지요!"라고 말했다.

나는 이런 구매방법이 지혜로우냐 어리석으냐를 논하는 게 아니다. 남성이 미리 어떤 성탄절 선물을 살 것인지를 결정했다면 쇼핑은 거의 끝났다는 것을 말하고 싶다. 미리 결정해 두었다면 이미 반은 성공한 셈이다. 그는 성탄절 며칠 전에(심지어 몇 시간 전에) 쇼핑을 갈 수 있다. 왜냐하면 그는 무엇을 사야 할지 알고 있기에 쇼핑이 잘 끝난 것이라고 믿기 때문이다. 이제 남은 일은 가서 그 물건을 찾고 사기만 하면 된다.

멘토를 찾는 일도 이와 같다. 중요한 것은 당신에게 필요한 것이 무엇인가를 깨닫는 것이다. 제2장에서 나는 멘토링 관계가 개인적이며 영적인 성장에 중요한 다섯 가지 이유를 말했다. 그러나 당신이 어떤 면의 성장을 목적으로 멘토를 구할 것인가를 미리 결정해야 한다. 그러기 전에는 멘토를 구하는 것이 불가능하다.

당신도 알다시피, 문제는 내가 멘토링 관계를 좋은 개념이라고 생각하느냐 하지 않느냐가 아니다. 이 관계가 좋은 개념이라는 것은 너무나 자명하다. 중요한 것은 당신이 이 관계가 필요하다는 확신을 갖느냐는 것이다.

나는 당신의 멘토 찾기가 '멘토라는 상품이 진열된 시장'을 둘러보고 그 중 하나를 고르는 데서 시작되지 않고 당신에게서 시작되기를 바란다. 먼저 당신에게 무엇이 필요한가, 다시 말해 당신에게 무엇이 부족한가를 정확하게 진단해야 한다. 그런 다음에 어떤 부류의 멘토를 찾을 것인가를 결정해야 한다.

"너 자신을 알라" – 말은 쉽지만 행하기는 어렵다

불행히도, 많은 남성들은 자기 점검이 불가능하지는 않지만 어려운 과정임을 느낀다. 우선 사람들은 자신을 알지 못하는 경우가 많다. 예수께서는 인간의 이러한 경향을 알고 계셨다. 예수께서는 제자들에게 "어찌하여 형제의 눈 속에 있는 티는 보고 네 눈 속에 있는 들보는 깨닫지 못하느냐"(마 7:3)고 말씀하셨다. 우리는 다른 사람에게 어떤 도움이 필요한지는 잘 안다. 그리고 그 사람의 부족한 점을 잘 지적해 낸다. 하지만 정작 자신의 약점은 알지 못하고 알려 하지도 않는다.

다시 말해, 우리에게는 객관성이 부족하다. 우리는 우리의 지각과 실제를 구별하지 못한다.

전에 내 사무실에 이런 사람이 있었다. 그는 자신의 결혼생활이 바위처럼 견고하다고 믿고 있었다. 하지만 그 다음 주에 그들의 결혼생활에는 틈이 생겼고 급기야 아내는 집을 나가버렸다. 그 남자는 실제로 그들의 관계가 얼마나 악화되고 있는지 몰랐던 것이다.

연예계에서 아주 성공한 미첼 오비츠(Michael Ovitz)의 경우를 생각해 보자. 그는 최근에 "뉴욕"(New York) 지의 "지성인"이란 칼럼에 소개된 적이 있다. 칼럼니스트는 오비츠가 베버리힐즈(LA의 호화주택가)의 사무실이 아니라 캘리포니아 브랜트우드 공원에 있는 그의 집에서 일한다는 이야기를 실었다. 어떤 이유에서인지 모르지만 이 칼럼은 오비츠의 이러한 결정을 가리켜 "모든 사람들이 가족과 양질의 시간을 보내는 쪽으로 기울고 있음을 보여주는 분명한 증거"라고 말했다. 하지만 놀랍게도 이 잡지가 발행된 지 얼마 후에 잡지사에는 오비츠의 어린아이들 이름으로 다음과 같은 편지가 전달되었다.

> 저희는 "뉴욕"지의 열성 독자들입니다. 그래서 지난 12월 12일자 "지성인"이라는 칼럼을 큰 관심을 가지고 읽었습니다. "오비츠는 집에, 샤피로는 밖에"라는 칼럼에서는 우리 아빠 미첼 오비츠가 집에서 일하는 새로운 습관에 대해서 이야기를 했더군요. 그런데 저희가 아빠를 주중에도 집에서 볼 수 있는 일은 벌써 몇 년이나 된 일입니다. 그래서 말인데요, 저희 아빠가 집에 계시는 것이 가족과 이웃들에게 도대체 어떤 유익이 있는지 귀사의 잡지가 보여줄 수 있었으면 고맙겠습니다. 사실 저희는 이런 역사적 사건을 기록하기 위해서는 적어도 몇 시간 동안만이라도 저희 아빠를 집에서 낮에, 그것도 화요일이나 수요일에 직접 관찰해 보아야 한다고 생각합니다.
> 저희 제안을 받아주신다면 무척이나 고맙겠습니다. 귀사의 훌륭한 잡지 다음 호에서는 아빠의 출퇴근 기사를 읽게 되기를 바랍니다.[1]

당신에게도 이 같은 경종이 필요한가? 인간으로서 우리는 우리의 다양한 추구에 지나치게 초점을 맞춘 나머지 극히 편협한 사고를 갖는 경향이 있다. 우리가 우리의 직업이나 취미에는 전문가가 될 수 있다. 하지만 정작 우리 자신 특히 우리의 약점에 대해서는 무지할 수 있다. 그리고 우리 자신에 대해 많은 것을 알게 되더라도 그 지식을 가지고 도대체 무엇을 어떻게 해야 할지 모르는 경우가 허다하다. 이것은 모든 문제를 스스로 해결하려는 사람들의 약점이다. 사람들은 자신의 특징과 경향을 알기 위해 다양한 평가를 받을 수 있다. 그러나 모든 평가가 끝났을 때, 사람들은 이런 반응을 보이기 쉽다. "좋아, 이제 내 자신에 대해 XYZ를 알았어. 훌륭해! 이제 직장을 얻고…동반자를 찾으며…인생에서 성공하기 위해 이것들을 어떻게 이용하지?" 정보는 정확할 수 있다. 그러나 사람들은 자신의 인격성숙을 위해서나 나쁜 습관을 고치는 것보다는 눈앞에 닥친 일을 해결하려는 목적에 이 정보를 이용하는 경향이 있다. 심지어 영적 성장을 추구하는 사람들조차도 어떻게 이 정보를 이용할지 모르는 경우가 많다.

간단히 말하자면, "너 자신을 알라"는 고대의 명언은 말하기는 쉬워도 실제로 따르기는 어렵다.

이를테면 우리는 직장을 구한다거나 아내를 얻는다거나 직장에서의 성공처럼 하나의 일을 성취하는 데만 지나치게 초점을 맞추어 자기 평가(자기 진단)에 사용하는 잘못을 범할 수 있다. 그 결과 우리는 자기 평가를 인간으로서 자신을 성숙시키는 곳에 사용하지 못하고 만다. 멘토를 갖는 것이 유익한 또 다른 이유가 바로 여기에 있다. 멘토는 당신을 더 큰 통찰력으로 인도한다. 뿐만 아니라 멘토는 당신이 이러한 통찰력을 행동으로 옮기도록 도와준다. 더욱이 멘토는 당신이 행동하도록 동기를 부여한다. 그리고 똑같이 중요한 것으로, 멘토는 당신이 하는 일과 하지 않는 일에 대해 스스로 책임지도록 해준다.

당신의 필요를 발견하라

이것은 하나의 딜레마를 낳는다. 나는 당신이 멘토를 찾기 위해서는 먼저 당신의 필요를 정확히 알아야 한다고 말했다. 그러나 당신에게 정말 필요한 것이 무엇인가를 알기 위해서는 멘토의 도움이 필요하다.

이 책을 통해 나는 당신에게 무엇이 필요한가를 진단해 주는 다섯 가지 결정적인 질문들을 제시할 것이다. 그리고 어느 정도 멘토의 역할을 함으로 당신이 이러한 딜레마에서 벗어나도록 도와줄 것이다. 이 다섯 가지는 나를 찾아와 도움을 구하는 사람들에게 내가 일상적으로 던지는 질문이기도 하다. 당신은 각 질문에 어떻게 대답하겠는가?

1. 당신은 무엇을 원하는가?

"당신은 무엇을 원하는가?"라고 묻는 이유는 당신의 목적(목표)이 무엇인지 알기 위해서이다. 당신은 무엇을 성취하려 애쓰고 있는가? 멘토를 찾을 때는 당신의 삶에 지속적인 변화를 가져다줄 수 있는 멘토를 찾아야 한다. 따라서 이 질문은 "당신은 멘토가 어떤 방법으로(어떤 면에서) 당신을 변화시키길 원하는가?", "당신은 그 관계에서 어떤 가시적 결과를 기대하는가?"와 같은 의미이다.

당신의 목적을 분명하게 규명할 수 있는 한 방법은 "10년 후에 내가 어떤 모습이기를 바라는가?"라는 질문을 자신에게 던지는 것이다. 당신이 바라고 있는 10년 후의 당신 모습을 그려보라. 그런 다음 "그 목표를 달성하는 데 어떤 희생이 따를 것인가?"라고 물어보라. 이 질문에 이어 또 다른 중요한 질문이 제기된다. 그것은 "현재의 나와 내가 꿈꾸는 10년 후 내 모습 사이에 어떤 장애물이 가로놓여 있는가?"이다.

예를 들면, 26세인 피터는 10년 후에는 안정된 직장을 가지고 가족을 부양하기를 바란다. 그 당시 피터는 막 회사에 입사한 상태였으며, 미혼인데다 진지하게 사귀는 아가씨도 없었다. 피터가 세운 목표가 쉽게 보일지 모른다. 그러나 피터가 세운 이러한 목표는 회사 안팎으로 누가 그의 이러한 목표를 달성하도록 도와줄 수 있는지 분명히 알 수 있게 해주었다. 또한 이 목표는 그로 하여금 어떤 성격의 여자를 아내로 얻을 것인가도 깊이 생각하게 해주었다. 그리고 이것은 그의 이성교제에 도움을 주었을 뿐만 아니라, 결혼한 교회 선배와 함께 여성과 결혼문제를 이야기하는 데도 도움이 되었다.

조지라는 또 다른 남성은 40세에 자기 인생을 뒤돌아보았다. 조지는 자신의 사업목표들은 대부분 성취했지만 10년 후에는 직장을 떠나야 한다는 것을 깨달았다. 그리고 여생을 골프나 치면서 보낼지도 모른다는 생각이 들자 몹시 기분이 나쁘고 무섭기까지 했다. 그래서 그는 털썩 주저앉아 50세 때 자신이 가지고 있을 자원, 가능성, 성취하고 싶은 또 다른 목표를 종이에 써내려갔다. 그는 사업과 경영에 대한 자신의 전문지식을 목회자들이 이용할 수 있게 해야겠다

토저의 자기 발견 법칙

오랫동안 그리스도의 몸으로 행동하도록 도전과 자극을 준 탁월한 신학자 토저(A. W. Tozer)는, 우리가 무엇을 가치 있게 생각하며 무엇에 진정으로 자신을 헌신하는가를 보여주는 일곱 가지 요소를 제시한다.

1. 우리가 가장 원하는 것은 무엇인가?
2. 우리가 최고로 생각하는 것은 무엇인가?
3. 우리는 돈을 어떻게 사용하는가?
4. 우리는 여가시간을 어떻게 사용하는가?
5. 우리는 어떤 친구와 사귀는가?
6. 우리는 누구를 그리고 무엇을 숭상하는가?
7. 우리는 무엇을 비웃는가?

고 결심했다. 왜냐하면 조지는 목회자들에게 이것이 중요한 문제라는 사실을 자주 발견했기 때문이었다. 목표가 설정되자 그는 시간표를 작성하고 이러한 꿈의 실현을 도와줄 수 있는 사람들을 찾기 위한 계획을 세웠다.

당신의 목적을 발견하는 두번째 방법은 당신 삶의 기본적인 항목을 표로 만드는 것이다. 여기에는 당신의 직장, 결혼 및 가정, 영적 생활, 교회와의 관계, 사회 참여 등이 포함될 수 있다.

당신은 각각의 영역에서 자신에게 어떤 평가를 내리겠는가? 당신은 각 항목에서 어떤 '성적'이나 '점수'를 받을 것 같은가? 정직하게 만성적인 문제항목들을 열거해 보라. 그런 다음 어려운 질문을 던져라. "나는 어느 부분이 부족한가?" 그리고 "내가 어느 부분에서 자꾸 실패하는가?" 당신이 이러한 질문들에 대한 대답을 계속 찾아간다면, 당신의 삶에서 역량이 못 미치는 부분을 찾을 수 있을 것이다.

당신의 목적을 규명하는 세번째 방법은 지식, 태도, 습관과 행동, 그리고 기술이라는 인간능력의 네 단계들에서 생각해 보는 것이다. 지금 당신에게 없는 어떤 지식이나 정보를 얻고 싶은가? 당신이 견고히 하거나 버리려고 애쓰는 습관과 행동은 어떤 것들인가? 당신은 어떤 실제적인 기술을 발전시키고 싶은가?

내가 말하고 있는 것과 관련된 몇 가지 예들이 있다. 당신도 이와 같이 말한다면, 당신이 어떤 분야를 발전시키길 원하는지 알 수 있을 것이다.

지식
- "나는 어떻게 집을 사야 하는지 모른다."

- "나는 성경 전체를 파악하지 못하고 있다. 누군가 성경 전체를 나에게 가르쳐 주었으면 좋겠다."

태도

- "나는 어느 정도 관대하긴 하지만 더 관대해지고 싶다. 나는 모든 것을 꼭 움켜쥐려는 내 모습을 본다."
- "나는 인종적 편견으로 고생하고 있다. 내 태도를 바꾸어줄 도움이 필요하다."

습관과 행동

- "나는 사람들을 '헐뜯는' 경향이 있는데 그 습관을 고치고 싶다."
- "나는 더 많이 기도할 필요가 있다고 느낀다."

기술

- "나는 컴퓨터 사용법을 배울 필요가 있다."
- "나는 유능한 신입사원과 인터뷰하는 법을 알고 싶다."

당신의 필요와 목적을 생각할 때, 이것은 현재의 위기와 지속적인 염려를 구별할 수 있도록 도와준다. 예를 들면, 어떤 사람이 당신 집 앞을 지나다가 넘어져 다쳐서 당신에게 소송을 제기했다고 생각해 보자. 당신에게 당장 필요한 것은 멘토가 아니라 변호사이다. 후에 자신을 방어할 준비가 되면, 당신은 비슷한 소송을 당한 적이 있는 사람의 조언을 구하여 이 상황을 지혜롭게 해결할 수 있을 것이다.

이와 마찬가지로, 아내가 당신에게 다른 남자와 불륜관계에 있다고 말했다고 하자. 당신에게 당장 필요한 것은 멘토가 아니라 결혼상담자이다. 그리고 상황이 안정된 후에야 당신이 겪은 일을 이해할 수 있는 다른 남성의 지혜를 통해 유익을 얻을 수 있을 것이다(물론 당신에게 이미 멘토가 있다면, 이 때야말로 그에게 지혜와 지지와 조언을 구할 수 있는 적절한 시기이다).

핵심은 멘토를 최선으로 이용해야 한다는 것이다. 멘토를 이용하는 것은 궁극적이고 장기적인 성장과 발전을 위한 것이라는 점이다. 당신에게 이미 멘토가 있다면 당신이 위험에 처할 때, 그는 더없이 귀중한 존재이다.

그러나 위기의 시기가 멘토를 구하는 최적기는 아니다. 왜냐하면 이 경우 당신은 장기적 목적이나 핵심적인 문제가 아닌 임시적인 당면문제에 초점을 맞추기 때문이다.

2. 당신은 어떤 대가(희생)라도 기꺼이 치르겠는가?

일단 성취하고 싶은 것을 분명히 알아냈다면, 다음으로 해야 할 일은 그 목적에 우선순위를 매기는 것이다. 그 목적을 성취하는 데 필요한 대가를 치르려는 생각이 없다면, 당신에게 무엇이 필요하냐고 묻는 것 자체가 무의미하다. 여러 해 전에 달라스 카우보이라는 미식 축구팀 감독, 톰 랜드리(Tom Landry)와 선수들의 연습장면을 지켜본 적이 있다. 때는 어스름녘이었다. 선수들은 정말 열심히 훈련했다. 이제 선수들은 락카룸으로 들어가 샤워를 하고 있었.

그 때 나는 감독에게 이렇게 물었다.

"이들 중 실제로 올 프로(동료들이 뽑아주는 최고 선수)가 될 수 있는 잠재력을 가진 선수는 몇이나 됩니까?"

"그렇게 되지 못할 선수는 하나도 없습니다." 그의 대답은 나를 사뭇 놀라게 했다. 그는 계속해서 말했다.

"더 어려운 질문은 얼마나 많은 선수들이 실제로 올 프로가 되어 가느냐는 것입니다. 그 대답은, 대가를 기꺼이 치르려는 선수만이 그렇게 될 수 있음을 의미합니다."

그런 다음 그는 운동장을 가리켰다. "저기 올 프로 타이트엔드(미식 축구의 한 포지션)가 있네요."

정말 그랬다. 그곳에는 잭키 스미스(Jackie Smith)가 코치로부터 패스하는 연습을 하고 있었다. 날은 거의 어두워졌다. 하지만 그는 자신이 볼 수도 없는 볼을 잡으려고 달리고 또 달렸다.

랜드리 감독은 나에게 축구선수가 동료들로부터 프로로 뽑힐 만큼 존경을 받는 데는 어떤 특별한 방법이 있을 수 없다는 사실을 가르쳐주었다. 그것은 땀흘리는 노력의 문제였고, 요구되는 대가를 치르는 것이었다. 이와 비슷하게, 당신이 실제적이고 성취 가능한 삶의 목표들을 정했다면, 그것을 달성할 수 있는 특별한 방법을 찾지 않도록 하라. 이것은 땀흘리는 노력, 즉 목표를 정하고 스승의 가르침을 받으며, 곁눈질하지 않고 달려가는 노력의 문제이기 때문이다. 문제는 단순히 무엇을 원하느냐가 아니라 얼마나 절실히 원하느냐이다.

웬델은 엄청나게 바쁜 대학원생이었다. 그는 교회에서 정기적으로 그를 만나 기도생활을 점검해 주고 도와줄 사람을 찾고 있었다. 그 때 한 후보자가 전화를 했다.

"좋아, 언제 만났으면 좋겠는가?" 그 사람이 물었다.

"글쎄요, 일과가 워낙 빡빡하게 짜여서요." 웬델이 대답했다.

"그럼 좋네. 아침 일찍 자네가 일과를 시작하기 전에 만나도록 하지. 6시 30분이면 어떻겠는가?"

"6시 30분이라고요!" 웬델이 말했다.

"왜? 너무 늦은가?" 그 사람이 대답했다. 그는 웬델이 6시 30분에 다른 스케줄이 잡혀 있을 거라고 생각했다.

"아니면 6시로 할 수도 있겠는데."

마침내 웬델은 자신이 빨라야 7시 45분에 일어난다는 사실을 털어놓았다.

"자네 정말 나와 만나고 싶은 생각이 있는 건가?" 그 남자는 회의적인 태도로 말했다.

이것은 정당한 질문이었다. 이것은 다른 사람에게 시간을 내달라고 부탁하기 전에 당신 자신에게 물어야 하는 질문이다. 그가 당신의 제안을 진지하게 받아들이고, 당신의 목적 성취를 돕기 위해 무엇이든 하겠다고 한다고 생각해 보라. 당신도 똑같은 대가를 치를 준비가 되어 있는가?

3. 당신은 목적을 성취하기 위해 어떤 계획을 세우는가?

우리 대부분은 실패하려고 계획을 세우는 것이 아니라 계획을 세우는 일에 실패한다. 어떤 사람에게 당신의 목적 성취를 도와달라고 부탁할 때, 당신은 여기에 사용할 최소한의 수단을 염두에 두고 있어야 한다. 여기에는 그 밖에 누가 이 과정에 참여할 필요가 있으며, 당신이 어떻게 노력해야 하며, 당신의 계획을 언제, 어디에서 시행할 것인가와 같은 문제를 깊이 생각해야 한다.

당신의 멘토가 될 사람이 이러한 계획들을 수정해 줄 수는 있다. 그러나 그에게 당신이 생각해야 할 것들을 모두 떠맡기지 않도록 하라. 그에게 백지를 그대로 내밀지 말고 간략하나마 계획서를 보여주

라. 내가 말하는 것은 격식을 갖춘 서류가 아니다. 단지 당신이 여러 정황을 깊이 생각했다는 인상을 심어주라. 상세한 부분을 모두 생각지 못했더라도 괜찮다. 하지만 어떤 사람에게 다가가 "안녕하세요, 저는 멘토를 찾고 있습니다"라고 말하고, 그 자리에서 그가 당신 제안을 받아들이길 기대하는 것은 옳지 않다.

최근에 한 여자 친구가 빌을 찾아와 글쓰는 일을 계속하고 싶다고 말한 적이 있었다. 그녀는 빌이 이 분야의 전문가라는 사실을 알고 있었다. 그래서 그녀는 빌에게 그녀의 습작 몇 편을 읽어봐 줄 수 없겠느냐고 물었다. 빌은 그렇게 하겠다고 했고, 그녀는 그에게 세 편의 수필을 보냈다. 그 중 하나는 교회신문에 발표된 것이었다. 이 수필과 함께 그녀는 빌이 원고마감 날짜에 쫓기고 있기 때문에 그녀의 글을 자세히 읽어볼 시간이 없다는 것을 알고 있다는 메모를 보냈다.

이것은 훌륭한 계획이었다. 간단하지만 분명하게 효과적인 계획이었다. 그 여자는 빌에게 그녀가 원하는 것, 빌이 할 수 있는 것 그리고 촉박한 시간 내에 그녀가 기대하는 것이 무엇인지를 말해 주었다. (이 이야기의 핵심이 되는 재미있는 대목은 마침내 빌이 그녀에게 그 수필들에 대해 몇 마디 적어 보냈으며, 아울러 더 많은 습작을 보내 달라는 요청을 했다는 것이다. 그 해 말에 가족과 친구들에게 보내는 성탄절 편지에서, 그녀는 글쓰는 일과 관련해서 빌이 그녀의 '멘토' 임을 넌지시 말했다. 빌은 이 단어가 사용된 것에 대해 움찔했다. 그러나 이 단어에 대해 더 많이 생각할수록, 빌은 자신이 멘토의 역할을 하고 있다는 사실을 더 많이 깨달았다. 이 여자 친구의 계획에 기꺼이 참여함으로써 빌은 작가로서 그녀의 동기와 기술에 지대한 영향을 끼치고 있었다.)

4. 당신의 개인적 성향은 어떠한가?

당신 자신을 안다는 것은 말 그대로 당신 자신을 아는 것이다. 이것은 당신의 인격과 기질, 성향 그리고 기본적으로 다른 사람들을 대하는 태도 등을 알고 인정하는 것을 의미한다.

당신과 멘토의 관계는 매우 개인적일 것이다. 그러므로 멘토를 찾을 때, 당신의 개인적 특징이 큰 비중을 차지할 수밖에 없다. 당신의 특징이 많은 시간을 함께 보낼 멘토의 개인적 특징과 조화를 이루는지 주의깊게 살펴보아야 할 것이다.

멘토 찾기는 사랑 찾기와 비슷하다. 여기에는 유기적인 관련성이 있다. 이것은 단순히 연장자와 연소자가 기계적으로 짝을 이루는 일이 아니다. 회사나 다른 조직의 형식적인 멘토링 프로그램이 이따금 실패로 끝나는 이유가 여기에 있다. 그들은 낯선 두 사람을 한 방에 넣고는 왜 서로간의 대화와 신뢰와 존중이 일어나지 않는지 의아해 한다.

핵심은 당신의 개인적 성향을 파악하는 것이다. 예를 들면, 당신은 주로 일에 초점을 맞추는가, 아니면 관계에 초점을 맞추는가? 외향적인가, 내성적인가? 사상에 매료되는가, 사람에 매료되는가? 열정적인 사람인가, 냉정한 사람인가? 모든 사실들을 관찰하고 분석하여 결론에 도달하는가, 직관에 의해 결론에 도달하는가? 쿼터백(책임 있는 사람)이든 라인맨(헌신적인 플레이어)이든 관계없이 당신의 역할을 기꺼이 수행하는가? 인정받을 때 자극을 느끼는가, 도전받을 때(또는 다른 어떤 것에 의해) 자극을 느끼는가? 이른 아침에 일이 잘 되는가, 늦은 밤에 잘 되는가?

이처럼 당신의 개인적 성향을 평가하는 데 사용할 수 있는 질문은 수십 가지가 된다. 이러한 것을 평가하는 도구도 점점 더 많아지고 있다(276쪽의 '평가 도구'를 보라).

그러나 심리학적 도구에 얽매이지 말라. 당신은 어떤 인성 테스트나 프로필보다 멘토의 관계를 통해 자신에 대해 훨씬 더 많은 것을 알아간다. 또한 이것은 당신이 이러한 관계를 가지려 할 때 당신이 누구인가를 어느 정도 알 수 있도록 도와준다.

왜 그런지 설명하기로 하겠다. 지금은 고인이 된 내 친구 트레버 매버리(Trevor Mabery)는 훌륭한 의사였다. 또한 그는 오늘날 의술을 베푸는 수많은 의사들에게 너무나 귀중한 멘토였다. 때때로 나는 그가 의대생들과 함께 회진을 돌 때 곁에서 지켜본 적이 있었다. 그가 옆에서 남을 돕는 솜씨는 일품이었다. 그는 시간을 내어 환자에게 수술 과정을 설명해 주고, 어느 질문이든지 답해 주며, 심지어 기도까지 해주었다. 그런 다음 입원실 밖에서는 학생들에게 자신의 방법을 설명해 주었다.

그는 학생들의 질문을 받고 대답한 다음 학생들에게 몇 가지 질문을 던졌다. 그는 의술은 '사례'가 아니라 사람을 다루는 것임을 보여주는 멘토링의 전형이었다. 그래서 젊은 의사들은 그를 존경하였다.

1장에서 언급했던 도널드 반하우스 박사와 비교해 보라. 그는 젊은 목회자들이 '전능자'의 개념을 파악하도록 하는 모본이었다. 그러나 그는 사람들과의 관계에서 매우 엄하고 매정했다. 한번은 그가 내게 텍사스 틸러의 제일장로교회에 설교 약속이 있으니 좀 태워다 달라고 부탁을 했다. 그는 설교를 막 시작하기 전에 교인들에게 기도로 인사를 나누자고 했다. 기도가 시작되는 순간 그 교회의 올겐 연주자가 항상 하던 대로 반주를 하기 시작했다. 그런데 반하우스 박사가 기도를 중단하고 올겐 연주자를 향해 이렇게 말했다. "그만

하세요, 자매님! 저는 음악을 사랑하지만, 기도하는데 음악을 연주하는 것은 딱 질색입니다!" 말할 것도 없이 그녀는 그가 반주 없이 기도하도록 내버려 두었다.

그 뒤 교단의 중요한 한 사람을 소개하는 시간이 있었다. 그는 많은 사람들이 알고 있는 유명인사였다. 하지만 반하우스 박사는 그 사람을 가리켜 "일류 부흥사이자 이류 심리학자이지만 결코 복음 전파자는 아니다!" 라고 거침없이 말해 버렸다.

또 한번은 이런 경우도 있었다. 그가 어느 장로교회 목사 위임식에 초대된 적이 있었는데 그 목사에게 이렇게 경고했다. "결코 노회장이 되지 마십시오. 노회장이 되면 타협하지 않을 수 없기 때문입니다." 노회장이 그 강단에 없었다면 이 말이 그냥 넘어갈 수도 있었을 것이다.

반하우스는 언제나 자신의 생각을 거침없이 내뱉었다. 그것이 정치적으로 옳은가 옳지 않은가는 관심 밖이었다. 그러므로 그와 함께 있으면 최소한 당신의 현 위치에 대해서는 알게 될 것이다. 그러나 당신이 어느 정도 동정과 인내와 따사로움이 필요한 사람이라면, 그는 당신에게 적합한 사람이 아니다.

멘토를 찾기 시작할 때, 당신의 개인적 성향에 주의를 기울이도록 하라. 그러나 당신과 똑같은 사람을 찾을 필요는 없다. 사실 당신의 성격을 보충해 주며 당신에게 없는 장점을 가진 사람으로부터 더 많은 유익을 얻을 수 있다. 그러나 기질과 대인관계와 자연적인 성품이 당신과 완전히 대조되는 사람을 멘토로 삼고 그의 자격과 모습에 당신을 그대로 맞춘다면 더 큰 어려움에 빠지게 될 것이다.

5. 당신은 어떻게 배우는가?

어떤 의미에서는 학습형태가 가장 중요할 수 있다. 멘토링은 발전적인 과정이다. 그리고 이것은 당신의 배움이 계속될 것임을 의미한다. 어떤 학습방법이 당신에게 가장 효과적인지 알고 있다면 당신의 학습속도는 훨씬 더 빨라질 수 있다.

이 점에 있어 불행하게도 우리의 교육제도는 그다지 유익하지 못했다. 기존의 교육은 노트에 있는 내용을 시험지에 그대로 옮기는 능력을 '학습'으로 규정했다. 사실, 당신도 한 번은 다음과 같은 경험을 한 적이 있을 것이다.

시험지를 받아 보니 거기엔 '이러이러한 것에 대해 논하라'고 되어 있었다. 그래서 당신은 그것에 대해 논했다. 그 다음 수업 시간에 당신이 받아 든 답안지에 커다랗게 'C'라고 적혀 있었다!

솔직히 'A'를 기대하진 않았다. 그러나 'C'를 받으리라고는 생각지 않았다. 더욱이, 당신은 답안지를 읽고 수업시간에 필기한 노트와 비교해 보고는 이렇게 생각하기 시작한다. "세상에 내가 어떻게 'C'를 받을 수 있어? 교수님이 수업시간에 말씀하신 것을 정확하게 썼는데 말이야!"

그래서 당신은 교수를 찾아가 이렇게 저렇게 따진다. 그러면 교수는 당신의 답안지를 다시 한 번 읽어본다.

"교수님, 이거 잘못된 것 아니에요?" 마침내 당신은 이렇게 묻는다. 그러면 교수님은 이렇게 대답하신다.

"아니 전혀 잘못되지 않았는데. 자네 잘못은 내가 수업시간에 말한 단어들을 사용하지 않았다는 걸세."

내 경우처럼, 당신도 이런 일을 당하면 손톱으로 벽을 할퀴게 되지 않는가? 이것은 지적 부정직이다! 당신도 알다시피, 교수가 실제로 원하고 당신이 시험지에 써야 하는 것은, 교수 자신의 말을 그대로 다시 옮겨놓는 것이다. 즉, "부디 내가 사용했던 단어들만 사용해서 기술하라"를 요구하는 것이다.

신학교 교수로서 나는 학생들이 수업시간에 내가 말한 것을 앵무새처럼 다시 시험지에 옮길 수 있느냐에 대해서는 조금도 관심이 없다. 내가 알고 싶은 것은, 그들이 하나님께서 그들을 부르신 분야에서 일할 수 있느냐는 것이다. 그들이 수업시간에 적은 노트만 가지고 있다면, 그들은 얼마 못 가 연료가 떨어지고 말 것이다. 그러나 그들을 도와 스스로 배우는 방법을 터득하게 해주었다면 그들은 계속해서 달릴 수 있을 것이다.

당신은 어떤 방법으로 가장 잘 배우는가? 어떤 사람들은 읽기를 좋아한다. 그들에게는 도서 대출 카드가 배움의 열쇠이다. 어떤 사람들은 행동을 통해 배운다. 이들은 직접적인 경험을 통해서만 어떤 진리를 파악할 수 있다. 어떤 사람들은 단체 속에서만 배울 수 있다. 이들은 다른 사람들로부터 자극을 받고 한 팀의 일원이 됨으로써 활발히 활동한다. 어떤 사람들은 일차적으로 다른 사람이 하는 것을 보고 배운 다음, 자신이 직접 그것을 해본다. 배우는 방법은 각양각색이다. 당신의 학습방법을 아는 것은 개인적 성장과 발전을 위해 당신이 할 수 있는 최선의 것이다.

당신만의 독특한 학습방법이 무엇인지 알 수 있도록 당신을 도와주는 방법이 하나 있다. 당신이 전혀 사용해 본 적이 없는 것을 선물 받았다고 해보자. 자전거든 스키든 컴퓨터든 무엇이든 좋다. 당신은 이러한 것들을 어떻게 배우겠는가? 매뉴얼을 꺼내놓고 처음부터 끝까지 읽겠는가? 그렇지 않으면 매뉴얼은 무시하고 그저 막무가내로 달려들어 시행착오를 거쳐 배우겠는가? 그렇지 않으면 친구에게 전화를 걸어 가르쳐 달라고 하겠는가? 그렇지 않으면 학원에 등록하겠는가?

배우는 데는 '옳고', '그른' 방법이 없다. 문제는 '당신이 어떻게 배우느냐?' 이다. 당신에게 가장 효과적인 방법은 어떤 것인가? 당신의 과거를 돌이켜보면, 당신이 새로운 정보나 기술을 가장 빨리 습득했던 때와 가장 느리게 습득했던 때를 기억할 수 있을 것이다. 당신의 이상적인 학습방법이 무엇이냐에 따라 어떤 환경에서 어떤 종류의 사람이 당신의 목적 성취를 가장 잘 도와줄 수 있느냐가 결정된다.

목적, 우선순위, 수단, 개인적 성향, 학습 방법, 이러한 것들과 관련하여 자신을 더 많이 알면 알수록 당신은 적절한 멘토를 찾고, 만나서 유익을 얻을 가능성이 더 커진다. 이러한 질문에 대답하다 보면 당신이 멘토를 맞을 준비가 되어 있는지, 있다면 어떤 멘토를 찾아야 하는가를 알 수 있을 것이다. 또한 이것은 당신이 멘토를 찾고 있는 사람인가도 알 수 있게 해줄 것이다. 이 문제에 대해서는 다음 장에서 이야기하도록 하겠다.

제4장

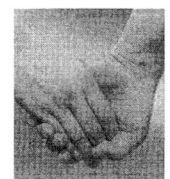

멘토가 찾는 것

매년 봄이면 치르는 행사들이 있다. 그 중에 NFL(전미국 프로 미식축구 리그)의 대학 졸업 선수 선발도 있다. 다른 종목의 프로팀들도 선수 선발을 한다. 그러나 그 규모나 흥미 면에서는 NFL에 비길 바가 못 된다. 내가 살고 있는 달라스에서도 NFL 신인 선수 선발은 아주 큰일이다. 그래서 라디오 방송사들은 중간 중간에 화려한 해설을 실어 드래프트 (draft - 신인 선수 선발 제도) 전과정을 생중계한다.

드래프트의 핵심은 리그에 참가하고 있는 모든 팀에게 각자의 기준에서 그들에게 가장 도움이 될 것이라고 믿는 선수를 뽑을 합당한 기회를 주는 것이다. 물론 이러한 선수 선발을 전문적으로 하는 사람들이 있다. 따라서 꼭 필요한 선수들을 선발하는 일은 이제 아주 정교한 기술이 되었다.

그러나 프로 선수 선발은 길거리 야구나 농구에서 상대팀을 이기기 위해 좋은 선수를 자기편에 속하게 하는 것과 실제로 전혀 다르지 않다. 두 경우 모두 핵심은 최고선수를 뽑는 것이다.

선발과정

'제자선발과정'에도 이와 유사한 과정이 적용된다. 물론 과장해서 말하고 싶지는 않다. 솔직하게 말하고 싶다. 현재 제자를 찾고 있는 스승들보다 스승을 찾고 있는 제자들의 수가 훨씬 더 많다. 그렇지 않기를 바라지만 이것은 엄연한 현실이다. 이 현실을 바라보면서 기도하는 것은, 이 책과 수많은 다른 노력이 현재의 상황을 바꿀 수 있었으면 하는 것이다. 그러나 현실은, 멘토의 역할을 기꺼이 맡으려는 사람이 있다면 그에게 수백 명의 제자들이 몰릴 상황이다.

이것은 불가피하게 선택과정이 생김을 의미한다. 멘토의 역할을 맡을 만한 사람들은 지나치게 많은 제자들에게 신청을 받는다. 그 결과 이들은 시간을 누구에게 투자할 것인가를 선택해야 한다. 모두 받아줄 수는 없다(이것은 공정치 못하다고 생각할 수도 있다. 그러나 예수께서도 그를 따르는 수백 명 가운데 열 둘을 선택하셨다는 사실을 기억하라.).

이것은 멘토 찾기를 전혀 다른 국면으로 이끈다. 지금까지 나는 멘토 찾기를 마치 당신이 나가서 일련의 멘토 후보자들과 인터뷰해서 당신 자신이 멘토를 선택하는 것처럼 말해 왔다. 그러나 실제로는 멘토가 제자를 선택할 가능성이 더 크다. 그러므로 문제는 당신이 '선발' 과정에서 어떻게 하면 제외되지 않을까 하는 것이다. 멘토는 어떤 사람을 찾으며, 당신은 멘토가 찾는 그런 사람인가?

제자의 프로필

멘토는 그들의 시간과 정열과 지혜와 사랑을 구하는 사람들을 평가한다. 이 때 멘토는 각각 다른 것들을 본다. 다시 말해, 각각 다른 기준을 가지고 제자가 될 사람들을 평가한다. 내가 제자를 선발할 때 가장 중요하게 생각하는 것은, 그 사람이 누구이며, 어떤 종류의 사람인가 하는 것이다. 그러나 멘토가 제자와 중요한 관계를 갖기 전에 공통적으로 알고 싶어하는 것들이 있다. 이제 그것들에 대해 생각해 보기로 하자. 여기 제자의 프로필을 보여주는 다섯 가지 질문이 있다. 이 질문을 읽고 자신에게 '나는 어떤가?' 라고 물어보라.

1. 목표 지향적인가?

내 직업에서 가장 불편한 점 중 하나는 여행을 많이 해야 한다는 것이다. 당신에게는 이것이 그리 나쁘게 들리지 않을지도 모른다. 사실 사람들은 내게 자주 이렇게 말한다. "이봐 하워드, 세계 각국 아름다운 곳을 여행하면서 여러 부류의 사람을 만나는 일이야말로 정말 매력적이지 않은가?" 나는 사람들과 내 사역을 사랑한다. 그리고 새로운 지역들을 방문하는 일도 재미있다. 그러나 그곳에 가고 또 돌아오는 것은 그저 매력적일 뿐이다.

어쨌든 내가 지금까지 여행하는 중에 다음과 같은 일은 없었으며, 당신에게도 그런 일이 없기를 바란다.

내가 달라스 국제공항에서 시카고행 비행기를 탔다고 생각해 보

라. 비행기가 이륙한 지 20분 후에 조종사가 스피커를 통해 이렇게 말한다.

"승객 여러분, 안녕하십니까? 우리는 지금 고도 32,000 피트로 순항하고 있습니다. 이 비행기는 시카고로 가게 되어 있었습니다. 그런데 제가 잘못해서 그저 빙빙 돌면서 시골 구경이나 하는 것으로 생각했었습니다. 그래서 지금은 시카고로 갈 수 없습니다. 연료가 떨어지면 언제든지 착륙하겠습니다. 어디에서 착륙할지는 전혀 모릅니다. 그저 무슨 일이 일어날지 지켜보는 수밖에 없습니다."

이러한 비행 계획은 어리석을 뿐만 아니라 위험하다! 그러나 많은 사람들이 이와 조금도 다를 바 없는 인생을 살고 있다. 그냥 여기저기 배회하며 비행하고 있을 뿐이다. 그들은 어디로 가고 있는가? 전혀 알 수 없다. 분명히 그들은 알지 못한다. 더욱 나쁜 것은 그들이 자신의 삶에 대해 전혀 신경을 쓰지 않는다는 것이다. 그들은 '내가 어디에서 끝나든지 상관없어' 라는 태도를 취한다.

자신의 일(직장)에서 이러한 태도를 취하는 사람은 거의 없다. 그러나 놀라운 것은 결혼에서, 자녀들과의 관계에서, 영적인 삶과 개인의 삶 등에서 이러한 태도를 취하는 사람들이 많다는 것이다. 이들은 방향이나 목표 없이 그저 표류할 뿐이다.

내가 일찍이 목표설정과 그 목표의 우선순위를 정하는 일의 중요성을 지적한 것도 바로 이 때문이다. 나는 목표설정과정을 자세히 말했다. 내게 목표를 잘 설정한 사람을 보여달라고 하면 나는 당신에게 목표 성취의 길로 매진하고 있는 사람을 보여줄 것이다. 반대로 내게 목표가 뚜렷하지 못한 사람, 더 나쁘게는 목표가 없는 사람을 보여달라고 부탁하면 나는 당신에게 허공에 발을 두고 어느 곳으로도 가지 못하고 연료가 떨어질 때까지 빙빙 돌기만 하는 사람을 보여줄 것이다.

    멘토가 될 어떤 사람도 자신이 어디로 가고 있는지 모르는 사람과 일하고 싶어하지 않는다. 왜 무모한 짓을 하겠는가? 당신도 알다시피, 어떤 사람이 목적지에 도달하는 데 관심이 없다면(어떤 목표도 없다면) 그 사람을 도울 방법이 없다. 내가 제멋대로 날고 있는 비행기의 조종사에게 올라가서 "이봐요, 시카고로 가려면 비행기를 북쪽으로 돌려야 돼요!"라고 말할 수는 있다. 그러나 조종사가 비행기가 어디로 가든지 관심이 없다면 나는 결국 시간낭비만 하는 꼴이 된다. 그는 잠시 동안 항로를 시카고로 돌려놓을지 모르지만 내가 자리로 돌아간 후에는 또 항로를 제멋대로 할 것이다.

    당신은 인생 항로에서 방황하고 있는가? 그렇지 않으면 한 목표를 향해 곧바로 나아가고 있는가? 당신은 정확한 목적지를 정하지 못했을 수도 있다. 하지만 괜찮다. 멘토가 목적지 설정을 도와줄 것이다. 또한 당신은 항로에서 벗어나 있을 수도 있다. 그러면 멘토가 항로를 바로잡아줄 것이다. 그러나 당신이 어디로 갈지를 정하지도 않고 관심도 없다면, 잘못된 항해가 있을 수도 없고 어떤 발전도 있을 수 없다.

2. 도전적인 임무와 더 큰 책임을 적극적으로 찾고 있는가?

    제자교육은 전적으로 개인의 성장 및 발전과 관계된다. 따라서 가르칠 수 있는 최적의 인물은 자신의 능력을 증대시키고 싶어하는 사람이어야 한다. 그는 이미 올 수 있는 곳까지 다 왔다는 말을 받아들이길 거부하는 사람이다. 그는 새로운 산을 정복하고 더 큰 전문 지식을 얻기 위해 언제나 현재의 편안한 자리를 박차고 나가길 원하는 사람이다.

내가 소년이었을 때 친구가 되어 준 월트가 그 같은 사람이었다. 사실 그가 나를 발견한 것은 바로 이러한 그의 태도 때문이었다. 그는 우리 동네 개척교회의 교인이었다. 어느 날 그는 교회학교 부장에게 가서 "교회학교에서 한 학급을 맡아 가르치고 싶습니다"라고 말했다.

초등학교도 제대로 못 나온 사람이 그런 말을 하다니, 참으로 놀랄 만한 일이었다. 내가 교회학교 부장이었다면 어떤 말을 했을 것 같은가? "하, 하! 이보게 월트, 교회학교 교사라고! 자네 학교교육은 얼마나 받았는가? 아기들이나 보는 게 어떻겠는가? 자네라면 기저귀를 갈거나 뭐 다른 일도 할 수 있지 않은가? 내 생각엔 자네에게 그 일이 더 맞을 것 같은데, 그렇지 않은가? 내가 말하고 싶은 것은 교회학교 교사가 되는 일에 무엇이 필요한지를 자네가 모르고 있다는 걸세."

나는 월트의 교회학교 부장이 왜 그렇게 생각했는지는 알 수 없다. 내가 아는 것은, 그가 "자네에게 한 학급도 맡겨줄 수 없네"라고 말했다는 것뿐이다.

대부분의 사람들은 이 시점에서 돌아섰을 것이다. 많은 사람들이 안도의 한숨을 쉬었을 것이다. "휴! 겨우 총알을 피했어!"라는 것이 일반적인 태도일 것이다. 그러나 월트는 전혀 달랐다. 그는 계속해서 교회학교에서 가르치고 싶다고 고집을 부렸다. 그래서 결국 부장은 "좋아, 가서 아이들을 모아봐, 그리고 자네가 찾은 아이들은 자네가 가르치게"라고 말했다. 이렇게 해서 월트는 교회학교 교사가 되었다.

이것이야말로 월트가 내게 보여준 얼마나 훌륭한 귀감인가! 월트는 현재에 만족하지 않고, 다음 영역을 찾는 일에 훌륭한 본을 보여주었다. 당신도 이처럼 자라야겠다고 생각하고 개인적인 도전에서 성취할 다음 단계를 정했는가? 당신은 바로 이러한 일을 통해 그리스도의 제자로써 성숙할 수 있다. 바울은 "그리스도 예수 안에서 하나님이 위에서 부르신 부름의 상을 위하여" 끊임없이 앞으로 나아가며 좇아간다고 했다(빌 3:13-14). 그는 인격적, 영적 성장과정을 묘사하고 있다. 성장하기 위해 우리는 지나치게 편안하고 만족스러운 데 머무르지 말고 그 너머의 것을 추구해야 한다.

그러나 우리 중 많은 사람들이 따뜻한 불 곁에 있는 고양이처럼 꾸벅꾸벅 졸며 반쯤 잠들어 있는 것 같아 걱정이다. 엔진은 8기통짜리를 달고 있으면서 겨우 네 개의 실린더밖에 사용하지 못하는 사람들을 너무나 많이 만난다. 그들은 트랙을 질주하는 대신 그저 타성에 젖어 움직일 뿐이다. 하나님께서는 그들에게 놀라운 은사와 능력과 믿을 수 없을 만큼 많은 기회를 주셨다. 그러나 그들은 편안한 생활에 안주함으로써 이러한 자원을 대부분 낭비하고 있다.

당신은 이보다 더 낫기를 원하는가? 당신은 운동장을 박차고 진짜 승리가 쟁취되는 전장으로 나가길 원하는가? 그렇다면 당신은 장차 멘토가 될 사람의 관심을 훨씬 더 많이 끌 수 있다. 멘토는 구경꾼이 아니라 미래의 챔피언을 찾고 있기 때문이다.

3. 매사에 주도적인가?

언젠가 맥도날드 체인에서 '우리는 당신을 위해 모든 것을 합니다' 라는 슬로건을 내걸고 광고를 한 적이 있었다. 이 광고는 손님이 왕인 세계에서 사람들의 마음을 사로잡았다. 그러나 당신은 멘토에게 모든 것을 해 달라고 요구해서는 안된다. 멘토가 그 모든 것을 할 수는 없다. 어느 정도는 당신이 먼저 시작해야 한다. 당신은 어느 정도 스스로 시작해야 한다. 이것이 바로 멘토가 찾고 있는 사람이다. 다시 말해, 멘토는 스스로 계획을 세우고 행동하는 사람을 찾는다.

언젠가 자기 발전에 소극적인 사람을 도우려 한 적이 있었다. 그는 내가 모든 것을 해주길 기대하고 있었다. 그래서 어느 날, 나는 그를 시험해 보았다. "지난번에 만났을 때, 자네가 해야 할 네 가지를 이야기했던 것으로 아는데 혹시 그 네 가지를 기억하고 있는가?

그는 헛기침만 하고 "에, 에" 하다가 그 중 셋을 말했다. 하지만 그는 그 중 하나도 실천하지 않았다. 그래서 나는 문을 가리키며 "준비가 되면 오게"라고 말했다.

그 뒤 그는 오지 않았다. 솔직히 말해, 그 때 나는 마음이 심란했다. 한편으로는 실제로 엄청난 능력을 가진 사람이 수동적인 대인관계 때문에 고통을 당하는 것이 큰 비극이라는 생각이 들었다. 그렇지만 다른 한편으로는 그에게서 벗어났다는 안도감을 느꼈다. 왜냐하면 수동적인 제자는 멘토의 시간과 정열을 소모시킬 뿐이기 때문이다. 나의 시간과 정열 두 가지는 모두 한계가 있다. 그래서 나는 일단 불을 붙여주면 스스로 타오르는 사람들에게 내 시간과 정열을 쏟고 싶다. 당신의 멘토가 될 사람도 나와 똑같은 생각일 것이다.

조셉 스토웰(Joseph Stowell)은 매사에 주도적인 사람이었다. 그는 지금 무디성경연구소 소장으로 일하고 있다. 조셉은 신학교 시절 내 제자였다. 내가 그를 처음 만났을 때, 그는 스윈돌처럼 이미 선교에 헌신된 사람이었다. 그는 보기 드물게 배우는 일에 적극적이었으며, 어떤 일을 아는 것과 아는 것을 실천에 옮기는 일에 아주 적극적이었다. 수업이 끝난 후, 그는 아직 충분히 배우지 못했다는 듯이 나를 찾아와 여러가지 질문을 하곤 했다.

사실 조셉의 성장은 그의 주도적인 자세 덕분이었다. 그는 이미 자신의 발전계획을 모색하고 있었다. 나는 그가 그의 길 곧 하나님께서 그에게 의도하신 길을 가도록 우연히 그의 곁에서 도와주었을 뿐이었다.

이처럼 스스로 일을 시작하는 사람이 이상적인 제자이다. 왜냐하면 이 경우, 멘토는 아주 적은 정열을 투입하고도 엄청난 성과를 거둘 수 있기 때문이다. 사실 스스로 시작하는 사람에게는 멘토가 거의 필요없다. 그는 자신을 스스로 발전시키기 때문이다. 그러나 아이러니컬하게도 그가 스스로 성공할 수 있는 것은 그의 발전에 필요한 비법을 가진 사람들을 찾아내기 때문이다.

국립 정신건강연구소의 지원을 받아 2년 동안 사업계의 멘토링 관계를 연구한 미첼 제이(Michael Zey)라는 사회학자가 있다. 그는 한 회사 부사장이 다음과 같이 말하는 것을 들었다. "당신은 운명이 가져다주는 것을 당황하면서 받아들인다. 만일 그렇지 않다면 당신은 더 의식적인 방법으로 당신의 삶을 살 수 있다." 이것은 주도권을 가지라는 말이다. 그저 경기장 옆 줄 밖에만 앉아 있지 말라! 운명이 당신을 마음대로 가지고 놀도록 내버려두지 말라! 로마의 어느 시인이 말했듯이 하루를 잡아라!

당신은 어떻게 하루를 잡는가? 한 젊은 사장이 제이에게 이렇게 설명했다. "저는 다른 사람이 언제든지 제게 부탁할 수 있도록 했습니다. 저는 제 멘토에게 언제라도 부르면 달려갈 준비가 되어 있다는 점을 분명히 인식시켰습니다. 요즘 저는 스케줄이 꽉 짜여 있어 아주 바쁩니다. 하지만 저는 처음부터 멘토에게 이렇게 말했습니다. '여기 제 전화번호입니다. 문제가 생겨 제가 필요하면 언제라도 좋습니다. 주저하지 마시고 전화만 주십시오.'"

이러한 주도적인 자세가 사업계에도 적용되는데 하물며 인격적이고 영적인 발전에서는 얼마나 더 많이 적용될 수 있겠는가? 이러한 주도적인 자세를 보인다면 어떤 멘토도 당신을 마다하지 못할 것이다. 이것은 이렇게 말하는 것과 같다. "저는 이런 상태에 있습니다. 미칠 것만 같습니다. 그런데도 당신은 다른 데 시간을 보내고 계십니다. 왜 저에게 시간을 내주지 않으십니까? 저는 제대로 된 사람입니다. 당신의 시간을 투자할 가치가 충분한 사람입니다."

4. 배우려는 열심이 있는가?

내 열정은 가르치는 것이다. 이것은 학생들이 배우도록 독려하는 일에 내 평생을 바쳤다는 뜻이다. 당신이 내 수업에 들어온다면 나는 최선을 다해 당신이 배울 수 있도록 할 것이다.

그러나 개인적인 경험에서 당신에게 해줄 수 있는 말이 있다. 그것은 오늘날 멘토링 관계를 포함하여 대부분의 교육상황에서 학습 동기는 배우는 자인 당신에게 달려 있다는 것이다. 당신이 배우는 데 열심이 없다면 기꺼이 당신을 가르치려는 사람도 없을 것이다. 그들은 당신의 호기심과 상상력에 불을 당기는 데 필요한 정열을 그저 쏟으려 하지는 않을 것이다.

반면에 당신의 눈이 이글거리면서 지혜로운 사람이 당신에게 줄 수 있는 모든 것을 받아들일 자세가 되어 있다면, 멘토의 관심을 끄는 데는 어려움이 거의 없을 것이다.

더글라스 하이드(Douglas Hyde)는 1930년대와 40년대 영국 공산당의 주요 지도자였다. 그러나 그는 1948년에 그리스도인이 되었다. 후에 그는 「헌신과 지도력」(*Dedication and Leadership*)이라는 멋진 작은 책을 썼다. 이 책에서 그는 공산주의자의 지도자 양성법이 그리스도인의 지도자 양성법과 전혀 다르지 않다는 사실을 지적했다. 하이드가 발견한 한 가지 유일한 차이점이라면 공산주의자들이 실제로 그리스도인들의 방법을 채용했다는 것이다.

하이드는 그의 책에서 짐(Jim)이라는 한 젊은이를 다루는 데 한 장 전체를 할애했다. 짐은 어느 날 하이드가 강연을 끝낸 후에 그를 찾아온 젊은이였다. 그 강연에서 하이드는 공산당은 지도자 훈련을 기꺼이 받으려는 사람이면 누구든지 받아들여 지도자로 만들 수 있다고 자랑스럽게 주장했다. 짐을 대충 훑어본 다음, 하이드는 짐이 '지도자가 되려는 열정적인 열망을 가진' 사람이라고 생각했다. 사실 하이드는 "내가 그를 보았을 때, 나는 내 생애에서 그 친구만큼 지도자가 될 소질이 없는 사람을 본 적이 없다는 생각을 했다"고 말하고 있다.

하이드에 따르면, 짐은 키가 아주 작은 데다 뚱뚱하기까지 했으며, 얼굴은 창백했고 눈은 작았다. 그리고 그에게는 최악의 약점이 있었다. "말 그대로 그가 내게 와서 이렇게 말했습니다. '도, 도, 도…동지, 저, 저, 저… 저를 바, 바, 받아주셔서 지, 지, 지… 지도자로 마, 마, 만들어주셨으면 합니다.' 나는 짐을 바라보면서 도대체 어떻게 해야 할지 걱정이었습니다. 그 때 나는 혼자 이렇게 생각했습니다. '그래, 내가 강연에서 우리는 누구든지 지도자 훈련을 기꺼이 받고자 하는 사람을 받아들여 지도자로 만들어줄 수 있다고 말하지 않았던가. 그리고 지금 짐은 내가 자신을 그렇게 만들어주길 간절히 바라고 있지 않은가.' 그래서 나는 그 일을 시작했습니다."

그런 다음 하이드는 이렇게 쓰고 있다. "당신은 내가 한 가지 조건밖에 말하지 않았다는 것을 알게 될 것입니다. 그것은 지도자가 되려는 사람은 기꺼이 훈련을 받을 자세가 되어 있어야 한다는 것입니다. 이것은 마음가짐을 말하며, 짐은 이미 그런 마음가짐이 되어 있었습니다. 그 순간 그 마음가짐은 내가 의지해야 하는 것의 유일한 것이었습니다."

그 한 가지 조건, 즉 한 가지 태도는 무엇이었는가? 그것은 배우려는 열망, 기꺼이 훈련을 받으려는 태도였다. 이것은 짐이 가진 전부이기도 했다. 그러나 이것은 지도자 훈련을 받는 데 매우 충분한 조건이기도 했다.

짐은 여러 달 동안 강의에 나와 공산주의 철학, 역사, 전략 등에 대한 지도자들의 토의에 귀를 기울였다. 그러자 그들이 짐에게 개인 교수를 한 명 붙여주었다. 그 다음 그들은 짐을 일터로 보내 다른 사람들과 관계를 형성하고 그들에게 점차로 공산주의 사상의 씨앗을 심게 했다. 마침내 그들은 짐을 공적인 연설회까지 참여시켰다.

하이드는 이렇게 썼다. "짐은 공산주의 사상이 싫어졌습니다. 그럼에도 불구하고 그는 배움을 통해 자신에게 분명한 잠재력이 있다는 사실을 깨달았습니다. 그래서 그는 계속했습니다. 우리는 그를 훌륭한 연설가로 만들지 못했으며, 심지어 그의 말더듬도 고쳐주지 못했습니다. 하지만 그가 자신에 대한 신뢰를 갖게 되었을 때 그의 말더듬은 좋아졌습니다. 그리고 말더듬이 그가 말하는 데 전혀 도움이 되지 않는 장애물만은 아니었습니다."

마침내 짐은 그가 다니는 회사의 지방 운송 조합의 지도자가 되면서 공산당의 국가적 지도자이자 핵심인물이 되었다. 하이드가 말했듯이 "내가 만났던 사람들 중에서 가장 볼품없고 미래가 없는 것으로 보였던 짐이 마침내 지도자가 되었습니다."[1]

이 사람의 삶과 정열이 그 나라를 위해 쓰여지지 못했다는 것은 비극이다! 하지만 더 큰 비극은 오늘날 짐과 같은 수없이 많은 사람들이 외견상 유망해 보이지 않는다는 이유 때문에 무시당하고 있다는 사실이다. 우리가 "나를 지도자로 만들어주세요!"라고 외치는 사람의 내면에 관심을 기울일 수만 있다면 이런 일은 없을 것이다.

그러나 꼭 기억해야 할 것은, 짐이 발전할 수 있었던 열쇠는 공산주의자가 되는 법을 배우고자 하는 그의 끊임없는 열정이었다는 것이다. 그는 가르쳐줄 것을 요구했다. 그의 요구를 거절해서는 안되었다. 그가 가진 한계가 장애가 되지 않았다는 것은 전혀 놀라운 일이 아니다. 1930년대와 40년대에 언어장애가 영국 노동자들에게 어떤 차이를 가져다주었겠는가? 그들의 세계는 완전히 뒤집어지고 있었으며, 심지어 재난에 처할 극한 상황에 놓여 있었다. 당시에는 권위를 가지고 말할 수 있는 사람이라면 그의 발음이 아무리 형편없더라도 사람들로 하여금 그의 말에 귀기울이게 할 수 있었다. 짐은 계속 강의에 참석해서 자신이 무엇을 배워야 하는가를 배웠으며, 마침내 사람들을 이끌 수 있는 자격을 갖추게 되었다.

당신은 짐처럼 배우는 데 열성적인가? 호기심이 있으며 배우려는 자세가 되어 있는 사람의 배움을 가로막을 길은 없다. 당신에게 무엇인가 가르쳐줄 것이 있는 사람들은 하나같이 당신으로 하여금 그들의 지혜의 잔을 마시게 할 것이다. 당신이 정말 배우는 일에 관심이 있음을 그들에게 확신시키기만 한다면 말이다. 당신은 이러한 사람들에게 호소할 것이다. 왜냐하면 그들은 배우고자 하는 꺼지지 않는 열망을 가진 사람들에게 기꺼이 응답하기 때문이다.

5. 자신의 성장과 발전을 위해 기꺼이 책임을 지는가?

최근에 빌은 「떠나는 사람들과의 인터뷰: 사람들이 교회를 떠나고 있는 이유를 말해 주는 이야기들」(*Exit Interviews: Revealing Stories of Why People Are Leaving the Church*)이라는 책을 썼다. 그는 '환멸을 느낀 24명의 그리스도인들'과 인터뷰를 했는데, 이들은 이런 저런 이유에서 교회나 교회 관련 기관들을 떠나기로 마음먹은 사람들이었다.

이 책 마지막에서 빌은 교회 안에 있든 밖에 있든 모든 독자에게, 궁극적으로 우리가 각자의 영적 성장을 책임져야 한다는 것을 상기시켜주고 있다. 이상적으로 볼 때, 교회가 이 과정에서 실제적으로 도움을 줄 수 있다. 그러나 최종적인 책임은 언제나 각 개인의 몫이다.

빌은 우리의 유동적이고 변화하는 문화 때문에, "당신은 더 이상 한 교회나 다른 기관에게 요람에서 무덤까지의 지원을 기대할 수 없다"고 말한다. "마찬가지로, 어느 누구도 당신과 함께 당신의 영적 순례의 길을 가주지 않을 것이다. 나는 아무도 당신에게 관심을 보이지 않는다고 말하는 것이 아니다. 내가 말하는 것은 영적 성장을 위한 장기적인 책임이 교회로부터 개인 신자인 당신에게로 옮겨졌다는 것이다."[2]

그러므로 문제는 '당신이 이 책임을 다하기 위해 무엇을 하고 있는가?' 또는 '당신은 누군가가 당신에게 해야 할 일을 말해 주고 당신의 삶을 대신 경영해 주기를 기대하고 있는가?' 이다. 만일 그렇다면 당신은 상당히 실망하게 될 것이다. 왜냐하면 그 어느 누구도 당신에게 그런 친절을 베풀어주지 않을 것이기 때문이다. 더 심하게 말하자면, 누군가가 당신의 삶을 떠맡았다고 해도 분명히 당신을 파멸로 인도할 것이다.

자산이 수십 억 달러에 달하는 복합기업인 서비스 매스터(Service Master) 사를 방문한 적이 있다. 그 기업의 목표는 다음과 같았다. '모든 일에서 하나님께 영광을 돌리는 것, 사람들의 발전을 돕는 것,

탁월함을 추구하는 것, 이윤을 늘려가는 것.' 건강관리, 주택 및 상가 청소, 방역, 잔디 손질, 그 외 다른 많은 서비스를 하고 있는 이 회사는 종업원에 대한 신뢰도가 대단했으며 종업원도 회사에 대해 강한 충성심을 가지고 있었다.

그래서 나는 지금은 고인이 된 켄 핸슨(Ken Hanson) 사장에게 물었다.

"사장님께서는 회사 직원들을 어떻게 독려하십니까?"

그의 대답은 간단했다.

"그들 스스로 독려합니다."

그런 다음 그는 계속해서 설명해 주었다.

"우리 회사는 사람을 채용할 때, 그 사람이 자신의 분야를 알고 있다고 전제합니다. 그렇지 않다면 우리는 그를 채용하지 않았을 것입니다. 우리가 그 사람의 목표를 정해 주지 않는 것도 바로 이 때문입니다. 대신에 우리는 '당신이 생각하기에 현실적인 목표는 무엇입니까?'라고 묻습니다. 우리는 그가 목표를 설정하도록 내버려둡니다. 그러면 그 사람은 우리가 생각했던 것보다 훨씬 더 높은 목표를 설정하는 것이 보통입니다. 그러나 그가 어떤 결정을 내리든 내버려둡니다. 그리고 한 해를 되돌아볼 때, 우리는 바로 그 목표에 대해 그에게 책임을 묻습니다."

이것은 사람들로 하여금 자신들의 성장과 발전을 책임지도록 도와주는 것에 관한 너무나 훌륭한 설명이다. 멘토로서, 내가 가장 하기 싫은 것은 제자의 목표를 정해 주는 것이다. 내가 더 행복하게 느끼는 일은, 그가 세운 목표를 달성할 수 있도록 그를 도와주는 것이다. 나는 그가 자신의 인생에서 해야 할 일을 대신 찾아주는 책임을 떠맡지도 않을 것이고, 그가 해야 될 일을 대신 해주지도 않을 것이다. 그가 내려야 할 결정을 대신 내려주지도 않을 것이다. 왜냐하면 나는 책임을 질 수 없기 때문이다. 그의 인생은 그의 것이기 때문이다. 궁극적으로 그의 인생에 책임이 있는 사람은, 바로 그 자신이기 때문이다.

오늘날 너무나 많은 사람들이 손에 감정의 케이블을 잡고 배회하면서 그것을 연결시킬 곳을 찾고 있다. 나는 이들이 스스로 먹이를 찾는 법을 결코 배우지 않으면서 다른 사람의 진을 다 빨아먹으려는 것으로 생각된다. 이것이야말로 얼마나 건강하지 못한 삶의 자세인가!

바울은 젊은 디모데에게 믿음의 "선한 싸움을 싸우라"(딤전 1:18)고 말했다. 이것은 자신의 인생을 책임지라는 명령이었다. 바울은 영적 싸움을 하였으며, 이 싸움을 훌륭히 했기 때문에 이 과정에서 디모데를 가르칠 수 있는 좋은 위치에 있었다. 그러나 디모데의 싸움은 이기든 지든 디모데 스스로 싸워야 하는 것이었다. 바울이 디모데를 위해 대신 싸워줄 수는 없었다. 디모데는 자신의 창을 구해야 했다.

당신은 당신 삶에 대한 책임을 기꺼이 받아들이고 있는가? 당신이 멘토로 삼기 원하는 사람은 그의 힘과 정력을 소모시키려는 영적, 정서적 게으름뱅이를 경계하라고 경고해 주는 육감을 가지고 있다. 그는 자신의 시간과 정열을 그 같은 게으름뱅이에게는 주려 하지 않는다. 그러나 어느 정도 기본적인 결심이 서 있으며 성장과정에 진정으로 헌신되어 있고 어느 정도의 인도와 도움만 필요한 사람을 발견한다면, 그는 기꺼이 '함께 해봅시다'라고 말할 것이다.

나의 선택과정

수 년간 상당한 영향을 미쳤다고 여겨지는 사람들을 보면, 거의 모두가 지금까지 말한 다섯 가지 질문들을 통과했다. 어떤 사람들은 이 중 하나 또는 그 이상에서 특별히 강세를 보였다. 그러나 정도의 차이는 있지만 그들 모두가 목표 지향적이었으며, 더 크고 더 나은 것들을 추구했으며, 매사에 주도적이었고, 배우는 일에 열심이었으며, 자신의 발전에 대해 책임감을 가지고 있었다.

나는 이러한 특징이 멘토링 관계에서 일반적이라는 사실을 발견했다. 그러나 멘토가 특별히 중요시 여기는 것들이 있으며, 그의 제자가 되려는 사람에게서 특별히 찾는 것들이 있다. 나의 경우에는 매사에 주도적인 자세(적극성)가 가장 중요하다. 나는 내 제자가 되려는 사람들을 평가할 때, 특히 그들의 주도적인 자세에 관심을 기울인다.

이 분야에 탁월했던 학생이 있었다. 그는 나와 함께 시간을 보낼 기회를 찾기 위해 내 뒤를 따라다녔다. "교수님 차 있는 곳까지 같이 걸어가도 되겠습니까? 교수님과 함께 식사할 수 있겠습니까? 교수님을 위해 리포트를 정리해 드려도 되겠습니까?" 그가 이런 질문을 하는 것이 전혀 귀찮지 않았다. 단지 그가 언제든지 나를 도울 수 있다는 것이 중요했다. 왜냐하면 내 스케줄은 몇 주일 때로는 몇 달 먼저 꽉 짜여져 있었기 때문이다. 그는 자동차 바퀴가 삐걱거릴 때면 언제나 기름을 쳐주었다. 말할 것도 없이 우리는 다소간의 중요한 시간을 함께 보내게 되었다. 이렇게 될 수 있었던 가장 중요한 이유는 그의 열심과 끈질김이라고 생각했다. 이 두 가지가 나를 강하게 자극했기 때문이었다.

내가 찾는 또 하나는 내 제안에 따르는 사람이다. 교수로서 나는 학생들로부터 "어디에서 그것들을 찾을 수 있습니까?"라는 질문을 많이 받는다. 학생들은 정보를 찾고 있다. 그래서 나는 어떤 것에 대해 내가 설명할 수 있는 것보다 훨씬 더 잘 설명해 놓은 책이며 자료들을 일러준다. 하지만 그 학생이 내가 말한 책이며 자료들을 열심히 기록해 놓고는 후에 하나도 읽어보지 않고, 심지어 찾아보지도 않았다는 사실을 알았을 때 내 기분이 어떻겠는가? 그 후에 그 학생이 나에게 문제를 들고 와 도움을 구할 때, 내가 그에게 많은 시간을 기꺼이 할애해서 문제를 해결하도록 도와줄 것이라고 생각하는가?

이번에는 약속은 많이 하면서 실제로는 거의 지키지 않는 사람을 생각해 보라. 나는 화란과 독일 조상의 피를 이어 받았기 때문에 자신이 한 약속을 지키지 않는 사람에 대해 인내심이 없는 것이 아닌가라는 생각을 가끔 한다. 약속을 하고 지키지 않느니 차라리 약속을 하지 않는 편이 더 낫다. 나는 약속을 지키지 않는 사람들을 신뢰하지 않는다. 나는 그런 사람에게 시간을 투자하는 것은 시간 낭비일 뿐이라고 생각한다.

예수께서는 바로 이러한 일을 비유로 말씀하셨다(마 21:28-31). 어떤 사람에게 두 아들이 있었다. 그 사람은 두 아들에게 포도밭에 나가 일하라고 했다. 한 아들이 그러겠다고 대답만 해놓고 포도밭에 가지 않았다. 다른 아들은 싫다고 말했지만 포도밭에 가서 일을 했다. 예수께서는 제자들에게 "어느 아들이 아버지의 뜻을 행했느냐?"고 물으셨다. 가겠다고 약속한 아들이 아니라 실제로 간 아들이었다. 내가 함께 일하고 싶은 사람도 바로 이런 사람이다.

나는 지금 멘토의 잠재의식 속에서 작용하는 어떤 것을 말하는 것이 아니다. 이것은 미묘하며 직관적인 것이다. 내가 이 사람을 신뢰하고 있는가? 그는 민첩하고 유능한가? 그는 정해진 목표를 향해 가고 있는가? 그는 흙 속에서 캐낸 진주가 될 것인가? 그는 솔직하게 나를 대할 것인가 그렇지 않으면 나를 이용할 것인가?

이러한 것들은 확실히 주관적인 판단이다. 나도 사람을 판단하는 데 있어 여러 번 실수한 부분이기도 하다. 그러나 당신이 어떤 사람에게 멘토를 찾고 있다는 신호를 보낼 때, 그 사람은 분명히 이러한 질문을 생각할 것이다. 만일 내가 그렇지 않다고 말한다면 그것은 내가 거짓말을 하고 있는 것이다. 그러므로 당신은 자신에게 이러한 질문을 던져보는 것이 좋을 것이다.

당신은 어떤가?

당신은 어떻게 일을 진행하고 있는가? 위에서 내가 말했던 다섯 가지 질문을 자신에게 묻고, 대답해 보고, 정직하게 자기 평가를 내려보도록 하라. 분명히 당신은 다소 실망하거나 좌절할 것이다. 가르침을 받길 원하는 대부분의 사람들이 자신들은 이상적인 제자가 못 된다고 생각한다. 이것은 내가 제2장에서 말한 것이기도 하다. 대부분의 사람들은, 자신들은 중요하게 여길 만한 것을 가지고 있지 않다는 거짓말에 속아 왔다. 사실 내가 멘토링 관계에서 예로 든 사람들이 일찍이 이렇게 느꼈다.

사람들은 과거를 돌아보면서 그들의 출발점을 돌아볼 때에만 지금 얼마나 많은 발전을 이루었는지를 깨달을 수 있다. 그러므로 기운을 내라! NFL 드래프트에서 일차에 지명을 받았기 때문에 화려한 출발을 하리라고 여겨지는 선수들 가운데서도 실패하는 경우가 있다. 그런가 하면 마지막에 겨우 뽑힌 선수들 가운데서, 심지어 단역 배우들 가운데서도 올 프로가 되거나 명예의 전당에 이름이 오르는 선수며 배우들도 있다.

   그러므로 이것을 명심하라. 당신이 성장하기로 헌신하였다면, 당신을 도와줄 사람들이 있다. 다음 장에서 나는 당신이 이러한 사람들을 찾는 일을 도와줄 것이다.

제5장

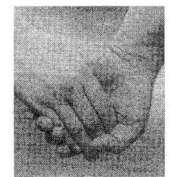

멘토의 특징

"멘토 찾기는 사랑 찾기와 비슷하다." 당신은 내가 제3장에서 했던 이 말을 기억하는가? 이것은 흥미있는 말이다. 왜냐하면 우리 문화에서 대부분의 남자들은 사랑이란 '단지 우연히 일어나는' 어떤 것쯤으로 생각하기 때문이다. 한 젊은 남자가 한 여자를 만나고 갑자기 그녀와 사랑에 '빠진다.' 그는 그녀가 그의 마음을 '훔쳤다' 또는 '사로잡았다'고 말한다. 사랑은 마치 노란색 큰 버스 같다. 어느 날 한 남자가 좌우를 살피지도 않고 길로 내려선다. 그 때 갑자기 '꽝!' 하고 사랑이란 버스가 그를 치어버린다.

이것은 한 남자가 인생에서 어떻게 사랑을 만나느냐에 대한 정확한 묘사일 수도 있고 그렇지 않을 수도 있다. 그러나 당신에게 확실히 말할 수 있는 것은, 멘토를 찾는 일은 '단지 우연히 일어나는' 경우가 거의 없다는 것이다. 멘토를 만나게 되는 데는 확실히 어떤 과정이 있다. 그리고 모든 '과정'이 잘 진행되도록 도울 수 있는 방법이 분명히 있다.

우리는 스포츠에서, 특히 대학 스포츠에서 이러한 사실을 알 수 있다. 수 년간 좋은 성적을 거둔 몇몇 전설적인 코치들을 생각해 보라. 미식축구의 베어 브랜트, 우디 해이스, 조 패터르노, 에디 로빈슨, 빌 맥카트니, 야구의 존 우든, 아돌프 루프, 딘 스미스, 존 톰슨 등을 들 수 있다. 당신이 이러한 코치들 밑에서 운동을 한 선수들에게 물어본다면, 그 중 상당히 많은 선수들이 "저는 어린시절부터 이런 저런 코치 밑에서 배우고 싶었습니다"라고 말할 것이다. 이 목적을 달성하기 위해 이들은 그 코치의 관심을 끌고, 희망사항이긴 하지만 그 팀에 들어가려고 그들의 일상적인 길에서 내려선다.

심지어 자녀가 그 코치의 눈에 띄면 그 팀에 들어가게 하려고 부모들이 그 코치가 속한 학교가 있는 지역으로 이사하는 경우도 있다. 물론 자기 아이가 그 팀에 들어갈 수 있다는 어떤 보장도 없지만 그들의 가족은 의도적으로 기회의 길로 내려선다.

의도적이기

이와 유사하게, 당신은 멘토를 찾는 일에 의도적이어야 한다. 당신은 적극적이어야 한다. 당신은 의도적이고도 전략적으로 기회의 길로 내려서야 한다. 왜냐하면 당신이 기회의 길에 있을 때, 당신에게 영향을 미칠 수 있는 사람을 만날 기회를 더 많이 가질 수 있기 때문이다.

이 장과 다음 장에서 당신에게 그렇게 하는 몇 가지 방법을 보여줄 것이다. 출발점은 당신이 어떤 종류의 사람을 찾고 있느냐를 분명히 하는 것이다. 나는 이미 당신에게 자신을 자세히 그리고 냉정히 살펴보라고 했다. 그리고 제4장에서 장차 당신의 멘토가 될 사람이 당신을 어떻게 살필 것인가도 말해 주었다. 이제 당신의 멘토를 어떻게 찾을 것인가를 생각해 보기로 하자.

멘토의 특징

내가 생각하는 멘토의 열 가지 특징 또는 표시는 다음과 같다.

1. 멘토는 당신이 개인적으로 필요한 것을 가지고 있다.

제3장에서 나는 당신에게 지식, 태도, 습관과 행동, 기술이라는 인간 능력의 네 가지 범주에 근거해서 당신의 목적을 규명하라고 말한 적이 있다. 당신은 당신에게서 발전시켜야 할 부분을 찾아냈는가? 목표(목적)가 무엇이든 간에, 그것을 성취하도록 당신을 도울 수 있는 사람은 이미 그 목표를 스스로 성취한 적이 있는 사람이어야 한다.

이것은 너무나 분명한 사실이다. 그러나 많은 사람들에게 이것이 사실로 받아들여지는 것 같지 않다. 내게 소름끼치는 일이 하나 있다. 그것은 어떤 과목(일)에 대해 거의 모르는 사람이 그 과목을 가르치는 자리를 떠맡는 경우가 너무나 많다는 것이다.

예를 들면, 내 큰아들이 중학교에 다닐 때였다. 그 때 그의 수학 선생님은 미식 축구부 코치였다. 당연히 학생들은 이 선생님이 수학의 전문가라고 생각했다. 그 선생님에게는 석사 학위가 있었기 때문이다. 그래서 어느 누구도 그러한 생각에 대해서는 의심하지 않았다.

그런데 어느 날 아들과 그의 친구들이 교과서와 그 코치가 수업시간에 가르치는 내용이 일치하지 않는다는 사실을 발견하기 시작했다. 그러나 학생들이 이의를 제기했을 때, 그 코치는 이를 무시해 버렸다. 그 후 어느 누구도 그가 잘못되었다고 말하길 원치 않았다. 그래서 그들은 그가 계속 가르치도록 내버려두었다. 마침내 학년이 끝나고 대부분의 학생들이 수학과목을 통과했다. 하지만 실제로 그 과목을 이해한 학생은 거의 없었다. 그저 다음 학년으로 올라갔을 뿐이었다. 그런데 나중에 내 아들이 집에 돌아와서는 그 코치가 체육 교육학사 학위를 받았다는 소식을 전해 주었다. 그는 수학을 가르칠 자격이 없었다. 결국 그가 수학을 가르침으로 학생들에게는 덕보다는 해가 더 많이 미쳤다.

멘토를 찾을 때, 당신이 성장하길 원하는 부분을 실제로 어느 정도 알고 있는 사람을 찾도록 하라. 기도생활을 발전시키고 싶다면 지속적으로 기도생활을 하고 있는 사람을 찾도록 하라. 금전문제에 있어 조금 더 관대하고 책임감 있게 되기를 원한다면, 돈이 있으면서도 계획을 세워 지혜롭게 돈을 쓰는 사람을 찾도록 하라. 결혼생활을 좀더 잘 하고 싶다면 모범적인 결혼생활을 하고 있는 사람을 찾도록 하라.

영적 양육의 기본원칙은 이것이다. 즉 당신은 당신이 갖지 않은 것을 줄 수 없다. 그러한 것처럼 당신은 그저 좋아 보이는 사람이 아니라 실제로 당신이 원하는 것을 가진 사람들을 찾도록 하라.

2. 멘토는 관계를 조성한다.

효과적인 멘토라면 기꺼이 자신을 다른 사람에게 주어야 한다.

그는 관계를 형성하고 유지할 수 있어야 한다. 그렇지 못할 경우, 비록 다른 사람에게 줄 수 있는 귀중한 것을 가지고 있더라도 사람들의 관심을 끌기 힘들 것이다.

바로 이런 이유 때문에 어떤 학자들이나 예술가들이 다른 사람들과의 관계에서 그다지 많은 영향을 미치지 못하는 경우가 많다. 이들은 황금 광산을 가지고 있을지 모르나 대인관계 조성에는 어려움을 겪는다. 그렇기 때문에 젊은 제자가 그들의 풍부한 전문지식을 끌어내는 데는 훨씬 더 많은 땀과 노력이 요구된다.

하지만 오해는 하지 말라. 나는 본래 개인적이고 다소 내성적이며 또는 은둔적이기까지 한 사람은 멘토가 될 수 없다고 말하는 것이 아니다. 그런 멘토도 멘토의 역할을 아주 잘 할 수 있다. 실제로 대인관계에서는 서투른 사람이, 사람들이 생각하는 것보다 다른 사람에게 줄 수 있는 것을 훨씬 더 많이 가지고 있는 경우가 있다. 핵심은, 그 사람이 다른 사람과 생산적인 주고받음의 관계를 시작하고 지속시킬 수 있느냐 하는 것이다. 멘토는 당신의 성장과 당신 삶의 목적 실현을 돕는 일에 헌신된 사람임을 기억하라. 어떤 사람이 자신의 관심사와 필요와 일들에 소진해 있다면, 그가 과연 얼마나 효과적으로 당신을 도울 수 있겠는가? 물론 당신이 그로부터 아무것도 얻어낼 수 없다는 것은 아니다. 그러나 그는 당신에게 이상적인 멘토가 될 수 없다.

3. 멘토는 당신에게 기꺼이 모험을 건다.

멘토는 당신에게 어떤 투자를 할 것이다. 그 투자는 시간, 정열, 감정, 신뢰, 그 밖의 다른 자원일 수 있다. 심지어 돈을 투자할 수도 있다. 우리는 유진 랭의 경우에서 이것을 보았다. 그의 경우에 누군가가 그의 교육에 돈을 투자했다. 그리고 후에 랭은 121초등학교를 위해 얼마간의 돈을 따로 준비해 두었다.

투자에는 언제나 어느 정도 위험이 따른다. 이것은 다른 모든 경우에서와 마찬가지로 멘토링 관계에도 적용된다. 왜냐하면 멘토가 제자를 가르치는 과정에서 기대했던 성과가 있을 것이라는 보장은 전혀 없기 때문이다. 모든 제자들이 훌륭하게 성장하는 것은 아니다. 내가 가르친 제자들 가운데서도 '그들의 신앙이 풍지박산된' 사람들이 있었다. 이것은 바울이 젊은 두 제자를 가리켜 한 말과 같다(딤전 1:19-20을 보라). 예수님께도 유다와 같은 제자가 있었다.

그러므로 어떤 보증도 없다. 하지만 희망을 가져라. 그리고 당신은 다른 사람이 투자할 가치가 있는 사람임을 증명해 보이도록 하라. 그러나 '투자자'를 찾을 때, 당신은 자신에게 이렇게 물어야 한다. '이 사람이 기꺼이 나에게 모험을 걸까? 아니면 그가 모험을 너무 싫어하기 때문에 내게 전혀 기회를 주지 않는 건 아닐까?'

내게 있어 이것은 매우 직접적인 문제였다. 왜냐하면 나는 초등학교 5학년 때 그 같은 경험을 했기 때문이다. 내가 문제 있는 가정에서 자라났다는 이야기는 이미 한 것으로 기억된다. 나는 5학년 때까지 불안해하며, 사랑을 못 받고, 상당히 신경질적인 아이가 보이는 모습을 모두 가지고 있었다. 다시 말해, 나는 동네의 문제아였다. 그러나 담임 선생님인 시몬(Simon)은 내가 이런 문제아라는 것을 스스로 모르고 있다고 생각한 것이 분명했다. 왜냐하면 그녀는 나에게 매일같이 이렇게 말했기 때문이다. "하워드, 너는 이 학교에서 가장 못된 아이야!"

'아 그렇습니까? 미처 몰랐습니다.' 나는 혼자 이렇게 생각했다. 그리고는 그녀가 나를 생각하는 대로 계속 행동했다.

어느 날 수업시간에 나는 너무나 홍분해 있었다. 그래서 그녀가 내 두 손목을 움켜쥐고 강제로 의자에 앉히고는 끈으로 나를 의자에 묶어버렸다. 그리고는 테이프로 내 입을 막아버렸다. "이제 조용히 앉아 있겠군!" 그녀는 의기양양하게 말했다. 그런 상황에서 내가 다른 어떤 짓을 할 수 있었겠는가? 말할 것도 없이 초등학교 5학년 시절은 내 일생에서 최악의 해였다. 마침내 나는 졸업했다. 그것은 내게 분명한 이유와 목적이 있었기 때문이다. 그러나 시몬의 말은 아직도 내 귀에서 떠나지 않는다. "하워드, 너는 이 학교에서 가장 못된 아이야!"

내가 6학년이 되었을 때, 어떤 기대를 했는지 상상할 수 있을 것이다. 6학년 담임의 이름은 노에(Noé)였다. 첫 수업시간에 그녀는 출석부를 보고 이름을 부르기 시작했다. 얼마 안 있어 내 이름을 부를 차례가 되었다. 그녀는 "하워드 헨드릭스" 하면서 출석부에서 눈을 뗐다. 그리고 팔짱을 끼고 막 대답을 하려는 나를 쳐다보았다. 그녀는 잠시 동안 나를 쳐다보더니 "너에 대해 이야기 많이 들었다"고 말했다. 그런 다음 그녀는 미소를 지으며 이렇게 덧붙였다. "하지만 난 그 말을 하나도 안 믿는다!"

정말 그 순간은 결정적인 전환점이었다고 할 수 있다. 내 교육에서 뿐만 아니라 내 인생의 전환점이었다. 전혀 예기치 못한 사람이 나를 믿어주었다. 내 인생에서 처음으로 누군가가 내 속에 있는 잠재력을 보아주었다. 노에는 나에게 특별한 숙제를 내주었다. 그녀는 나에게 작은 일들을 맡겨주었다. 그녀는 방과 후 나에게 읽기와 산수를 가르쳐주었다. 그녀는 더 높은 기준을 가지고 나에게 도전을 주었다.

나는 그녀의 기대를 저버릴 수 없었다. 언젠가는 새벽 1시 30분까지 그녀가 내준 숙제를 붙들고 씨름한 적이 있었다. 마침 아버지께서 거실에 내려오셔서 이렇게 물으셨다.

"헨드릭스, 무슨 일이니? 너 어디 아프니?"

"아니에요, 숙제하고 있어요." 내가 대답했다.

아버지는 깜짝 놀라 눈을 비볐다. 도대체 꿈인지 생시인지 의심이 갔던 것이다. 그 전까지 나는 아버지에게 "숙제하고 있어요"라는 말을 해본 적이 없었기 때문이다. 마침내 아버지는 머리를 흔들며 이렇게 말씀하셨다. "너 정말 아프구나!"

나를 이처럼 달라지게 한 것은 무엇인가? 그것은 누군가가 나에게 기꺼이 기회를 주려 했다는 사실 때문이었다. 누군가가 더 높은 기대로 나에게 도전을 주면서도 기꺼이 나를 믿고 있었다. 이것은 위험천만의 일이었다. 왜냐하면 내가 노에 선생님의 믿음을 저버리지 않을 것이라는 어떤 보장도 없었기 때문이다.

모든 사람들은 멘토링의 성과를 좋아한다. 특히 이 관계가 스포츠의 스타 플레이어, 성공적인 사업가, 눈에 띄는 법률가, 인상 깊은 강연자와 같은 최고의 인재를 길러냈을 때 더욱 그렇다. 그러나 이 관계의 출발점에 서 있는 사람을 기꺼이 받아들이려는 사람이 얼마나 되겠는가? 4장에서 예로 들었던 짐을 기억하는가? 더글라스 하이드는 그를 가리켜 "나를 찾아왔던 사람 중에서 가장 유망해 보이지 않던 사람"이라고 했다. 그러나 하이드는 기꺼이 훈련을 받으려는 짐의 태도에 모험을 걸었다. 그리고 그가 한 투자는 성공적이었다.

하나님께서는 어떤 계획을 가지고 당신을 창조하셨다. 그러므로 멘토를 찾을 때, 당신이 그 계획에 합당한 사람이 되도록 그가 자신을 기꺼이 바쳐 도울 것인가를 깊이 생각해 보라.

4. 멘토는 다른 그리스도인들로부터 존경받는다.

바울은 디모데에게 이렇게 말했다. "충성된 사람들에게 부탁하라 저희가 또 다른 사람들을 가르칠 수 있으리라"(딤후 2:2). 어떤 사람이 '충성된지'(믿을 만한지) 어떻게 알 수 있는가? 한 가지 중요한 방법은 다른 사람들, 특히 신앙의 연륜이 오래된 사람들의 이야기를 듣는 것이다. 스승은 다른 그리스도인들로부터 존경받아야 한다. 사실 교회 지도자들의 자격 요건 가운데 "책망할 것이 없으며"(딤전 3:2) 존경받는 자여야 한다는 항목이 있다. 또한 외인에게도 선한 증거(좋은 평판)를 얻은 자라야 한다(딤전 3:7).

바울은 인기 콘테스트를 말하고 있는 것이 아니다. 그가 말하고 있는 것은 인격에 대한 평가이다. 문제는 그 사람이 실제로 자신이 공언하는 믿음대로 살고 있느냐는 것이다.

멘토를 찾을 때 그 사람의 배경을 어느 정도 살펴보아야 한다. 그것도 당신이 그 사람을 개인적으로 전혀 알지 못하거나 그를 안 지 얼마 되지 않았을 경우에는 특히 그렇다. 오랫동안 그 사람을 잘 알고 지내온 사람들에게 물어보라. 그 사람이 다니는 교회의 목사, 친구, 직장동료 누구든지 좋다. 그 사람에 대한 그들의 일반적인 평가가 어떠한가? 그를 높이 평가하는가? 아니면 탐탁치 않게 생각하는가? 그들이 그 사람을 얼마나 믿고 존경하는가?

물론 그 사람의 좋지 못한 모

멘토의 특징

이상적인 멘토는 이런 사람이다

1. 당신이 개인적으로 필요한 것들을 가지고 있다.
2. 관계를 조성한다.
3. 당신에게 기꺼이 모험을 건다.
4. 다른 그리스도인들로부터 존경을 받는다.
5. 자원망을 가지고 있다.
6. 사람들로부터 상담을 부탁받는다.
7. 말도 하고 듣기도 한다.
8. 일관된 삶을 산다.
9. 당신의 필요를 진단할 수 있다.
10. 당신의 유익에 관심이 있다.

습을 캐내라는 말은 아니다. 핵심은 그 사람의 사람됨과 자격을 알아보는 것이다. 당신의 멘토가 당신에게 모험을 하듯이 당신도 그에게 모험을 하고 있다. 다른 사람들의 의견, 특히 성숙한 신자들의 의견에 따라 과연 그가 당신이 모험을 할 만한 사람인가 판단하라. 그러면 그가 완벽한 사람임이 입증되지 않더라도(우리 가운데 어느 누구도 완벽하지 못하다) 당신은 최소한 그의 분명한 한계는 알게 될 것이다.

5. 멘토는 자원망을 가지고 있다.

당신의 멘토가 가진 자원망은 넓으면 넓을수록 좋다. 사업계에서 멘토링을 주도하는 전문가인 린다 필립 존스(Linda Phillips Jones)는, 멘토는 그가 알고 있는 사람과 정보 때문에 당신의 인생목표를 성취하도록 도와줄 수 있다고 했다. 이러한 지식(정보)은 멘토에게 당신의 복지를 증진시킬 수 있는 엄청난 힘을 가져다준다.

예를 들어보자. 빌에게는 크리스(Chris)라는 친구가 있다. 그런데 크리스는 좋은 일, 특히 복음전파나 해외선교와 관련된 일에 쓰일 기금을 마련하는 방법을 발전시키고 싶어한다. 크리스는 기금 마련에 대해 어느 정도 일가견이 있다. 그래서 지금 기금 마련을 도와달라는 부탁을 점점 더 많이 받고 있다. 그는 기금 마련이 섬세하고 어려운 기술이라는 사실을 깨달았다. 그래서 그에게는 기금 마련자와 기부자 양쪽 모두의 입장에서 이 기술을 가르쳐줄 사람이 필요했다.

그래서 크리스는 아주 지혜로운 일을 했다. 그는 지난 몇 년 동안 선교사들을 위해 수백만 달러를 모았으며, 그 결과 이 분야에서 천재라는 소리를 듣는 사람을 주위에서 찾아다녔다. 마침내 그는 두 사람을 찾아냈다. 오늘 크리스는 그 중 한 명으로부터 기금 마련 방법을 사사받고 있다.

　이 사람이 이용할 수 있는 자원을 생각해 보라. 그는 크리스가 갖고 있지 못한 사람들의 이름이며 전화번호가 적힌 수첩을 가지고 있다. 그는 크리스가 약칭이나 성밖에 모르는 사람들의 이름을 완전히 다 알고 있다. 그는 어떤 사람들이 어떤 수단을 가지고 있으며 그들의 탁월한 부분에 어떻게 접근할 수 있는지도 알고 있다. 그는 누가 무엇을, 얼마나, 왜 줄 수 있는가도 알고 있다.

　크리스가 지금까지 받은 학교교육, 그가 읽은 책, 그가 조사한 것, 그가 힘들여 땀흘린 것 중 그 어느 것도 그가 멘토와의 관계에서 받은 것에 미치지 못한다. 이 사람이 해주는 한 통의 전화, 한 통의 소개장, 이 사람이 주는 하나의 중요한 정보만으로도 크리스는 이미 자신의 목적지를 향해 수십 리를 가고 있다.

　당신의 멘토가 될 사람은 어떤 자원망을 가지고 있는가? 그는 그가 아는 사람들과 그가 가진 지식을 가지고 당신을 도울 수 있는가? 그가 당신을 그 외 다른 자원들, 즉 다른 사람들과 조직과 정보와 연결시켜 줄 수 있는지 깊이 생각해 보라. 덴버의 십대 소년이었던 줄리어스를 기억하는가? 그가 버스 종점에서 부랑아로 몰리지 않을 수 있었던 것은 공무원들에게 높이 평가를 받고 있던 제리와의 관계 때문이었다. 그가 교회를 찾고 간접적으로 직장을 얻게 된 것도 제리를 통해서였다.

　이와 비슷하게 당신의 멘토는 당신을 발전시킬 수 있는 사람들과 책과 세미나와 프로그램과 다른 자원을 당신에게 소개시켜 줄 수 있다. 그렇게 함으로써 그는 당신의 필요를 채우고 목적을 성취하도록 당신을 도울 수 있다. 사실 그의 자원망이 좋을수록 그는 당신에게 더 큰 도움이 될 것이다.

6. 멘토는 사람들로부터 상담을 부탁받는다.

어떤 사람이 인도자 역할을 잘 할 것인가를 알아보는 최선의 기준은, 그가 이미 다른 사람들의 인도자 역할을 잘하는지를 보는 것이다. 이것은 앞에서 언급한 '존경'의 문제와 맥락을 같이한다.

회사에서 신입사원들이 어느 상사가 하급자에게 마음을 열고 도와주며, 어느 상사가 하급자를 돕는 데 거의 관심이 없는가를 파악하는 데는 긴 시간이 걸리지 않는다. 당신의 멘토가 될 수 있는 후보자들은 이미 멘토로서 좋은 평판을 받고 있는 사람들이다.

이와 마찬가지로, 교회에서 훌륭한 조언자는 좋은 평판을 듣는다. 사실 이들에겐 따르는 사람이 많다. 사람들은 그들에게 조언과 격려와 기도를 부탁한다. 이런 소문이 돈다. "누구누구는 자신이 무슨 말을 하는지 알고서 한대. 그래서 다른 사람에게 정말 도움이 될 수 있대."

상담 능력은 매우 중요하다. 한 사람이 다른 사람을 인도하는 데 필요한 것은 단지 지혜만이 아니다. 효과적으로 대화를 나누고 자신의 지혜를 다른 사람의 필요에 적용할 수 있는 능력이 필요하다. 따라서 당신의 멘토가 될 사람들을 평가할 때, 스스로 이렇게 물어보라. '이 사람이 내게 줄 것이 있는 것으로 보이는가?' '그가 그의 지식을 사용하여 나에게 통찰력과 조언을 줄 수 있는가? 다른 사람들은 그가 상담과 조언을 잘 한다고 생각하는가?' 그렇지 않다면 당신은 그에게 멘토의 역할을 강요함으로써 실망할 수 있다.

7. 멘토는 말도 하고 듣기도 한다.

문제는 대화이다. 나는 대화의 기술을 행하고 가르치는 일에 일생을 바친 사람이다. 그 동안 나는 대부분의 사람들이 대화를 그저 말하는 것으로 생각한다는 사실을 알게 되었다. 그러나 대화의 핵심은, 당신이 효과적인 청자(聽者)가 됨으로 효과적인 대화자가 된다는 것이다.

그러므로 좋은 멘토링의 열쇠 중 하나는 상대방의 말을 경청하는 자세이다. 이것은 기본적인 진리이지만 장차 멘토가 될 사람들이 잘못 이해하는 경우가 많다. 우리는 말주변이 없기 때문에 멘토가 될 자격이 없다고 생각하는 사람들을 어느 곳에서나 볼 수 있다. 내가 그들에게 어린 사람들을 도와주면 어떻겠느냐고 물으면, 그들은 "누구, 저 말입니까?"라고 대답한다. "하워드, 잘못 아셨습니다. 저는 무슨 말을 해야 할지도 모르는 걸요."

그러면 나는 이렇게 묻는다.

"자네는 한 사람을 점심에 초대해서 그의 이야기를 들어줄 수 있지 않은가?"

"물론입니다" 그들이 대답한다.

"그러면 거기에서 시작하게. 어쨌든 젊은 사람에게 필요한 것은 그런 것이니까. 젊은이는 자신의 이야기를 들어줄 사람을 찾고 있다네. 자신이 불우한 가정환경에서 자란 이야기, 힘겨운 결혼 이야기, 직장에 실망한 이야기, 미래에 대한 희망과 두려움 등에 대한 이야기를 들어줄 사람을 찾고 있는 거지. 그가 자신의 문제를 자네에게 털어놓을 수 있게 해줄 수 있다면, 자네는 자네의 말주변에 대해서는 걱정하지 않아도 될 걸세. 자네가 유창하게 말을 해야겠다고 생각한다면, 그것은 그 사람에게 말참견이 될 수도 있을 걸세."

대화가 말하기와 듣기로 이루어진 양방 통행이라는 데는 의문의 여지가 없다. 그러나 둘 중에서 듣기가 훨씬 더 배우기 힘든 과정이다. 당신도 알다시피 상대방이 아무리 말을 빨리 하더라도 사람들은

4분에서 잘해야 10분 정도밖에 귀를 기울이지 못한다. 이것은 듣는 사람이 남의 이야기를 듣는 동안 대부분은 다른 데 정신이 팔려 있다는 것을 의미한다. 상대방이 하는 말에 초점을 맞추고, 그 말의 표면적인 의미 뒤에 깔린 진짜 의미에 귀를 기울이는 것은 아주 어려운 일이다.

그러나 우리가 남의 말을 경청하는 법을 배운다면, 다른 사람들로 하여금 우리 말에 더 많이 귀를 기울이게 할 수 있다. 당신도 경험을 통해 이를 잘 알고 있을 것이다. 당신은 어느 모임에서 한 명의 수다쟁이가 사람들이 관심도 기울이지 않는 말을 계속해서 지껄이는 경우를 본 적이 있는가? 이런 사람은 매번 누군가가 무슨 말을 하면 꼭 대꾸를 해야 직성이 풀린다. 그런가 하면 한쪽 구석에서 조용히 그 이야기를 처음부터 듣고 있는 사람도 있다. 그러다가 갑자기 결정적인 순간에, 그는 일어나 무슨 말을 하기 시작한다. 그러면 모든 사람이 그에게 눈과 귀를 집중한다. 왜냐하면 사람들은 경험을 통해 이 사람이 무엇인가 알고서 말한다는 것을 알기 때문이다. 그는 말을 낭비하지 않는다. 그는 쓸데없이 다른 사람의 시간을 낭비하지도 않는다.

이러한 사람이 훌륭한 멘토가 될 수 있다. 왜냐하면 그는 효과적인 경청 훈련을 완전히 마쳤기 때문이다. 훌륭한 스승은 언제나 훌륭한 경청자이다. 당신이 그에게 어떤 문제나 질문이나 생각을 가지고 찾아가면, 그는 자신의 말을 유창하게 늘어놓기보다는 당신이 그 문제를 파악하고 해결하도록 도와줄 것이다. 멘토링은 당신이 제자로서 당신의 능력을 발전시키기 위해 그 다음 단계로 올라가는 법을 배우는 것과 관련이 있다.

8. 멘토는 일관된 삶을 산다.

위선자가 다른 사람들을 더 높은 인격에 이르도록 도와줄 수 없다는 것은 분명하다. 훌륭한 게임에 대해서 말을 많이 하지만 정작 그 게임의 규칙을 따라 그 게임을 하지 못하는 사람이 있다. 이런 사람은 그 누구의 존경도 받지 못한다.

나는 우리가 생활양식이라는 문제를 충분히 진지하게 생각하는지 궁금하다. 특히 앞에서 말한 '모델링'에 비추어볼 때 그렇게 생각하는지 궁금하다. 반두라(Bandura)가 주장했듯이 '모델링'은 무의식적 학습의 가장 강력한 형태이다. 그렇다면 당신의 멘토가 하는 일과 그가 사는 모습이 그가 하는 말보다 훨씬 더 큰 영향을 미치는 것은 너무나 당연하다. 사실, 당신은 그가 한 말의 90퍼센트는 잊어버릴 것이다. 하지만 그가 사는 모습은 잊지 못할 것이다.

빌은 1980년대 한창이던 부동산 시장에서 이 원칙에 대한 재미있는 예를 발견했다. 그는 립이라고 불리는 부동산 개발업자를 만났다. 그의 일은 부동산에 투자할 사람들을 모으는 것이었으며, 그 일은 당시 붐을 이루고 있었다. 립은 더 이상 새로운 계획을 추진할 수 없을 정도로 많은 부자들과 계약을 맺었다. 그의 사업원칙 중에는 그가 '사업의 성경적 원칙'이라고 부르는 것이 있었다. 그는 기독교 라디오 방송국에서 인기 있는 강연자가 되었으며, 순회 강연 요청도 쇄도했다.

심지어 다른 사업분야로부터도 조언과 강연을 부탁받았다. 립은 '하나님의 방법으로' 사업을 경영하는 열쇠를 찾은 것 같았다. 그의 믿을 수 없는 성공에 비추어볼 때 이것은 너무나 분명하지 않은가?

그런데 부동산 시장이 붕괴됐다. 갑자기 그 누구도 립에게 관심을 보이지 않았다. 계약은 깨어지기 시작했다. 채무자들이 빚 독촉을 하기 시작했다. 립은 소송을 당하기 시작했다. 그러던 어느 날 립이 자취를 감추었다. 자연히 그에게 투자했던 사람들과 동업자들이 그를 찾기 시작했다. 그들은 립이 자신의 모든 재산을 움켜쥐고 그 도시를 빠져 나갔다는 사실을 알게 되었다.

빌은 이 사람과는 대조되는 킵이라는 사람의 경우도 알고 있었다. 킵 또한 부동산 개발업자였다. 그 역시 성경적 원칙을 자기 사업에 적용하고 있다고 자주 이야기했다. 그 역시 자신의 계획을 지원해 줄 많은 부자들과 계약을 체결했다. 그리고 부동산 시장이 붕괴했을 때 그도 많은 사람들에게 많은 빚을 지고 절망에 빠졌다.

그러나 립과는 달리 킵은 양심이 있었다. 그는 그에게 투자한 사람들의 돈을 갚을 계획을 세워야 한다고 생각했다. 그는 그리스도인이기 때문에 자신이 서명한 계약을 이행하는 데 필요한 어떤 희생이든 치러야 할 책임이 있다고 믿었다. 그의 아이들을 더 이상 사립학교에 보내지 못하고, 더 작은 집으로 이사하며, 더 검소한 생활을 하고, 제2 제3의 직장을 구해야 한다면 당연히 그래야 한다고 믿었다. 어떤 희생이 따르고 얼마나 시간이 걸리든 간에, 킵은 자신이 한 약속을 지키기로 결심했다.

현재 립은 다른 주로 이사해서 그곳에서 다시 가게를 열었다. 그런가 하면 킵은 허름한 집에서 살면서 부동산을 경영하고 있다. 이제 부동산 시장은 다시 살아나고 있으며, 그도 조금씩 빚을 갚아가고 있다.

당신은 이 두 사람 중 누가 사업분야에서 당신의 멘토가 되었으면 하는가? 어느 사람이 자신의 약속을 지킨 데 대해 할 말이 있겠는가? 믿음이 사업계에 적용되는 방법에 대해 말할 권리가 있는 사람은 어느 쪽이겠는가? 대답은 너무나 뻔하지 않은가? 지속적으로 그리스도를 닮는 모습으로 살아가는 사람을 대신할 것은 아무것도 없다. 멘토는 장황하게 말을 늘어놓을 필요가 없다. 그의 삶이 가장 뛰어난 설교이기 때문이다.

물론 당신은 완벽한 사람을 찾지 못할 것이다. 그러므로 그런 사람을 찾으려고 고심하지 말라. 사실 신약은 완벽한 모델을 요구하지 않는다. 오히려 믿음에서 성장하는 모델을 요구한다. 바울은 디모데에게 경건의 가르침을 성실히 따르라고 가르쳤다. "이 모든 일에 전심 전력하여 너의 진보를 모든 사람에게 나타나게 하라"(딤전 4:15). 따라서 당신은 조금씩 성숙해 가는 멘토를 원한다. 이것은 진실한 사람, 즉 자신의 장점에 대해 실제적인 만큼 자신의 실패와 약점에 대해서도 정직한 사람을 의미한다.

9. 멘토는 당신의 필요를 진단할 수 있다.

앞에서 나는 개인적인 필요를 가졌다고 믿는 사람을 멘토로 찾아야 한다고 말했었다(첫번째 원칙). 그러나 당신에게 무엇이 필요한지 분명히 알지 못한다면, 당신이 그 필요를 평가하고 분명히 알 수 있도록 도와줄 수 있는 사람을 찾는 것이 좋다. 우리 모두에게는 우리가 전혀 모르는 부분이 있다. 우리의 발전적, 영적 필요를 진단해 줄 수 있는 사람이 필요한 것도 바로 이 때문이다.

내가 자동차 점검을 항상 맡기는 사람은 텍사스 개르랜드에 있는 오토 매인터넌스의 밥 스미스(Bob Smith)이다. 나는 자동차에 대해 전혀 아는 것이 없기 때문에 내게 밥은 천재처럼 보인다. 나는 자동차를 몰고 가서는 이렇게 말한다. "밥, 엔진에서 이상한 소리가 나요. 이게 심각한 건지 대수롭지 않은 건지 모르겠어요. 하지만 당신에게 점검을 부탁하는 것이 좋을 거라고 생각해서 이렇게 왔습니다."

그러면 그는 후드를 열고 시동을 걸고 여기저기 소리를 들어본다. 그리고 드라이버를 들고 나사를 조인다. 그러자 엔진이 차를 처음 산 날처럼 부드러운 소리를 낸다.

"하워드, 다 고쳤습니다." 그가 이렇게 말하면, 나는 그에게 수리비를 지불한다. 밥은 어디가 잘못되었는지 기꺼이 설명해 준다. 그러나 나는 그의 말을 그저 듣기만 할 뿐이다. 첫눈에 나는 그가 믿을 만한 사람이라는 것을 알았다. 하지만 나는 그가 하는 말을 전혀 이해하지 못했다. 내가 자동차를 스스로 고치려 하지 않고 그에게 가는 것도 바로 이 때문이다. 나는 자동차에 대해서는 아는 게 없다. 하지만 그는 안다. 그는 성실하고 정확하게 내 자동차의 고장을 진단해 주고 고쳐준다. 그런데 내가 자동차를 '립 정비소'라는 곳으로 가져갔다고 생각해 보라. 나는 문을 열고 들어가 이렇게 말한다.

"립, 자동차 오일이 세는데 심각한가요?"

그는 자동차 밑으로 기어들어가 2시간 30분 동안 자동차를 살피다 나와서는 내게 청구서를 내민다. "헨드릭스 씨, 다 살펴보았습니다." 그가 말한다.

이상하게도 내가 보기에 그는 일을 시작할 때 씹고 있던 껌을 더 이상 씹고 있지 않다. 어쨌든 나는 수백 달러를 지불하고는 자동차를 몰고 떠난다. 그러나 10킬로미터도 채 못 가서 자동차가 헐떡거리더니 마침내 멈춰버리고 만다. 나중에 나는 립에게 돌아가서 이렇게 말한다. "도대체 어떻게 된 일입니까?" 당신이 제 자동차를 봐준 후 10킬로미터도 못 가서 엔진이 멈추고 말았습니다. 도대체 제 자동차를 어떻게 고친 겁니까?"

그러자 그는 이렇게 말한다.

"선생님께선 제게 오일 새는 것만 손봐달라고 했습니다. 그래서 그 부분만 손을 본 것입니다."

당신의 경우는 어떤지 모르겠지만 내가 어떤 것을 잘 알지 못할 때, 무엇이 잘못되었는가를 볼 수 있을 뿐만 아니라 그것을 고치는 방법도 알 수 있는 능력 있는 사람이 필요하다. 내게는 단순한 징후와 그 밑에 숨은 진짜 질병을 구분할 수 있는 사람이 필요하다. 훌륭한 멘토라면 이러한 분석력을 가지고 있다.

내가 멘토와 더 많은 시간을 보낼수록 그는 나의 중요한 문제점을 더 잘 지적해 낼 수 있을 것이다. 휘튼 신학교(Wheaton College)에서 첫 학기를 끝냈을 때 나는 세 과목에서 낙제했다. 그런데 더 창피한 것은 그 중 한 과목이 영어였다는 것이다. 내가 그 전년도에 고등학교에서 영어과목에서 상을 받았다면 믿겠는가! 나는 완전히 실망했다. 왜냐하면 최선의 노력을 다해 오랫동안 공부했음에도 불구하고 그 과목에서 낙제했기 때문이다.

마침내 나는 영어 교수님을 찾아갔다. 그는 지혜롭고 나이가 드신 분이었다. 나는 그 교수님이 내가 이제 갓 대학에 입학한 신입생임을 감안해 주실 것이라고 생각했다. 나는 교수님께 세 달 동안 배웠다. 놀랍게도 교수님은 이렇게 말씀하셨다. "하워드, 자네 문제는 독서법을 모른다는 걸세." 그런 다음 교수님은 독서의 실제적인 기술을 가르쳐주며, 그 과정에서 내 공부방법을 바꿔주는 몇몇 자료와 책을 내게 건네주셨다.

그 때 나는 공부하는 방법을 배우는 과정을 듣거나 가정교사를 두거나 타자치는 법을 배우거나 나의 학문적인 기준을 끌어올리기 위해 그외에도 수백 가지 다른 것들을 할 수도 있었다. 그러나 그 어느 것도 나를 그다지 바꿔놓지 못했을 것이다. 왜냐하면 이것들은 모두 내가 독서법을 모른다는 사실이 아닌 다른 것을 다루었을 것이기 때문이다. 이와는 대조적으로 나를 오랫동안 관찰하신 교수님은 결정적인 문제가 무엇인지를 정확하게 지적해 주셨을 뿐만 아니라 그 문제를 해결할 수 있는 방법까지 가르쳐주셨다. 그렇게 하는 가운데 교수님께서는 나로 하여금 내가 전에 생각했던 어떤 것보다 높은 수준에서 행동할 수 있게 해주셨다.

10. 멘토는 당신의 유익에 관심이 있다.

지금쯤이면 당신은 멘토를 찾는 일에는 건전하고 적절한 자기 유익에 대한 관심이 요구된다는 것을 깨달았을 것이다. 우리는 당신의 인생과 당신의 발전에 대해 이야기하고 있다. 그러므로 당신은 당신의 최선의 유익을 보장해 줄 수 있는 사람을 찾고 있다.

불행히도 큰 능력을 가진 많은 사람들이 이기심 때문에 다른 사람들을 섬기지 못하기도 한다. 이들은 자신들의 왕국의 자원을 당신이 마음대로 쓸 수 있도록 하는 대신 당신의 어깨 위에 그들의 왕국을 세우려 한다. 그런 사람들을 멘토로 삼지 말라. 이런 사람을 멘토로 삼으면 당신은 결국 대부분 주기만 할 뿐 얻는 것은 거의 없을 것이다.

대신에 당신은 당신의 성공을 보는 것이 가장 큰 기쁨인 그런 사람을 원한다. 당신의 성공이 곧 그의 성공이다. 그리고 당신의 실패가 곧 그의 실패이다. 그는 당신을 선택하고 당신을 인도하여 당신의 말에 태워줄 것이다.

앞에서 나는 멘토링에는 멘토에 대한 위험 감수(모험)가 포함된다고 말했다. 그러나 이 위험은 멘토에게 일어나는 일이 아니라 제자에게 일어나는 일이다. 당신의 멘토가 결과에 지나치게 관심을 가진 나머지 당신의 실패를 허용하지 못한다면, 당신과 멘토 모두의 관계를 재고해 볼 필요가 있다. 분명히 그는 자신의 어떤 능력을 입증하는 것이며, 그것을 입증하기 위해 당신을 이용하고 있는 것이다.

제2부에서는 멘토에 관한 이러한 이야기를 더 많이 할 것이다. 그러나 당신이 앞으로 어떤 사람과 멘토링 관계를 가지려 할 때 자신에게 이렇게 물어보라. '이 사람이 나의 발전에 헌신적인가?' '그가 다른 사람을 섬기는 능력을 보여준 적이 있는가?' '그의 필요와 다른 사람의 필요 사이에 역동적인 균형(주고받음)이 있는가? 아니면 모든 것이 그를 중심으로 돌아가고 있는가?'

완벽한 멘토

당신이 이 장에서 열거된 멘토의 열 가지 특징에 따라 사람들을 평가할 때 실제적이도록 하라. 당신은 모든 사람들이 어느 부분에선가 부족하다는 사실을 발견하게 될 것이다. 다시 말해, 당신은 결코 완벽한 멘토를 찾아내지 못할 것이다. 당신이 완벽한 멘토를 찾아냈다고 생각하더라도 조만간 당신은 그의 몇 가지 결점을 발견하게 될 것이다. 그러나 이 열 가지 항목의 핵심은 가능한 한 많은 사람들을 부적격자로 만들려는 것이 아니라 당신으로 하여금 목표를 높게 잡도록 하는 것이다. 멘토는 당신의 인생에 지대한 영향을 끼칠 수 있다. 그러므로 당신이 할 수 있는 한 최적격의 멘토를 찾는 것은 그만한 가치가 있다.

당신은 몇몇 후보를 마음에 두고 있는가? 그렇지 못하다면 멘토를 찾을 수 있는 곳으로 당신을 안내해 주겠다.

제6장

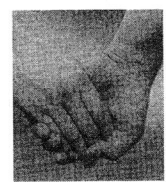

어떻게 멘토를 찾을 것인가?

우리 집 아이들이 어렸을 때 콜로라도로 낚시를 가곤 했다. 숙소에서 가까운 곳에 프레스비테리안 호수가 있었다. 이 호수는 나와 아이들에게 상당한 의미가 있었다. 왜냐하면 우리가 송어를 몇 마리나 잡을 것인가는 미리 정해져 있었기 때문이다(전혀 잡지 못할 때도 많았다). 다시 말해, 우리는 아무것도 모르고 낚시를 하고 있었다. 당신은 이 여행을 총괄적으로 "부르심을 입은 자는 많으나 택함을 받은 자는 적다"는 예수의 말씀으로 요약할 수도 있을 것이다.

우리를 미치게 만드는 것이 있었다. 우리는 몇 시간 동안 곁에 앉아 입질이라도 있기를 기다리고 있었다. 저만치 아래쪽에서는 두 명의 나이 든 낚시꾼들이 각기 두 대의 낚싯대를 드리우고 있었다. 그런데 그들의 낚싯대는 쉴 새가 없었다. 그 중 한 사람은 계속해서 고기를 낚아 올렸고, 그러는 동안에도 그의 다른 낚싯대에서는 입질이 계속되고 있었다. 그런가 하면 옆에 있는 사람은 두 대의 낚싯대가 앞뒤로 춤을 추는데도 꾸벅꾸벅 졸고 있었다.

어느 날 나는 그들에게 어떻게 그렇게 많이 잡을 수 있느냐고 물었다.

"미끼는 제대로 사용하셨습니까?" 그들이 내게 물었다.

나는 그들에게 내가 쓰고 있는 비싼 미끼를 보여주었다. 그러자 그들이 웃었다.

"그걸 가지고는 한 마리도 못 잡습니다. 이 볼즈 오파이어 미끼를 사용해야 됩니다." 그들이 작고 붉은 콩처럼 생긴 미끼를 보여주며 말했다.

"낚시 바늘 하나에 이 미끼를 세 개씩 끼우세요. 이렇게 말입니다. 그런 다음 던지세요. 그러면 고기가 미칠 겁니다."

그래서 우리는 마을로 내려가 볼즈 오파이어를 사 가지고 왔다. 그 날 오후 우리는 고기를 몇 마리 잡을 수 있었다.

그 다음 날도 낚시터로 갔다. 우리가 가진 볼즈 오파이어 미끼를 전부 다 쓸 때까지 오전 내내 프레스비테리안 호수에 낚싯대를 드리웠다. 하지만 헛수고였다. 한 마리도 잡지 못했다! 어제 그 사람들을 또 만날 수 있었다. 그들은 호수의 물고기를 다 잡아버리는 것 같았다.

나는 또 조언을 구하기 위해 물가로 내려갔다.

"이해가 안 갑니다. 당신들이 말한 대로 볼즈 오파이어 미끼를 사용하고 있는데도 아직 한 마리도 잡지 못했습니다." 내가 말했다.

그러자 그들이 다시 한 번 웃으면서 그들의 미끼를 보여주었다. "오늘은 치즈 마시맬로를 사용하고 있습니다." 그들이 나에게 오렌

지색 스펀지 케이크를 보여주며 말했다.

우리는 다시 마을로 내려가 치즈 마시맬로를 한 통 샀다. 그 날 오후 우리는 또 몇 마리를 잡을 수 있었다.

그러나 그 다음 날도 상황은 마찬가지였다. 새로 산 미끼에는 고기들이 전혀 입질도 하지 않았다. 그러나 여느 때처럼 그 사람들은 낚싯대를 드리우고 있었다. 나는 이번에도 주저없이 그들에게 다가가 이렇게 말했다.

"선생들께서는 이미 많이 잡으셨군요."

"예."

"무슨 미끼를 사용하십니까?" 나는 들어보지도 못한 다른 미끼가 나올 것이라고 생각하고 물었다. 그러나 그들이 보여준 것은 치즈 마시맬로가 가득 담긴 작은 항아리였다.

"그것 참 재미있군요. 우리도 똑같은 미끼를 사용하고 있는데 아직 한 마리도 못 잡았으니 말입니다."

"글쎄요, 그건 선생께서 얕은 곳에서 낚시를 하고 있기 때문일 겁니다." 그들 중 한 사람이 말했다.

"제 낚싯대가 있는 곳을 보십시오. 거긴 상당히 깊거든요. 오늘 같은 더운 날씨에는 송어들이 깊은 곳에 모이길 좋아하거든요." 그런 다음 그는 자기 낚싯대로 큰 송어를 한 마리 더 낚아 올렸다.

이쯤에서야 나는 낚시가 그저 물에 낚싯대를 드리우는 것이 아니라는 것을 깨닫기 시작했다. 낚시를 하기 위해서는 물고기를 알아야 한다. 물고기에 대해 많이 알수록 물고기를 잡을 확률은 더 커진다.

멘토를 낚는 데도 똑같은 원칙이 적용된다. 당신은 멘토에 대해 연구해야 한다. 5장에서 멘토의 열 가지 특징을 살펴보았다. 이 장과 다음 장에서는 어느 곳에서 이러한 사람들을 쉽게 찾을 수 있으며, 그들의 관심을 끌고 멘토링 관계를 형성하는 데 무엇이 필요한지 살펴볼 것이다.

멘토를 찾을 수 있는 장소

멘토를 찾을 수 있는 장소는 도처에 숨어 있다. 당신 주변 어느 곳이든지 당신의 멘토가 될 수 있는 사람들이 있다. 그런데 숨어 있다고 말한 것은, 우리가 어떤 부분에 있어 진정한 능력을 가진 사람들을 그냥 쉽게 보아 넘기기 때문이다.

"저 아래에 사는 해리 말이야?" 우리는 스스로에게 이렇게 말한다.

"왜 그는 그저 그런 사람인데! 좋은 사람이긴 하지, 하지만 그는 톰 랜드리이나 도슨 트로트맨(네비게이토 창설자) 또는 사도 바울 같은 사람은 아니지."

이러한 태도는 멘토에 대한 오해를 의미한다. 우리는 멘토가 어떤 방면에서 특별히 성공했거나 탁월해야 한다고 생각한다. 그러나 실제로 최고의 멘토 중 많은 사람들이 특별하지 않다. 그저 평범한 사람들이다. 그들은 군중 가운데서 눈에 띄지 않을 수도 있다. 실제로 어떤 멘토는 주변환경에 묻혀 드러나지 않는다. 그러나 그들은 엄연히 그 속에 있으며, 그들을 찾기 위해 우리는 숲속의 사냥꾼 같아야 한다. 다시 말해, 우리가 무엇을 찾고 있으며, 어디에서 찾을 수 있는지 알아야 한다.

예를 들어, 당신이 대학생이라고 생각해 보자. 당신이 멘토를 찾을 수 있는 가장 분명한 장소는 교수실이다. 당신의 관심을 끄는 특별한 교수가 있는가? 다시 말해, 당신이 만나면 만날수록 5장에 제시된 특징에 들어맞는 교수가 있는가?

당신의 교회는 어떤가? 목회자들과 몇몇 성숙한 평신도들이 멘토의 몇몇 특징을 보이는지 살펴보라.

그리고 당신의 직장은 어떤가? 직장은 가장 많은 인간관계가 형성되고 유지되는 곳이다. 당신의 동료들, 상사들, 당신이 드나드는 가게 주인들, 그리고 당신의 직장이나 사업과 관련된 다른 사람들을 생각해 보라. 당신이 속한 노동조합, 동업조합, 당신의 수첩에 적힌 이름, 당신의 동창생들을 생각해 보라. 당신의 멘토가 될 가능성이 있다고 생각되는 사람이 있는가?

또는 당신이 가정이나 결혼생활에서 도움이 절실히 필요하다고 생각해 보자. 당신은 이 부분에 관한 멘토를 어디에서 찾을 수 있는가? 분명한 선택은 당신의 교회이다(내가 하고 싶은 말은 멘토가 있든 없든, 당신이 성경적 기초를 가진 견고한 신자들의 단체에 적극적으로 참여하지 않는 한, 당신은 신앙의 성장을 기대하기 어렵다는 것이다. 이것은 내 생각이 아니라 엄연한 현실이다.).

당신은 몇 가정 되지 않는 작은 교회의 교인일 수도 있다. 그렇다면 당신과 당신 아내와 자녀들이 여러 가정으로 이루어진 교회에 나감으로써 섬김을 잘 받을 수 있을지 생각해 보라. 이것이 가능하지 않다면 적어도 한 주 정도 가족캠프나 성경연구모임에 등록해 보라. 그곳에서 당신은 당신에게 조언을 해줄 수 있는 부부들을 만날 수 있을 것이다.

이용할 수 있는 또 다른 자원은 자녀의 학교 친구 가족이다. 오늘날 우리는 가정이 깨어지는 일들을 자주 본다. 그러나 여전히 어려움 가운데서 훌륭한 가정을 꾸리고 있는 부부들도 많다는 사실을 잊어서는 안된다. 당신은 자녀들이 누구와 함께 학교에 가는지 모를 수도 있겠지만 당신의 아내는 그렇지 않다. 학교에 다니는 자녀를 둔 어머니들은 광범위한 정보망을 가지고 있기 마련이다. 사실, 다른 가정들이 당신의 가정에서 되어가고 있는 일들을 당신보다 더 잘 알고 있을 수도 있다! 이제 그것을 실증해 보이도록 하겠다.

불신자는 안되는가?

이 시점에서 당신의 마음 속에 이런 의문이 생길지도 모른다. 이제 이 의문에 답하기 위해 잠시 본론에서 벗어나보도록 하자. 나는 멘토를 낚을 수 있는 여러 '연못' (분야)에 대해 말했었다. 사업계나 공립학교 같은 곳은 그리스도인뿐만 아니라 비그리스도인(불신자)으로 구성되어 있다. 그렇다면 내가 지금 당신에게 불신자를 멘토로 삼으라고 말하고 있는가?

이에 대해 생각해 보기로 하자. 이상적으로 생각할 때, 당신은 견고한 믿음의 사람들을 멘토로 삼기 원할 것이다. 이것이 5장에서 우리가 살펴본 멘토의 특징 중 하나였다는 사실을 기억하라. 그러나 멘토에 대한 우리의 정의, 즉 당신이 성장하고 당신 삶의 목표 실현을 돕는 일에 헌신된 사람으로 아직 그리스도인이 되지 않은 사람들을 불가피하게 배제하지는 않는다.

그리스도인만이 당신의 삶에 실질적이고 긍정적인 영향을 미칠 수 있다는 생각은 잘못이다. 비그리스도인 중에도 십계명이나 황금률과 같은 유대 - 기독교의 기본적인 규범을 따름으로써 일반적으로 도덕적인 삶을 사는 사람들이 있다. 대체로 이들은 우리에게 긍정적인 장점, 인격, 그리고 전문가적인 성장을 가져다줄 수 있다.

사실 내가 얻은 가장 큰 교훈 중 몇가지는 불신자들로부터 받은 것이다. 그 중에서 아버지를 예로 들 수 있다. 직업군인인 아버지에게 시간 엄수는 단순한 덕목 이상이었다. 그것은 삶의 양식이었다. 그분은 내게 "애야, 늦게 나타나면 네 장례식에 꽃을 보낼 거다"라고 말씀하시곤 하셨다. 오늘날까지 나는 늦는 것이 무엇인지 알지 못한다.

빌이 만났던 사람을 예로 들어 보자. 빌이 그를 처음 만난 것은 그의 1967년식 녹색 포드 무스탕 자동차가 고장이 났을 때였다. 빌은 그 차를 주유소까지 밀고 들어가 도움을 구했다. 주유소 주인은 무뚝뚝하고 거친 사람이었다. 그는 두꺼운 시가를 빨면서 자동차 후드 아래를 들여다보았다. 그 가게 벽엔 야한 여자들 사진의 달력이 걸려 있었다. 이 사람이 불신자라는 것은 너무나 분명했다. 그 사람은 자동차 여기 저기를 살피더니 이윽고 "여기가 문제야" 하면서 점화 플러그 선을 뽑아 들었다. "때때로 이것들이 짧아져서 엔진에 노킹을 일으키지."

선을 교체하는 일이 끝나자, 빌은 수리비를 지불하러 사무실에 들어갔다. 그에게는 2달러와 잔돈 얼마밖에 없었다. 그런데 수리비는 5달러가 조금 넘었다. 그래서 빌은 "수표를 써도 될까요?"라고 물었다.

주유소 주인은 고개를 끄덕였다. 그리고 빌은 수표를 써서 주었다. 수표를 건넨 후에 빌은 운전 면허증을 꺼내려 했다. 그러자 주인이 이렇게 말했다.

"면허증은 안 봐도 된다. 겨우 5달러짜리 수표를 써 주면서 그렇게 수고를 할 필요는 없네!"

이것은 정직에 대한 기본적인 교훈이었다. 그리고 가장 기대하지 않았던 사람으로부터 얻은 교훈이기도 했다. 그러나 이것은 빌이 결코 잊지 못할 교훈이었다. 이 비그리스도인은 신뢰와 정직이라는 말의 의미를 알고 있었다.

가능한 한, 멘토는 성경에 기초해서 당신에게 도전을 줄 수 있는 용감한 그리스도인이어야 한다. 그러나 자격이 있는 비그리스도인이 나타났을 때, 단지 그리스도의 제자가 아니라는 이유만으로 그를 자동적으로 제외시키지 않도록 하라. 그는 실제로 당신의 믿음을 강화시켜 줄 수도 있다. 또 당신과 그의 관계가 그로 하여금 영적 필요를 느끼게 할 수도 있다.

조심해야 할 것은, 당신이 마시는 샘물의 줄기를 기억하는 것이다. 바울이 썼듯이 "범사에 헤아려 좋은 것을 취하고 악은 모든 모양이라도 버리라"(살전 5:21-22).

멘토를 찾는 기도

당신에게 멘토 찾기에 대한 세 가지 실제적인 제안을 하겠다. 첫째는 멘토를 찾기 위해 기도하라는 것이다. 당신은 진지하게 기도하지 못할지도 모르지만 하나님께서는 그렇게 하신다. 성경은 당신이나 나와 조금도 다를 바 없는 사람이 비가 오지 않기를 기도하자 삼년 반 동안 비가 오지 않았고, 그의 백성이 마침내 여호와께서 참 하나님이심을 확신하게 되어 그가 다시 기도하자 하늘이 갈라지고 비가 내렸다고 말하고 있다(약 5:17-18).

엘리야가 비를 내려 달라는 기도를 할 때 지평선에는 구름 한 점

없었다는 사실을 기억하자. 그는 여섯 번이나 종을 보내 폭풍우가 불어오고 있는지 알아보게 했다. 그러나 그 종은 푸른 하늘밖에는 아무것도 보지 못했다. 그 종은 일곱번째에야 구름을 보았지만 그 구름은 너무나 멀리 있었다. 그 종은 그것을 대수롭지 않은 것으로 무시해 버리면서 "사람의 손 만한 작은 구름"이라고 말했다. 그러나 엘리야는 그의 기도가 이제 응답되고 있음을 알았다(왕상 18:41-46).

멘토를 찾는 기도를 드릴 때, 당신은 비록 지평선에서 아무런 구름(후보자)을 발견할 수 없더라도 하나님을 의뢰해야 한다. 멘토를 찾는 일은 성경이 말하듯이 당신이 믿음으로 행하고 보는 것으로 행하지 않아야만 하는 일들 중 하나이다(고후 5:7). 내가 당신에게 확신할 수 있는 것은, 기도가 초점을 맞추고 있는 곳에서는 힘이 실패한다는 것이다.

나는 이에 대해 절대적인 확신을 가지고 있다. 왜냐하면 나는 이런 일을 보고 또 보았기 때문이다. 1993년에 콜로라도 불더에서 "약속을 지키는 사람들의 모임"(Promise Keepers)을 상대로 멘토링에 관해 강연을 한 적이 있었다. 콜로라도 대학 풋볼 경기장에 5만 명이 넘는 사람들이 모였다. 나는 한 가지 변하지 않는 진리를 말했다. "사람은 자신의 인생에서 세 명의 사람들을 찾아야 합니다. 당신에게는 바울 같은 사람이 필요합니다. 바나바 같은 사람이 필요합니다. 디모데 같은 사람이 필요합니다."

이것은 한 인간이 절실히 추구할 필요가 있는 멘토링 관계의 세 유형이다. 바울 같은 사람이란 나의 인생을 세워줄 수 있는 연장자를 말한다. 바나바 같은 사람은 내가 책임질 수 있는 동료, 즉 영적 형제를 말한다. 디모데 같은 사람은 내가 세워줘야 할 나보다 젊은 사람을 말한다. 그 강연끝에 나는 모든 사람들로 하여금 머리 숙여

하나님께 바울 같은 사람, 바나바 같은 사람, 디모데 같은 사람에게 인도해 달라고 기도하게 했다. 이 모임 이후로, 나는 최근에 나와 멘토링 관계를 가지고 있는 사람과 비슷한 증언을 편지며 전화를 통해 전국 각지로부터 들었다.

"교수님, 저는 불더에서 교수님의 강연을 들었습니다. 저는 하나님께 저를 바울 같은 사람, 바나바 같은 사람, 그리고 디모데 같은 사람에게 인도해 달라고 기도했습니다. 그런데 바울 같은 사람을 마침내 만났습니다. 바나바 같은 사람도 만났습니다. 그리고 디모데 같은 사람도 만난 것 같습니다. 하나님께서 제 기도를 들어주셨습니다."

> 이 책은 주로 당신의 멘토링 관계에서 바울 같은 사람(멘토)과 디모데 같은 사람(제자)이 어떤 사람인가를 논한다. 그러나 바나바 같은 사람이 되는 데도 귀중한 유익이 있다. 당신은 다른 사람과 또래관계를 가짐으로써 서로에게 개인적 성장을 위한 도전을 주며 서로에게 책임 있는 친구로 남을 수 있다(2장 끝에 있는 "또래 간의 멘토링"을 보라.).

당신은 하나님 앞에 무릎 꿇고 "하나님, 저의 인생 여정에 궁극적인 영향을 미칠 사람에게 저를 인도해 주세요"라고 기도하고 있는가?

"구하라 그러면 너희에게 주실 것이요 찾으라 그러면 찾을 것이요 문을 두드리라 그러면 너희에게 열릴 것이니 구한 이마다 얻을 것이요 찾는 이가 찾을 것이요 두드리는 이에게 열릴 것이니라"(마 7:7-8).

멘토 찾기를 시작하라

둘째 조언은 당신의 안테나를 세우라는 것이다. 다시 말해, 이러한 사람들을 찾는 일을 시작하라는 것이다. 눈을 크게 떠라. 그리고 주변에 무엇이 있나 살펴보라.

때때로 나는 달라스 신학교의 독신자 기숙사를 찾아 학생들과 대화를 나눈다. 대화의 주제는 예정론과 같은 신학적인 것으로 시작하는 경우가 대부분이다. 그러나 마지막에는 언제나 여자 이야기로 끝이 난다. 언젠가 나는 남자가 여자에게서 귀중하게 생각하는 자질에 대해 말하고 있었다. 그 때 한 학생이 이렇게 질문했다.

"교수님, 그런데 그런 여자를 어떻게 찾을 수 있습니까?"

"사귀는 여자는 있는가?" 내가 그에게 물었다.

"아니 없습니다! 너무 바빠 사귀지 못하고 있습니다."

"그래, 자네는 그런 여자를 어떻게 찾을 수 있다고 생각하는가? 하나님께서 하늘에서 그런 여자를 뚝 떨어뜨려 주실 것이라고 생각하고 있는 건 아닌가?"

물고기를 잡으려면 물고기가 있는 곳으로 가야만 한다. 그러나 당신도 알다시피, 어떤 사람은 수 백 달러를 주고 물고기 탐지기를 산다. 그리고 하루 종일 물고기를 찾아 호수를 맴돈다. 그러나 수첩을 꺼내놓고 그에게 물고기 잡는 법을 가르쳐 줄 만한 사람을 찾아보는 일에는 단 5분도 투자하지 않는다. 그러면서 그는 하나님께서 왜 내 기도에 응답하지 않으실까 하고 의아해한다. 기도하라. 그러나 그 다음에는 눈을 크게 떠라!

접촉하라

마지막으로 멘토 찾기 과정을 직접 시도하라. 여기저기 소문을 들어보라. 아침이나 점심식사에 초대하라. 그와 함께 이야기를 나누어라. 그와 함께 기도하라. 그와의 관계가 견고한지 보라. 그와의 관계에서 멘토링 관계가 형성되고 있는지 보라. 멘토링 관계는 이러한 접촉을 시작으로 발전한다.

상호작용을 조장할 수 있는 방법과 관련된 더 중요한 사실이 있다. 그것은 우리들 대부분은 우리에게 반응을 보이는 사람들에게 반응을 보이며, 특히 우리의 전문분야에서 그러하다는 것이다. 우리는 전문분야에 대해 이야기하는 것을 더 편하게 생각한다. 따라서 여기에서 시작하는 것이 처음의 서먹서먹한 관계를 극복하는 데 도움이 된다.

예를 들면, 지금은 고인이 된 친구 지미 스퀴레스(Jimmy Squieres)는 남북전쟁을 연구하는 것이 취미였다. 그는 남북전쟁과 관련된 날짜, 전투, 장군 등에 대해 모두 알고 있었다. 그는 군대 이동을 기록한 지도들을 연구했으며 직접 격전지를 방문하기도 했다. 그는 당신에게 남북전쟁의 재미있는 이야기와 알려지지 않은 사실을 몇 시간 동안이고 이야기해 줄 수 있을 것이다. 그는 심지어 격전지에서 당시의 자료까지 수집해 두고 있었다.

또한 지미는 젊은 사람들을 매우 따뜻하게 대해 주었다. 그러나 만약 당신이 지미와의 관계를 발전시키기 원했다면, 가장 적절한 이야기 주제는 당신의 필요와 관심에 관련된 것이 아니었을 것이다. 물론 이러한 이야기들을 나눌 시간은 나중에 주어졌을 것이다. 내가 당신에게 조언할 기회가 있었다면, 나는 남북전쟁 전문가인 지미에게서 그의 전문지식을 끌어내라고 말했을 것이다. 내가 5장 마지막 부분에서 한 말을 기억하는가? 효과적인 대화의 열쇠는 듣기이다. 그의 이야기 주제가 무엇이든 지미 스퀘레스와 같은 사람의 말을 들음으로써 당신이 말할 때 그로 하여금 귀기울이게 할 수 있다.

물고기를 연구하라. 물고기에 대해 알라. 자신에게 물어보라. 이렇게 하면 이 사람을 움직이게 할 수 있는가? 이 사람을 움직일 수 있는 스위치는 어떤 것인가? 그런 다음 그 방향을 향해 돌진하라. 핵심은 그가 원하지 않는 관계를 형성하려고 애쓰고 궁리할 것이 아니라 그에게 중요한 것이 무엇인가를 알아내는 것이다. 결국, 당신이 생각하고 있는 문제를 함께 생각해 보자는 것이 당신이 그에게 원하는 것이 아닌가? 관계는 상호 관심을 통해 성장한다.

사슴 사냥꾼

이제 다시 프레스비테리안 호수로 돌아가 보자. 우리 집 아이들과 나는 우리가 물고기를 많이 잡지 못하고 있는 이유를 힘들게 알게 되었다. 그것은 우리가 물고기에 대해 아는 것이 없었기 때문이었다. 우리는 진지했고 열심이었으며 끈질겼다. 그러나 이 중 어느 것도 큰 변화를 가져다주지 못했다. 왜냐하면 낚시꾼의 기술은 내적인 결심의 문제가 아니라, 물고기의 행동과 먹는 습관을 알고 그에 대처하는 것이었기 때문이다. 마찬가지로 멘토를 낚기 위해서는 멘토에 대해 어느 정도 알아야 한다.

내가 물고기에 대해 거의 알지 못하는 한 가지 이유는 자라면서 이런 야외생활을 해보지 못했다는 것이다. 그러나 내 가까운 친구

트레버 매버리(Trevor Mabery)는 달랐다. 나는 숲속을 거닐거나 오리 사냥을 위해 몸을 웅크리고 기다리는 일을 트레버보다 저 좋아하는 사람을 본 적이 없다. 그는 야외에서의 생활을 아주 편안함으로 느끼는 것 같았다. 그는 마치 그런 피를 타고 난 것 같았다.

한번은 트레버가 빌을 데리고 사냥을 한 적이 있었다. 트레버는 우리가 프레스비테리안 호수에서 배운 교훈을 반복해서 가르쳐 주었다. 상대방을 아는 것이 바로 성공의 열쇠라는 것이다.

1960년대 말에 트레버는 공군 군의관이었다. 어느 여름 그가 반 덴버거에 머물고 있을 때 우리 가족이 그의 집을 방문한 적이 있었다. 공군기지는 캘리포니아 롬폭 근처에 있었다. 우리가 떠나기 전날 밤에, 트레버는 빌(이 책의 저자 중 하나인 윌리엄 헨드릭스)을 초대해서 함께 사슴 사냥을 나갔다. 그것은 총이 아니라 활을 쏘는 사냥이었다. 당시 열한 살 정도였던 빌은 "언제 시작합니까?"라고 물었다.

그 다음 날 새벽 4시 30분에 트레버와 빌은 트레버의 폭스 바겐을 타고 사냥을 나갔다. 그들이 사냥 지정 지역에 이르렀을 때 트레버는 이곳 저곳을 가리키며 전에 사슴을 보았던 곳이라고 말했다.

"여기에 수천 마리가 넘는 사슴이 있어. 네가 한 마리 잡을 수 있나 볼 거야"라고 그가 말했다.

빌은 한 쌍의 눈 또는 하얀 불빛을 보기 위해 눈을 크게 뜨고 어둠 속을 직시했다.

"아무것도 안 보이는데요."

"그들은 너를 보고 있다."

두 사람은 조용히 차를 몰았다. 그 때 빌이 물었다.

"어떻게 가까이 접근하지요?"

"사슴처럼 생각해야 한다."

빌은 트레버가 차를 길가에 세우고 엔진과 라이트를 끌 때까지도 이 말의 의미를 생각하고 있었다. 트레버가 차 유리를 내렸다. 차가운 아침 공기가 차 안으로 밀려들었다. 빌도 차 유리를 내렸다. 눈이 어둠에 적응되자, 빌은 편편한 해안에 뿌리 내린 키 작은 나무들을 볼 수 있었다.

빌에게는 그렇게 길어 보이는 시간을 트레버는 아무 말도 없이 가만히 앉아 기다리기만 했다. 그는 귀를 기울이고 있었다. 마침내 그는 빌 쪽으로 몸을 숙이면서 낮은 소리로 속삭였다.

"안개가 잔뜩 끼었군. 됐어. 네 오른쪽에 사슴이 한 마리 있는 것 같다. 조금 후면 이리로 올 거다."

정말 5분 후에 빌은 나무 사이에서 걸어 나오고 있는 한 마리 암사슴을 보았다. 차에서 20미터도 채 안 되는 거리였다. 빌은 마음이 조마조마해서 트레버 쪽으로 몸을 숙이면서 "어떻게 해야 되나요?"라고 물었다.

"그냥 가만히 있어라. 저 녀석은 네가 문을 열기도 전에 몇 킬로미터는 도망갈 거다."

그 사슴은 멈춰 서서는 차 있는 쪽으로 얼굴을 돌렸다. 잠시 후 그 사슴은 방향을 돌려 빠른 걸음으로 사라져버렸다.

그리고 10분이 지났다. 이제 숲이 아침이 되어 조금씩 밝아지고 있었다. 트레버는 천천히 문을 열고 차에서 내렸다. 빌도 그를 따라 내렸다. 그들은 뒷자리에서 활과 화살을 집어들고 걸음을 빨리 했다. 트레버가 사슴 발자국을 따라 빌을 인도했다. 1,500미터쯤 갔을 때 트레버가 멈추더니 손을 들어 빌에게 멈추라는 신호를 보냈다. 빌은 귀를 쫑긋 세웠다. 그러나 안개 때문에 아무것도 보이지 않았다. 트레버는 앞쪽에 있는 흔적들을 살펴보고는 빌의 귀에 대고 속삭였다.

"나는 이 길을 따라 걸어 내려가겠다. 5분만 기다려라. 네 오른쪽에 있는 저 등성 위에 한 마리 있는 것 같다. 네가 정신 바짝 차리면 그 놈을 쏠 수 있을 거다. 만일 네가 맞추지 못하면 그 놈은 내가 있는 곳으로 올 거다. 그러면 내가 한방 먹이겠다. 준비됐지?"

빌은 고개를 끄덕였다. 그러면서 그는 트레버가 등성 건너쪽에 무엇이 있는가를 어떻게 아는지 궁금했다. 그는 트레버가 미끄러지듯 사라지는 동안 앞쪽을 주시했다.

빌은 65까지 센 다음 등성 쪽으로 움직였다. 그는 등성에 도착하자 걸음을 늦추고 언덕 위로 올라가기 위해 아주 조심스럽게 걸음을 옮겨놓기 시작했다. 마침내 언덕 위에 올라갔지만 몇 개의 등성이 이어져 있는 것밖엔 아무것도 보이지 않았다. 그는 멈춰 서서 귀를 기울였다. 그런 다음 아래로 내려가기 시작했다.

반쯤 내려갔을 때 그는 사슴을 보았다. 그 놈은 머리를 쳐들고 있었다. 머리에는 화려한 뿔이 나 있었다. 두번째 등성 아래쪽에 서 있었다. 갑자기 그 놈이 반대쪽을 쳐다보았다. 빌도 재빨리 몸을 숨겼다. 그는 흙이 파인 곳에 몸을 숙이고는 화살을 꺼내 활에 재였다. 그런 다음 그는 조금씩 언덕 위로 올라갔다. 그는 조준만 할 수 있으면 그 놈을 맞힐 수 있다고 생각했다. 마침내 그는 일어서서 한 발을 쐈다. 그는 당연히 사슴이 쓰러져 있어야 할 곳을 바라보았다. 그러나 그 놈은 없었다. 세 시간 후에 빌과 트레버는 집으로 향했다. 그 후 누구도 사슴을 보지 못했다.

"정말 가까이서 그 놈을 봤어요!" 트레버가 시동을 거는 동안 빌이 계속해서 이렇게 말했다.

"바로 코 앞에 있었어요!"

"빌, 다음 번에는 그 놈을 잡을 수 있을 거다."

"예, 하지만 그 때가 언제가 될 지 누가 알겠어요!"

"아니다, 네가 여기 다시 오기만 하면 될 거다. 그 놈들이 널 기다리고 있을 거다."

"아마 그럴 거예요. 하지만 그 놈은 아주 가까이 있었어요! 바로 코 앞에 있었다니까요! 장담컨대 다시는 그런 기회를 얻지 못할 거예요."

"아니다. 기회는 또 있을 거다. 암 그렇고 말고. 너는 사슴처럼 생각하기만 하면 돼. 그러면 또 그런 기회를 만날 수 있을 거다."

트레버는 어떻게 사슴처럼 생각할 수 있는지 알고 있었다. 사냥하는 동안에 트레버가 보인 모든 행동이 이를 설명해 주었다. 빌은 나중에야 이를 깨달았다. 적막 가운데 꼼짝 하지 말고 기다리기, 귀를 쫑긋하고 듣기, 귀에다 대고 낮은 소리로 속삭이기, 흔적과 바람과 지역을 살피기, 트레버의 행동은 사슴의 행동에 의해 결정되었다. 빌이 함께 가지 않았다면 트레버가 사슴을 어깨에 메고 돌아왔을지 누가 알겠는가(반대로, 나는 트레버가 빌에게 어른들로부터 돈을 한 푼 더 얻어내는 법이 아니라 사냥법을 가르쳐줌으로써 더 큰 것을 잡았다고 생각한다.)

멘토를 찾고자 한다면 멘토처럼 생각하라고 말하고 싶다. 멘토는 특별한 희귀종이 아니며 추적하기 어려운 대상도 아니다. 그러나 앞으로 살펴보겠지만 그의 습관에 무관심하거나 모르는 사람들은 그를 쉽게 찾지 못한다.

제7장

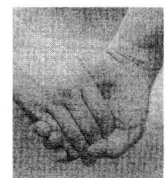

첫단계

「당신의 낙하산은 무슨 색인가?」(*What Color Is Your Parachute*)라는 베스트셀러의 저자로 널리 알려진 직업 설계사 리처드 볼레스(Richard Bolles)라는 사람이 있다. 그는 직장을 구하는 데는 경제사정에 따라 6주에서 18주 정도 걸린다고 말한다. 멘토 찾기와 직장 구하기 사이에는 많은 유사성이 있다. 그러므로 멘토의 능력을 가진 사람을 찾는 데 6주에서 18주가 걸릴 것이라는 생각이 전혀 근거 없는 것은 아니다. 이보다 더 오래 걸릴 수도 있다.

내가 이렇게 말하는 것은 두 가지 이유에서이다. 첫째, 당신으로 하여금 당신의 기대(바람, 목표)를 조정하도록 돕기 위해서이다. 둘째, 멘토 찾기 과정에서 당신은 상당한 시간과 노력을 투자해야 한다는 사실을 강조하기 위해서이다. 멘토 찾기는 우연히 이루어지지 않는다.

이제 이 이야기를 들은 사람들 가운데 포기하고 싶은 사람들도 있을 것이다. 당신이 그렇게 느낀다면, 당신이 포기하기 전에 한 가지만 부탁하겠다. 2장에서 나는 멘토가 당신의 인생을 바꿀 수 있는 다섯 가지 방법을 말했다. 이제 2장을 다시 읽어보고 당신이 멘토 사냥을 포기할 경우 잃게 되는 귀중한 유익을 다시 한 번 생각해 보지 않겠는가?

나는 지금 당신을 이 과정에서 떠나지 않게 하려고 변명을 하는 것이 아니다. 나는 45년 넘게 사람들과 멘토링 관계를 가져왔다. 따라서 내가 당신에게 주저없이 말할 수 있는 사실이 있다. 그것은 이 시대에 신앙 면에서 큰 영향을 미치고 있는 인물들은 다른 경건한 사람들의 가르침을 받은 사람들이라는 것이다. 아무것도 좋은 멘토와 비교할 수 없다! 당신이 당신의 인생 - 당신의 일, 가족, 당신이 속한 사회, 당신의 믿음 -에서 어떤 변화를 원한다면 당신이 성장하고 삶의 목적을 성취하도록 도와줄 수 있는 사람을 찾도록 하라.

당신의 그런 노력에 다른 사람을 어떻게 끌어들일 수 있는가? 어쨌든 당신은 그에게 다가가 그를 당신 팀에 합류시켜야 한다. 많은 사람들에게 있어, 이 첫 단계가 가장 어려운 단계이자 멘토 찾기 과정이 가장 빈번히 깨지기 시작하는 단계이다. 그러므로 이 단계에 어떤 것이 포함되는지 살펴보도록 하자.

접근

나는 당신에게 멘토 자격을 갖춘 사람을 찾을 수 있는 곳이 얼마든지 있다고 말했다. 만약 당신이 후보자를 한 명 찾았다고 생각해 보자. 당신은 그 다음 무엇을 할 것인가? 대답은 당신이 그 사람과 어떤 관계냐에 따라 다르다. 당신이 그 사람을 얼마나 잘 아느냐에 따라 다음 단계가 결정된다.

아래 그림을 보면 두 가지 가능성이 있다. (1) 당신은 이미 그 사람을 알고, 그 사람도 당신을 알고 있다. (2) 당신도 그 사람도 서로 이름만 알 뿐이다. (3) 당신은 그를 전혀 알지 못한다(나는 연결선상에서 이러한 세 가지 선택을 제시했다. 왜냐하면 분명히 이러한 가능성들이 있기 때문이다.).

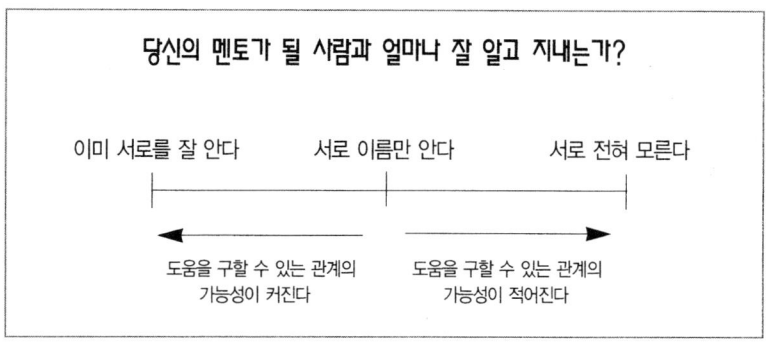

각 개인에게 있어 다양한 요소들이 영향을 미칠 수 있다. 따라서 이에 주의를 기울여야 한다.

그러나 일반적으로 볼 때, 당신이 멘토로 삼고 싶은 사람을 이미 잘 알고 있을수록(다시 말해, 당신이 그림의 왼쪽으로 갈수록) 당신이 그 사람의 도움을 구할 수 있는 관계에 이를 가능성이 커진다. 바꾸어 말하면, 당신이 그 사람을 모를수록(즉, 당신이 그림의 오른쪽으로 갈수록) 당신이 그 사람과의 관계가 아닌 다른 곳에서 도움을 구해야 할 가능성이 커진다. 이제 세 가지 가능성을 차례로 살펴보도록 하자.

1. 당신과 그 사람은 이미 서로를 잘 안다.

당신이 이미 그 사람을 알고 그 사람도 당신을 알고 있다면, 당신이 그의 도움을 구하는 것은 그리 어려운 일이 아니다. 이 경우 도움을 구하는 것은 자연스러운 일이다. 물론 당신이 그 사람의 도움을 구한다고 해서 그가 자동적으로 당신의 멘토가 되는 것은 아니다. 그러나 최소한 당신은 문제가 생겼을 때, 다시 그를 찾아갈 수 있다. 그리고 그는 당신이 진지하게 삶을 살고 있음을 알고 있다. 이것이 멘토링 관계로 이어질 수 있는 일종의 긍정적이며 생산적인 상호작용이다.

2. 당신과 그 사람은 서로 이름만 안다.

이제 시나리오를 조금 수정하여 그림의 가운데 부분을 살펴보도록 하자. 당신이 이 부분에 있다면 당신과 그 사람은 서로 통성명한 정도이다. 당신에게 자녀와 관계된 심각한 문제가 생겼다고 해보자. 당신의 아이가 생명의 위협을 받을 정도로 많이 아프다면, 당신은 이와 같은 경험을 해본 적이 있는 부모와 이야기하고 싶을 것이다. 하지만 그런 사람을 어떻게 찾을 수 있겠는가? 당신은 목사님께 그런 사람을 알고 계시냐고 묻는다. 그러자 목사님은 피터(Peter)를 언급하신다. 피터는 다른 교회에 다니며, 그의 딸이 당신의 아이와 똑같은 상황이라는 진단을 받았다.

이제 당신이 전에 어떤 모임에서 우연히 피터를 한 번 만난 적이 있다고 해보자. 그저 서로 이름만 소개한 사이인데, 마치 오래 된 친구처럼 전화를 걸어 도움을 구하는 것은 다소 어색할 수 있다. 그러나 그에게 접근할 수 있는 방법은 이것 말고도 여러가지가 있다. 예를 들면, 목사님께 먼저 전화를 걸어 달라고 부탁함으로써 피터와 이야기할 수 있는 분위기를 만들어놓을 수도 있을 것이다.

또 다른 방법은 당신이 피터에게 먼저 전화를 걸어 지난번 모임에서 만났던 이야기를 하고 당신의 상황을 간략하게 말해 준 다음 당신에게 도움이 될 만한 다른 사람들을 알고 있는지 물어볼 수도 있다. 문제를 이런 방법으로 제시할 경우, 피터에게 당신과 어느 정도의 관계를 가질 것인가 또는 가지지 않을 것인가를 선택할 여지를 줄 수 있다. 그러나 이 경우 피터는 딸의 병과 관련해서 자신이 겪은 일들을 당신에게 말해 줄 것이다. 최소한 한 번은 당신을 도와줄 것이다. 그리고 사람들이 대체로 남을 돕고 싶어하듯이 할 수 있는 한 당신을 도울 것이다.

이것이 멘토링 관계인가? 이것이 멘토링 관계의 시작은 아니지만 그 관계로 이어질 수 있다. 핵심은 당신의 첫 접근이 관계보다는 당신이 직면한 문제에 의해 결정된다는 것이다. 이러한 첫 대화로부터 더 깊은 관계가 형성될 가능성이 아주 높다. 사실, 당신은 피터에게 "가끔씩 전화해도 되겠습니까?"라고 물어볼 것이다. 이렇게 해서 미래의 가능성들이 열린다.

3. 당신과 그 사람은 서로 전혀 모른다.

그림에서 세번째 부분을 생각해 보자. 당신은 그 사람의 도움이 필요하지만 그 사람과는 전혀 아무런 관계도 없다. 이런 경우에 당신의 접근은 적어도 어떤 관계가 형성될 때까지는 전문지식만을 생각할 가능성이 높다. 결국 당신은 있지도 않은 관계에 의지하고 싶어하지 않을 것이다.

테드 엥스트롬(Ted Engstrom)은 애리조나 주 투크손의 헤럴드 워너(Harold Warner)라는 목사가 교회 청년으로부터 받은 카드 이야기를 내게 전해 주었다. 그 카드에는 게리 라르손(Gary Larson)의 "먼 곳"(The Far Side)이라는 만화가 그려져 있었다. 그 그림에는 바보스러워 보이는 작은 아이가 서부의 한 술집에서 거칠어 보이는 두 카우보이 사이에 앉아 있었다. 그 소년은 이제 막 우유 한 잔을 비웠는데, 옆에 있던 한 카우보이가 그를 향해 "그러니까… 네가 사람들이 '그 아이'라고 부르는 그 아이구나"라고 말했다. 이 만화 아래에 이 카드를 보낸 젊은이의 글씨로 "예, 저는 훈련받고 싶어요"라고 써 있었다. 그리고 카드 안쪽에는 이렇게 써 있었다. "저는 당신 그리고 당신과 같은 마음을 가진 사람들에게 훈련과 상담을 받고 싶습니다."

이 젊은이는 워너 목사님께 자신이 멘토를 찾고 있다는 사실을 분명하게 말하고 있었던 것이다. 그리고 워너 목사는 그의 교회 목사로서 직접 그의 멘토가 되어주거나 다른 사람을 찾아주어야 했다. 그러나 워너 목사가 이 젊은이를 전에 한 번도 만난 적이 없었다고 하자. 그리고 이 젊은이가 워너 목사가 담임하고 있는 교회에 간 적도 없다고 하자. 사실 당신이 전혀 낯선 사람에게서 이런 카드를 받았다고 하자. 그러면 당신은 어떤 반응을 보이겠는가? 당신은 그가 조금 주제넘다고 생각하지 않겠는가? 당신은 성장에 대한 그의 열망에 찬사를 보낼지도 모른다. 그러나 그를 도와주고 싶은 마음이 선뜻 내키지 않는 것이 당연하지 않은가? 이것은 당신이 극히 개인적인 요구를 할 때 당신과 당신의 멘토가 될 사람 사이에 일어날 수 있는 일이다.

이와는 반대로, 당신이 그가 늘 다루는 문제를 가지고 그를 찾아간다면 그의 도움을 얻을 수 있는 가능성이 훨씬 더 크다. 여러 해 전까지만 해도 나는 "가정생활의 기술"(The Art of Family Living)이라는 라디오 프로를 통해 방송목회를 했다. 그 때 나는 직업적인 목회에 관심이 있는 사람들로부터 이따금씩 편지를 받았다. 내가 바라는 것은 바로 이러한 일을 위해 사람들을 훈련시키는 것이었다. 그 때문에 그들의 질문에 답하고 그들에게 어떻게 시작하라는 조언을 주는 답장을 쓰는 일은 내게 너무나 큰 즐거움이었다. 사실 나는 그들 중 몇몇을 달라스 신학교에 보냈다. 그곳에서 그들은 내 제자가 되었으며, 우리는 더욱 긴밀한 관계를 발전시켰다.

핵심은 당신이 어떤 사람에게 도움을 구하기 전, 그 사람을 얼마나 잘 알고 있나 깊이 생각해 보라는 것이다. 그의 도움을 구하는 데는 '옳은' 방법이 없다. 다시 말해, 접근방법은 당신이 그 사람과 어떤 관계이냐에 따라 달라질 수 있다. 당신이 잘 아는 사람이라면 친구처럼 도움을 구할 수 있다. 그러나 낯선 사람이라면, 어떻게 그 사람의 관심을 끌고, 그 사람의 신뢰를 사며, 그 사람을 설득해서 당신이 원하는 것을 얻을 수 있을 것인가를 깊이 생각해 보아야 한다.

멘토링 관계를 시작하기 위한 20가지 아이디어

당신이 멘토로 삼고 싶은 사람과 첫 접촉을 하는 데는 많은 방법들이 있다. 여기서는 창의성과 주도성(적극성)이 상당히 중요한 역할을 한다. 관계를 시작하는 데 있어 다른 사람들보다 나은 능력을 발휘하는 사람들이 있을 것이다. 그러나 당신이 관계를 시작할 수 있게 해주며, 당신의 창의성도 자극시켜 주는 20가지 아이디어가 있다. 우리는 지금 멘토의 관심을 끄는 일과 그로 하여금 당신을 더 잘 알도록 하는 일에 대해 말하고 있음을 기억하라. 일단 관계가 형성되더라도 당신은 그 관계를 계속 발전시켜야 할 것이다(더 자세한 것은 다음 장에서 이야기하겠다.).

1. 그에게 전화를 걸어 구체적인 문제로 만나자고 부탁해 보라. 이것은 정면 접근 방법이다. 때로 이런 방법이 효과가 있다. 하지만 때로는 효과가 없다. 당신의 주제나 문제가 잘 규명되어 있을수록 성공할 가능성은 더 크다. 예를 들면, 마크(Mark)는 성질이 고약한 사장과 싸우고 있다. 그래서 그는 비슷한 처지에 있고 같은 교회에 다니며 그보다 열 살 정도 나이가 많은 네일(Neil)에게 전화를 걸어 아침식사나 함께 하면서 그 문제에 대해 이야기해 보자고 부탁한다.

2. 중개자를 통해 그와 만날 약속을 정하라. 이것은 다른 사람과의 관계에 '올라타기' 전략이다. 예를 들면, 당신은 래리와 당신의 전직(轉職)을 의논하고 싶어한다. 이 경우 당신의 성경공부 인도자가 자신과 래리와 당신이 함께하는 점심약속을 정할 수 있을 것이다.

3. 그가 아는 사람의 이름을 대라. 이것은 소위 사업계에서 '네트워킹'(networking)이라고 부르는 것이다. 서로가 알고 있는 이름을 사용함으로써("○○○라는 사람이 당신에게 전화를 해보라고 해서…"), 당신은 어느 정도의 신뢰를 쌓을 수 있다. 다만 당신의 멘토가 될 사람이 ○○○라는 사람을 긍정적으로 생각한다는 것을 확인하라. 그리고 한 사람의 이름을 대는 것은 기껏해야 문을 여는 것일 뿐임을 기억하라. 거기서부터는 당신이 직접 시작해야 한다. 예를 들면, 당신은 이렇게 말할 수 있을 것이다.

"안녕하세요? 저는 하워드 헨드릭스입니다. 이 도시엔 처음이지만 선생님과 같은 교회에 나가는 존 도(John Doe)라는 사람을 알고 있습니다. 그 사람이 저에게 선생님의 이름을 가르쳐주면서 부자(父子)간의 활동에 대해 많이 아시는 분이라고 이야기해 주었습니다.

저에게는 빨리 자라고 있는 아들이 하나 있습니다. 그래서 저는 그 녀석과 많은 시간을 보내야겠다는 생각이 들었습니다. 선생님께서 저와 그 녀석이 다른 부자들과 함께할 수 있는 몇몇 활동들을 가르쳐주실 수 있으시겠습니까?"

4. 그 사람의 전문지식을 칭찬하라. 그런 다음 그에게 당신의 전문지식을 발전시키는 데 그것을 사용해 달라고 부탁해 보라. 「새로운 멘토와 제자」(*The New Mentors and Proteges*)라는 책에서, 린다 필립 존스(Linda Phillips-Jones)는 앤디(Andy)라는 이름의 한 청년 이야기를 한다. 앤디는 특별한 분야에서 전문가를 만나길 원했다. 그 전문가는 저널과 신문에 많은 글을 기고했으며, 상당한 비평도 받았다. 앤디는 그 전문가의 입장을 변호하는 편지를 써서 한 비평적인 신문의 편집자에게 보냈다.

"그 편지는 출판되었습니다. 그리고 앤디는 개인적인 인터뷰 요청과 함께 출판된 편지를 그 사람에게 보냈습니다. 이쯤 되자 이 사람(장래의 멘토)은 그의 부탁을 거절할 수 없었습니다."

당신도 똑같은 원리를 사용하여 당신의 멘토가 될 사람에게 접근할 수 있다. 예를 들면, 당신은 이렇게 말할 수 있다.

"테드, 어제 모임에서의 강연은 정말 탁월했습니다. 제가 점심을 대접하겠으니 어떻게 그렇게 할 수 있는지 가르쳐줄 수 있겠습니까?"

"앤드류, 모임에서 당신이 한 기도에 감사드립니다. 당신은 정말 하나님과 친밀한 것 같습니다. 당신처럼 기도하는 법을 저도 배울 수 있을까요?"

5. 그 사람의 팀이나 계획에 참여하겠다고 제의하라. 당신이 그 사람에게 유익한 존재가 된다면, 그는 당신에게 유익을 줄 수 있는 더 나

은 위치를 갖게 된다. 예를 들면, 제리라는 사람이 같은 교회의 연장자이며 그가 상당히 존경하는 얼이라는 사람과 알게 되기를 원했다. 어느 주일에 제리는 게시판에서 얼이 교회가 후원하는 한 봉사계획을 맡기로 되어 있다는 사실을 알게 되었다. 예배가 끝나자마자, 제리는 얼을 찾아 그 계획에 자원자로 등록했다. 제리는 이 일을 통해 다른 사람들도 만날 수 있었으며, 그 중 두 사람과 좋은 친구가 되었다.

6. 그를 위해 한 가지 문제해결을 제의하라. 멘토들도 우리와 마찬가지이다. 즉 그들도 사람들이 들고 오는 문제에 못지않게 그들(멘토들) 문제의 해결책을 들고 와주기를 원한다. 내 경우도 마찬가지이다. 언젠가 한 학생이 더럽고 얼룩덜룩한 내 차에 왁스칠을 해주겠다고 자청했다. 왁스칠이 끝난 후 내 차는 마치 새 것처럼 보였다. 그 학생이 몇 주 후 점심식사를 같이 하자고 했을 때 나는 기꺼이 응했다.

7. 그에게 당신이 가진 흥미있는 기회를 제공하라. '흥미있는 기회'라는 말에서 내가 뜻하는 것은 그에게 흥미있다는 것이다. 그 기회는 그의 주목을 끌 만한 것이어야 한다. 예를 들면, 빌이 우리 동네에서 매우 존경하는 사람이 있는데, 그는 정보를 전시하는 데 과히 천재적이다. 사실 빌은 이 사람과 대화를 나누기 위해 이 사람의 일을 연구했다. 최근에 빌은 이제 막 개관할 박물관에서 일해 달라는 부탁을 받았다. 그가 이 일에 참여해서 당장에 누구를 만났다고 생각하는가? 빌이 존경하는 바로 그 사람이 이 일에 깊이 관련되어 있었다. 그리고 빌은 그를 좀더 가까이서 볼 수 있게 되었다.

8. 그가 흥미를 느낄 만한 정보를 제공하라. 이 원칙은 인력시장에서 거듭 설명된다. 직장을 구하는 사람은 방향을 정하기 위해 산업

계를 조사하고 자신이 일하고 싶은 회사를 결정한다. 그런 다음 그는 그 회사의 사장을 찾아가 자신이 어떻게 그 회사를 더 큰 경쟁력을 가지도록 할 수 있는지를 설득력 있게 보여준다. 이처럼 유명한 사람은 직장을 얻는다. 이러한 사례는 멘토를 찾는 데도 적용될 수 있다. 멘토가 이미 알고 있는 정보로 그를 지루하게 만들지 말라. 그가 알 필요가 있는 정보를 전해 주라. 그러면 그가 당신의 말에 귀를 기울일 것이다.

예를 들면, 당신이 멘토로 삼고 싶은 사람이 어려움을 당한 젊은 이들을 돕는 특별한 일에 관심이 있다고 해보자. 그런데 당신이 신문기사를 읽으면서 다른 지역에서 시도되고 있는 봉사활동을 접한다. 그러면 이 신문기사를 오려 다음과 같은 메모와 함께 멘토로 삼고 싶은 사람에게 보내보라. "앨 선생님, 저는 이 기사를 보고 선생님께서 아이들에게 관심이 많다는 것이 생각났습니다. 그래서 선생님과 한 번 만나 의논하고 싶습니다. 조만간 전화드리겠습니다."

9. 그에게 당신의 글을 읽고 평가해 달라고 부탁하라. 수필, 보고서, 제안, 소논문, 이야기, 시 어느 것이든 좋다. 당신이 우연히 글을 썼는데, 그 글이 그에게 관심이 있을 것이라고 생각되면 그에게 보내 평가를 받아보라. 교수인 나는 이런 경우를 많이 접한다. 그리고 의사, 변호사, 부동산 전문가, 캠프 운영자, 중개업자, 심지어 서부에서 휴가용 목장을 경영하는 친구들도 이와 비슷한 경우에 처한다고 한다. 그들에게도 젊은이들이 자신의 글을 보내온다고 한다. 그 목적은 성숙한 신앙의 사람들인 나의 친구들을 통해 신앙의 도움을 얻기 위해서라고 한다.

이 항목과 관련해 당신이 할 수 있는 일이 있다. 그것은 당신이 멘토로 삼고 싶은 사람을 초대해서 당신이 한 일을 보고 평가해 달라고 부탁하는 것이다. 예를 들면, 당신이 짓고 있는 집이나 건물, 당신이 전시한 전시물, 당신이 연출하거나 연기하고 있는 연극, 당신이 책임을 맡고 있는 프로젝트 등을 들 수 있다.

10. 그가 한 일에 반응을 보이라. 이것은 바로 앞의 제안의 뒷면이다. 예를 들면, 당신이 멘토로 삼고 싶은 사람에게 당신이 그 사람의 책이나 소논문 또는 강연에 상당히 관심을 가지고 있음을 보여주는 편지나 메모를 보내라.

11. 그 사람에게 그의 멘토에 대해 말해 달라고 부탁해 보라. 이것은 당신이 이미 그 사람을 잘 알고 있을 경우 특히 효과가 있다. 당신의 멘토가 될 사람은 그의 인생에 지대한 영향을 미친 사람들 이야기를 당신에게 들려줌으로써 당신과 좀더 긴밀한 유대관계를 형성할 것이다. 그는 또한 이러한 사람들을 기억하길 좋아할 것이며, 당신이 멘토링 관계에 개인적으로 관심이 있다는 사실을 인정할 것이다. 그가 당신에게 그러냐고 묻는다면 놀라지 말라.

12. 당신이 하고 있는 프로젝트(또는 그가 하고 있는 프로젝트)와 관련하여 그와 이야기를 나누라. 이것은 당신이 그 사람을 만난 적이 없을 경우 특히 효과적이다. 이러한 대화는 당신과 그 사람이 함께할 구체적인 이유를 제시해 준다. 그리고 여기서 말하는 프로젝트에는 거의 모든 것이 포함될 수 있다. 예를 들면, 교회에서 모임을 결성하는 일, 당신 집을 장식하는 일, 당신 아들에게 농구공 드리블하는 법을 가르쳐주는 일, 직장에서 어떤 프로젝트를 계획하는 일 어느 것이든 좋다. 한 프로젝트와 관계해서 그에게 접근함으로써 당신은 낯선 사람을 대할 때 으레 생기는 긴장을 피할 수 있을 뿐만 아니라 그와의 첫 접촉을 성사시킬 수 있다. 나중에 당신은 이러한 경험에 근거해서 더 깊은 우애를 추구할 수 있다.

13. 그에게 당신의 작품 - 책, 사진 등 - 을 그의 격려에 감사하는 메모와 함께 보내라. 아첨? 물론이다. 그리고 사람들이 말하듯이(적절하게만 사용된다면) 아첨은 당신을 어디든 데려다줄 수 있다. 핵심은 모든 사람들이 다른 사람의 인정을 필요로 한다는 것이다. 당신은 진심이 담긴 메모를 보냄으로써 멘토가 될 사람을 기쁘게 할 수 있다. 그리고 당신은 이 메모 덕분에 나중에 그에게 자세히 설명할 수 있는 기회를 가질 수 있다.

14. **공석에서 그를 높여주라.** 공식적인 발언에서, 글에서, 보고서에서, 심지어 일상적인 대화에서 그를 높여주라. 사람들로 하여금 당신이 그를 아주 좋게 생각한다는 사실을 알게 하라. 그리고 왜 좋게 생각하는지도 알게 하라. 만일 상을 받게 되면 수상 연설에서 그를 높여주도록 하라. 조만간 당신은 그를 만날 기회를 가지게 될지 모른다. 만일 만나게 되면 당신은 이렇게 말할 수 있다. "당신은 저에게 강한 영감을 주셨습니다. 저는 당신을 정말 저의 멘토로 생각하고 있습니다."

헌터(Hunter)라는 사람은 교회에서 사람들과 이야기할 때 한 사람의 특별한 기독교 지도자를 인용하길 아주 좋아했다. 그는 그 사람의 저작들과 카세트 테이프를 좋아했으며, 이것들에서 강한 영감과 통찰력을 얻었다. 물론 헌터는 이 사람을 직접 만나리라고는 생각지도 못했다.

그런데 어느 날 그가 다니는 교회 목사님께서 그에게 전화를 걸어 이 지도자가 그 교회에 올 것이라고 말해 주었다. 헌터의 가족은 그 지도자가 머무는 동안 기꺼이 자기 집에 모시려 했겠는가? 물론이다. 헌터에게 이것은 단순히 의무감 이상의 기쁨이었다. "저는 그분의 열렬한 팬입니다." 헌터가 목사님께 말했다.

"저도 압니다." 목사님이 대답했다. "저희가 당신에게 부탁하는 것도 바로 그 때문입니다."

그 지도자는 헌트의 집에 머무는 동안 정말 즐거운 시간을 보냈다. 그래서 두 사람의 우애는 오랫동안 지속되었다.

15. 상호작용을 위해 그가 제공하는 구조화된 모든 기회를 이용하라. 이것이 특히 잘 적용되는 것은 당신의 멘토가 될 사람이 어떤 형식을 통해 가르치는 경우이다. 예를 들면, 교회학교 장년부를 인도하고 있다면 꼭 참석하도록 하라. 그가 세미나를 열고 있다면 꼭 등록하라. 그가 훈련강좌를 열고 있다면 등록하라. 이것들은 황금 같은 기회이다. 왜냐하면 이러한 모임들의 전체적인 핵심은 그 사람으로 하여금 그의 사상과 존재를 통해(당신을 포함하여) 사람들에게 영향을 미치도록 하는 것이기 때문이다.

16. 그가 당신에게 때때로 찾아와 달라고 말했다면 그의 제안을 받아들여라. 다른 사람과 긴밀한 대화를 나누거나 그로부터 '언제 한 번 만납시다' 라는 편지를 받은 적이 있는가? 당신이 만나려고 애쓰고 있는 사람이 이미 당신에게 그런 제의를 했다면 그 제의를 따르도록 하라. 그에게 전화를 걸어 그가 한 제의를 상기시켜라. 그리고 언제 만날 수 있는지 물어보라. 그로 하여금 당신이 그를 정말로 만나고 싶어한다는 사실을 알게 하라. 그리고 만날 분명한 날짜, 시간, 장소를 정하도록 하라.

17. 그 사람의 지원이 필요하기 전에도 그 지원을 요청하라. 사람들은 직장을 구할 수 있는 가장 좋은 때는 당신에게 이미 직장이 있을 때라고 말한다. 마찬가지로, 돈을 벌 수 있는 가장 좋은 시기는 당신에게 돈이 필요없을 때이다. 비슷한 원칙이 멘토 찾기에도 적용된다. 고리타분한 이야기 같지만, 멘토가 될 사람에게 접근하는 가장

좋은 때는 당신에게 그의 도움이 필요없을 때이다.

왜 그런가? 그것은 당신이 어떤 부탁도 할 필요가 없을 때 당신은 더 편안하며 상황도 덜 위협적이기 때문이다.

그러므로 당신이 아직 고등학생, 직업 학교 학생, 대학생, 대학원생이라면, 이성교제를 하고 있으나 결혼에 대해서는 진지하게 생각하고 있지 않다면, 당신이 이제 막 가정을 꾸렸다면, 당신이 이제 막 교회에 나가기 시작했다면, 다시 말해 당신이 이처럼 아직 '스트레스가 적은' 환경에 처해 있다면, 언젠가 당신이 도움받을 필요가 있는 사람이 누구인가를 생각해 보라. 그런 다음 당신을 그에게 알리라. 그로 하여금 당신은 그가 누구이며 그가 왜 당신의 관심을 끄는지 알게 하라. 그가 당신의 관심을 끄는 이유는 아마도 그가 당신과 같은 인생여정을 추구하거나, 당신이 그의 결혼생활이나 가정생활을 부러워하거나, 그가 교회에서 지도자라는 것을 당신이 인정하기 때문일 것이다.

그가 상당히 먼 곳에 산다면, 그에게 당신이 하고 있는 일과 관련된 문제나 훌륭한 남편이나 아버지의 의미와 관련해서 이따금 서신 왕래를 할 수 있는지 물어보라. 그에게 당신이 그의 의견을 귀중하게 생각한다는 것을 알려주라. 휴가 때 최근에 발전된 당신의 모습을 그에게 알리기 위해 30분 정도 잠깐 그에게 들러도 되는지 알아보라.

18. 그에게 정기적으로 당신의 최근 정세를 알려주라. 멘토링 관계를 발전시키는 데는 오랜 기간이 걸리는 경우가 많으며, 때로는 몇 년씩 걸리기도 한다. 이 관계가 형성되는 한 가지 경우는 제자가 되려는 사람이 멘토로 삼고 싶은 사람에게 최근의 자신의 발전된 모습을 보여주려는 목적에서 그 사람과 계속 접촉하는 것이다. 이따금씩

오는 전화나 성탄절카드와 함께 보내 오는 메모는 멘토가 될 사람에게 이런 신호가 될 수 있다. "저는 아직 여기 있어요. 저는 여전히 자라고 있습니다. 저는 여전히 당신과 계속적으로 접촉하는 데 관심이 있습니다." 적절한 시기라면(19번을 보라) 관계는 꽃필 수 있다.

직장이 바뀔 때마다 내게 알려주는 사람들이 있다. 그런가 하면 어떤 사람들은 새로운 프로젝트를 시작할 때마다 내게 전화를 준다. 나는 이런 그들의 행동을 좋아한다. 왜냐하면 이것은 나에게 계속적으로 정보를 가져다주기 때문이다. 또한 이것은 앞으로의 접촉을 위한 문을 항상 열어두기 때문이다.

19. 적절한 때를 기다려라. 당신은 미래의 많은 멘토들이 이미 당신이 알고 있는 사람들인지 곰곰이 생각해 본 적이 있는가?(여기에서 많은 멘토들이라고 말한 것은 당신의 인생에서 당신에게 여러 멘토들이 필요할 것이기 때문이다.) 그들은 지금 당장 당신을 도울 수는 없다. 그들이 준비가 되지 않았거나 당신이 준비가 되지 않았거나 둘 다 준비가 되지 않았을 수 있다. 하지만 당신의 관계들을 발전시킴으로써, 당신은 나중에 적절한 때가 오면 가치를 발휘할 인적 자원을 확보해 둘 수 있다. 어느 날 당신은 이렇게 말할 것이다. "나는 이런 자원을 확보해 둘 수 있다. 어느 날 당신은 이렇게 말할 것이다. "나는 이런 저런 분야에서 도움이 필요합니다. 그리고 저는 이 경우 어느 사람에게 가야 하는지 알고 있습니다."

20. 스승을 위해 기도하라. 다시 말하지만, 기도가 드려지는 곳에서 당신이 찾는 멘토가 나타난다. 결국 당신은 당신의 인생에 영향을 미칠 수 있는 사람들을 하나님께서 공급해 주실 것이라고 믿어야 한다. 확실히 당신은 바깥을 보고 멘토를 찾아야 하지만 그러면서도 계속해서 하나님 앞에 무릎을 꿇어야만 한다. 하나님께 당신을 더

높은 인격적, 영적 성숙으로 인도할 수 있는 사람들을 보내 달라고 기도하라.

하지 말아야 할 것

지금까지 당신은 미래의 멘토에게 접근하여 당신의 발전을 위해 그의 도움을 받을 수 있는 여러 다른 방법을 살펴보았다. 다음 장에서는 관계를 규정하고 발전시키는 일을 더 자세히 살펴볼 것이다. 그러나 당신에게 관계가 시작되기도 전에 단절시켜 버릴 수 있는 한 가지 일을 경고해야겠다. 내가 당신이라면, 당신의 멘토가 될 사람이 '멘토'나 '멘토링 관계'라는 단어를 사용하기 전에 먼저 이 단어를 사용하지는 않겠다. 왜냐하면 그가 당신의 말에 겁을 먹고 도망갈 수도 있기 때문이다.

이러한 경고는 내가 지금까지 '멘토'나 '멘토링 관계'라는 말을 수없이 사용한 사실에 비추어 볼 때 다소 의외일 것이다. 그러나 당신의 멘토가 될 사람의 입장에서 이 단어를 생각해 보라. 당신이 한 사람 앞에 서서 서먹서먹한 관계를 깨는 일상적인 대화를 조금 나눈다. 그 대화 후에 그 사람이 당신에게 "당신은 왜 저와 함께하고 싶어합니까?"라고 물었다고 하자. 그런데 당신이 목소리를 가다듬고는 이렇게 말했다고 생각해 보라. "사실은 제가 멘토를 찾고 있습니다. 선생께서 저의 멘토가 되어주실 수 없겠습니까?" 이 얼마나 황당하겠는가!

그 사람은 둘 중 한 가지 반응을 보일 것이다. "뭐라고요? 멘토가 뭔데요? 저는 당신이 무슨 말을 하는지 모르겠군요!" 이런 그의 태도는 당신에게 신뢰감을 주지 못할 것이다.

그러나 더 가능성 있는 시나리오는 그가 마치 밝은 광선을 받은 사슴처럼 당신을 바라보고는 얼굴이 창백해져서 이렇게 말하는 것이다. "오, 사람 잘못 보셨습니다! 저는 그런 사람이 아니며, 그런 사람이 될 수도 없고, 또 저는 거기에 대해서 전혀 모른다는 것입니다. 멘토라고요? 당치도 않습니다!" 나는 당신이 그 사람에게 이런 반응을 원할 것이라고는 생각지 않는다.

그러나 차분하고, 능력 있으며, 정이 많은 사람들도 이러한 반응을 보이는 것은 무엇 때문인가? 그것은 대부분의 사람들이 자신을 잠재적인 멘토로 보지 않기 때문이다. 그들에게 실제로 그런 능력이 있느냐 없느냐는 중요하지 않다(그리고 대부분은 가지고 있다). 그들은 자신을 그런 식으로 보지 않는다. 이것이 결정적인 요인이다.

어떤 사람에게 있어 결정적 요인은, 자신이 부족하다는 생각이다. 그리고 우리 사회는 이러한 생각을 부추긴다. "너는 영리하지 못해," "너는 충분한 훈련을 받지 못했어," (그리고 자주 교회에서) "너는 영적으로 부족해"라고 말한다.

또 다른 사람들은 자신을 드러내기(뽐내기)를 두려워한다. 당신도 알다시피, 우리 사회에서 누군가 다른 사람이 나를 그의 멘토로 생각하는 것은 괜찮다. 하지만 내가 스스로 그의 멘토라고 생각하는 것은 안된다. 물론 이것은 넌센스이다. 하지만 이것이 우리 사회의 실제 모습이기도 하다. 그러므로 당신도 이를 깊이 생각해야 한다.

또 다른 문제는 많은 사람들이 멘토의 모습이나 일에 대해 거짓되거나 실제적이지 못한 기대들을 가지고 있다는 것이다. 이들은 멘토를 그에게 주어지는 모든 질문에 대해 하나님의 무오한 답변을 가지고 있는 상당히 거룩한 사람이라고 생각한다. 이들은 멘토를 마치

나팔 소리와 연기 가운데 서 있는 모세 정도로 생각한다. 또한 이들은 멘토가 무거운 책임을 가졌다고 생각한다. 그래서 이들은 멘토가 당신의 일거수 일투족을 모두 체크하고 당신이 어려움을 당할 때마다 당신을 그 어려움에서 벗어나게 해주어야 한다고 생각한다.

솔직히 말해, 나는 이런 책이 이러한 생각들을 해소하는 데 도움이 될지 장애가 될지 알 수 없다. 바라기는 이 책이 이러한 생각들을 고쳐줄 수 있었으면 한다. 그러나 당신은 당신의 멘토가 될 사람의 현재 모습 그대로 시작해야 한다.

경고하건대, 당신이 많은 사람들에게 '멘토' 라는 단어를 사용할 경우 그들에게 두려움을 안겨다줄 것이다.

다행히도, 당신은 당신이 원하는 관계를 세우기 위해 '멘토' 나 '멘토링 관계' 라는 단어를 사용할 필요가 없다. 결국, 당신이 그것을 어떻게 묘사하거나 규정하느냐는 중요하지 않다. 중요한 것은 당신이 그것을 발전시키는 것이다. 그러므로 당신과 다른 사람의 상호관계가 소위 '멘토링 관계' 라고 불리느냐에 너무 얽매이지 말라. 다만 그 관계에 관심을 기울이라. 당신은 기꺼이 다른 사람의 지혜와 경험과 전문지식에서 유익을 얻으려 하는가? 당신은 기꺼이 그에게 조언을 구하는가? 적절할 때, 당신은 기꺼이 당신의 영혼의 옷을 벗고 그로 하여금 당신 안에 있는 것을 보고 느끼도록 하는가? 당신은 당신의 어려운 문제해결을 도와 달라고 기꺼이 그에게 부탁하는가? 그리고 당신에게 사람들을 추천해 주는 일, 당신을 사람들에게 소개해 주는 일, 그렇지 않을 경우 세상으로 향하는 문과 마음으로 향하는 창문을 여는 데 기꺼이 그의 도움을 구하는가? 이것이 우리 이야기의 '전부' 이다.

제8장

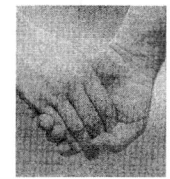

성장전략들

1970년대 한 무리의 정신과 의사들과 다른 과학자들이 '닥터'라는 이름의 새로운 컴퓨터 프로그램에 매료된 적이 있었다. 외적으로 볼 때, 닥터는 심리치료사를 대신해서 환자를 상담할 수 있는 것으로 보였다. 환자가 자신의 문제를 컴퓨터에 입력하면 닥터는 아주 정확한 진단을 내리고 놀랍게도 따뜻한 말까지 해주었다.

과학자들은 이 프로그램을 의료계의 일대 혁신이라고 찬양했다. 그들은 언젠가는 컴퓨터가 의사 대신 치료를 할 것이라고 예견했다. 이제 더 이상 오진은 없을 것이다. 이제 더 이상 의료사고보험도 없을 것이다. 이제 더 이상 환자들이 진료실 앞에서 기다릴 필요도 없을 것이다. (기계가 모든 일을 처리할 것이라는 이러한 전망은 결코 누구에게도 일어나지 않았다!)

닥터라는 프로그램 계발자가, 이 프로그램은 단순히 환자의 말을 분석하여 미리 준비된 다양한 처방에 따라 응답할 뿐이라고 밝혔다. 이 때 과학자들의 놀라움이 어떠했겠는가? 거기에는 어떤 실제적인 상호작용도 없었다. 기계는 환자를 '이해하지' 못했다. 이 프로그램은 정신과 의사를 대신할 수 없었다(하지만 다른 한편으로는…).

목적이 있는 관계들

우리는 멘토링 관계를 이야기할 때 닥터에서 받은 교훈들을 명심해야 한다. 지금까지 나는 당신이 멘토와 연결될 수 있는 과정을 이야기해 왔다. 그러나 앞에서 보았듯이 여기에는 어떤 정해진 길이 없었다. 내가 만일 당신에게 계산되고, 조직적이며, 실패가 있을 수 없고, 시도하기만 하면 성공하는 방법을 제시하려 하더라도 그런 것은 있을 수 없다. 멘토를 찾는 데 정형화된 접근방법은 없다. 각각의 관계는 각자 독특성을 가진다.

7장에서 이것을 어느 정도 살펴보았다. 거기에서 나는 당신이 관계에 기초해서 그 다음 행동을 취해야 한다고 말했다. 당신이 멘토가 될 사람을 잘 알고 있다면, 그에게 시간과 도움을 구하기란 한결 쉽다. 그러나 그 사람을 전혀 모른다면, 당신은 관계가 아닌 다른 것에서 그와의 첫 접촉점을 찾아야 한다.

본장에서는, 일단 당신이 멘토와 서먹서먹한 관계를 넘어서서 어느 정도 유대를 형성한 경우 당신이 그와 세우는 항목(목표)에 대해 이야기하겠다. 항목(agenda)이란 당신이 멘토와 함께 성취할 목적(목표)을 의미한다. 당신의 항목은 당신이 하고자 하는 일들로 구성된다. 여기에는 당신의 목표, 당신의 논제, 당신의 문제, 당신의 필요가 포함된다. 항목을 정하는 것이 열쇠이다. 왜냐하면 항목은 모든 사람들의 기대의 기초를 형성하기 때문이다. 또한 항목은 당신이 멘토와의 상호작용에서 실제로 무엇을 할 것인가도 결정해 준다. '우리가 함께할 때 무엇을 할 것인가?' 라고 당신의 멘토가 물을 것이다(당신도 똑같은 생각을 할 것이다). 한 항목이 이 문제에 대한 해답을 제시해 준다.

그러나 당신과 멘토 모두에게 유효한 항목을 찾기 위해, 당신은 몇 가지 다양한 항목을 생각해 보아야 한다.

유형식의 멘토링과 무형식의 멘토링

기본적으로 두 가지의 멘토링이 있다. 하나는 정형적이고, 비자발적이며 형식이 있는 것이고, 다른 하나는 비정형적이고, 자발적이며 형식이 없는 것이다. 우리는 이 두 형태의 관계를 한 스펙트럼의 양끝으로 보려 한다. 그러나 우리는 이 둘이 결합되는 경우도 자주 본다. 유형식의 멘토링 관계가 무형식의 행동을 포함하는 경우가 많으며, 무형식의 멘토링 관계도 발전을 위해 때때로 형식을 갖춘 전략을 사용한다.

유형식의 멘토링
오늘날 유형식의 멘토링 프로그램은 일터에서 보편적이며 교육에서도 점차 그 비중이 커지고 있다. 교회와 교회 밖 사역도 멘토링 프로그램을 계발하기 시작했다. 그리고 나도 당신에게 교회에서 이런 프로그램을 계발해 보도록 진심으로 권하고 싶다('당신의 교회에서 멘토링 프로그램'을 보라). 실제로, 어떤 교회들은 비록 그들의 사역을 멘토링이라고 부르지는 않지만 이미 여러 해 동안 이 관계의 원칙들을 사용해 오고 있다(일반적으로 사용되는 단어는 '제자도'이다. 멘토링과 제자도 사이의 몇몇 차이점들은 나중에 살펴볼 것이다.). 여기에서는 유형식의 멘토링 프로그램의 다섯 가지 예를 살펴볼 것이다.

- **정부에서.** 미국의 GAO(General Accounting Office, 일반 회계청)는 ECDP(Executive Candidate Development Program, 신입사원 교육계획)라 불리는 프로그램을 시행하고 있다. 이 프로그램에서는 125명의 GAO 기존 직원들 중에서 몇 사람이 50명에서 60명의 ECDP 후보자들과 짝을 이룬다.

- **사업에서.** 캘리포니아 오클랜드에 본부를 둔 어떤 회계법인 회사에서는 100명의 직원들이 모두 인사 관리자가 감독하는 자원자 교육 프로그램에 참여할 자격이 있다. 일 년에 두 번, 이 회사는 멘토로 봉사할 자원자들을 모집한다. 가르침을 받고 싶은 사람들(이들은 '지원자들'이라고 불린다)은 인사 관리자에게 자신이 원하는 다섯 멘토들을 순서대로 적어낸다. 그런 다음 모든 지원자들을 그들이 원하는 첫째 또는 둘째 사람과 짝 지어주는 과정이 있다.

- **교육에서.** 수십 명의 예일대 학생들이 코네티컷 주의 뉴헤븐 지역 초등학교들을 대상으로 DEMOS(Daringly Educational Marvels of Science, 재미있는 과학교육)라고 불리는 과학 프로그램의 자원 봉사자로 일하고 있다. 세 팀을 만들어 활동하면서 자원 봉

사자들은 한 학기에 두 번씩 교실을 방문하여 과학과 관련된 재미있는 것들을 한 시간 동안 보여준다. 또한 이들은 자신들이 보여준 것을 일선 교사들이 교과과정에 투입할 수 있도록 도와준다. 그리고 과학반을 만들어 일 주일에 한 번 방과 후 아이들과 만난다.

- **교회 밖 사역들에서.** 가장 오래되고 잘 알려진 영적 발전 프로그램 중 하나가 네비게이토가 후원하는 '2:7시리즈' 이다. 네비게이토는 콜로라도 주 콜로라도 스프링스에 본부를 두고 있는 기독교 단체로 제자훈련에 헌신하고 있다. 이 프로그램은 믿는 자들에게 "그(그리스도) 안에 뿌리를 박으며 세움을 입어 교훈을 받는 대로 믿음에 굳게 서서 감사함을 넘치게 하라"고 촉구하는 골로새서 2:7에서 그 이름을 따왔다. 10학기에 이르는 이 프로그램은 성경 이해뿐만 아니라 인격 성장을 도모하려는 목적에서 계획된 근본적인 믿음과 태도와 습관을 강조함으로써 한 사람의 신앙의 기초를 놓아준다.

멘토링의 개념을 축으로 계획된 또 다른 프로그램은 1986년 위스콘신 주 매디슨의 기독학생회(Inter Varsity Christian Fellowship)의 한 지체격인 '시장'(Marketplace)에 의해 1986년에 시작된 '시장 멘토'(Marketplace Mentors)프로그램이다. '시장'(Marketplace)은 지금 막 일을 시작한 그리스도인과 그와 같은 분야에서 일하고 있는 나이 든 그리스도인을 짝지어준다.

이처럼 유형식의 프로그램을 볼 때는 고무적이다. 그러나 실제로는 행하기 어려울 수 있다. 가장 어려운 일 중 하나는 제자와 멘토 사이에서 멋진 조화를 이루어내는 것이다.

무형식의 멘토링

어쨌든 가장 일반적인 멘토링 관계는 두 사람 사이의 형식 없는 접촉으로 이루어진다. 이것은 거의 멘토링이라고 불리지 않으며(과소평가될 뿐만 아니라) 간과되기 쉽다. 그럼에도 불구하고, 당신은 어느 곳에서나 적용되는 멘토링의 원칙을 발견할 수 있다. 예를 들면 다음과 같다.

- 같은 교회에서 같은 모임을 섬기고 있는 두 사람이 함께 커피를 마신다. 연장자가 연하자에게 그 모임이 어떻게 운영되며, 목적은 무엇이고, 연하자가 그 모임에 어떻게 기여할 수 있는지 설명해 준다. 이것은 무형식의 멘토링의 한 형태이다.

- 한 기술자가 한 소년을 불러 차 고치는 것을 도와준다. 이들은 하루 종일 허리를 굽혀 엔진을 살핀다. 그러면서 기술자는 소년에게 차의 어디가 고장났는지 지적해 준다. 그리고 소년은 직접 연장을 들고 액셀레이터를 만진다. 그리고 기술자의 지시 아래 필요한 다른 곳들도 손본다. 이것은 무형식의 멘토링의 형태이다.

- 한 학생이 주로 어떤 교수의 영향 때문에 특별한 분야를 전공하기로 결정한다. 이 학생은 그 교수님이 강의하는 모든 강의를 다 들으며, 정기적으로 교수실을 찾아가 교수가 주는 특별한 과제들을 받는다. 학생이나 교수가 이러한 관계를 추구해야 한다는 어떤 공식적인 요구는 없다. 이것은 순전히 자발적으로 이루어진 관계이다. 이것은 무형식의 멘토링 형태이다.

- 20대 후반의 한 남자가 이제 막 40대에 접어든 한 남자와 친구

가 된다. 이들은 같은 교회에 다니고 있다. 이들은 동네에서 자주 만났다. 이들은 이따금씩 함께 점심식사를 하며, 낚시를 간다. 15년 동안 이들은 긴밀한 우애를 쌓는다. 그리고 연장자가 연하자에게 깊은 영향을 미치고, 연하자는 연장자의 그리스도 중심의 삶을 보며 자신도 매일의 생활 속에서 그처럼 살려고 애쓴다. 이것은 특별히 의미있는 관계이다. 그러나 이것도 여전히 무형식의 멘토링 형태이다.

기대 차이

당신은 유형식의 멘토링과 무형식의 멘토링 사이의 몇몇 차이점을 발견할 수 있는가? 어느 것이 더 좋고 더 나쁘다고 말할 수 없다. 이 둘은 그저 다른 기대에서 출발할 뿐이다. 예를 들면, 당신이 건설 현장에서 일하는 견습생이라고 해보자. 회사는 당신을 경험 있는 사람과 짝지어줄 것이다. 당신이 해야 할 일은 그 사람을 따라 일을 배우는 것이다. 시간이 지남에 따라 그리고 당신의 배움의 진척 정도에 따라 당신에게 혼자 할 일이 주어질 것이다.

그러나 이것은 나중 일이며 처음부터 당신에게 혼자 할 일이 맡겨지지는 않는다. 이와는 반대로, 당신과 친구가 함께 일한다면 당신은 혼자서 당신의 일을 해야 한다. 왜냐하면 당신에게 그 일을 맡기고 가르쳐주는 사람이 없기 때문이다. 내가 3장에서 당신의 목적을 신중하게 생각해 보라고 한 것도 바로 이 때문이다. 당신이 원하는 것과 당신에게 필요한 것이 무엇인가를 안다면, 당신은 스승에게 훨씬 더 쉽게 도움을 구할 수 있다.

생각건대, 이 책을 읽는 대부분의 사람들은 다소 형식이 없는 멘토링 관계를 세우려 하고 있을 것이다. 당신도 그렇다면, 신중하고 유동적인 목표를 세우라고 말하고 싶다. 솔직히, 당신은 지금 절대로 정복해야 할 지역을 탐험하고 있다. 그러나 이곳을 당신에게 인도해 줄 안내자가 거의 없는 실정이다.

내가 7장의 결론에서 경고했듯이 당신과 다른 사람 사이의 우애가 멘토링의 자질을 쌓아가고 있느냐에 얽매이지 말라. 그저 관계를 추구하라. 용이한 멘토링 프로그램을 도모하는 사람들조차 당신에게 꼬리표(이름)는 아무런 의미도 없다고 말할 것이다.

중요한 것은 한 사람이 다른 사람과 관계를 가질 때 어떤 긍정적인 결과를 초래하느냐이다.

당신의 관심사와 장기적인 문제

당신이 항목(목표)을 정할 때 알아야 하는 두번째 것은 당장의 관심사들과 장기적이며 핵심적인 문제 사이의 차이점이다. 이것은 위기와 만성적인 것, 느껴지는 필요와 실제 필요, 징후와 질병 사이의 차이이다. 한 학생이 나를 찾아와 이렇게 말한다.

"교수님, 제 기도생활을 도와줄 사람이 필요합니다. 도무지 제대로 기도를 할 수가 없습니다."

그래서 우리는 일 주일에 세 번씩 한 달 동안 함께 기도하기로 했다. 그러나 네 주 동안 그는 여섯 번 빠졌으며, 여섯 번 늦었고, 세 번은 일이 있다고 일찍 가버렸다. 마침내 내가 그에게 물었다.

"이보게 친구, 자네가 기도생활을 발전시키고 싶다면 자네 스케줄에서 우리 기도시간에 우선순위를 두어야 하지 않겠나?"

"무슨 말씀입니까?" 그가 물었다.

"저도 우선순위를 두었습니다. 그러니까 수첩에 이렇게 적어놓지 않았습니까? 일 주일에 세 번: '헨드릭스 교수님과 기도.'

"그렇군." 내가 대답했다. "자네 수첩에 그렇게 적혀 있다는 것은 알겠네. 하지만 자네 생활에는 적혀 있지 않아."

그의 얼굴은 내게 머리를 한 대 얻어맞은 표정이었다. 그래서 내가 그에게 지적했다. "자네는 우리 약속시간 중 절반은 아예 나타나지도 않고 나머지 여섯 번도 시간을 지키지 않았다는 사실을 알고 있는가? 이것이 정규과목이었다면 자네가 패스할 것이라고 생각하는가?"

당신도 알다시피 이 친구의 기도생활에 문제가 있는 것은 이 친구에게 더 큰 문제점이 있었기 때문이며, 그 문제는 그의 모든 생활에 영향을 미치고 있다. 그는 훈련받지 못한 사람이다. 내가 이 친구에게 이렇게 말하지 않았다면 우리는 몇 년이고 그의 기도생활을 바로잡느라고 애썼을 것이며, 결국 아무런 성과도 거두지 못했을 것이다. 내가 정말 그의 성장을 돕고자 했다면 나는 두 가지를 했어야만 했다. 첫째, 나는 그에게 자기 훈련이 절실히 필요하다는 것을 깨닫도록 그를 도와주어야 했다. 그런 다음 그가 기도생활을 발전시키는 것을 도와주어야 했다.

근본적인 문제 파악

지금 나는 기도생활에서 도움을 구하고 있다는 이유로 이 친구를 무시하고 있는 것이 아니다. 이런 도움을 구하는 것은 정말 좋은 일이다! 또한 나는 어떤 특별한 도움을 얻으려고 다른 사람을 찾는다는 이유로 당신을 무시하지도 않을 것이다. 그러나 당신이 그에게 가져가는 문제는 언제나 빙산의 일각이라는 사실을 잊지 말라. 언제나 표면에 드러나지 않는 문제들이 있으며, 특히 인격의 문제들이 그러하다.

그리고 이것은 멘토링의 가치이다. 이 관계는 당신이 하고 싶은 일에서 시작하며, 이상적으로는 당신이 해야 하는 일들로 이어진다. 예를 들면, 당신은 성경을 이해하고 싶은 바람에서 시작하지만 당신에게 실제 필요한 것은 독서법을 배우는 것임을 깨닫는 것으로 끝마칠 수도 있다.

당신은 돈을 잘 관리하려는 바람을 가지고 시작하지만, 힘든 노동의 가치를 결코 배운 적이 없다는 사실을 발견하는 것으로 마칠 수도 있다. 당신은 구체적인 분야에서 더 이상 죄를 짓지 않으려는 바람에서 시작하지만 성령과 동행하는 법을 결코 배운 적이 없다는 사실을 깨닫는 것으로 끝마칠 수도 있다.

이와 같은 근본적인 문제들은 당신이 멘토를 만날 때 극복될 수 있다. 멘토가 통찰력을 가진 사람이라면 당신이 기본적인 문제들을 다루는 것을 도와줄 것이다. 그 결과 당신은 당장 부딪친 문제를 해결할 수 있을 뿐만 아니라 성장과정에서 전혀 다른 사람, 즉 더 지혜롭고 성숙하며 그리스도를 더 닮은 사람이 될 수 있을 것이다.

지나친 기대 - 또는 너무 형편없는 기대

표면적인 문제와 핵심적인 문제에 대해서 이러한 분명한 관심 차이가 존재한다. 그리고 이러한 차이는 당신과 멘토가 시간을 어떻게 함께 보내느냐와 관련하여 많은 함축적인 의미를 가진다. 한편으로 당신의 기대를 누그러뜨려야 할 경우가 있다. 당신은 개인적 발전을 위해 휴가를 보내고 싶어하는 불도저 같은 추진력을 가졌을 수도 있다. 훌륭하다! 다만 언제나 당신이 서 있는 곳에서 시작해야 한다는 사실을 인정하라. 당신은 당신이 어떤 도전이든 받아들이고 어떤 산이든 정복할 준비가 되어 있다고 느낄 수 있다. 하지만 에베레스트를 오르기 전 당신의 기술을 테스트하기 위해 먼저 몇 개의 작은 산들을 올라보라.

다른 한편으로 당신의 기대를 높여야 할 경우도 있다. 당신은 어떤 관계를 가지면서 이것이 나에게 단지 피상적인 영향을 미칠 뿐이라고 생각할 수도 있다. 당신은 속도를 높이고 있다고 생각한다. 그러나 실제로는 그렇지 못할 수 있다. 속도를 높이기 위해서는 경건한 멘토링 관계가 절실히 요구된다. 이러한 관계가 당신이 결코 상상하지도 못했던 방법으로 당신의 인생을 바꾸어줄 수 있다.

항목(목표) 정하기

당신이 멘토로 생각하는 사람이 조만간 '제가 어떻게 도울 수 있겠습니까?'라고 물을 것이다.

또는 당신이 그에게 "이 부분에서 당신의 도움이 필요합니다"라고 말할 것이다. 어느 쪽이든 이렇게 되면 당신은 항목(목표)을 정하게 된다. 그리고 당신이 하고 싶은 일이 무엇이며, 당신의 멘토가 어떤 도움을 줄 수 있을지를 생각하게 된다. 그러면 당신은 항목을 어떻게 정하는가? 우리가 방금 살펴보았던 차이들, 즉 유형식의 멘토링과 무형식의 멘토링의 차이점, 당신의 관심과 장기적인 문제 사이의 차이점을 명심하고 자신에게 이렇게 물어보라. 나는 이 사람이 나에게 무엇을 해주길 원하는가? 나는 이 사람으로부터 무엇을 배우길 원하는가? 그가 어떻게 나를 도울 수 있는가? 나는 그와 함께 시간을 보냄으로써 어떤 결과를 기대하는가?

당신은 또한 3장에서 제시되었던 다음의 다섯 가지 질문에 대한 당신의 답변을 재점검해 보아야 한다.

1. 나는 무엇을 원하는가?
2. 나는 어떤 대가(희생)를 기꺼이 치르겠는가?
3. 내 목표를 달성하기 위해 어떤 계획을 세우겠는가?
4. 나의 개인적인 장점은 무엇인가?
5. 나는 어떻게 배우는가?(내게 있어 효과적인 학습법은 무엇인가?)

이러한 질문, 특히 첫째 질문에 대한 답변이 당신이 하고 싶은 일들을 규명해 줄 것이다. 물론 이러한 질문에 대한 해답을 찾는 데 상당한 어려움을 겪을 수도 있다. 그렇다면 이 때가 당신의 멘토와 함께 시작할 수 있는 적기이다. 이러한 기본적인 문제를 검토하는 데 그의 도움이 필요하다고 그에게 말하라.

당신과 멘토가 당신이 함께하고자 하는 모든 일에 공개적으로 동의할 필요가 있는가? 이것은 비현실적이며, 어떤 경우엔 거의 불필요하다. 그러나 일반적으로 목표가 구체적일수록 성취방법에 대한 동의가 더 많이 필요하다. 더욱이 당신은 위에서 제시한 마지막 두 질문에 더 많은 관심을 기울여야 한다. 나의 개인적인 장점은 무엇이며, 나는 어떻게 배우는가?

학습계약

상호간에 동의할 수 있는 목표를 설정해야 할 필요성은 유형식의 멘토링 프로그램이 자주 사용하는 학습계약에서 찾을 수 있다. 학습계약이란 제자와 멘토 양쪽의 기대를 명시한 하나의 서면(書面) 진술이다. 뉴욕 주립대학인 엠파이어 스테이트 컬리지(Empire State College)는 직장이 있는 학생들을 위해 고도로 개별화된 프로그램을 마련할 목적으로 1971년부터 학습계약을 사용해 왔다. 이들을 가르치는 교수들은 '멘토'라 불린다. 이들은 각 학생과 학습과정을 협의하여 학습계약을 맺는다. 그런 다음 이 계약을 학장에게 제출해 승인을 받는다. 이렇게 서명된 계약은 모든 학생들의 활동에 초점을 맞추고, 기대를 분명히 하며, 각 학생의 발전 정도를 측정하는 데 도움이 된다.

당신은 멘토와 학습계약서를 쓸 필요는 없을 것이다. 당신과 멘토의 관계가 이를 요구하지는 않을 것이다. 그러나 나는 당신에게 이렇게 말하고 싶다. "당신의 목적(목표)과 그것을 성취하는 방법이 명확할수록 그 목적에 더 빨리 도달할 것이며 도중에 어려움도 더 적게 만날 것이다." (솔직히 나는 모든 교육기관이 교사와 학생에게 학습 내용과 방법을 분명하게 명기하도록 요구했으면 한다. 그렇게 되면 결과는 하룻밤 사이에 바뀔 것이다. 똑같은 원칙이 교회에도 적용될 수 있다.)

몇 가지 제안

당신의 발전을 위한 목표(항목)를 생각하는 데 있어 당신의 모든 상상력을 발휘하라. 도대체 누가 개인의 성장은 따분할 수밖에 없다고 말했는가? 만일 그렇다면, 당신은 이상하게 생각할 수밖에 없다 - 너무나 많은 성장이 이루어지고 있지 않은가?

그나마 몇몇 아이디어를 가지고 당신의 상상력과 창의성에 불을 당겨 보겠다. 아래의 사항은 의무가 아니다. 이것들은 단지 묘안을 찾는 데 사용될 수 있는 몇몇 제안일 뿐이다.

1. 그를 방문하라. 멘토의 일터, 그의 가정, 그가 자주 드나드는 곳을 방문하라. 그가 여행을 떠나면 당신도 함께 갈 수 있는지 알아보라. 그가 일하는 것을 보라. 관찰자의 역할을 하라. 그가 '자신의 일을 하는 것'을 지켜보는 것만으로, 특히 그가 자신의 고유한 영역에 있을 때 그를 지켜보는 것만으로 당신이 무엇을 배울 수 있는지 보라.

2. 그를 초대하라. 그를 당신의 집이나 일터로 초대하라. 심지어 당신이 지도하고 있는 팀에서 추구하는 모습을 당신 아들에게 보여주라. 그로 하여금 당신을 관찰하게 하라. 그가 지각 있는 사람이라면, 그는 당신이 꿈도 못 꾼 것들을 찾아낼 것이다(이 두 행동은 당신과 멘토 둘 다로 하여금 서로의 배경과 선호도와 스타일을 알 수 있게 해준다. 또한 이것들은 당신이 그와 더 많은 시간을 보낼 때 형성될 관계의 기초를 놓아준다).

3. 책임을 떠맡아라. 프로그램을 시행하라. 중요한 구매를 감독하라. 문제를 해결하라. 물건을 배달하라. 그러나 그가 당신의 행동을 보게 하라. 그런 다음 그가 당신의 행동과 인격을 비판할 수 있도록

그와 이야기를 나누어라.

4. 그로 하여금 당신이 관련된 일련의 과정을 검토하게 하라. 당신이 어떤 학습과정에 참여하고 있거나, 상담을 받고 있거나, 당신이나 당신 가족이 아프거나, 당신이 이사를 했다면, 다시 말해 당신이 일정기간 당신에게 영향을 미치는 어떤 일에 관련되어 있다면, 지금이 당신의 멘토에게도 도움을 구할 수 있는 좋은 기회이다. 그로 하여금 당신의 공명판이 되게 하라. 그에게 그 과정의 중간에서 당신을 비평해 달라고 부탁해 보라. 예를 들면, 그는 당신의 훈련, 당신의 집착력, 당신의 문제해결능력, 위기에 대한 당신의 대응, 사람과 상황을 파악하는 당신의 능력, 당신의 학습 스타일 등에 대해 무엇을 관찰하는가?

5. 사람들 앞에서 연설을 하거나 다른 어떤 것을 제시하라. 그런 다음 그와 상의하라. 이 제안은 어떤 사람들에게는 설득력이 있겠지만 어떤 사람들에게는 두려움을 안겨줄 것이다. 카네기 재단과 몇몇 다른 단체들의 조사에 따르면, 미국 노동자들이 가장 두려워하는 것이 사람들 앞에서 말하는 것이라고 한다. 사람들은 심지어 직장을 잃는 것보다 이 일을 더 두려워한다고 한다.

그렇다면 왜 이것을 멘토링을 위한 아이디어에 포함시켰는가? 그것은 당신이 인격적, 영적 성장을 위해 할 수 있는 가장 귀중한 일 중 하나가 당신의 대화기술을 발전시키는 것이기 때문이다. 당신은 가르치는 일이나 설득하는 일 또는 다른 대화기술들에 재능이 있을 수도 있고 없을 수도 있다. 이것은 중요하지 않다. 조만간 당신은 여러 사람들 앞에서 당신의 생각을 표현해야 하는 상황을 맞게 될 것이다. 두세 사람으로 이루어진 아주 작은 집단일 수도 있다. 예를 들면, 복음을 전하거나 중요한 결정에 영향을 미치기 위해 사람들 앞에서 당신의 생각을 밝혀야 할 경우가 있을 것이다. 멘토가 당신의 마음을 말로 표현할 수 있도록 확신을 심어 주고 말해야 하는 것을 분명하고 효과적으로 말할 수 있도록 가르쳐준다면, 그는 당신에게 더없이 귀중한 봉사를 하는 것이 될 것이다.

신학교에서 나의 설교 과목을 들었던 학생들 중에서 결코 잊을 수 없는 학생이 하나 있다. 학생들은 설교를 하나씩 써서 제출해야 했으며, 그 학생도 교탁에 그의 과제물을 제출했다. 그 다음 그 학생은 자기 이름이 불리지 않기를 바라며 의자에 웅크리고 앉아 학생들 틈에 끼어 있었다. 그러나 내가 가장 먼저 지목한 것은 그 학생이었다.

"좋아요, 거기 자네가 해 보게!"

"저 말입니까 교수님?"

그는 마지못해 앞으로 나와 설교를 시작했다. 그런데 반쯤 하다가 중단했다.

"안녕히 계십시오, 교수님. 마지막은 잊어버렸습니다! 들어가도 되겠습니까?"

"아니, 그대로 있게. 누구 저 친구가 들어가기를 원하는 사람 있나?"

학생들은 한결같이 "아뇨"라고 대답했다.

"미안하지만 아무도 자네가 들어가길 원하지 않는군."

그래서 그는 다시 시작했다. 마침내 그는 설교의 나머지 부분을 기억해 냈다. 그가 돌아가 자리에 앉았을 때 학생들이 박수를 쳐주었다. 그러자 땀이 배인 그의 얼굴에 함박 미소가 피어났다.

나는 그에게 이렇게 물었다.

"자네, 설교는 이번이 처음인가?"

"예, 교수님, 생전 처음입니다."

"훌륭해!" 내가 말했다. 나는 그가 정말 자랑스러웠다. 나는 또 이렇게 물었다.

"재미있었나?"

"아뇨, 무시무시했습니다!" 그가 웃으며 말했다.

그러나 그는 해냈다. 그 후 학생들 앞에 다시 서야 했을 때, 그는 상당한 자신감을 가지고 있었다. 지금 그는 주변에서 잘 알려진 설교자 중 하나가 되었다.

이제 분명한 것은 이 학생이 설교자가 되는 훈련을 받고 있었다는 것이다. 그에게는 사람들 앞에서 말하는 기술을 발전시키는 것 외에 다른 선택이 거의 없었다. 당신의 경우는 그렇지 않을 수도 있을 것이다. 그리고 청중들 앞에서 말하는 법을 배우는 것이 멘토가 되기 위한 조건은 아니다. 하지만 나는 당신의 멘토의 가르침 아래 적어도 한두 번은 이를 시도해 보라고 진심으로 권하는 바이다. 두려움을 극복하는 최선의 방법은 바로 당신이 두려워하는 그것을 행하는 것이다. 그러나 이 외에도, 이러한 경험은 당신에게 세계로 향하는 전혀 다른 문을 열어줄 것이다. 이를 의심한다면, 4장에 있는 짐의 이야기를 다시 읽어보라.

6. 여가시간을 함께 보내라. 운동경기를 함께 보러 가라. 함께 수상스키를 타러 가라. 함께 승마를 하라. 함께 장기를 두라. 함께 서점을 찾아라. 함께 음악회에 가라. 두 가족이 함께 뒤뜰에서 바베큐 파티를 가져라. 멘토의 마음이 편안해져서 당신을 가르치기에 가장 좋은 순간이 생길 수 있는 시간이 바로 이러한 때이다.

7. 중요한 결정을 내릴 때 그의 조언을 구하라. 집이나 차를 살 계획인가? 생명보험을 계획하고 있는가? 자녀를 어느 학교에 보낼지 고

심하고 있는가? 직업을 바꾸려 하는가? 교회에서 새로운 직분을 맡을 계획인가? 이러한 중요한 선택들을 하는 데는 지혜가 필요하다. 당신의 멘토가 어느 정도 그 지혜를 줄 수 있을 것이다.

결정에는 언제나 가치가 결부된다는 사실을 기억하라. 당신이 어떤 결정을 내리느냐가 당신에게 무엇이 중요한가를 보여준다. 그러므로 멘토는 당신의 생각을 도움으로써 긍정적인 것이든 부정적인 것이든 당신의 궁극적인 신념을 드러내며 통찰력과 성장의 기회를 만들어줄 것이다. 당신이 결정을 해야 한다. 그러나 당신의 멘토는 그 결정이 정보에 근거한 결정이 되며 즉흥적인 결정이 되지 않도록 도와줄 수 있다.

8. 함께 기도하고 예배하라. 나는 당신이 이것을 이미 행하고 있을 것이라고 생각하고 싶다. 그러나 사람들이 언제나 이렇게 하는 것은 아니다. 사람들은 함께 일하고 함께 여가를 즐긴다. 그러나 언제나 함께 기도하는 것은 아니다. 그러므로 나는 당신이 멘토에게 함께 기도할 것을 부탁하라고 말하고 싶다. 중요한 것은 말이 아니라 예배이다.

기도의 아름다움 중 하나는 기도가 사람의 마음을 내어 보인다는 것이다. 때때로 나는 다른 어떤 수단보다도 그 사람의 기도에서 그 사람을 더 많이 알게 된다. 더욱이 사람들이 함께 기도하고 예배할 때 그들은 서로 결속된다. 당신이 약속을 지키는 자들의 모임에 참석한 적이 있다면, 당신은 내가 하는 말을 이해할 것이다. 전국 각지에서 모인 사람들이 야외에서 함께 예배드리고 하나님과 그들의 가족을 위해 살겠다고 다짐하면서 서로 끌어안고 함께 웃고 운다.

누구든 할 수 있다

이제 정직하게 대답해 보라. 지금까지의 제안 중 당신이 할 수 없는 것이 있는가? 아마 없을 것이다. 대부분의 사람들은 이 제안들을 행하는 데 어려움이 없을 것이다. 내가 말하고자 하는 것은 개인적 발전과정이 아주 복잡하거나 고통스러울 필요가 없다는 것이다. 이 과정은 모험이어야 한다. 문자 그대로 당신 인생의 모험이어야 한다! 그러니 지금 당장 모험을 시작하는 게 좋지 않겠는가?

제9장

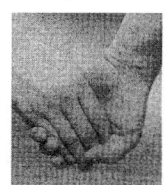

주의: 사람들은 공사중!

친구 윌의 차에 앉아 있는 고등학생 미첼은 풀이 죽어 있었다.

"기운 내. 미첼, 가서 햄버거나 먹자." 윌은 가까운 패스트푸드점을 가리키며 말했다.

"별로 배고프지 않아." 미첼은 힘없이 말했다. 그는 차에서 내리려 하지 않았다.

"이봐, 그 사람은 가버렸어. 가버렸다고." 윌이 조금 화난 목소리로 말했다.

"알아." 미첼이 머리를 흔들었다.

"나도 알아. 하지만 그게 문제야. 그 사람은 떠나버렸어. 그 사람은 다시 돌아오지 않아. 하지만 가장 가슴아픈 것은, 그 사람이 작별인사도 없이 떠나버렸다는 거야!" 미첼의 목소리에는 눈물이 배어 있었다. 그는 마치 세상이 완전히 변한 것처럼 창 밖을 뚫어지게 쳐다보았다.

"너도 그 사람과 늘 함께 있었잖아. 그런데 어느 날 그 사람은 증발해 버렸어." 미첼이 말했다.

그런 다음 미첼은 다른 사람의 목소리를 하며 이렇게 말했다.

"'미첼, 너하고 나는 형제야. 우리는 그리스도 안에서 한 형제야!' '나는 언제나 너와 함께할 거야!' '너는 나를 믿어도 돼, 미첼!'" 이것은 떠나버린 그 사람이 늘 미첼에게 하던 말이었다.

미첼은 계속해서 머리를 흔들었다.

"이런 비열한 짓이 어디 있어!"

마침내 미첼은 한숨을 쉬고는 차 문을 열었다. 그는 바깥으로 나오면서 중얼거렸다.

"이게 마지막이야. 이제는 누가 우리 교회 학생회를 지도한다고 해도 절대 안 믿어!"

경고: 전방 위험!

이것은 참으로 가슴아픈 이야기이다. 하지만 우리 주변에서 너무나 자주 듣는 이야기이기도 하다. 지혜롭고 진실하며 열심 있는 한 젊은이가 교회 학생회를 맡는다. 그는 학생들과 함께 일하며, 그들에게 열심을 북돋우며, 신앙의 도전을 주고, 그들과 관계를 형성하며, 그들의 문제점들을 도와주는 일에 자신의 시간과 재능을 쏟아붓는다. 그렇게 해서 마침내 학생들은 그를 최고라고 생각하게 된다. 학생들은 이 젊은 지도자에게 그들의 모든 젊음을 투자하며 열심과 성의를 다한다. 이 지도자가 무엇이라고 말하면 학생들은 그것이 진리라고 생각한다. 이 지도자가 어떤 일을 하면 학생들은 그 일이 멋지다고 생각한다. 이 지도자가 어떤 일을 비난하면 학생들도 그 일이 나쁘다고 생각한다. 그들의 눈에는 이 젊은이가 그들의 지도자이다. 그는 그들의 발걸음을 이끄는 인도자이다. 그는 그들이 따라야 할 사람이다.

그런데 어느 날, 그가 갑자기 사라진다. 다른 곳으로 직장을 옮겼거나 대학이나 신학교를 졸업했거나 결혼해서 다른 곳으로 이사를 했을 수도 있다. 그러나 그는 중대한 실수를 했다. 그는 그 동안 맺었던 관계를 마무리짓는 것을 잊었다. 그는 그냥 떠나버림으로 그를 따르던 10대 병사들의 가슴에 큰 구멍을 남겼다. 그리고 이것은 미첼과 같은 몇몇 학생들에게는 정말 가슴아픈 소식이었다. 이들은 자신들의 지도자가 작별인사도 없이 떠난 것을 결코 잊지 못할 것이다. 나는 이런 일을 열 번도 넘게 보았다.

이러한 일들이 멘토링에 나쁜 인상을 남기는 경우가 많다. 생명력 있는 관계를 가질 수 있는 사람들을 찾아보라는 내 말에 어떤 사람들은 "그런 일로 날 성가시게 하지 말아요"라고 말할 것이다. 이들은 또 이렇게 말할 것이다.,

"미안하지만, 저도 안 해 본 것이 아닙니다. 하지만 당신이 말하는 것처럼 그렇지 못했습니다. 아무 효과도 없었던 말입니다. 그럴 듯하게 들리지만 실제는 그렇지 못했습니다. 사람들은 당신을 실망시킬 겁니다. 저도 그런 관계는 다시 맺고 싶지 않습니다. 그러니 저는 제외시켜 주십시오!"

이런 실망스런 이야기를 들을 때마다 나는 진행중인 모든 관계의 맨 앞장에 "주의: 사람들은 공사 중!"이라고 쓰고 싶어진다. 당신은 건설현장의 모습을 잘 알고 있을 것이다. 건설현장은 정말 어지럽기 이를 데 없다. 곳곳에 먼지가 자욱하고 자재 조각 투성이다. 사람들 사이의 관계도 이와 같을 수 있다. 왜? 우리 모두는 아직 공사중이기 때문이다. 물론 당신이나 당신의 멘토도 예외는 아니다. 주님께서 우리를 본향으로 데려가시기 전까지 어느 누구도 완전할 수 없다. 그러므로 관계에서 우리의 결점이 다른 사람에게 문제를 일으킬 수 있다. 그러므로 우리가 계속해서 상당한 주의를 하는 것이 최우선이 되어야 한다.

나는 앞에서 멘토링 관계의 이점을 말했다. 그러므로 이제부터는 경고를 몇 가지 하겠다. 어떤 장애물은 극복해야 하지만 어떤 웅덩이는 피해야 한다. 문제가 있을 만한 지점을 예견함으로 당신은 멘토와 함께 긍정적이며 생산적인 여행의 기회를 훨씬 더 많이 가질 수 있다.

당신에게 이미 멘토가 있더라도 뒤따를 위험을 경계하라. 그리고 당신의 현재 관계를 증진하기 위해 주어진 제안을 깊이 생각하라.

비현실적인 기대

비현실적인 기대는 당신에게서 비롯될 수도 있고 당신의 멘토에게서 비롯될 수도 있다. 멘토가 당신에게 줄 수 있는 것 이상을 당신이 기대할 수도 있다. 당신의 멘토도 당신이 할 수 있는 것 이상을 요구할 수 있다.

비현실적인 기대는 많은 사람들로 하여금 수치심으로 멘토의 역할을 포기하게 만들 뿐만 아니라 멘토링 관계를 비틀거리게도 한다.

한 친구가 나를 찾아와 이렇게 말했다.

"하워드, 나는 지난 일 년 동안 이 녀석에게 내 인생을 쏟아부었어. 그래서 나는 완전히 탈진한 상태라네. 이제 더 이상 아무것도 하고 싶지 않아."

나는 이렇게 말했다.

"그래, 그럼 자네와 그 친구의 관계에 대해 말해 주겠나?"

그러자 그는 그 젊은이와 일 주일에 적어도 한 번 함께 시간을 보냈고, 이틀에 한 번씩 전화통화를 했다고 말했다.

"그 친구를 돕느라 내 일을 못할 지경까지 이르렀다네." 그가 내게 말했다.

이러한 깊은 관계에는 믿을 수 없을 만큼 많은 시간과 정열이 투자되었을 것이다. 하지만 이 두 사람이 학교나 훈련 프로그램처럼 고도로 구조화된 환경에 처해 있는 것이 아니라면 이러한 투자는 필요 이상이었을 것이다. 그래서 나는 왜 그렇게 많은 노력을 기울여야 한다고 생각했느냐고 물었다. 그러자 그가 이렇게 말했다.

"우리가 처음 시작할 때, 내가 그에게 헌신하고 있다는 것을 그 친구가 알아주길 바랐거든. 그래서 그 친구에게 언제든지 필요할 때 찾아오거나 전화하라고 했던 것이 원인이었어. 그 친구가 '언제든지'를 정말 언제든지로 해석할 거라고는 생각지 못했다네!"

이 친구와 그의 제자 모두 비현실적인 시각을 가지고 있다. 서로의 관계가 깨어지는 것을 막을 생각이 있다면 이들은 철저한 변화를 시도해야 한다. 이들은 만나는 시간을 줄이고, 횟수도 줄이며, 관계의 목적을 더 분명히 해야 한다. 또한 이들은 멘토링 관계는, 멘토가 제자를 업고 가는 것이 목적이 아니라 제자가 스스로 걷는 법을 배우도록 스승이 도와주는 것이 목적이라는 것을 깨달아야 한다.

비극적인 상황이 생기는 것은 서로에 대한 기대를 드러내지 않는 경우이다. 상대방이 말하지 않는 한, 그가 당신에게 어떤 기대를 하고 있는지 알 수 없다. 그러다가 당신은 갑자기 속았다는 생각을 하게 된다. 그러나 서로에 대한 몇 가지 기대 없이는 멘토링 관계가 시작될 수 없다. 어떤 기대는 당신과 멘토가 서로 알고 나눌 수 있을 것이다. 그러는 가운데 당신과 멘토는 그 기대가 현실적인가를 함께 생각해 볼 수 있다. 그러나 또 어떤 기대는 당신과 멘토가 서로 나누지 않아 모를 수도 있다. 이 경우 결국 당신이나 멘토 또는 둘 다 서로에게 실망할 수 있다. 만일 당신이 멘토에 대해 이렇게 느낀다면 관계 진단을 위해 자신에게 몇 가지 질문을 할 필요가 있다.

- 나는 지금까지 일어나지 않았던 어떤 일이 일어나길 기대했는가?
- 처음에 나는 어디를 근거로 두고 기대하였는가? 그 기대는 어디에서 연유했는가?
- 내가 원하는 것을 멘토에게 말한 적이 있는가? 그는 그것을 주겠다고 했는가?
- 일반적으로 나는 이 관계가 내게 무엇을 가져다주기를 바랐는가? 그 바람은 현실적이었는가? 그 바람을 만족시킬 수 있는 관계가 있는가? 그렇지 않으면 불가능한 것을 바라는 것인가?

실망하지 않을 최선의 방법은 당신의 기대를 가능한 한 미리 분명히 해두는 것이다.

8장에서 항목(목표) 설정에 대해 살펴본 것도 바로 이 때문이었다. 당신과 멘토가 합의에 이를 수 있다면, 특히 목표와 만나는 빈도에서 그럴 수 있다면 당신은 나중에 실망하지 않을 수 있다. 이것은 우리를 곧바로 다음 문제로 인도한다.

충족되지 못한 기대

당신의 기대가 철저히 현실적이며 멘토가 그 기대에 동의했더라도, 당신은 조만간 실망할 것이다. 멘토가 아무리 완벽해 보여도 언젠가 그는 당신을 실망시킬 것이다. 약속장소에 나타나지 않거나, 약속했던 전화를 하지 않거나, 당신이 평가해 달라고 한 보고서를 무시하거나, 당신이 결정을 내리는 데 있어 기대에 훨씬 못 미치는 도움을 줄 것이다.

몇 년 전의 일이다. 우리 가족은 집에서 식사를 하고 있었다. 그때 전화벨이 울렸다. 아내 진(Jeanne)이 전화를 받았다. 아내는 상대방에게 우리가 식사중이라고 했다. 그러나 잠시 후 아내는 재미있는 표정을 지으면서 식탁으로 돌아왔다.

"웬델 존스턴(Wendell Johnston)이에요. 받아보시는 게 좋겠어요." 아내가 나에게 말했다.

나는 수화기를 들고 말했다. "여보세요, 웬델인가?"

"하워드, 잘 지내는가?" 그가 물었다.

"잘 지내고 있네. 그런데 무슨 일인가?"

"글쎄, 자네 저녁식사를 망치고 싶지는 않지만 문제가 생겼네."

"웬델, 자네도 알지. 뭐든 말만 하게. 내가 도울 수 있는 일이라면 기꺼이 돕겠네." 내가 그에게 말했다.

"글쎄, 자네가 도와줄 수 있을지 모르겠군." 그가 대답했다.

"자네도 알다시피, 난 60킬로미터 정도 떨어진 포트 워스에 있네.

그런데 지금 100명쯤 되는 사람들이 자네 강연을 기다리고 있어."

내가 약속을 어겼던 것이다! 그것도 너무 쉽게 말이다. 나는 몇 달 전에 강연을 해주겠다고 약속했다. 하지만 스케줄을 점검하는 것을 잊었다. 그래서 친한 친구 웬델이 난처한 처지에 처한 것이다. 물론 의도적이었던 것은 아니었다. 하지만 내 입장에선 변명의 여지가 없었다. 그러나 그 순간 사과하는 것 외에 달리 할 수 있는 일이 없었다(다행히도 지금 웬델과 나는 그 날의 대실수를 생각하며 웃을 수 있다).

당신의 멘토도 당신과 똑같은 인간일 뿐이다. 사실 당신이 그의 곁에 오래 있을수록 그의 결점은 더 분명하게 드러난다. 그는 당신에게 지키지 못할 약속을 하기도 한다. 그는 자신이 줄 수 있는 것 이상을 약속하기도 한다. 그는 자신이 지키겠다고 약속한 원칙을 어기기도 한다. 하지만 그 때문에 그와의 관계를 완전히 청산하지는 말라. 그렇다고 그것을 변호하지도 말라. 그가 당신과 약속한 것을 지키지 못했을 때 당신은 용감해야 한다. 당신은 그에게 그 사실을 상기시켜야 한다. 따지고 싸우는 자세가 아니라 솔직한 자세로 그렇게 해야 한다.

"저는 우리가 시간을 함께 보내기로 한 것으로 알고 있습니다. 그런데 당신과 시간을 함께하지 못해서 정말 마음이 아픕니다. 제게는 정말 중요한 일인데 말입니다." 또는 "저를 위해 이러이러한 분께 편지를 써주겠다고 말씀하셨던 것으로 기억합니다. 그런데 그분은 그런 편지를 못 받았다고 말씀하셨습니다. 혹시 잊고 보내지 않은 것은 아닙니까?"

멘토링의 아름다움은 당신에게 존경할 사람이 있다는 것이다. 그러나 멘토링의 위험성과 불가피한 실상은 당신이 그렇게 존경하는 그 사람도 당신을 실망시킬 수 있다는 것이다. 그가 당신을 실망시킬 때 그리스도의 모습으로 그 일을 해결하여 당신을 발전시켜라.

실패하는 멘토

마지막으로 당신처럼 멘토도 비틀거릴 수 있다. 만일 그가 상당히 비틀거리다가 죄에 빠지면 당신은 어떻게 하겠는가?

이 질문에 대한 답변은 결코 쉽지 않다. 모든 경우가 그 나름대로 독특하기 때문이다. 그러나 전체적으로 적용되는 몇 가지 일반적인 원칙이 있다. 그 중 하나는 기도이다. 멘토를 위해 기도하라. 하나님께서 그의 삶에 개입하셔서 그가 회개하고 용서받으며 회복되게 해 달라고 기도하라.

또한 당신을 위해 기도하라. 지혜를 구하고, 무엇을 해야 할지 알 수 있는 감각을 달라고 기도하라. 인내심도 달라고 기도하라. 다시 말해, 하나님께서 당신을 지켜 단순히 그에게 반감을 보이는 것이 아니라 응답을 보이도록 해 달라고 기도하라. 그리고 은혜를 내려 그를 용서해 달라고 기도하라.

당신과 멘토가 세운 항목(목표)으로부터 물러나는 것도 좋은 방법이다. 그와의 관계를 청산하라는 말이 아니다. 그러나 그 사람이 자신의 문제로 씨름하며 허우적거린다면 어찌 당신을 도울 수 있겠는가?

셋째 조언은 그의 실패를 통해 배우라는 것이다. 내가 아는 학생들이 영웅으로 생각하는 사람들이 있었다. 그런데 그들이 그 학생들 눈앞에서 완전히 패배자가 되어버린 일이 있었다. (당신은 다소 놀라겠지만) 솔직히 말해, 이것은 이 제자들(학생들)에게 일어난 가장 좋은 일들 중 하나였다. 학생들은 이들을 너무나 높게 평가한 나머지 이들을 제일 높은 자리에 앉혀놓았다. 따라서 이들이 곤두박질치는 것만이 학생들의 왜곡된 시각을 바로잡아 주님께로 초점을 다시 맞추어줄 수 있었다. 이것은 참으로 힘겹고 가슴아픈 깨달음이었다. 그러나 어떤 사람이든 실패할 수 있다는 교훈은 영원히 그들의 가슴에서 떠나지 않을 것이다.

다른 사람의 실패로부터 배운다는 것은 당신도 똑같은 분야에서 실패할 수 있다는 점에 주의를 기울이는 것을 말한다(갈 6:1 참조). 또한 이것은 당신이 믿음이나 멘토링 관계에 환멸을 느끼지 않도록 주의할 것도 요구한다. 당신의 멘토가 실패했다면 그것은 비극이다. 그러나 그의 실패가 하나님 말씀의 진리나 삶과 연결된 관계의 가치를 무효화시키는 것은 아니다. 당신의 멘토의 실패가 어떤 것이든 간에, 그것은 사람들이 하나님과 더 가깝고 다른 사람들에게 더 책임 있는 존재가 되어야 한다는 사실을 강조해 준다.

통제권의 문제

멘토링은 영향을 미치는 것이다. 다시 말해, 한 사람이 다른 사람에게 영향을 미치는 것이다. 그러나 영향이란 본질상 힘에 뿌리를 두고 있다. 내가 당신에게 영향을 미친다는 것은, 당신에게 영향을 미칠 수 있는 힘이 내게 있기 때문이다. 당신이 어떤 사람에게 당신의 멘토가 되도록 허락하는 것은, 당신의 삶에 영향을 미칠 수 있는 힘을 그에게 허락하는 것을 의미한다.

당신은 이러한 구조가 원천적으로 안고 있는 위험을 볼 수 있는가? 당신의 멘토가 한 사람의 개인으로서 당신의 주권을 존중하고 그리스도를 닮은 종의 자세를 취한다면 당신은 걱정할 것이 없다. 그러나 그가 당신 인생의 통제권을 빼앗고 자신의 목적을 달성하기 위해 당신을 이용한다면 어떻게 되겠는가? 당신이 책임을 포기하고 그의 손에 따라 움직이는 꼭두각시나 그의 말을 그대로 옮기는 앵무새가 된다면 어떻게 되겠는가?

바로 이러한 문제점이 몇몇 지역에서 멘토링과 관련된 제자훈련 과정에 나쁜 인상을 가져다주었다. 사람들은 "나는 다른 사람이 내 인생을 주무르는 것을 원치 않습니다!"라고 말할 것이다. "나는 짐 존스(Jim Jones)나 데이비드 고레시(David Koresh) 같은 삶의 졸개가 되고 싶진 않아요."

이에 대해 나는 이렇게 대답한다.

"좋습니다! 우리에겐 이제 더 이상 그와 같은 비극은 필요치 않습니다. 한 분의 주님, 예수 그리스도가 계십니다. 그분만이 우리 인생의 모든 통제권을 맡을 수 있습니다. 그 권위를 다른 사람에게 주는 것은 영적 간음입니다."

그러나 다른 사람들로 하여금 우리에게 영향을 미치고 우리를 가꾸어가도록 허락할 필요가 있다는 사실을 부정할 수는 없다. 히브리서 기자는 믿음의 지도자들을 가리키며 이렇게 촉구했다.

"하나님의 말씀을 너희에게 이르고 너희를 인도하던 자들을 생각하며 저희 행실의 종말을 주의하여 보고 저희 믿음을 본받으라… 너희를 인도하는 자들에게 순종하고 복종하라 저희는 너희 영혼을 위하여 경성하기를 자기가 회계할 자인 것같이 하느니라 저희로 하여금 즐거움으로 이것을 하게 하고 근심으로 하게 말라 그렇지 않으면 너희에게 유익이 없느니라"(히 13:7, 17).

성경은 분명하게 말한다. 주님께서는 우리가 우리의 유익을 위해 우리를 경건한 믿음의 지도자들의 영적 권위 아래 두기를 원하신다.

그러면 우리가 어떻게 통제권을 너무 많이 넘겨주지 않고도 이렇게 할 수 있는가? 이 문제에 대한 답변 자체가 학습과정의 주요 부분이다. 아이들은 자라 어른이 되어감에 따라 자신의 경계를 세우고 스스로 보호하는 법을 배워야 한다. 이것은 경험을 통해 이루어진다. 때로는 힘들고 어려운 시련을 통해 배우게 된다. 이제 여기에 도움이 될 만한 몇 가지 원칙을 제시해 주겠다.

무제한적인 위임은 금물이다

첫째, 당신이 어떤 권위를 다른 사람에게 이양하든지 간에 그것은 제한되고 일시적인 것이어야 한다. 여러 해 전에, 나는 허리가 너무 아파 친구 의사를 찾아간 적이 있다. 그는 진찰을 하고는 이렇게 말했다. "헨드릭스, 담석이 생겼네! 수술을 해야겠어."

그래서 나는 즉시 입원했다. 수술을 하기 전, 나는 의사에게 수술을 허락한다는 서류에 서명했다. 그러나 내가 내 생명을 양도하는 서명을 한 것은 아니었다! 나는 단지 의사가 수술을 할 수 있도록 두세 시간 나를 마취해도 좋다는 것을 허락했을 뿐이다. 이것은 제한된 위임이었다.

이처럼 당신을 다른 사람의 영향력 아래 둘 때 일정기간 몇몇 제한된 목적에 초점을 맞추어라. 나는 신학교에서 학생들이 할 수 있는 일들이 얼마나 많은지 알고 있다. 그러나 나는 학생들로 하여금 학교에 있을 동안 몇몇 핵심적인 분야에 초점을 맞추게 하려고 애쓴다다. 우리가 마침내 그들을 졸업시킬 때쯤에도 그들에겐 여전히 할 일이 많다. 그러나 희망적이게도 그들은 몇 가지 중요한 것들을 성취해서 학교 문을 나간다.

외부인의 시각

둘째 원칙은 바울과 디모데의 관계에서 나온 것이다. 사도 바울이 젊은 제자에게 맡긴 책임을 생각해 보라. "또 네가 많은 증인 앞에서 내게 들은 바를 충성된 사람들에게 부탁하라 저희가 또 다른 사람들을 가르칠 수 있으리라"(딤후 2:2). 당신은 바울이 어떤 상황에서 디모데에게 교훈을 주는지 주의해서 본 적이 있는가? 많은 증인 앞에서였다. 다시 말해, 바울과 디모데의 관계는 비밀스럽게 이루어지지 않았다. 주변에는 다른 사람들이 있었으며 그들은 이 두 사람 사이에 어떤 이야기가 오가고 어떤 일이 일어나는지 보았다.

다른 사람들은 당신의 인생에 지나친 통제권을 가지려는 사람으로부터 당신을 보호하는 가장 좋은 방어막 중 하나일 수 있다. 내가 개인뿐만 아니라 단체에서 멘토링이 이루어지기를 독려하는 이유 중 하나도 바로 이 때문이다. 지나치게 위압적이고 지배적인 멘토가 개인보다는 단체에게 자신의 뜻을 강요하기가 훨씬 더 어렵다.

당신의 멘토가 하는 말을 점검하거나 믿을 만한 다른 사람과 상의함으로 이렇게 하기를 겁내지 말라. 진행되고 있는 일에 의심이 간다면 당신의 견해를 존경하는 사람의 견해와 비교해 보라.

그리고 그 사람이 당신에게 이렇게 말한다면 특별히 주의하라. "이보게, 내가 생각하기에 자네가 자네 인생의 통제권을 그 사람에게 너무 많이 준 것 같네."

 덧붙이고 싶은 말은 언제나 당신이 멘토나 다른 어떤 사람에게서 들은 바를 성경과 성령의 증거와 비교해 보라는 것이다. 어떤 사람이 당신에게 성경과 성령의 말씀과 맞지 않는 말을 한다면, 아무리 좋은 말일지라도 그것은 근거 없다.

도대체 누구의 인생인가?

 당신의 멘토가 당신에게 지나친 통제권을 행사하는지 알아보는 방법은, 당신이 원하면 언제든지 통제권을 다시 돌려받을 수 있는지 자문해 보는 것이다. 그럴 수 있다면 당신은 아무런 문제도 없다. 그렇지 못하다면 당신은 멘토와의 관계를 재고해 보아야 한다. 빌이 대학에 다닐 때, 어느 선교회에서 후원하는 모임의 회원인 친구가 있었다. 어느 봄방학 때였다. 이 모임에서는 전도여행을 가기로 결정했다. 방학이 다가오자 빌은 그 친구에게 방학 동안 무엇을 할 거냐고 물었다.

 "글쎄, 집에 가고 싶어." 그 친구가 대답했다. "사실 나는 집에 가봐야 하거든." 그런 다음 그는 가족에게 닥친 심각한 상황을 이야기해 주었다.

 "그렇구나. 정말 집에 가봐야겠구나." 빌이 말했다.

 "그런데 갈 수 있을지 모르겠어." 그의 대답에 빌은 놀랐다. 그러자 그 친구는 이유를 설명해 주었다.

 그 친구가 회원으로 있는 모임 인도자 중에 그와 함께 오랫동안 일해 온 사람이 하나 있었다. 그런데 그 사람이 빌의 친구에게 이번

전도여행에 꼭 참석하라고 강요하고 있었다.

"그 사람은 이번 전도여행이 그리스도께 대한 나의 헌신을 시험하는 사건이라고 말하고 있어." 빌의 친구가 빌에게 말했다.

"내가 집에 가면 그건 내가 그리스도보다 가족을 중요하게 생각하는 거래."

이것은 한 사람이 다른 사람에 대한 통제권을 지나치게 행사하는 경우이다. 왜냐하면 그 친구는 자신의 자유를 사실상 잃어버렸기 때문이다. 그에게는 더 이상 스스로 우선순위를 정하고 계획을 세울 권리가 없었다. 이것들은 본질적으로 그 사람을 위해 결정되었다(빌은 그 친구에게 그렇게 말했다. 그리고 그에게 이 사람과의 관계를 재고해 보라고 경고했다.).

통제권에 대한 문제를 피할 수 있는 최선의 길은 멘토와의 관계를 시작하기 전에 먼저 그를 평가하는 것이다. 사람들이 그에게 오도록 초대할 뿐만 아니라 사람들이 그에게서 떠나는 것도 기꺼이 허락하는 사람인지 알아보라. 사람들이 쉽게 그의 프로그램을 떠나거나 등록하고 있는가? 그는 여행중에 유익한 환승역인가 그렇지 않으면 제 역할을 못하는 사람들을 위한 창고일 뿐인가?

내 경험으로 통제권과 관계된 대부분의 문제를 겪는 사람들은 자신의 발전을 책임지지 못하는 사람들이다. 바울이 고린도 교인들에게 "내가 그리스도를 본받는 자 된 것같이 너희는 나를 본받는 자 되라"(고전 11:1)고 말했을 때, 그는 고린도 교인들이 어디로 가야 할지 알 수 있도록 믿음의 발자국에 등불을 비추었던 것이다. 그러나 우리 중에는 예수의 발자국을 따르길 원치 않는 사람들이 있다. 우리는 다른 사람이 우리를 업고 그 발자국을 따라가 주기를 바란다. 우리는 따라가기보다는 인도되기를 더 원한다. 하지만 이런 자세로는 결코 성장할 수 없다.

당신의 인생을 책임져라!

내가 가장 즐겨 찾는 곳 중 하나가 네비게이토에서 운영하는 휴양소인 글렌 아이리(Glen Eyrie)이다. 이 휴양지는 경사진 록키산맥 동쪽 '신들의 정원'(Garden of the gods) 옆에 위치해 있다.

글렌은 불그스름한 사암(砂巖)으로 이루어진 장관의 절벽으로 둘러싸여 있다. 이 절벽에는 땅에서 수십, 수백 미터나 되는 곳에 독수리 둥지가 있다.

때때로 독수리들이 알을 깐다. 그러면 수컷은 하루 종일 먹이를 찾아다니고 암컷은 둥지를 지킨다. 이런 일은 새끼 독수리들의 뼈가 굳고 깃털이 자랄 때까지 몇 주 또는 몇 달씩 계속된다. 그러다가 어느 날 너무나 잔인해 보이는 일이 일어난다. 어미 독수리는 편안히 쉬고 있는 새끼 한 마리를 둥지 바깥으로 밀어낸다.

그 새끼 독수리는 떨어지기 시작한다. 그러면 수컷은 떨어지는 새끼를 바라보며 그 놈에게 겁을 주어 날갯짓을 하게 하려고 소리를 지른다. 마치 떨어뜨리는 것만으로는 충분히 겁을 주지 못한 것처럼 말이다! 마침내 새끼 독수리는 작은 날개를 펴서 조금씩 날기 시작하지만 도대체 무슨 일이 일어나고 있는지 모른다. 그 순간, 새끼 독수리는 평생 사용할 기술을 익힘으로 죽음을 모면한다.

이 책을 읽는 사람들 가운데는 이 새끼 독수리처럼 떨어지고 있는 사람들도 있을 것이다. 이들은 둥지에서 밀려나는 경험을 했다. 그것은 너무나 잔인하고 부당해 보였다. 그러나 다른 방법이 없다.

결국 그들이 자신의 인생을 살아야 하기 때문이다. 그리고 이들이 날개를 펼쳐 스스로 나는 책임을 다하지 않는다면, 이들은 바로 자신이 날갯짓을 하지 않은 결과로 바위에 부딪혀 죽고 말 것이다.

이렇게 당신의 인생을 책임지는 것은 효과적인 멘토링에 있어 너무나 중요하다. 그러므로 이에 대해 한 장을 더 할애하여 1부를 끝맺고자 한다.

제10장

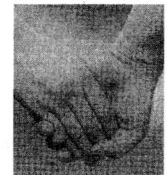

책임지기

우리 집 아이들이 어릴 때 늘 졸라대는 일이 하나 있었다. 그럴 때면 우리는 아이들을 거실에 한 줄로 세워놓고 한 아이씩 문 앞에 세우고는 자를 가져다 키를 재고 날짜와 함께 표시해 두었다. 이렇게 함으로써 우리는 아이들의 성장일지를 쉽게 기록할 수 있었다. 아이들은 자기들이 얼마나 자랐는지 봐달라고 언제나 우리를 졸라댔다.

언젠가 내가 여행을 떠나게 되었다. 그러자 둘째딸 베브가 "아빠가 없는 동안 많이 자랄게요"라고 말했다(우리는 조금 전에 그녀의 키를 쟀다).

집으로 돌아오기가 무섭게 나는 그녀가 얼마나 자랐나 보기 위해 자를 들고 문 앞으로 가야 했다. 지난번에 표시해 둔 것과 새로 잰 것과는 불과 1-2밀리미터도 차이가 안 났다. 하지만 베브는 팔짝 뛰

189

면서 소리쳤다. "아빠 보세요! 제가 말했죠! 정말 자랐어요!"

그 날 저녁에 베브와 나는 거실에서 이야기했다. 베브는 나에게 곤란한 질문을 했다.

"아빠, 왜 큰 사람들은 자라기를 멈추나요?"

나는 무슨 말을 해야 할지 몰랐다. 하지만 나는 아주 간단하게 대답해 주었다.

"베브, 큰 사람들이라고 자라기를 멈추는 게 아니란다. 큰 사람들은 위로 자라는 것을 멈출 뿐이란다. 하지만 옆으로 자라기 시작한단다!" 당신도 알다시피 멋쟁이들도 나이가 들면서 옷이 자꾸 옆으로 벌어지지 않는가!

어쨌든 베브가 떠나버린 지 오랜 후에도 하나님께서는 계속해서 내게 같은 질문을 던지셨다. 왜 큰 사람들은 자라기를 멈추는가? 그들을 다시 자라게 할 방법은 없는가?

이러한 질문에 대한 답변이 멘토링과 어떤 관련이 있는가? 나는 멘토란 당신이 성장하고 당신의 삶의 목표를 실현하도록 당신을 돕는 일에 헌신된 사람이라고 말했다. 그렇다면 오늘날 많은 사람들이 개인적, 영적 발전과 관련하여 느끼는 폭넓은 좌절이 멘토링의 결핍과 관련이 있다고 말할 수 있는가? 나는 그렇다고 확신한다.

멘토 - 당신이 성장할 수 있는 열쇠

테드 엥스트롬(Ted Engstrom)의 탁월한 저서 「멘토링의 멋진 기술」(*The Fine Art of Mentoring*)의 서문에서 고든 맥도날드(Gordon MacDonald)는 이렇게 지적했다. "과거에는 멘토링이 어디에서나 생겨났다. 농장에서 소년이나 소녀는 어머니나 아버지 그리고 확대가족의 구성원 곁에서 멘토링을 통해 가르침을 받았다. 어릴 때부터 이러한 멘토들은 아이들에게 '남성다움'과 '여성다움'의 의식을 심어주었으며, 사람들의 일과 그 일을 하는 방법, 인격 그리고 사회 각 구성원의 의무와 책임을 가르쳤다."

그러나 현재의 모습에 대해 맥도날드는 이렇게 말했다. "사람들이 발전이라고 말하는 것이 교회에서 일어난다. 그리고 한 사람에 대한 보증은 그를 지켜본 사람이나 멘토의 인정이 아니라 졸업장에 의해 입증된다. 지혜가 아니라 지식, 인격이 아니라 성취, 창의성이 아니라 이익이 사람을 판단하는 기준이다."

또 그는 이렇게 덧붙인다. "그리고 이것이 사실인 한, 멘토링은 우리의 가치체계에서 이류의 가치밖에 되지 못할 것이다."[1]

당신의 성장과 발전이 주춤하고 있다고 느끼는가? 우리가 당신의 성장을 잰다면, 과거의 당신과 현재의 당신 사이에 어떤 차이가 있겠는가? 다시 말해, 당신은 6개월 전과 어떻게 다른가? 1년 전과 어떻게 다른가? 5년 전과 어떻게 다른가? 10년 또는 그 이전과 어떻게 다른가?

별로 달라진 게 없다면, 당신은 멘토를 찾아보아야 할 것이다. 멘토는 당신의 성장 - 영적, 인격적, 직업상의 성장 -을 위한 생명력 있는 파트너가 될 수 있다. 물론 이러한 관계가 저절로 당신의 인생을 변화시키지는 않는다. 그러나 이것은 그렇게 할 수 있는 최선의 방법 중 하나이다.

사실, 멘토링은 하나님께서 당신의 자녀들을 성장시키시는 주된 방법 중 하나이다. 이제 이 관계가 어떤 역할을 하는지 살펴보기로 하자.

성장의 과정

성경은 그리스도 안에서 우리의 인생목표는 그리스도처럼 되는 것이라고 말한다. 예수께서는 제자들에게 "무릇 온전케 된 자는 그 선생과 같으리라"(눅 6:40)고 말씀하셨다. 다시 말해, 그리스도를 따름으로써 우리는 마침내 그리스도처럼 될 것이다.

마찬가지로 바울도 우리가 예수의 형상을 본받게 하기 위해 미리 정해진 자들이라고 말했다(롬 8:29). 사실, 교회의 목적은 "그리스도의 장성한 분량이 충만한 데까지 이르도록"(엡 4:13) 우리를 돕는 것이다. 그러므로 그리스도를 닮는 것이 우리의 궁극적인 목표이다.

그러나 명심해야 할 것이 있다. 그리스도를 닮는 데는 단순히 '영적인' 항목만이 아니라 우리의 모든 삶이 포함된다는 것이다. 예수는 만물의 주이다(골 1:15, 17). 그러므로 예수께서는 우리가 삶의 모든 부분에서 그를 닮기 원하신다. 여기에는 영적인 부분뿐만 아니라 지적인 부분, 육적인 부분, 사회적인 부분, 정서적인 부분까지도 포함된다. 모든 부분에서 그리스도를 닮는 것이 당신의 목표인가?

그렇다면, 당신이 알아야 할 것이 있다. 그것은 성경이 우리에게 그리스도를 닮는 일에는 성장과정이 포함된다고 말한다는 것이다. 하룻밤 사이에 우리가 그 목표에 도달할 수는 없다. 다시 말해, 바울은 우리가 성숙할 때까지 우리를 세워주기 위해 교회가 존재한다고 말했다. "이는 우리가 이제부터 어린아이가 되지 아니하며" 대신에 "범사에 그에게까지 자랄지라 그는 머리니 곧 그리스도라"(엡 4:12-15).

예수께서도 네 부분에서 '자라셨다.' '지혜' 곧 지적인 부분에서, '키' 즉 육체적인 부분에서, '하나님의 사랑' 즉 영적인 부분에서, 그리고 '사람의 사랑', 즉 사회적이며 정서적인 부분에서 자랐다(눅 2:52). 이러한 여러 부분에서 자람으로써 예수께서는 삶이 발전적인 것임을 보여주셨다. 우리는 성숙해야 하며, 하나님께서 주신 능력을 증대시켜야 한다. 단지 영적인 것뿐만 아니라 모든 능력을 증대시켜야 한다.

이 원칙은 내가 존경하는 한 분의 삶에서 분명하게 나타난다. 그분은 얼마 전에 86세의 나이로 세상을 떠나셨다. 내가 그분을 처음 본 것은 성탄절 파티에서였다. 그 때 그분은 이렇게 말씀하셨다.

"안녕하세요, 헨드릭스 씨? 오랜만이군요. 선생님께서 최근에 읽은 책 중에서 가장 유익했던 것 다섯 권을 말씀해 주시겠습니까?"

그분은 늘 사람들을 정신없게 하곤 하셨다. 그분의 태도는 이런 것이었다. "그냥 따분하게 앉아 있지만 말고 뭐든 합시다. 토론을 합시다. 토론거리가 없으면 논쟁이라도 합시다!"

그분은 달라스에 있는 딸네 집에서 잠자던 중에 돌아가셨다. 내가 가족을 만났을 때, 그분의 딸이 이렇게 말했다. "어머니께서는 돌아가시던 날 밤에도 책상에 앉아 향후 10년 동안의 목표를 하나씩 기록하셨어요."

나는 이러한 그분의 태도를 존경한다! 그분은, 삶이 언제나 성장하는 것임을 깨달으셨던 것이다. 사실, 성장을 멈추는 그 시간부터 당신은 죽기 시작한다. 그분은 결코 성장을 멈추지 않으셨다. 그분의 성장을 멈추게 한 것은 오직 죽음뿐이었다.

베드로가 독자들에게 마지막으로 부탁한 것은 "오직 우리 주 곧 구주 예수 그리스도의 은혜와 저를 아는 지식에서 자라가라"는 것이었다(벧후 3:18). 그러므로 문제는 이것이다. 당신은 당신의 변화와 성장에 헌신되어 있는가?

성장의 단계

　당신이 변화와 성장에 헌신되어 있다면, 당신은 성경이 그리스도처럼 되는 과정에는 단계가 있다고 말한다는 사실을 알아야 한다. 먼저 요한일서 2:12-14은 세 부류의 신자에 대해 말하고 있는데, 그것은 아이들(자녀들)과 청년들과 아버지들로 재미있게 묘사되어 있다. 왜냐하면 이들은 각각 육체적 성장의 세 단계, 즉 아동기, 청년기, 성년기를 나타내기 때문이다. 이 세 기간은 특별히 세 종류로 발전한다. 예를 들면, 아이에게는 말하거나 걷기 같은 기본적인 기술 습득이 주된 일이다. 청년(청소년)에게는 독립심을 기르며, 세상을 살아가는 데 있어 결정을 내릴 수 있는 능력을 발전시키는 것이 주된 일이다. 그리고 어른은 인생에서 의미를 찾고 자손을 낳는 일에 관심이 있다. 이와 유사하게, 사도 요한은 그리스도를 믿는 자들은 어떤 일에 집중하면서 발전단계를 거쳐야 한다고 말하는 것으로 보인다. 당신이 요한의 글을 읽고 자신에게 이렇게 물어보기를 바란다. "나는 어느 단계에 있는가?"

　오늘날 대부분의 그리스도인들은 아동기나 청년기 단계에 있다고 생각된다. 소수의 사람들이 성인의 단계에 올랐다 하더라도 이것은 영적으로 말했을 때 그럴 뿐이다. 왜 그런가? 한 가지 이유는, 성장이 이루어지는 방법에 대한 근본적인 오해 때문이다. 고든 맥도날드가 날카롭게 지적했듯이, 우리는 우리의 기독교교육 모델을 바꾸어버렸다.

멘토링: 잊혀진 기술

교회가 막 시작되고 신약성경이 기록되던 무렵, 소년들은 나이든 사람들과의 관계를 통해 어른으로 자라났다. 이것을 멘토링, 견습과정, 사사(私師) 그 외에 무엇이라 부르든 간에 가르침은 삶과 삶이 이어지는 관계를 통해 이루어졌다. 사실 이것은 성경 전체에서 나타나는 개인적 발전의 형태이다(15장 "멘토링에 대한 성경적 기초"를 보라).

이러한 멘토링 관계는 믿음의 사람들뿐만 아니라 일반적으로 사회에 의해 이루어졌다. 이러한 방법은 약 100년 전까지 계속되었다. 하지만 산업혁명과 다른 요인이 지식과 기술을 가르치는 방법에 급진적인 변화를 초래했다.

요즘 가르치는 것은 말하는 것을 의미한다. 그리고 테스트라는 것도 학생들이 가능한 한 많은 정보를 머리 속에 우겨넣어 시험종이 위에 그대로 옮겨놓는 것이 되고 말았다.

나는 신학교에서 우연히 만난 한 학생을 잊을 수 없다. 시험이 코앞에 닥친 때였다. 나는 그와 대화하려 했지만 그 학생은 이렇게 말했다.

"교수님 말 걸지 마세요! 머리 속에 있는 것이 다 새 나가겠어요!"

이것은 교육이 아니다. 그러나 우리는 성경지식과 영성을 동일시하는 경우가 얼마나 많은가!

휘튼 신학교에 다닐 때, 나는 어느 교회에서 학생회를 맡고 있었다. 그런데 성경구절 600개를 글자 하나 틀리지 않고 외우는 중등부 학생이 있었다. 그는 정말 놀라운 아이였다. 그에게 어느 곳 몇 장 몇 절 하고 말하기만 하면 그는 그 구절을 줄줄 외웠다.

어느 날 나는 중등부 예배시간에 누군가 헌금을 도둑당했다는 말을 들었다. 그래서 나는 몇 사람과 함께 그것을 조사하는 일을 맡았다. 당신도 짐작했겠지만 600절을 외우는 신동이 범인으로 드러났다. 나는 현장에서 그를 붙잡았다.

나는 그를 내 사무실로 데려와 그의 잘못을 캐물었다. 나는 내 말의 근거를 대기 위해 성경구절을 한 군데 인용하기까지 했다. 그러자 그가 내게 몇 군데 틀렸다고 말했다.

마침내 나는 이렇게 말했다.

"너 그 성경구절과 헌금을 훔치는 일과 관계가 있다고 보느냐?"

"아뇨." 그가 대답했다. "글쎄요, 있을지도 모르죠."

"어떤 관계가 있다고 생각하니?"

"나는 잡혔다는 거예요."

이 아이는 영적인 교육제도의 허점을 그대로 보여주는 전형적인 예이다. 우리는 어떤 사람이 성경을 마스터하면 그가 실제로 영적 거장일 거라고 생각한다. 그러나 하나님의 눈으로 볼 때, 중요한 것은 지식이 아니라 그 지식에 대한 적극적인 순종이다. 당신의 머리 속에 얼마나 많은 진리가 들어 있느냐가 아니라 당신의 생활 속에 얼마나 많은 진리가 담겨 있느냐 하는 것이다.

히브리서 5장 13-14절은 의의 말씀을 경험하지 못한 어린아이와 "연단을 받아 선악을 분별하는" 장성한 자를 구별하고 있다.

하나님께서는 내가 그분의 말씀을 얼마나 많이 아느냐에 감명받지 않으신다. 하나님께서는 내가 얼마나 그리스도를 닮아가고 있는지를 알고 싶어하신다. 영적인 영역에서, 무지의 반대말은 지식이 아니라 그 지식에 대한 순종이다. 사실 신약의 이해에 따르면, '알고' 행하지 않는 것은 전혀 '아는' 것이 아니다.

멘토링이 바로 이러한 부분에서 시간을 절약해 줄 수 있다. 더 분명한 사실 하나는, 우리에게는 그리스도인의 삶의 방법을 '가르쳐 줄' 더 이상의 책이나 테이프나 방송이나 설교 등이 실제로 필요치 않다는 것이다. 우리에게 필요한 것은 경험적으로 그리스도를 알며 우리가 필요한 부분에서 그리스도를 알도록 도와줄 수 있는 사람들과의 관계이다. '그리스도를 따르라'는 장황한 설교를 늘어놓는 것만으로는 충분치 않다. 우리에게는 바울처럼 "내가 그리스도를 본받는 자 된 것같이 너희는 나를 본받는 자 되라"고 말할 수 있는 사람, 즉 그리스도 안에서의 삶이 어떤 것인지 보여줄 수 있는 모델이 필요하다.

당신의 책임

그렇다면 우리를 성장의 한 단계에서 그 다음 단계로 끌어올리기 위해 이 모든 짐을 멘토들에게만 지어야 하는가? 결코 그렇지 않다. 당신과 내게도 밖으로 나가 우리를 도와 다음 단계로 이끌어줄 수 있는 사람을 찾아야 하는 책임이 있다. 앞에서 나는 멘토 찾기와 직장 구하기 사이에는 실제적인 유사점이 있다고 말했다. 이러한 유사성에 견주어볼 때, 리처드 볼레스(Richard Bolles)의 말은 시사하는 바가 크다.

> 많은 실업자들이 마냥 집에 앉아 하나님께서 직장을 그저 굴러들어오게 하심으로써 그들을 사랑하신다는 것을 증명해 보이길 기다린다. 하지만 이렇게는 아무 일도 일어나지 않는다… 당신이 직장을 구하기 위해서는 직접 뛰어다녀야 한다. 세상 어느 누구도 이 일에 대해 당신만큼 많은 관심을 쏟아주

지 않을 것이다. 어느 누구도 당신처럼 이 일에 많은 시간을 기꺼이 허비해 주지 않을 것이다. 어느 누구도 당신만큼 이 일에 끈질기게 매달리지 않을 것이다. 어느 누구도 당신이 어떤 직장을 구하는지를 당신만큼 잘 알지 못할 것이다.[2]

여기에서 한 단어를 바꿔보라. 그러면 볼레스가 멘토 찾기에 대해 말하는 것으로 생각할 수 있을 것이다. 이 경우 그는 모든 사람들이 일반적으로 영적 성장을 추구하는 데 필요한 책임을 묘사하고 있는 것이 된다. 어느 누구도 당신 대신 그 일을 해주지 않을 것이다. 어느 누구도 그 일을 대신해 줄 수 없다. 어느 누구도 대신해 주어서는 안된다.

그러므로 당신 스스로 해야 한다. 당신이 이 도전을 극복하기 위해 할 수 있는 네 가지를 소개하면서 1부를 마치겠다.

1. 멘토를 찾아라.

다시 말하지만, 모든 사람들에게는 바울 같은 사람과 바나바 같은 사람, 다시 말해 연장자와 동료(또래)가 필요하다. 그렇다고 나이에 너무 얽매이지 말라. 그저 당신이 성장하고 삶의 목적을 깨닫도록 도와줄 수 있다고 생각되는 사람을 찾아보라.

거듭 강조했듯이, 멘토 찾기에는 시간과 노력이 요구된다. 그러므로 당신은 적절한 사람을 만날 때까지 어느 정도 기다려야 한다. 그러나 이러한 사람을 찾으려는 노력은 당신이 경험할 성장에 비추어볼 때 그만한 가치가 있다.

2. 멘토링을 생활의 일부로 만들어라.

지금쯤이면 당신은 우리가 평생에 단 한 사람의 멘토를 찾는 것을 말하지 않는다는 사실을 깨달았을 것이다. 평생 동안 한 명의 멘토만을 찾는다는 것은 매우 특별한 경우이다. 당신이 어떤 사람과 매우 오랜 관계를 가졌다 하더라도 인생을 살아가는 동안에는 여러 멘토가 필요할 것이다. 당신에게는 여러 종류의 멘토가 필요하다. 그리고 각기 다른 멘토는 당신의 각기 다른 발전단계에서 각각 다르게 기여할 것이다. 그러므로 당신은 언제나 경건한 멘토를 찾아야 한다. 이것이 당신 생활의 일부가 되어야 한다.

물론, 멘토가 하나님께서 당신을 성장시키시는 유일한 수단은 아니라는 사실을 명심해야 한다. 내가 말했듯이, 하나님께서는 당신의 삶에서 작용하는 여러 요인을 함께 사용하신다.

3. 자녀들에게 멘토를 찾아주어라.

당신이 아버지라면 자녀들을 위해 멘토를 찾아줌으로써 그들에게 더할나위없는 유익을 가져다줄 수 있다. 부모로서 당신은 자녀의 발전에 가장 중요한 역할을 맡고 있다. 그러나 당신이 모든 것을 줄 수는 없다. 하나님께서는 당신이 그렇게 하도록 의도하지 않으셨다.

그러므로 당신의 아들이나 딸을 날개 아래 기꺼이 품어줄 교사나 코치나 젊은 지도자나 다른 부모를 찾는 것이 현명하다. 이렇게 할 때, 당신의 자녀들은 커서 "아무도 내 인생을 이끌어주지 않았어"라고 말하지 않을 것이다.

4. 다른 사람에게 멘토가 돼라.

바울과 바나바 외에, 모든 사람에게는 디모데 같은 사람이 필요하다. 다시 말해, 자신이 가진 지식과 지혜와 그 밖의 모든 것을 바쳐 이끌어줄 연하의 상대가 필요하다. 하나님께서 당신에게 무엇을 주셨든지 간에, 당신에게는 그것을 필요로 하는 사람과 나누어야 할 책임이 있다. 우리는 이 책 전체를 통해 이러한 원칙이 적용되는 모습을 살펴보았다.

- 바울은 젊은 디모데를 믿음 안에서 가르쳤다. 디모데는 목회자가 되었으며 그가 배운 진리를 충성된 사람들에게 전해 주었다.
- 월트는 내가 어릴 때 친구가 되어주었다. 나는 내 삶을 학생들의 삶에서 그리스도를 재생산하는 일에 바쳤다.
- 한 사람이 유진 랭의 대학 학비를 지원해 주었다. 유진 랭은 121초등학교 학생들의 학비를 대주겠다고 제안했다.
- 빌은 많은 사람들이 그에게 영향을 미쳤다고 말할 것이다. 이제 그는 그가 배운 것(그리고 계속 배우고 있는 것)을 전해 주기 위해 빈번하게 다른 사람들을 만나고 있다.

당신도 다른 사람의 삶을 변화시킬 수 있다!

잠시 일손을 멈추고 생각해 보라. 어떤 사람의 인생을 근본적으로 바꾸는 데는 실제로 그다지 대단한 것이 요구되지 않는다. 당신의 삶에 중요한 영향을 미친 사람들을 생각해 보라. 그들이 당신의 삶에 중요한 영향을 미치는 데 눈에 띄는 기술이나 지식이 필요했는가? 때로는 그랬을 것이다. 그러나 중요한 것은, 그들이 거기에 있었다는 것, 그들이 당신을 돌봐주었다는 것, 그들이 이 사실을 당신에게 말해 주었다는 것이다.

　당신도 그렇게 할 수 있는가? 당신도 다른 사람에게 한 시간 정도 할애할 수 있는가? 당신도 그에게 당신이 겪은 인생 이야기를 들려줄 수 있는가? 당신도 그가 어려운 현실에 굴하지 않도록 용기를 주며, 그가 분투하는 동안 그의 곁에 서 있을 수 있는가? 당신도 그와 함께 그를 위해 기도할 수 있는가?

　이 과정은 복잡하지 않다. 우리가 이를 시도할 수 있도록 도와줄 몇몇 좋은 사람들만 있으면 된다! 나는 당신이 이러한 좋은 사람이 되기를 바란다. 그런 사람이 되고 싶다면 함께 2부로 넘어가도록 하자. 2부에서는 멘토의 입장에서 멘토링 관계를 살펴보도록 하겠다.

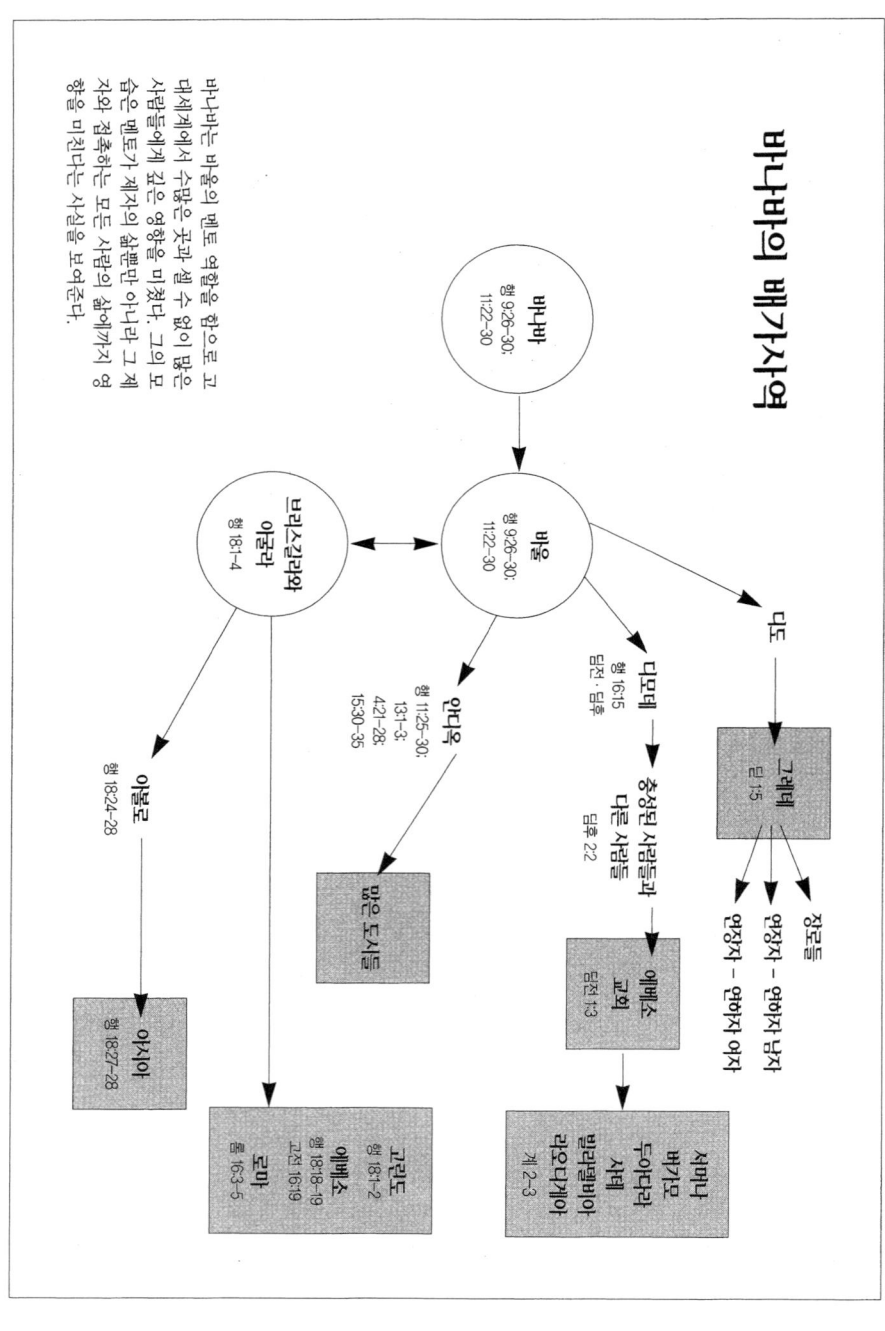

2

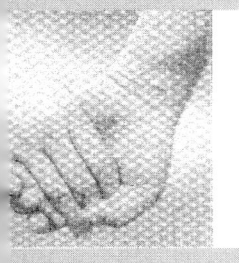
기꺼이 멘토로 봉사하려는
사람들을 위해

제11장

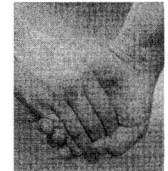

멘토가 되라는 부르심

아주 작은 일이 역사를 바꾸는 경우가 많다. 예를 들어, 1856년 조지 비셀(George Bissell)이라는 뉴욕의 변호사가 그늘을 찾아 약국의 처마 밑에 서 있었다. 그 때 그는 특허를 받은 약 광고를 우연히 보게 되었다. 그 약은 소금을 캐는 과정에서 얻어진 부산물인 '석유'로 만들어진 것이었다. 이러한 우연한 기회가 그에게 현대적인 석유 추출의 아이디어를 가져다주었다. 그리고 이러한 아이디어로 국제적인 석유산업의 길을 열게 되었다.

1986년 어느 날 밤이었다. 플로리다 날씨로는 드물게 추운 날이었다. 플로리다의 대서양 해안에 자리잡은 케이프 케네디 공군 기지에서는 우주 왕복선 챌린저 호가 발사를 기다리고 있었다. 해가 지자 우주선이 발사되었다. 그러나 발사된 지 71초 만에 수십 억 달러짜리 우주선은 폭발하고 말았다. 그 결과 미국의 우주개발계획도 갑자기 중단되었다. 사고원인을 조사하던 사람들이 마침내 사고원인을 찾아냈다. 둥글고 작은 고무 링이 원인이었다. 날씨가 예상치 못하게 추워지자 이 고무 링이 딱딱해져서 제대로 작동하지 못했던 것이다.

1세기로 시선을 돌려보자. 우리는 역사의 결정적인 순간에 예루살렘에서 일어난 일들을 생각해 볼 수 있다. 물론 그것은 다음과 같은 사건들이다. 예언된 임마누엘(우리와 함께하시는 하나님)이 예수 그리스도의 몸으로 임하심, 그분의 3년간의 치유사역과 이에 대한 외침, 십자가에서 죽으신 것과 뒤이은 부활, 그칠 줄 모르는 초대교회의 전세계적 팽창을 통한 그리스도의 전파.

바울 뒤에 있었던 사람

이러한 사건들이 역사의 스포트라이트를 받는 것은 당연하다. 그러나 역사의 전환점에서 중요하면서도 자주 간과되는 사건이 있다. 이 사건은 예루살렘에서 북서쪽으로 300킬로미터쯤 되는 지중해의 조그마한 섬 사이프러스(구브로)에서 시작되었다. 구브로는 요셉이라는 평범한 유대인의 고향이었다. 우리의 관심을 끄는 대상은 바로 이 사람이다. 요셉이 어떻게 예수를 믿게 되었는지는 알 수 없다. 그는 유월절에 예루살렘을 찾았다가 베드로의 설교(행 2장)를 듣고 회심한 3천 명 가운데 한 사람이었을 것이다. 어쨌든 메시야 메시지가 그의 삶에 깊이 뿌리내렸고, 그는 초대교회의 일원이 되었다.

요셉은 그리스도께 헌신했다는 표시로 구브로에 있는 재산의 일부 또는 전부를 팔아 예루살렘으로 가져와 교회의 구제기금으로 사도들 앞에 바쳤다. 관습에 따르면, 교회 지도자들은 요셉의 헌금을 받고 그에게 격려의 아들(한글개역은 '권위자'), 즉 바나바라는 새로운 이름을 주었다(행 4:36-37).

그렇다면 성경에서 비교적 중요하지 않은 인물인 바나바가 어떻게 역사를 바꾸었다고 말할 수 있는가? 그것은 바나바가 사울(후에는 바울)이 다메섹 도상에서 극적인 경험을 한 후에 그를 도와 믿음으로 그의 멘토의 역할을 했기 때문이다. 바나바가 없었다면 사울에게(또는 초대교회에) 무슨 일이 일어났는지 누가 알겠는가? 분명한 것은 예루살렘의 지도자들 중 어느 누구도 바울과의 관계를 원치 않았다는 것이다. 바울에게 무슨 일이 일어났든 간에, 그들에게 있어서 바울은 가장 경계해야 할 공적인 적이었을 뿐이다. 하지만 성경은 "(그러나) 바나바가 (사울을) 데리고 사도들에게 가서" 사울의 회심 주장을 변호해 주고 사울이 다른 신자들을 만날 수 있도록 주선해 주었다고 말하고 있다(행 9:26-27).

바나바는 계속 영향을 끼쳤다. 나중에 그는 바울과 함께 전도여행을 떠났다. 그리고 바나바가 바울을 일선에 나설 수 있도록 성장시켰음이 틀림없다. "바나바와 사울"(행 13:7)이 "바울과 및 동행하는 사람들"(행 13:13)로 바뀐다. 더 나중에, 바나바는 바울에게 마가라 하는 젊은 요한을 데려가자고 했다(행 15:36-38). 바나바가 격려의 아들로 알려졌기에 그가 다툼을 피했다는 것을 의미하지는 않았다.

우리는 신약에서 바울을 그리스도의 중요한 대언자라고 생각할 수 있다. 하지만 바울 뒤에 바나바가 있었다는 사실을 잊어서는 안 된다. 사실 바울이 디모데에게 다음과 같이 편지할 때, 그는 바나바가 그에게 한 일을 그대로 말하고 있는 것 같다. "또 네가 많은 증인 앞에서 내게 들은 바를 충성된 사람들에게 부탁하라 저희가 또 다른 사람들을 가르칠 수 있으리라"(딤후 2:2).

바나바는 바울을 가르침으로 배가사역에 참여하고 있었다(본 장의 끝에 있는 "바나바의 배가사역"을 참조하라). 세상은 언제나 변한다. 그러므로 당신이 다른 사람의 삶에 개입해서 그를 세워줄 때마다 당신은 결코 끝나지 않을 과정을 시작하고 있는 것이다.

지도자들은 어디에 있는가?

오늘 우리도 배가사역을 해야 하는가? 물론이다. 왜냐하면 세상은 지도자(멘토)를 간절히 찾고 있기 때문이다.

- 우리의 가정에는 지도자들이 필요하다. 얼마 전에 심리학자이자 가정문제연구소 책임자인 제임스 돕슨(James Dobson)이 시기적절한 비디오 테이프를 내놓았다. 이 테이프는 우리에게 날카로운 질문을 던지고 있다. '아빠는 어디에 있는가?' 이것 외에도 오늘 우리가 자신에게 물어야 하는 질문이 몇 가지 더 있다. 오늘의 가정의 뒷모습을 살펴보면 엄마와 아이들만 있고 아빠가 없다. 아빠는 어디 있는가? 직장에? 길에? 골프장에? 바깥 어딘가에 있는가? 그가 어디에 있건, 너무나 많은 아이들이 삶에서 아빠라는 중요한 자리가 비어 있는 채로 자라고 있다. 마치 아빠가 부모로서의 역할을 포기한 것처럼 보인다.
뉴욕 포스트의 영화평론가 미첼 메드베드(Michael Medved)는 이렇게 지적했다. "평균적으로 미국 어린이들이 6세까지 텔레비전이나 비디오 테이프나 영화를 보는 시간은 평생 동안 아버지와 이야기를 나누는 시간보다 더 길다."¹ 달리 말하자면, 할리우드가 다음 세대를 키우고 있다!

오늘날 미국 가정들이 상표가 없는 싸구려 스웨터처럼 특징이 없는 것은 조금도 이상할 것이 없는 일이다. 미국 통계청에 따르면, 아이들의 절반 정도만 친부모와 함께 안정된 가정에서 살고 있다는 사실도 전혀 놀랄 것이 못된다.

그렇지 못한 가정에서 자라는 아이들에게는 어떤 일이 일어나고 있는가? 심리학자 주디스 월러스타인(Judith Wallerstein)은 이혼의 심리적 영향에 관해 장기간의 연구를 발표하면서 다음과 같은 사실을 발견했다. "이혼한 부부의 자녀 중 거의 절반 가량이 걱정과 분노와 성취 미달과 자기 비하의 상태로 자라게 되며, 결국에는 화를 잘 내는 젊은이들이 된다."²

당신도 나처럼 이러한 보고서를 접하고 놀라는가? 사실 역사적으로 볼 때, 가정생활의 붕괴를 이겨낸 나라는 없었다. 일단 가정이 붕괴되기 시작하면 완전히 붕괴되는 것은 시간문제일 뿐이다.

- 우리의 교회에는 지도자들이 필요하다. 오늘날 스스로 지도자의 자질이 있다고 믿는 담임목사가 전체의 6퍼센트에 지나지 않는다는 사실을 알고 있는가?³ 한편, 미국의 평균적인 교회는 단지 15-20퍼센트의 교인들에 의해 지탱되고 운영된다.

그러므로 35만 개나 되는 미국 개신교회들 중 3분의 2가 넘는 수가 정체기에 접어들었거나 심각하게 쇠퇴하고 있다는 사실은 전혀 놀랄 것이 못된다.⁴ 1980년 이후로 '중생한 사람'으로 분류될 수 있는 성인의 숫자가 전혀 늘지 않는다는 사실도 전혀 놀랄 것이 못된다. '재소자를 위한 모임'의 회장인 찰스 콜슨(Charles Colson)이 한 기자에게 이렇게 말했다.

"이것이 사업이라면, 당신은 본 장을 신중히 고려해야 할 것이다."

- 우리 사회에는 지도자들이 필요하다. 정치, 사업, 교육, 의학, 과학, 법률, 군대, 그 외 각 분야에서 종사하는 사람들은, 그들이 완벽하지 않다는 이유로 다른 사람을 인도할 권리를 포기해 버린 '지도자들'로 가득 차 있다. 하지만 이들은 우리가 믿고 의지할 수 있는 사람들이 아니다.

그 결과는 사우스 캘리포니아 대학의 유명한 경영학 교수인 워렌 베니스(Warren Bennis)의 말과 같다. "미국 사람들의 마음은 공허하며 스스로 구원자라고 자처하는 자들이 그 속으로 몰려든다. 이들은 스스로 지도자인 척한다. 그리고 우리는(반은 부러움에서, 반은 간절함에서) 이들을 지도자라고 생각하는 척한다."

베니스가 옳다. 오늘날 지도자의 자리는 거의 비어 있다. 영웅과 모델은 사라져버렸다. 나는 이발소에서 만난 아이를 결코 잊지 못할 것이다.

"이봐 꼬마야, 이 다음에 커서 누구처럼 되고 싶니?" 내가 그에게 물었다.

그는 내 눈을 똑바로 쳐다보면서 이렇게 말했다.

"아저씨, 저는 아직 되고 싶은 사람을 찾지 못했어요!"

당신은 장차 당신의 디모데(제자)가 될지 모르는 이러한 아이의 외침을 들을 수 있는가? 그에게는 존경할 사람이 아무도 없다. 따를 사람이 아무도 없다. 바울이 디모데에게 전해 주었듯이 그리스도 안에서의 삶으로 그를 이끌어줄 진리를 전해 줄 사람이 없다. 이보다 더 큰 비극이 있을 수 있겠는가? 그러나 우리가 디모데와 같은 제자를 낳기 원한다면, 먼저 바울 같은 사람이 있어야 한다. 그리고 바울 같은 사람을 찾기 원한다면 바나바와 같은 사람을 먼저 찾아야 한다. 하나님께서 당신에게 이러한 멘토의 역할에 대한 소명을 주셨는가?

영향을 미치는 사람

나는 나이 든 사람들이 젊은 세대에 대해 불평하는 말을 자주 듣는다. 그러나 나는 이들에게 이렇게 묻고 싶다. "그렇다면 당신은 긍정적인 방법, 즉 그리스도와 같은 방법으로 한 사람의 젊은이에게 영향을 미치기 위해 무엇을 하고 있는가?" 물론 당신이 모든 사람을 변화시킬 수는 없다. 그러나 당신은 누군가에게 영향을 미칠 수는 있다. 당신은 영향을 미치는 사람이 될 수 있다.

이것은 사업계의 거물 잭 액커드(Jack Eckerd)가 말하는 어떤 사람에 대한 이야기와 같다. 그 사람은 해변을 걷다가 불쌍한 광경을 보았다. 수천 마리의 불가사리가 파도에 밀려 모래사장에 올라와서는 뜨거운 햇빛에 말라 죽어가고 있었다. 그래서 그 사람은 아래로 내려가 한 마리를 집어 다시 바다로 던져주었다. 그는 몇 발자국 옮겨 놓을 때마다 이렇게 불가사리를 한 마리씩 바다로 다시 보내주었다.

그 때 어떤 사람이 다가와 이 사람의 이상한 행동을 보고 이렇게 말했다.

"왜 그런 행동을 하고 계십니까?"

"불가사리를 구하기 위해서입니다." 그 사람이 대답했다.

그러자 처음에 그 사람이 웃었다. 그리고 해변에 널린 수천 마리의 불가사리를 가리키며 조소 섞인 목소리로 이렇게 말했다.

"왜 성가신 행동을 하십니까? 그런다고 해서 아무것도 달라지지 않습니다."

그러나 이러한 말을 듣고서도 그 사람은 계속해서 불가사리를 한 마리씩 집어 바다로 던져넣었다. 그는 불가사리가 파도에 휩쓸려 사라지는 것을 보았다. 그리고 돌아서서는 이렇게 말했다.

"저 놈에게는 분명히 달라진 게 있지요."

오늘날 탁월한 사람들을 배출하려는 우리의 노력을 방해하는 많은 요인들이 있다. 그러나 이러한 요인들을 제거하기 위해 당신과 내가 할 수 있는 일은 거의 없을지 모른다. 그러나 하나님께서는 우리에게 세상 전체를 구원하라고 요구하지 않으신다. 그것은 하나님의 책임이다. 우리의 책임은 우리 자신의 삶을 그리스도의 발 앞에 두며 하나님께서 우리 곁에 두신 몇몇 사람들도 그와 같이 할 수 있도록 최선을 다하는 것이다. 이러한 우리의 행동이 모든 사람들은 아니더라도 적어도 누군가 한 사람을 변화시킬 수 있을 것이다.

당신도 멘토가 되어 보지 않겠습니까?

그러면 왜 이런 변화가 일어나지 않는가? 오늘날 연장자들과 연하자들 사이에 삶과 삶이 이어지는 관계가 필요하다. 그럼에도 불구하고 이러한 필요가 충족되지 않는 것은 무엇 때문인가?

내가 당신에게 "무엇이 당신으로 하여금 다른 사람의 멘토가 되지 못하도록 하는가?"라고 묻는다면 당신은 어떻게 대답하겠는가? 이 질문에 대한 가장 일반적인 대답은 다음과 같은 네 가지이다.

"저는 관심이 없습니다."

첫째, 단순한 이유는 멘토가 될 수 있는 많은 사람들이 멘토링에 관심이 없다는 것이다. 이들은 멘토링이 절실히 필요하다는 사실을 느끼지 못한다. 이들 외에도 많은 사람들이 멘토링에 거의 관심을 보이지 않았다.

나는 그 이유를 이해할 수 있다. 이 세상엔 너무나 많은 문제가 있고 도움이 필요한 절실한 위기로 가득 차 있다. 이러한 세상에서 우리는 지나친 동정을 구하는 모습을 쉽게 접할 수 있다. 그래서 사람들은 주변에서 어떤 위기가 발생하더라도 그저 하품만 할 뿐 아무런 관심도 보이지 않는다. 이들은 "뭐 새로운 일이 일어났어?"라는 정도의 태도만 보인다. 따라서 이들은 무관심이라는 타성에 굴복한다.

당신은 이러한 모습을 어디서나 볼 수 있다. 한 나이 든 사람(연장자)이 그의 사무실에 앉아 있다. 주변에는 젊은 사람들이 그의 움직임을 지켜보고만 있을 뿐이다. 그는 이것을 알아차리지 못한다. 그러나 이들에게 이것저것을 가르친다. 그러나 당신이 그에게 "이봐 짐, 이 친구들을 데리고 나가 점심이라도 같이 하면서 그들이 진짜 무엇을 생각하며 인생에서 무엇을 찾고 있는지 알아보는 게 어때?"라고 묻는다면, 그는 "왜 귀찮게 그런 짓을 하나?"라고 대답할 것이다. 기본적으로 그의 태도는 이런 것이다. "누가 관심이나 있는 줄 아나? 자네는 세상을 구할 수 없어. 게다가, 어쨌든 나는 꼼짝도 하기 싫어."

그 다음으로 멘토링 관계에 회의적인 사람이 있다. 이런 사람은 "그저 어린아이와 시간을 함께 보낸다고 뭔가 크게 달라질 수 있다고는 생각하지 않아"라고 말한다(이런 사람이 대부분의 사람을 '일에 따라' 만난다는 사실은 흥미롭다). 그는 이렇게 말한다. "게다가, 나는 꽤 바빠. 내 일들을 살펴야 하거든. 다른 사람과 함께하는 것이 정말 내 시간을 가장 잘 활용하는 일인가?" 이런 사람이 멘토로서 좋은 성과를 얻지 못한 사람을 한두 명 보게 되면 "목표도 없이 이리저리 떠도는 녀석과 왜 시간을 낭비했습니까?"라고 덧붙인다.

당신이 이런 태도를 취하고 있지는 않은가? 그렇다면 내 의도를 솔직히 말하겠다. 당신에게 어떤 말을 해서 당신으로 하여금 당신이 원치 않은 일을 하도록 만들려는 의도는 전혀 없다. 여기에는 관심이 없다. 하지만 이와 동시에 나는 하나의 불을 피우려 하며 이 불이 당신에게 어떤 의도를 가지고 있다는 사실은 부인하지 않겠다. 멘토링 관계에는 가치가 아주 크기에 당신과 다른 사람들 그리고 일반적으로 사회에 끼치는 유익도 아주 크다. 그러므로 내가 이에 대해 입이 닳도록 말하는 데도 충분한 이유가 있다.

이것은 내가 멘토링 관계에 대한 책을 몇 권 읽었거나 어떤 사람이 나에게 와서 "헨드릭스 씨, 여기 선생님께서 참여할 필요가 있는 다른 일이 있습니다"라고 말해 주었기 때문이 아니다. 이것은 멘토링 관계가 내 삶의 이야기이기 때문이다. 지금의 내가 있을 수 있는 것은 60여 년 전에 내가 예수 그리스도를 만난 이후로 내 삶에 관여해 온 사람들 덕분이다. 그들이 나를 보고 "나는 관심없어"라고 말하지 않은 데 대해 하나님께 감사한다. 그들이 그렇게 말했다면, 나는 이발소에서 만난 그 꼬마처럼 되었을 것이다.

마지막으로, 관심(보살핌)은 한 가지 근원에서만 비롯된다. 그것은 하나님의 마음이다. 당신이 그리스도인이라면 사람들을 향한 그리스도의 관심을 보여주어야 하는 것도 바로 이 때문이다.

"저는 부족합니다."

사람들이 멘토의 역할을 거부하는 두번째 이유도 아주 일반적인 것이다. 이들은 자신들이 멘토링 관계를 이끌어갈 수 있을지를 의심한다.

이것은 피터 하몬드(Peter Hammond)가 시장 멘토(Marketplace Mentors) 프로그램에서 발견한 사실이기도 하다. 그와 빌은 20대 청년들과 점심을 같이한 적이 있었다. 피터는 청년들에게 그들의 안내자이자 멘토가 될 연장자들을 찾아보라고 했다.

그 때 한 젊은이가 곤란한 문제를 들고 나왔다. "저는 오랫동안 연장자(나이 든 사람)를 찾으려고 애쓰고 있습니다." 그는 다소 화난 표정으로 말했다. "하지만 그런 일은 일어나지 않았습니다! 제가 누군가에게 부탁할 때마다 그 사람은 이런 저런 핑계를 대며 거절했습니다. 선생님께서는 '멘토를 찾아라'라고 말씀하시지만, 저는 '그들이 어디에 있는가? 라는 의문이 생깁니다."

"내가 자네들에게 조그마한 비밀을 하나 알려주겠네." 피터는 방 안을 둘러보며 대답했다. "자네들은 때때로 우리 나이 든 사람들을 깜짝 놀라게 하지." 그가 웃으면서 말했다.

그러자 그곳에 모인 사람들이 못 믿겠다는 표정으로 그를 쳐다보았다.

"진심이라네!" 피터가 계속해서 말했다. "자네들을 보게! 자네들은 젊어. 자네들은 강해. 자네들은 건강해. 자네들은 남자다워. 자네들은 잘 생겼어. 자네들은 옷도 잘 입었어. 자네들은 모든 정열과 기회를 가졌네. 나이 든 사람이 자네들을 보면 이렇게 생각할 거야. '나는 도저히 이 친구들을 따라잡을 수 없어! 내가 이들에게 무엇을 주어야 하지?' 어쨌든, 자네들은 그 사람의 도움이 자네들에게 귀중하다는 사실을 그에게 확신시켜 주어야 하네."

당신의 모습이 이 나이 든 사람과 같은가? 당신은 안내자나 역할 모델을 하기에는 부족하다고 생각할 것이다. 당신이 이 장을 읽고 있는 진짜 이유는 어떤 젊은이가 이 책을 건네주면서 (어떤 방법으로든) 그의 '멘토'가 되어 달라고 부탁했기 때문일 것이다. 그는 이렇게 말했을 것이다. "여기, 이 책을 읽어만 보십시오. 특히 2부를 읽어보십시오. 그러면 제가 무슨 말을 하는지 알 수 있을 겁니다."

물론, 당신은 그의 부탁을 거절하지 못했다. 그래서 당신은 지금 이 부분을 읽고 있다. 그의 부탁을 들어주겠다고 흔쾌히 대답하지는 않았을 것이다. 하지만 문제는 당신이 겁을 먹고 아무 말도 못하고 있다는 것이다! 당신은 그 젊은이가 당신에게 여러 가지 기대를 갖고 있다는 사실을 깨닫는다. 그러나 당신은 당신에게 그의 기대를 충족시켜 줄 방법이 없다고 생각한다.

당신이 이런 상황이라면, 당신은 혼자가 아니라는 사실을 확인시켜 주고 싶다. 대부분의 사람들은 자신을 멘토가 될 수 있는 사람으로 보지 않는다. 사회는 그들에게 그런 능력이 없다는 인식을 거듭 심어준다. "나는 아는 게 없어", "나는 아무런 훈련도 받지 못했어", "나는 가르칠 수 없어", "나는 대인관계가 서툴러."

나는 이런 변명들은 다 들어보았다. 그러나 대부분은 멘토링에 대한 잘못된 생각이나 비현실적인 기대에서 비롯된 것이었다. 한 가지 예로, 젊은 세대들은 나이 든 사람들의 말을 무조건 무시해 버린다는 잘못된 생각을 들 수 있다. 이것은 1960년대의 부끄러운 '세대

차이'의 유산이다.

실제는 그렇지 않다. 나이 든 사람은 젊은 사람을 다루는 데 이점이 있기 마련이다. 일터를 찾아 젊은 사람이 나이 든 사람(연장자)을 어떻게 보는지 살펴보라. 젊은이들(연하자)은 나이 든 사람들(연장자)을 존경한다. 그들에게 경의를 표하며 그들의 말에 순종한다. 물론 연하자들이 연장자들에게 무례를 범하는 경우도 있고, 나이 든 동료를 '늙은이'라고 무시해 버리는 경우도 있다. 그러나 이것은 나이 든 사람들의 모습보다는 그렇게 말한 젊은 사람들의 불안한 심적 상태를 더 많이 나타내준다.

우리 가운데는 우리를 실제보다 더 늙게 만드는 사람들도 있다! 당신도 알다시피, 우리 몸은 무슨 일을 할 때마다 뼈근하고 아픔을 느끼는 지경에까지 이르렀을 수 있다. 그래서 우리는 젊은 사자들이 우리의 포효를 더 이상 무서워하지 않는다고 생각하고 우리의 동굴로 물러나버린다. 그러나 하나님께서는 우리에게 갈렙과 같은 힘을 주신다. 갈렙은 85세의 나이에도 가나안 정복을 이끌었다! 갈렙은 이스라엘 사람들에게 자신있게 외쳤다. "모세가 나를 보내던 날과 같이 오늘날 오히려 강건하니 나의 힘이 그때나 이제나 일반이라 싸움에나 출입에 감당할 수 있사온즉 그날에 여호와께서 말씀하신 산지를 내게 주소서." 그렇다. 갈렙 앞에는 강한 전사들과 요새들이 있었다. 그러나 갈렙은 이렇게 외칠 수 있었다. "여호와께서 혹시 나와 함께하시면 내가 필경 여호와의 말씀하신 대로 그들을 쫓아내리이다"(수 14:11-12).

당신 주변에도 거인들과 마주하고 있는 젊은이들이 있다. 이들에게 필요한 것은, 하나님께서 그들에게 주신 영토를 정복할 수 있도록 그들을 도와줄 믿음의 챔피언이다.

그러나 당신은 "저는 줄 것이 없습니다!"라고 말한다. 하지만 당신의 이런 단언을 반박해 보이겠다. 당신은 나이가 들수록 더 많은 것을 가지게 된다.

- **경험.** 당신은 세상이 어떻게 돌아가는지 알고 있다. 당신은 잠언이 '생활의 기술'이라는 의미에서 지혜라고 부르는 것을 알고 있다.

- **지식.** 당신의 전문지식은 나이가 들수록 분명히 더 많아질 것이다. 그러나 성경에 관한 지식은 어떠한가? 다른 정보에 대한 지식은 어떠한가? 나이 든 사람들일수록 이렇게 물을 가능이 커진다. "이런 저런 책을 읽어보셨나요? 그 책에 당신이 찾고 있는 해답이 있습니다."

- **접근.** 나이가 들수록 당신은 성숙한 그리스도인들을 포함하여 다른 사람들에게, 정보망에, 정보에, 권위에 더 많이 접근하게 된다.

- **돈.** 예수께서는 천국을 채우는 데 우리의 재물을 사용하라고 말씀하셨다(눅 16:9). 이 말씀은 우리로 하여금 "우리가 사람들에게 얼마나 많이 투자하고 있는가?"라고 묻게 만든다. 젊은 사람과 이야기를 나누려고 그에게 점심을 한 끼 사는 것도 유력한 일일 수 있다. 당신이 점심값을 지불하지 않는데도 그런 일이 일어나던가? 아마 그런 일은 거의 없을 것이다. 젊은이들은 자신에게는 그만한 여유가 없다고 생각할 것이다.

- **자원.** 나이가 들수록 당신은 생각보다 더 많은 자원을 갖게 될

것이다. 대부분의 경우, 당신은 당신의 제자가 될 사람보다 확실히 더 많은 자원을 가질 것이다. 그러나 '자원'이란 말에서 내가 가리키는 것은 집, 차, 사무실, 도구, 개인 서재, 심지어 현금 같은 유용한 자산이다. 내가 알기로 다른 사람의 성장을 돕는 일에 이러한 자원을 사용하는 것이 하나님께서 당신에게 주신 청지기직을 수행하는 최선의 방법 중 하나이다.

- **우정.** 당신이 다른 것은 줄 것이 없더라도 따뜻한 마음은 줄 수 있다. 어린시절부터 어른이 될 때까지의 여행은 아주 외로울 수 있다. 삶의 의욕을 잃은 젊은이들이 "내가 원했던 것은 나와 함께 있어줄 사람뿐이었습니다"라고 자주 말하는 것도 바로 이 때문이다.

- **시간.** 당신은 나이가 들수록 더 바빠진다. 그러나 시간에 대한 통제력은 더 많아진다. 당신이 은퇴할 때가 가까웠거나 은퇴했을 때 특히 그러하다(하지만, 은퇴는 문화적 개념이며, 성경적 개념은 아니라는 사실을 잊지 말라). 당신은 회사에서 퇴직(은퇴)할 수 있다. 실제로 당신에겐 선택의 여지가 없을 수 있다. 그러나 그리스도인의 생활에서는 은퇴할 수 없다. 이것은 당신이 죽는 날까지 어딘가에서 누군가가 당신의 사는 모습을 보고 유익을 얻어야 한다는 것을 의미한다.

- **당신 자신.** 하나님께서는 당신을 독특하고 귀중한 존재로 창조하셨다. 사실 당신은 당신의 가장 귀중한 자산이다. 그러므로 자신을 무시하지 말라. 하나님께서는 당신을 창조하실 때 당신에게 특별한 삶의 자세도 함께 주셨다. 어느 누구도 당신과

똑같지 않다. 어느 누구도 당신만의 독특한 공헌을 대신할 수 없다. 당신은 젊은이(연하자)와 함께하면서 기꺼이 "당신 자신이고자 하는가?"

이 외에도 여러 항목을 덧붙일 수 있다. 핵심은 당신은 다른 사람에게 아무것도 줄 것이 없다고 말하는 마귀의 거짓말을 더 이상 믿지 말라는 것이다. 그의 말은 사실이 아니다! 당신이 그리스도 안에 있으면, 당신은 언제나 다른 사람들에게 줄 것이 있다. 그것이 무엇인지 당신은 어떻게 알 수 있는가? 당신이 다른 사람들과 관계를 갖기 전에는 전혀 알 방법이 없다.

"저는 부족합니다"라는 생각과 관련된 마지막 요점은 당신의 가정과 관계가 있다. 당신은 자녀와의 관계에서 실패했을 수 있다. 그래서 다른 젊은이와의 관계에서 그를 도울 수 있는 자격이 없다고 생각한다. 그렇다면 당신이 깨달은 고통스러운 교훈이 실제로 당신이 줄 수 있는 가장 귀중한 것일 수도 있다고 생각해 보라.

우리가 성경에서 '실패한 아버지들'과 이야기할 수 있다고 생각해 보자. 삼손의 아버지 마노아(삿 13:2), 홉니와 비느하스의 아버지 엘리(삼상 2:12-17, 22-25, 34), 타락한 재판관 요엘과 아비야의 아버지 사무엘(삼상 8:1-3), 또는 부도덕한 암몬과 반란을 꾀한 압살롬의 아버지 다윗을 예로 들 수 있다(삼하 13:1-14, 15:1-16). 당신은 이들 중 우리에게 가르쳐줄 것이 있는 사람이 하나라도 있다고 생각하는가? 그렇다면, 당신의 경우도 그럴 수 있다.

나는 두려움이나 부족하다는 실제 생각을 축소하고 싶지는 않다. 그러나 오늘 우리가 멘토를 절실히 찾지만 찾을 수 없는 주요한 이유 중 하나가 탁월한 멘토가 될 수 있는 많은 사람들이 스스로 멘토의 역할을 맡길 두려워하기 때문이다. '멘토' 나 '멘토링 관계' 라는 단어를 사용하지 않으면 도움이 될까? 물론이다. 상황을 다른 방법으로 묘사해 보라. 명칭이 무엇이냐는 별로 중요하지 않다. 그러나 삶은 매우 중요하다. 그러므로 당신이 이 관계를 무엇이라고 부르든 간에, 그 목적은 다른 사람의 삶에 영향을 미치는 관계를 형성하는 것이다.

"아무도 나에게 부탁하지 않았습니다."

몇몇 사람들이 멘토링 관계를 부러운 눈으로 바라보면서도 구경꾼의 자리에 서 있는 세번째 이유는 멘토가 되어 달라는 요구를 한 번도 받은 적이 없기 때문이다. 어떤 사람은 멘토링 관계에 생소하기 때문에 그들의 책임을 모르고 있다. 반면에 다른 사람이 먼저 찾아와서 멘토가 되어 달라고 말해 주기를 기다리고 있는 사람들도 있다.

당신이 후자의 경우라면, 다시 말해 아무도 요청하지 않았기 때문에 당신이 등짐을 지고 있다면, 이 책이 당신을 멘토의 역할로 초대하는 초대장이 되길 바란다. 당신이 멘토링에 참여하길 강력히 권하는 바이다.

더 중요한 것은, 당신 주변의 젊은이들이 당신의 참여를 요구하고 있다는 것이다. 당신도 이를 느끼고 있는가? 내 말을 믿어라. 젊은이들은 가르침을 받기를 원한다. 내가 가는 곳마다 그들은 "제가 어디에서 안내자, 코치, 아버지 같은 사람, 멘토를 찾을 수 있습니까?"라고 묻는다. 한편 나이 든 사람들은 "내가 어디에서 일할 곳을 찾을 수 있습니까? 예수 그리스도를 위한 진정한 변화를 만들어내기 위해 내가 할 수 있는 일이 무엇입니까? 라고 묻는다. 당신은 여기에 어떤 가능성들이 있다고 생각하지 않는가?

물론 멘토링에 참여하라고 말하는 가장 설득력 있는 이유는, 하나님께서 당신이 그렇게 하길 요구하시기 때문이다. 잠언 13장 20절은 "지혜로운 자와 동행하면 지혜를 얻고"라고 말씀하고 있다. 이 말씀은 지혜로운 사람들이 그들의 지혜를 통해 다른 사람에게 기꺼이 유익을 끼치려 한다는 전제를 담고 있다.

또는 예수의 마지막 명령을 생각해 보라. 예수께서는 "가서 건물을 지어라" 하고 말씀하지 않으셨다. 예수께서는 가서 사람을 지어라, 즉 그분의 길을 따를 제자 - 배우는 자 -를 삼으라고 말씀하셨다(마 28:19). 주님께서는 배가사역을 말씀하고 계셨다. 내가 신약성경을 정확하게 이해한 것이라면 하나님께서 이 땅에 남기신 것은 둘뿐이다. 하나는 그분의 말씀이요, 다른 하나는 그분의 백성이다. 그러므로 당신이 그분의 말씀을 사람들 속에 세우고 있다면, 당신은 영원히 사라지지 않을 유산을 세우고 있는 것이다.

"저는 어떻게 하는지 모릅니다."

멘토의 역할을 하지 않으려 하면서 "저는 어떻게 하는지 모릅니다"라고 말하는 사람들이 있다. 그러나 이러한 변명은 가장 쉽게 극복될 수 있다. 왜냐하면 기술이란 가르칠 수 있는 것이기 때문이다.

물론, 첫째로 당신은 지금까지 알고 있는 몇몇 신화를 버려야 한다. 가장 일반적인 신화는, 멘토란 그저 주기만 하는 사람이라는 것이다. 이것은 사실이 아니다. 다음 장에서 나는 멘토가 멘토링에서 제자보다 많지는 않더라도 제자 못지않은 유익을 얻을 수 있음을 보여주겠다.

당신이 버려야 할 또 다른 신화는, 모든 것이 멘토에게 달려 있다는 것이다. 이것 또한 사실이 아니다. 멘토는 연을 날리는 사람과 같다. 나는 것은 연이며 바람이 연의 높이를 결정한다. 연을 날리는 사람이 하는 일은 연줄을 감았다 풀었다 하면서 연의 균형을 잡는 것이 고작이다. 연줄을 너무 팽팽하게 감으면 연은 바람을 너무 강하게 받아 찢어질 수 있다. 그러나 연줄을 너무 느슨하게 풀고 바람마저 죽어버리면, 연은 떨어지기 시작한다.

따라서 멘토의 역할은 하나의 기술이다. 그러나 어렵지 않은 기술이다. 거의 누구나 배울 수 있는 기술이다. 사실, 멘토의 역할은 우리 주변에서 항상 이루어지고 있다. 우리가 단지 깨닫지 못하고 있을 뿐이다. 그러나 우리가 무슨 일이 일어나고 있는지 깨닫고 그 과정을 좀더 자세히 알게 되면, 우리는 그로부터 훨씬 많은 유익을 얻을 수 있다. 그뿐만 아니라 다른 사람들에게도 훨씬 더 큰 영향을 미칠 수 있다. 당신도 멘토의 역할을 해보고 싶지 않은가?

제12장

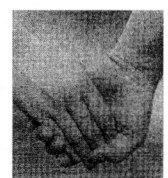

왜 멘토가 되어야 하는가?

공직자 선거에 입후보했던 사람들이 나에게 말하기를 선거에서 지는 것보다 더 안 좋은 것은 선거에서 이기는 것이라고 했다. 그 이유는 선거에서 이길 경우 다스리는 역할을 해야 하기 때문이라는 것이다. 구약의 지도자 모세는 이스라엘이 극적으로 애굽을 탈출한 후에 이 원칙을 어느 정도 깨달았던 것 같다.

홍해를 건넌 지 두 달 후에 이스라엘 백성은 호렙산(시내 반도의 남쪽으로 생각된다)에 도착했다. 호렙산은 모세에게 친숙한 곳이었다. 여호와께서는 바로 이곳에서 떨기나무 불꽃 가운데서 모세에게 나타나셨다. 그리고 모세에게 당신의 백성을 해방시켜 당신을 섬길 수 있도록 호렙산으로 인도하라고 말씀하셨다(출 3:1-12).

백성들은 여호와가 나타나기를 기다리면서 장막을 쳤다. 한편 모세는 그 동안에 쌓인, 엄청나게 많은 송사를 해결하기 위해 법정을 열었다. 사람들은 해가 뜨자마자 달려와 줄을 섰을 것이고, 모세는 하루 종일 송사를 듣고 재판을 했을 것이다. 그리고 모세는 해가 진 후에도 오랫동안 재판을 해야 했을 것이다.

모세를 도운 이드로

이렇게 피곤한 날이 얼마나 지속되었는지는 알 수 없다. 그러나 다행스럽게도 어느 날 그의 장인 이드로가 우연히 그를 찾아왔다. 분명히 이드로는 하루 종일 사위가 재판하는 광경을 지켜보았을 것이다. 그런 다음 늦게 저녁을 먹으면서 이드로가 지친 모세에게 물었다.

"그대가 이 백성에게 행하는 이 일이 어찜이뇨 어찌하여 그대는 홀로 앉았고 백성은 아침부터 저녁까지 그대의 곁에 섰느뇨?"

"백성이 하나님께 물으려고 내게로 옴이라 그들이 일이 있으면 내게로 오나니 내가 그 양편을 판단하여 그들에게 하나님의 율례와 법도를 알게 하나이다." 모세가 장인에게 설명했다.

당신은 이런 모습을 머리 속에 그릴 수 있겠는가? 200만 명이나 되는 큰 집단에서 모세 혼자 재판관 역할을 하고 있다. 내가 사는 도시는 인구가 약 100만 정도 된다. 내가 이 도시에서 혼자 판사로 일한다고 생각해 보라! 모세는 이런 나보다 두 배나 더 힘들었을 것이다.

"그대의 하는 것이 선하지 못하도다!"라는 이드로의 대답은 전혀 놀라운 것이 아니다(내가 보기에 이 때 모세도 같은 생각을 했을 것으로 생각된다.) "그대와 그대와 함께한 이 백성이 필연 기력이 쇠하리니

이 일이 그대에게 너무 중함이라 그대가 혼자 할 수 없으리라."

당신에게도 언제나 당신의 행동을 평가하고 비판해 주는 이드로 같은 장인이 있는가? 당신은 당신 아내와 결혼을 해줄 만큼 좋은 사람이라고 생각하는가? 그래서 지금은 세상에서 훌륭하게 아버지 노릇을 하고 있더라도 장인은 당신에게 이런 비판을 하지 않을 것이다. 내가 생각하기에 사람들이 가까운 친척을 장례식에서만 만나는 사람이라고 말하는 것도 이 때문인 것 같다.

이쨌든 이드로는 모세의 문제를 지적해 주는 것을 그치지 않았다. 그는 모세에게 문제 해결의 실제적인 아이디어를 제공했다. "이제 내 말을 들으라 내가 그대에게 방침을 가르치니 하나님이 그대와 함께 계실지로다." 이드로는 모세에게 덜 중요한 송사를 재판할 지도자들을 그의 아래 두고, 모세는 가장 어려운 문제만 다루라고 말하면서 대표 임명의 원리를 말했다. "그대가 만일 이 일을 하고 하나님께서도 그대에게 인가하시면 이 일을 감당하고 이 모든 백성도 자기 곳으로 평안히 가리라"(출 18:14-18, 23).

대표 임명은 당신에게나 내게 분명한 해결책처럼 보인다. 그러나 당시의 사고방식과는 다소 맞지 않았다. 그럼에도 불구하고 모세는 장인의 지혜로운 충고를 들었다. 우리는 기록을 통해서도 이드로의 충고가 이스라엘의 재판제도의 초석이 되었음을 알 수 있다.

이드로와 모세 사이의 이러한 상호작용이 멘토링의 고전적인 연구사례이다. 그러나 나는 궁금한 것이 하나 있다. 무엇이 이드로 하여금 사위 모세의 일에 개입해서 그를 돕게 했을까? 단순히 모세의 필요에 대한 이타적인 반응이었을까?

그럴지도 모른다. 그러나 그 뜻을 정확히 파악하고 이드로를 그의 문화에 견주어 살펴보면 몇 가지 추가할 만한 동기를 발견할 수 있다. 한 가지 예로, 이드로는 모세가 더 많은 성공을 거두길 원했다. 이드로가 미디안 족속의 제사장이었다는 사실을 생각해 보라(출 18:1). 미디안 족속은 이스라엘 족속과 마찬가지로 아브라함의 후손이었다. 그러나 이들도 우상 숭배자였다. 그럼에도 불구하고 이드로는 여호와를 경외했던 것이 분명하다(18:11-12). 그리고 이드로는 모세의 성공이 그의 신앙 입증에 큰 역할을 할 것임을 알고 있었다.

게다가 이드로는 이스라엘 백성이 광야생활을 견뎌내고 약속의 땅에 들어가는 모습을 보고 싶어했다. 이드로는 시내 광야에서 평생을 살았기 때문에 이스라엘 앞에 도사리고 있는 위험을 누구보다 잘 알고 있었다. 또한 이스라엘을 이끌고 이 지역을 통과하는 데는 모세가 최고의 적임자라는 사실도 알고 있었다. 모세는 이 지역에서 이드로의 양떼를 치면서 40년을 살았기 때문이다. 이드로가 말했듯이 이러한 지도자가 건강을 유지하고 자신과 백성의 '기력이 쇠하지 않게' 하는 것은 중요하다. 그렇지 못할 경우 이들의 행군은 비극으로 끝날 수 있었다.

두 사람 모두에게 이익

왜 이드로는 이스라엘 백성에게 일어날 일에 관심을 가졌을까? 내가 믿기론 이드로가 관심을 가진 동기는 인간적인 온정을 넘어서는 것이었다. 인간적인 온정이 포함되었던 것은 분명하다. 그러나 이드로가 살고 있던 세계에서 한 사람의 인생은 얼마나 많은 후손, 특히 남자 후손을 남기느냐에 따라 결정되었다. 우리가 알 듯이 이드로에게는 아들이 하나밖에 없었다(민 11:29). 그러므로 모세는 이드로에게 있어 또 하나의 상속인(아들)이나 마찬가지였다.

이드로와 모세의 이 사건이 멘토의 동기를 어떻게 밝혀주는가? 언뜻 보면 이드로의 조언을 통해 주로 모세가 이익을 얻은 것처럼 보인다. 그러나 다시 생각해 보면 이드로도 많은 유익을 얻었음을 알 수 있다.

똑같은 원칙이 당신에게도 적용될 수 있다. 마지막 장에서 나는 당신도 젊은이(연하자)의 인생에 영향을 미칠 수 있음을 보여줄 것이다. 그러나 당신이 다른 사람들과 같다면 당신은 이렇게 말할 것이다. "훌륭합니다. 헨드릭스 씨. 바로 제게 부족한 부분입니다! 하지만 386개나 되는 제 일에 한 가지 책임을 더한단 말입니까? 제게는 그것을 감당할 시간이 없습니다! 제 일도 제대로 하지 못하는데 어떻게 다른 사람을 위해서 제 시간과 정열을 바칠 수 있겠습니까? 이것은 그저 저보고 선행자가 되라는 이야기입니까? 아니면 제게 무슨 유익이 될 만한 것이 있습니까?"

마지막 질문에 대한 대답은 물론 "예"이다. 당신은 멘토가 됨으로 큰 유익을 얻을 수 있다. 젊은이(제자)에게 주어지는 유익보다 당신에게 주어지는 유익이 더 많을 수도 있다. 그리고 이를 인정하는 것을 부끄러워할 필요도 없다. 솔직히 전적으로 이타적인 동기에서 멘토가 되는 사람은 거의 없다. 분명한 것은 멘토링 관계에서는 서로에 대한 관심이 필요하다는 것이다. 당신이 다른 사람에게 참된 관심을 보이지 않는다면 당신은 그를 섬기기 힘들 것이다.

그러나 멘토링에는 어느 정도 분명한 보상이 따른다. 이러한 점에서 멘토의 역할은 부모의 역할과 같다. 외부인에게는 자녀양육이 그저 희생에 불과한 것으로 보일 수 있다. 그것은 부모에게서 아이에게로, 즉 한 방향으로만 사랑과 정성과 모든 공급이 이루어지는 것처럼 보이기 때문이다. 그러나 우리처럼 아이를 키워 본 사람들은 그렇지 않다는 것을 알고 있다. 예를 들면, 어린아이가 목을 껴안고는 "아빠 사랑해요"라는 말을 할 때 느끼는 기쁨보다 더한 것은 없다. 이 순간은 그 무엇과도 비교할 수 없다!

이와 비슷하게 당신은 멘토링이 멘토에게서 제자에게로 전달되는 일방통행의 관계라고 생각할 수도 있다. 그러나 나는 그렇지 않다고 자신있게 말할 수 있다. 하나님께서는 멘토링이 지극히 만족스러운 것이 되도록 분명한 보상을 이 관계 속에 두셨다. 그리고 이러한 만족을 추구하는 것은 전혀 잘못된 일이 아니다.

멘토가 됨으로 얻는 유익

이제 멘토가 됨으로써 얻는 유익이 어떤 것인지 살펴보기로 하자. 유익 중 대부분은 무형의 것이다. 그렇다고 해서 이것들의 가치가 떨어지는 것은 아니다. 멘토가 됨으로 다음과 같은 다섯 가지 유익을 얻을 수 있다. (1) 다른 사람과의 긴밀한 관계, (2) 자신이 새로워짐, (3) 자기 성취감, (4) 강화된 자부심, (5) 당신의 삶을 통해 타인에게 영향을 끼침.

다른 사람과의 긴밀하고 인격적인 관계

상담자 밥 빌(Bobb Biehl)은 멋진 질문을 아주 잘 던지기로 유명하다. 그가 던진 가장 인상깊은 질문 중 하나는 이것이다. "당신에게는 시계를 보지 않고 당신 장례식에 참여할 친구가 있는가?"

이러한 질문은 우정의 의미를 다시 정의하게 만든다. 그렇지 않은가? 우리는 죽을 때까지 너무나 많은 사람들을 사귄다. 그러나 진정한 친구는 불과 몇 되지 않는다. 당신의 경우도 그런가? 그렇지 않기를 바란다. "약속을 지키는 사람들의 모임"(Promise Keepers)이 벌이는 운동의 두드러진 기여 중 하나는 이 운동이 사람들로 하여금 소수의 이웃들과 생명력 있는 관계를 갖도록 한다는 점이다. 멘토링, 특히 또래간의 멘토링이 이러한 목적을 성취할 수 있는 한 가지 방법이다(2장의 "또래간의 멘토링"을 보라).

성경에서 찾을 수 있는 또래간의 멘토링의 모형으로 가장 뛰어난 것은 다윗과 요나단의 우정이다. 인간적으로 볼 때, 이들의 관계가 지속될 가능성은 희박했다. 요나단은 아버지 사울의 뒤를 이어 이스라엘의 왕이 되어야 했다. 그러나 하나님께서는 다윗을 사랑하셔서 사울을 버리셨다. 따라서 요나단과 다윗은 라이벌이 되는 것이 당연했다. 하지만 이들은 떼어놓을 수 없는 친구가 되었다. 이들의 관계가 어찌나 가까웠는지 성경은 요나단의 마음이 다윗의 마음과 "연락되었다"(삼상 18:1)고 말하고 있다.

오늘 우리 사회에서 '친구가 없는 미국 남성들'을 생각해 볼 때, 이것은 얼마나 신선한 충격인가! 그리고 오늘날 우리 사회에서 증가하고 있는 극도로 혼란스럽고 불안한 남성관계의 모습에 비춰볼 때 이 얼마나 건강한 모델인가!

다행스럽게도 요즘 우리 사회에 남성들이 삶과 삶을 잇는 귀중한 관계들을 회복하고 있음을 보여주는 한 가지 고무적인 모습이 있다. 그것은 약속을 정해 놓고 함께 만나기 시작한 소규모 '약속 단체들'이 지난 몇 년 사이에 많이 생겨났다는 것이다. 예를 들면, 달라스에 살고 있는 내게는 지난 20여 년 동안 매주 화요일 아침에 함께 모여

커피를 나누며 기도하는 친구들이 있다. 이들의 결속력이 어떠할지 생각해 보라. 마찬가지로 빌에게는 약 6년 동안 일 년에 네 번씩 만나고 있는 사람들이 있다. 이들은 좋은 일이든 나쁜 일이든 간에 서로에게 큰일이 있을 때마다 만난다.

이 모든 것들은 또래간의 멘토링을 보여주는 예들이다. 또래간의 멘토링이란 나이와 성숙도가 비슷한 사람들이 서로를 지원하고 함께 성장하기 위해 결속한 관계를 말한다. 이처럼 헌신적이고, 정직하며, 지속적인 관계는 큰 기쁨과 유익을 가져다준다. 이러한 관계를 유지하기가 항상 쉬운 것은 아니다. 그러나 현재 이러한 관계를 가지고 있는 사람들은 이것이 모든 노력을 기울일만한 가치가 있는 관계임을 말해 줄 것이다.

우정의 유익을 주는 것에는 비단 또래간의 관계만 있는 것은 아니다. 연하자와의 멘토링에도 나름대로의 애정과 친밀감이 있다. 특히 이 관계가 통제가 아니라 발전을 위한 것일 때는 더욱 그러하다.

예를 들면, 당신은 당신보다 젊은 사람을 정기적으로 만남으로 보다 젊은 세대와 지속적으로 접촉할 수 있다. 이것은 내가 학생들과 시간을 함께 보내길 좋아하는 한 가지 이유이기도 하다. 학생들과의 관계를 통해 나는 주변에 무슨 일이 일어나고 있는지 알 수 있다. 일흔이 넘은 나이라면 볼 것은 다 봤고, 할 일은 다 했고, 알 것은 다 안다고 생각하기 쉽다. 그러나 20대 청년과 함께 5분만 있어 보면 당신의 생각은 달라질 것이다.

당신은 세상이 어떠했다는 것을 제자에게 설명할 수 있다. 마찬가지로 당신의 제자는 세상이 어떻게 되어가고 있는지를 당신에게 설명해 줄 수 있다. 그는 엄청난 정보의 산실인 것이다. 다시 말해 그는 당신에게 가장 최근의 문제와 기회와 발전과 조류를 지속적으로 공급해 주는 전산망이 되는 것이다. 정보사회에서 유익하고 의미 있는 정보를 전해 주는 또 한 쌍의 눈과 귀를 마다할 사람이 어디 있겠는가? 게다가 연하자는 아이디어를 내놓을 수 있는 공명판의 역할도 할 수 있다.

빌은 10대 소년일 때 텍사스 주 타일러 근처에 있는 기독교 휴양지며 회의장소인 파인 코브에서 6년간 매년 여름마다 일한 적이 있었다. 그 때 파인 코브의 책임자는 돈 앤더슨(Don Anderson)이었다. 돈은 아이들을 너무나 좋아했다. 그래서 주변에 수상 스키와 보트 그리고 요트를 탈 수 있는 시설을 마련했다. 스탭진들은 아이들이 그리스도의 말씀을 생각하도록 도와주었고, 아이들은 재미있는 시간을 보낼 수 있었다.

수상 스키를 유난히 좋아했던 빌은 곧 돈의 멋진 생각을 좋아하게 되었다. 그러나 빌이 돈을 높이 평가하게 된 이유는 따로 있었다. 어느 날 돈은 빌을 자기 사무실로 데려갔다. 그리고 책상 위에 청사진을 펼쳐놓고는 빌에게 어떠냐고 물었다. 빌은 돈이 시설과 프로그램과 모든 계획에 대해 그의 의견을 물었다는 사실에 압도되었다. 한편 돈은 빌이 하는 이야기를 메모하고 있었다. 10대를 위한 캠프에 대해 10대보다 더 훌륭히 조언할 수 있는 사람이 어디 있겠는가?

연하자에게 자신을 맡김으로 얻을 수 있는 유익 가운데 자주 간과되는 것이 있다. 그것은 책임감이다. 우리는 책임감을 주로 또래 간의 관계에서 생각한다. 그러나 당신은 연하자에게 대답해야 하고 그의 역할 모델을 해야 한다는 책임감에 대해 생각해 본 적이 있는가?

이것은 당신이 생각하는 것보다 더 힘이 있다. 나는 정욕과 불신앙의 문제로 고심분투하면서도 그들을 따르는 사람들 때문에 정결함을 선택하는 사람들을 본다. 그들은 이렇게 말한다.

"그들을 생각하면 저는 도저히 할 수 없었습니다. 저는 계속해서 이런 생각을 합니다. '만일 내가 이 죄를 짓는다면 아무개가 나를 어떻게 생각할까?'"

이것은 바로 바울의 생각이기도 했다. "내가 내 몸을 쳐 복종하게 함은 내가 남에게 전파한 후에 자기가 도리어 버림이 될까 두려워함이라"(고전 9:27). 이것은 놀라운 말씀이다. 바울은 그리스도께 대한 책임뿐만 아니라 그리스도의 백성에 대한 책임도 다했다. 당신도 그러한가?

자신이 새로워짐

똑같은 고린도전서 구절에서 바울은 그리스도인의 삶을 경주에 비유했다. 그것도 100미터 경주가 아니라 마라톤에 비유했다. 내 개인적인 경험으로 볼 때 이것은 평생 동안 계속되는 경주이다.

불행히도 우리는 달릴수록 힘이 빠지기에 끝까지 달리기가 더 힘들어진다. 우리 중 어떤 사람들은 골인지점을 눈앞에 두고 경주를 포기해 버린다. 이것은 특히 '은퇴'가 가까운 사람들에게 강하게 다가오는 유혹이다. 은퇴는 사람들에게 황금시계와 함께 그것을 볼 수 있는 많은 자유시간을 준다. 은퇴는 사람들을 풀밭으로 밀어내어 그들이 모아둔 장난감이나 가지고 놀게 한다. 결과적으로 55세가 지난 많은 사람들이 공원 벤치와 집을 할 일 없이 오가고 있다. 이들은 예수 그리스도를 위해 자리를 박차고 일어나야 할 바로 그 때에 주저앉아 있다. 이것은 내가 멘토링을 굳게 믿는 한 가지 이유이기도 하다. 멘토링은 연하자들은 성숙하도록, 연장자들은 젊어지도록 돕는다. 왜? 그것은 우리가 서로의 성장을 돕는 과정에서 가장 많이 성장하기 때문이다.

자원해서 아이들과 젊은이들을 가르치는 나이 든 사람들만큼 이 사실을 잘 알고 있는 사람들은 없다. 미국 은퇴자 협의회에서 운영하는 프로그램에 참여하여 일 주일에 몇 시간씩 초등학교 교실을 찾는 78세의 할아버지가 이렇게 말했다. "내가 학교에서 '내 아이들'을 만나지 않았다면 내 아내가 죽은 후에 밀어닥친 오랜 슬픔을 결코 이겨내지 못했을 걸세. 그들과 함께하는 시간이 나에게 살아갈 수 있는 힘을 주었다네. 왜냐하면 그들이 나를 필요로 했기 때문이지."

교회에서 세대간의 더 많은 교류가 필요한 것도 바로 이 때문이다. 언제부터인가 우리는 모든 사람들을 나이별로 분리해 버렸다. 물론 여기에도 장점은 있다. 그러나 이러한 분리의 단점 중 하나는 이것이 세대들을 고립시킨다는 것이다. 대가족이 줄어들고 핵가족 심지어 편부나 편모 가정이 늘어나는 문화 속에서 교회가 이러한 문제에 관심을 가진다면 커다란 영향을 미칠 수 있을 것이다.

자기 성취감

앞에서 우리는 이드로를 살펴보면서 이드로가 모세를 도와준 것은 그에게 유산을 남기고 싶었기 때문이었을 수도 있다고 했다. 그렇다면 시편 90편에 실린 모세의 글은 얼마나 흥미로운가!

시편 90편은 출애굽 여행중에 기록되었다. "우리의 연수가 칠십이요 강건하면 팔십이라도 그 연수의 자랑은 수고와 슬픔뿐이요 신속히 가니 우리가 날아가나이다"(시 90:10).

모세는 우리에게 인생이 날아가고 있다고 말한다. 그러면 우리는 인생을 어떻게 살아야 하는가?

"우리에게 우리 날 계수함을 가르치사 지혜의 마음을 얻게 하소서…주의 행사를 주의 종들에게 나타내시며 주의 영광을 저희 자손에게 나타내소서 주 우리 하나님의 은총을 우리에게 임하게 하사 우리 손의 행사를 우리에게 견고케 하소서 우리 손의 행사를 견고케 하소서"(시 90:12, 16-17).

우리는 모세의 기도에서 이드로의 메아리를 듣는가? 모든 사람들은 후대를 위한 유산을 남기고 싶어한다. 이러한 바람은 나이가 들수록 커진다. 멘토링은 이러한 바람을 성취할 수 있는 한 가지 방법이다.

선생으로서 내가 당신에게 자신있게 말할 수 있는 것이 있다. 그것은 다른 사람을 발전시키는 데서 오는 성취감보다 더 큰 만족은 없다는 것이다. 재능도 다듬어지지 않았고 경험도 없는 사람을 취해 전문가가 되도록 도와주고, 기술을 연마시켜 주며, 생산적인 일을 하도록 해주는 것, 이것은 내가 세상 무엇과도 바꾸고 싶지 않은 특권이다!

사실 교수로서 내가 느끼는 가장 큰 기쁨은 학생들이 하나님께서 그들을 부르신 부분에서 괄목할 만한 발전을 이루는 모습을 보는 것이다. 그들이 성공할 때 나도 성공한다. 그들이 새로운 계획을 세울 때 나도 그들과 하나라는 기분이 든다. 그들이 상을 받을 때 나는 조금이나마 그들을 도왔다는 생각에 자부심을 느낀다.

그러나 우리 사회가 사람들의 발전에 관심이 있는 건지 없는 건지 의심이 갈 때가 있다. 나는 사업가들이 "우리 회사 사람들은 우리의 가장 중요한 재산입니다"라고 하는 진부한 이야기를 자주 듣는다. 이것이 사실이더라도 이렇게 묻는 것은 정당하다. 당신은 그 재산을 늘리기 위해 무엇을 하고 있습니까? 당신은 당신 회사 사람들의 장점을 발견하고 발전시키며, 그들을 가장 적절한 곳에 배치하기 위해 어떤 구체적이고 실제적인 계획과 예산안을 마련해 두었습니까?

이러한 질문이 사업계에 적용될 수 있다면 지역교회들에 대해서는 말할 필요도 없지 않겠는가? 당신이 목회자라면 어떻게 생각하겠는가? 당신 교회는 인적 자원을 소비만 하는 곳인가 그렇지 않으면 생산만 하는 곳인가? 당신은 큰 교회를 짓고 있는가 그렇지 않으면 큰 사람들을 짓고(키우고) 있는가? 당신은 당신 교회의 목적과 프로그램에 적합할 정도로만 사람들을 키우고 있는가 그렇지 않으면 하나님께서 그들에게 주신 은사와 기회에 비추어 그들을 키우고 있는가? 에베소서 4장이 바로 이런 문제를 다루고 있다.

사람들을 발전(성장)시키는 일은 짐이 아니라, 축복이다. 이것은 내가 알고 있는 가장 진취적인 활동 중 하나이다. 그리고 멘토링은 전적으로 사람들을 발전시키는 일과 관련된 것이다. 다윗은 이러한 사실을 깨달아 다음과 같이 말했을 것이다. "하나님이여 나를 어려서부터 교훈하셨으므로 내가 지금까지 주의 기사를 전하였나이다 하나님이여 내가 늙어 백수가 될 때에도 나를 버리지 마시며 내가 주의 힘을 후대에 전하고 주의 능을 장래 모든 사람에게 전하기까지 나를 버리지 마소서"(시 71:17-18). 이것은 모든 멘토들이 드릴 수 있는 기도이다.

강화된 자부심

예전에는 사람들이 나이가 들수록 더 많은 존경을 받았다. 그러나 이제는 더 이상 그렇지 못하다. 요즘 들어, 주변에서 나이 든 사람들이 마치 인생이 다 끝난 것처럼 좌절하는 모습을 더 많이 보게 된다. 이들의 자부심은 땅에 떨어져 있다. 그러나 재미있는 것은 이들에겐 그 어느 때보다 다른 사람에게 줄 것이 많다는 사실이다. 비록 이들이 이 사실을 거의 믿을 수 없겠지만 말이다. 심리학자 에릭 에릭슨(Erik Erikson)은 이것을 생성과 자기 몰두 또는 정체 사이의 긴장이라고 불렀다. 사람은 새로운 관계, 새로운 아이디어, 새로운 상품, 새로운 성장을 생성해 내거나 그렇지 않으면 죽거나 둘 중 하나이다. 세상이 그를 무시해 버리기 때문에 그는 자기 몰입이라는 동굴 속으로 숨어버린다. 에릭슨은 이러한 현상을 치료할 수 있는 해독제는 그가 중요하게 생각하는 관계나 아이디어나 상품에, 특히 다음 세대를 발전시키는 일에 전념할 수 있게 해주는 것이라고 했다. 시편 71편에 기록된 다윗의 기도도 이와 비슷하다. 바로 이러한 관심과 보살핌이 나이 든 사람을 정체에 빠뜨리지 않고 활동적이며 적극적이도록 해준다.

당신은 그 예를 얼마든지 찾을 수 있다. 어떤 노인은 문 앞에 저승사자가 와 있다고 생각하며 살아간다. 그러던 어느 날 젊은이들 앞에서 강연할 기회가 그에게 주어진다. 갑자기 그는 힘이 되살아난다. 그는 자신이 가지고 있는 모든 자원을 다시 모아 그 누구도 기대하지 못했던 훌륭한 강연을 한다. 그는 강연을 듣는 젊은이들의 밝은 표정에서 힘을 얻는다.

당신이 몇 살이든 간에 이 원리는 당신에게도 적용될 수 있다. 당신이 하는 일과 말에 누군가 관심을 기울인다는 사실을 아는 것만큼 당신의 자부심을 높여주는 것은 없다. 멘토링에서 당신의 젊은 제자는 당신의 모든 말에 귀를 기울이며 당신의 모든 행동을 주목할 것이다. 때때로 이것은 당신을 두렵게 만들기도 하지만 신나게 만들기도 한다.

당신의 삶을 변화시켰다는 확신

모든 사람의 인생에는 두 개의 선이 있다. 하나는 생명선이고, 다른 하나는 목적선이다. 생명선은 생물학적 발전을 나타내며, 목적선은 영적 발전을 나타낸다. 일단 목적선이 가늘어지기 시작하면 생명선이 가늘어지는 것은 시간문제다. 우리가 많은 사람들의 묘비명을 미리 어떻게 써둘 수 있다는 것은 매우 큰 비극이다! "여기 존이 잠들다. 39세에 죽고 69세에 묻히다."

내가 생각하기에 사람들이 비교적 젊은 나이에 삶의 목적을 잃어버리는 데는 적어도 두 가지 이유가 있다. 그 중 하나는 큰 실패이다. 30대의 한 남자가 직장생활을 하고, 가족을 부양하며, 인생을 즐기면서 순풍에 돛 단듯이 잘 나가고 있다. 그런데 갑자기 40대가 되면서부터 그는 세상에 매력을 잃는다. 이 때 그는 어떤 일을 할까? 많은 사람이 그렇듯이 그가 영적 지각과 정서적 성숙과 멘토들과 친구들의 지원이 없는 사람이라면 그는 깊은 나락으로 떨어지기 쉽다. 이것은 부정한 성관계, 생각없는 이직(移職), 사업상의 형편없는 결정 또는 그 외의 다른 어리석은 도피일 수 있다. 그러나 이 경우 그는 결국 바위투성이의 바닥에 떨어지고 그의 관계와 꿈과 자부심은 산산조각이 나고 말 것이다.

어떤 사람들에게 있어 인생은 여기에서 완전히 끝나버린다. 이들은 자신들의 실패가 너무 크기 때문에 스스로 경주에서 낙오되었다고 생각한다. 당신은 다른 사람을 지도하기 전에 먼저 당신의 삶을 돌아보아야 한다. 그러나 실패했기 때문에 당신에게는 다른 사람에게 중요한 영향을 미칠 자격이 당연히 없을 것이라고 생각하지 말라. 다른 사람이 당신의 실수를 통해 배울 수 있다는 사실을 기억하라. 고통을 경험했기 때문에 다른 사람들에게 위험을 피할 수 있는 방법을 가르쳐줄 수 있는 사람, 그런 사람들이 가장 좋은 교사가 되는 경우가 많다.

한 사람의 삶에서 그의 목적을 빼앗아버리는 다른 하나의 요인은 큰 성공이다. 나는 주변에서 유명해지고, 부자가 되며, 역사의 한 페이지를 장식하지만 정작 아무런 변화도 만들어 내지 못하는 사람들을 본다. 하나님께서는 이러한 성공을 중요하게 생각하지 않으신다. 결과적으로 이들은 온 세상을 얻었지만 자신의 영혼의 생명력은 잃고 있다.

다윗의 기도를 기억하는가? "하나님이여 내가 늙어 백수가 될 때에도 나를 버리지 마시며 내가 주의 힘을 후대에 전하고 주의 능을 장래 모든 사람에게 전하기까지 나를 버리지 마소서"(시 71:18). 다윗에게 중요한 것은 그의 왕관, 그의 나라, 그의 부, 그의 아내들 또는 통치자이자 전사이며, 건축가이자 음악가이며, 시인으로서의 그의 대단한 재능이 아니었다. 그에게 중요한 단 한가지는 "하나님께서 나를 어떻게 생각하시느냐?"였다. 이것이 그의 목적을 결정했다.

분명히 다윗은 완벽한 사람이 아니었다. 그러나 삶의 목표를 가진 사람이었다. 그는 자신이 왜 세상에 태어났는지 알고 있었다. 성경이 다윗을 가리켜 하나님의 마음에 맞는 사람이었다고 말하고 있는 것은 조금도 이상할 것이 없다(삼상 13:14; 행 13:22).

내 친구 밥 버포드(Bob Buford)가 이렇게 말했다. "어느 시점에서 인간은 성공에서 의미로 옮아가야 한다. 그렇지 않을 경우 그는 그저 몸만 살아 있을 뿐 죽은 사람이나 다름없다. 멘토링은 성공에서 의미로 옮아가는 한 가지 방법이다. 왜냐하면 이 관계는 인간으로 하여금 물질적 자원의 획득이 아니라 다른 사람의 삶에 자신의 영적 자원을 풀어놓는 일을 생각하지 않을 수 없게 만들기 때문이다. 이 관계가 두 사람을 변화시킬 수 있다. - 지금, 그리고 영원히."

긴급한 질문

사실 모든 그리스도인들이 반드시 물어야 하는 가장 긴급한 질문은 이것이다. '나는 지금 예수 그리스도 안에서 다음 세대를 위해 어떤 일을 하고 있는가?' 이보다 더 중요한 질문은 없다. 지금 교회와 사회는 전례 없이 지도자 고갈의 위기에 직면해 있다. 그러나 모든 증거에 따르면, 지도자들은 멘토링을 통하지 않고는 양육될 수 없다.

그러므로 이렇게 결론내릴 수 있다. 우리는 세상에 매달릴 수 없다. 다만 우리는 세상을 다른 사람들에게 건네줄 수 있을 뿐이다. 이것은 당신이 어린 아들의 어깨를 감싸고 형이 던지는 공을 칠 수 있도록 그를 도와주는 것과 같다. 그는 처음에 헛스윙을 한다. 그 다음에도 헛스윙을 한다. 세번째는 간신히 공을 맞춘다. 그러나 네번째 다시 헛스윙을 한다. 이 순간에는 아무런 영광도 주어지지 않는다. 다만 공을 어떻게 쳐야 한다는 패턴이 형성될 뿐이다. 따라서 영광의 가능성들이 있을 뿐이다. 꼬마 캐시는 수 년 후에야 스스로 배트를 휘둘러 공을 칠 수 있을 것이다. 그리고 그가 안타를 치려면 이보다 몇 년이 더 있어야 될 것이다. 하지만 공을 치는 패턴은 형성되었다.

언젠가 캐시는 타석에 서서 투수의 강속구를 칠 것이다. 거기서는 진짜 스트라이크가 매겨지고 어떤 사람들은 스트라이크 아웃을 당할 것이다. 한 팀이 이기고 다른 팀은 질 것이다.

당신의 아들이 중요한 경기에서 홈런을 칠 때, 당신은 그 광경을 보지 못할지도 모른다. 그러나 그의 스윙에는 당신의 일부가 담겨 있을 것이다. 이것이 바로 세상을 훌륭한 후손들에게 넘겨 줌으로 우리가 받는 보상이다.

제13장

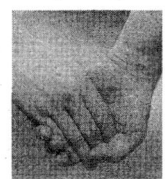

멘토는 어떤 일을 하는가?

오래 전에 아마존 정글지역에 있는 선교사들을 만나려고 브라질의 우림지대 깊은 곳까지 여행한 적이 있었다. 참 멋진 여행이었지만 육체적으로는 피곤하기 이를 데 없었다. 우림지대를 가로지르는 도로가 나기 훨씬 전이었다. 그래서 카누를 타고 정글 깊숙이 목적지까지 도달하는 데는 여러 날이 걸렸다.

이 외딴 곳에서 돌아오는 날, 원주민 인디언들이 나에게 많은 선물을 주었다. 그 중에는 화려한 깃털로 된 멋진 머리쓰개가 있었다. 이것은 인디언 추장들이 쓰는 것이었다. 그리고 피라니아의 박제도 있었다(특히 우리 아들들이 이 선물을 좋아했다). 피라니아는 아마존에 사는 육식 물고기로, 한 떼의 피라니아가 소 한 마리를 먹어치우는 데는 1분도 채 안 걸린다고 한다.

셋째 선물은 얇은 조각을 여러 겹 붙여 만든 짙은 갈색의 길쭉한 막대로 가운데는 비어 있었다. 이것은 종이 두께 정도로 나무껍질을 벗겨 만든 것 같았다. 그리고 그 위에는 끈이 나선형으로 감겨 있었는데, 이 끈은 더 가는 끈을 아교나 송진 같은 것으로 여러 가닥 붙여 하나로 만든 것이었다. 이 막대는 한쪽이 다른 한쪽보다 굵었다. 굵은 쪽은 짙은 색의 나무 옹이가 사람의 주먹 크기 정도로 달려 있었다. 그리고 중앙에는 작은 구멍이 뚫려 있었다.

나는 비행기를 몇 번씩이나 갈아타고 며칠이 걸려서야 달라스 러브필드의 집으로 돌아왔다. 그 때는 제트 여객기도 없었으며 비행기 트랩을 내려도 바로 공항터미널로 연결되지 않았다. 나는 트랩을 내려와 활주로를 가로질러 공항터미널 쪽으로 걸어갔다. 그러면서 타고 온 비행기 쪽을 잠깐 보았다. 프로펠러는 멈췄고 짐꾼들은 화물칸을 열어 짐을 내렸다. 그러다 갑자기 짐꾼들이 일을 멈추고는 우르르 몰려들었다.

비행기 안에 있는 짐꾼이 내가 선물로 받은 막대를 내리고 있었다. 사람들은 서로 쳐다보며 웃기도 하고 머리를 흔들기도 했다. 이 요상한 물건에 호기심이 발동했던 것이 분명했다. 그들 중 하나가 막대를 눈에다 대고 구멍을 통해 보았다. 또 다른 사람은 마치 그 막대가 지나치게 큰 풀큐(한쪽 끝을 물 밖으로 내놓고 물 속에서 다른 쪽 끝을 입에 물어 숨을 쉬는 데 사용하는 관)인 것처럼 다루었다. 나는 그들이 내 막대를 망가뜨리지나 않을까 걱정이 되기 시작했다. 이윽고 그들이 그것을 짐수레에 싣고 하던 일을 계속했다.

집에 돌아와서도 마찬가지였다. 이 신기한 물건에 대한 우리 집 아이들의 호기심은 공항의 짐꾼들 못지않았다. "이건 블로우건(통 속에 화살을 넣고 입으로 불어 쏘는 화살통)이란다." 내가 아이들에게 말했다.

"블로우건? 그게 뭐예요?"

블로우건 사용법

"인디언들은 이것을 사용해서 원숭이를 사냥한단다. 이리 오렴. 어떻게 하는 건지 보여줄게." 내가 아이들에게 말했다. 우리는 블로우건을 들고 차고로 갔다. 나는 이쑤시개 모양의 아주 가는 막대들이 담긴 화살통을 꺼내 들었다. 그 속에 담긴 가는 막대들은 길이가 25센티미터 정도였고, 한쪽 끝에는 뾰족한 침이 달려 있었다. 이것들은 다트(작은 화살)였다. 화살통 옆에는 공 모양을 한 부드러운 솜 같은 것이 달려 있었다. 나는 여기에서 몇 가닥 뽑아 내어 이것들로 화살의 뒤쪽 끝 주변을 동여 맺다.

"인디언들은 이 화살을 개구리에게서 뽑은 독에 담근단다." 나는 아이들에게 설명해 주었다.

"그런 다음 그들은 블로우건을 사용해서 원숭이를 향해 쏜단다. 그러면 화살에 묻은 독이 원숭이를 마비시키고 원숭이는 나무에서 떨어지게 되는 거란다. 자 볼래?"

나는 화살을 블로우건의 넓은 쪽 구멍에 밀어넣었다. 그 구멍은 말하자면 주둥이였다. 나는 블로우건을 집어들어 입으로 가져갔다. 벽에 걸린 다트 판을 겨냥한 다음 있는 힘을 다해 불었다. 화살은 블로우건의 다른 쪽 구멍으로 튀어나와 과녁에 명중했다. 잠시 동안 말을 잃고 쳐다보던 아이들이 소리쳤다. "와! 아빠, 다시 한번 해보세요!"

이 책을 읽는 당신은 지금쯤 비행장의 짐꾼들이나 우리 집 아이들과 다소 비슷한 처지에 있을지 모른다. 나는 지금까지 '멘토링'에 대해 말해 왔다. 그러면서 당신에게 이 관계에 참여하라고 독려해 왔다. 그러나 당신은 멘토링의 목적을 일반적이고 쉬운 방법으로 설명해 왔다. 그럼에도 불구하고, 당신은 아직도 멘토링이 어떻게 이루어지고 또 어떻게 작용하는지 몰라 어리둥절해할지 모른다.

러브 필드 공항의 짐꾼들은 원숭이를 사냥할 수 있는 바로 그 장비를 가지고 있었다. 그러나 그들은 그것이 무엇인지 몰랐다. 그들은 생전 블로우건이란 것을 본 적이 없었다. 내가 그들에게 블로우건이 무엇인지 말해 주더라도 그들이 그 사용법은 전혀 찾아내지 못했을 것이다.

멘토가 되는 방법

이와 마찬가지로 당신은 멘토가 되어 다른 누군가를 가르칠 수 있는 올바른 장비, 즉 올바른 기술을 가지고 있을 것이다. 그렇다고 해서 당신이 가진 기술들을 당신이 알고 있다는 뜻은 아니다. 설령 알고 있더라도 당신은 다른 사람의 삶에 영향을 미치는 데 그 기술을 사용하는 방법을 모를 수도 있다.

지금까지는 당신에게 멘토링 과정에 참여하라고 권했다. 그러니 이제는 어떻게 그렇게 할 수 있는지 설명하겠다. 이 장에서는 내가 어떤 의미로 '멘토'란 말을 쓰는가를 분명히 하도록 하겠다. 그런 다음 그 다음 장부터는 멘토링 관계의 형성과 발전을 위한 모형과 도구를 제공할 것이다.

이제 멘토란 말을 정의하는 것으로 시작하자. 찰스 케터링

(Charles Kettering)은 잘 정의(규명)된 문제는, 반은 해결된 것이라고 말했다. 따라서 나는 멘토가 무엇인지 정의를 내리고 한 사람의 삶에서 멘토가 미치는 영향을 밝히고 싶다. 멘토란 말은 쉬워도 멘토가 되는 것은 쉽지 않다. 왜냐하면 기본적으로 멘토란 말은 '순수' 용어가 아니며 특정한 유형의 관계 속에 있는 사람을 가리키는 은유, 즉 수사(修辭, 멋진 표현)이기 때문이다.

최초의 멘토

원래 멘토(Mentor)는 헬라 시인 호머(Homer)의 대서사시「오디세이」(Odyssey)에 등장하는 인물의 이름이다. 멘토는 이 시의 중심인물인 오디세우스(Odysseus)의 아들 텔레마쿠스(Telemachus)의 보호자이자 가정교사이다. 오디세우스는 트로이 전쟁에 참전했기 때문에 오랫동안 집을 비웠다. 그리고 그가 집으로 돌아왔을 때, 멘토가 텔레마쿠스를 훌륭한 어른으로 키워놓은 것을 보았다. 이 시에서 지혜와 예술의 여신 아테나(Athena)가 멘토의 형상을 띤다는 사실도 주목할 만하다. 이것은 우리가 이해하는 데 몇 가지 재미있는 가능성을 더해 준다. 예를 들면, 이 이야기는 오디세우스와 텔레마쿠스가 마을사람들과 함께 격렬한 전투에 참여하는 것으로 끝난다. 그런데 전투에 참가한 마을사람들 대부분은 오디세우스가 오랫동안 집을 비운 사이 그의 아내에게 청혼한 사람들이었다. 아버지와 아들과 군대의 결속력은 아주 강했다. 그래서 그들은 다시 승기를 잡았을 뿐 아니라 적군의 진지를 완전히 쓸어버리겠다고 위협했다. 그러나 장수들이 적군들을 쓸어버리려 할 때, 아테나가 나타나 오디세우스에게 전투를 끝낼 것을 요구한다.

"레이어티즈와 나이 든 신들의 아들 오디세우스여,
땅의 길들과 바다의 길들의 주인이여,
당신에게 명하라.
이 전투를 여기에서 그치라고.
그렇지 않으면 넓은 세상을 보시는 제우스께서 화내시리라."

그는 그녀에게 순종했네, 그의 마음은 기뻤다네.
후에 두 진영은 그들의 중재자를 통해
곧 폭풍 구름을 방패로 가지신 제우스의 딸 아테나를 통해
평화의 맹세를 하였다네 – 하지만 그녀는 여전히 멘토의 형상과
목소리를 가졌다네.[1]

그러므로 멘토는 평화유지, 중재, 공동체의 보존과 관계 있는 것으로 보인다. 병사들이 그의 말에 귀를 기울인다. 그는 싸움 위에 서 있다. 그리고 그의 지혜(또는 아테나의 지혜)가 그 날을 다스린다.

호머의 「오디세이」를 읽는 일은 당신에게 맡겨두겠다. 이 책을 읽으면 당신은 멘토가 될 수 있을 것이다. 요점은 멘토가 우리가 쓰고 있는 은유적 용어인 스승(mentor)이라는 말의 기원이라는 것이다. 모든 묘사적인 용어처럼 멘토는 사람들에 따라 각기 다른 의미를 가진다. 멘토는 주인, 인도자, 본보기, 아버지 같은 사람, 선생, 트레이너, 가정교사, 조언자, 지도자, 상담자, 코치일 수 있다. 그리고 그 외에도 더 많은 가능성들이 있다(멘토란 말에 대한 더 자세한 논의는 본 장의 맨 뒤에 있는 "멘토란 무엇인가?"를 보라).

멘토링은 관계에 의해 정의된다

그러므로 우리는 멘토를 그가 수행하는 어떤 형식적인 역할에 입각해서 정의해서는 안 된다.

오히려 우리는 멘토가 다른 사람과 갖는 관계의 성격과 그 관계가 갖는 기능에 입각해서 멘토란 말을 정의해야 한다. 예를 들면, 나는 앞에서 멘토를 당신의 성장을 돕고, 당신을 계속적으로 성장시키며, 당신이 삶의 목표를 실현하도록 돕는 일에 헌신된 사람이라고 다소 느슨하게 정의했었다. 이 관계는 멘토의 헌신으로 특징되며, 이 관계의 역할은 한 개인의 성장을 이루는 것이라는 사실에 주목하라. 너무 추상적인가? 그러면 아주 실제적으로 말해 보라. 멘토는 여러 중요한 방법으로 제자를 섬긴다.

- **그는 정보의 근원이다.** 그는 제자가 알지 못하는 것들, 특히 삶에 대한 것들을 알고 있다.

- **그는 지혜를 제공한다.** 성경에서 지혜는 '삶의 기술' 이다. 또는 어떤 사람이 말했듯이 지혜는 다음에 무엇을 해야 할지 아는 것이다. 멘토는 합당하고, 효과적인 방법으로 진리를 삶에 적용한다.

- **그는 구체적인 기술과 결실있는 행동을 증진한다.** 멘토링은 실제적인 결실을 맺는 경우가 많다. 제자는 이전에는 할 수 없었던 일들을 하는 방법을 알게 된다.

- **그는 제자의 행동을 계속적으로 평가한다.** 멘토는 단순히 거울이

아니며 그 이상이다. 그는 비평자이다. 그는 상당한 식견을 가지고 있다. 그는 단지 보기만 하는 것이 아니라 평가한다.

- **그는 코치 역할을 한다.** 우리 문화에서 코치는 우리가 지금까지 살펴본 멘토라는 말에 가까운 동의어일 것이다. 코치가 하는 일은 선수가 시합에서 이기도록 선수를 준비시키는 것이다. 멘토가 하는 일도 제자가 삶에서 승리하도록 제자를 준비시키는 것이다.

- **그는 반향판이다.** "만일 …라면?" 이라는 질문을 하는 데는 아무런 비용도 들지 않는다. 그러나 어떤 사람이 이러한 질문을 던지지 않고 일을 시작한다면, 그는 모든 것을 다 잃게 될지도 모른다. 멘토는 제자가 생각과 직관을 실행에 옮기기 전에 그것들을 테스트해 볼 수 있는 기회를 제공한다.

- **그는 언제나 찾아갈 수 있는 사람이다.** 개인적인 문제가 생기거나 위기에 처했을 때 우리에게는 믿고 의지할 사람이 필요하다. 멘토는 바로 이러한 사람이다.

- **그는 계획수립을 도와준다.** 영적 성장을 위한 프로그램을 작성하거나, 직업 선택을 위한 계획을 세우거나, 교육에 대한 결정을 내려야 하거나, 결혼을 고려할 때 멘토는 당신에게 그의 생각과 실제적인 조언을 준다.

- **그는 호기심을 자극한다.** 멘토는 문을 닫기보다는 여는 경향이 있다. 그는 우리에게 탐험되지 않은 가능성과 기회를 보여준다. 그는 "…본 적 있니?"라고 묻기를 좋아하는 것 같다.

이 외에도 다른 항목을 쉽게 덧붙일 수 있다. 이것이 전부가 아니라 얼마든지 더 있을 수 있다는 뜻이다. 어떤 멘토는 이 모든 역할을 다 하고 다른 역할을 더 하기도 할 것이다. 그렇다고 해서 모든 멘토가 이 모든 역할을 다 하는 것은 아니다. 그러나 모든 멘토는 적어도 이 중 몇 가지 역할을 한다.

그러면 멘토란 무엇인가? 좀더 나은 질문은 '우리는 언제 멘토가 되는가?' 이다. 당신도 알다시피 중요한 것은 당신이 멘토의 역할을 하고 있다고 생각하느냐가 아니라 다른 사람들이 보기에 당신이 실제로 멘토의 역할을 하고 있느냐이다. 제자의 개념은 멘토링을 정의하는 데 많은 도움이 된다.

톰과 리키

예를 들어보자. 톰은 28세로 직업이 목수이며 아내 줄리와 두 어린아이들과 함께 살고 있었다. 그의 집은 아이들이 태어나기 전에 처음으로 구입한 것이었다(그 때는 줄리가 아직 직장에 나갈 때였다). 거리를 따라 조금 내려가면 리키라는 10대 소년이 어머니와 외롭게 살고 있다. 리키 부모는 이혼했다.

어느 토요일 톰은 혼자 집 앞에서 농구를 하고 있었다. 그는 차고 위에 달린 골대를 향해 공을 던지는 일을 반복했다. 톰이 던진 공을 다시 주워 돌아서는 순간 리키가 가만히 서서 자신을 지켜보고 있음을 발견했다. 그러나 톰이 그를 보자마자 리키는 다시 걷기 시작했다.

충동적으로 톰은 잠시 멈추고는 "얘, 와서 던져보겠니?"라고 말했다.

리키는 잠깐 동안 생각하더니 곧바로 대답했다. "물론이고 말고요."

그래서 그들은 교대로 슛을 던지기 시작했다. 곧 그들은 게임을 했으며 그들도 모르는 사이에 오후의 절반이 훌쩍 지나가 버렸다.

마침내 게임이 끝나고 톰이 소다수를 가져왔다. 그들은 현관에 앉아 피스톤즈와 불스(프로 농구팀)에 대해 이야기했다. 리키는 그가 모은 선수 카드에 대해 말했다. 그러자 톰이 놀란 라이언(Nolan Ryan, 미국 메이저 리그의 전설적인 투수)과 악수했던 일을 이야기했다. 이들은 오른손 투수와 왼손 투수 중 어느 쪽이 유리한가에 대해서도 이야기했다. 계속해서 스포츠가 그들의 주된 화젯거리였다. 마침내 리키가 가봐야겠다고 했다. 그래서 그들은 작별인사를 하고 헤어졌다.

며칠 후 그들은 다시 톰의 집 앞에서 슛을 던지고 있었다. 이런 일은 계속되었다. 게임이 끝난 후 그들은 언제나 이야기를 나누었다. 처음 얼마 동안은 대화가 스포츠와 날씨와 다른 피상적인 주제에 한정되었다. 그러나 점차로 이야기는 더 본질적인 문제로 옮겨갔다. 톰은 리키에게 학교생활과 친구들에 관해 물었다. 리키는 때때로 가정생활에 대해 말해 주었다. 톰은 리키에게 그가 하고 있는 일들을 어느 정도 말해 주었다. 리키는 줄리를 만났다. 어느 날 리키는 톰에게 여자들에 관해 묻기 시작했다.

이런 방법으로 그들의 관계는 조금씩 깊어졌다. 시간이 어느 정도 지났을 때 톰은 리키에게 자신과 줄리가 그리스도인이라고 말하고 그것이 무슨 뜻인지도 설명해 주었다. 얼마 지나지 않아 리키는 그리스도를 영접하는 기도를 드렸다. 톰은 리키에게 교회 친구들을 소개시켜 주었다. 그리고 리키는 곧 또래 아이들과 함께 활동하기 시작했다.

여러 해가 지난 후 리키는 고등학교를 졸업하게 되었다. 리키는 무엇을 해야 할지 톰과 이야기를 나누었다. 리키의 성적으로는 대학에 갈 수 없었다. 그래서 리키는 막노동을 하려고 생각하고 있었다. 그러나 톰은 괜찮은 임금을 받으려면 전문적인 직업훈련을 받아야 한다고 지적했다. 톰은 직업학교에서의 자신의 경험과 그 경험이 그에게 얼마나 유익했는지를 이야기해 주었다. 그리고 톰은 리키를 데리고 그가 다니던 직업학교의 선생님을 찾아가기까지 했다. 그러자 그 선생님이 리키를 안내하면서 그 학교를 소개해 주었다.

리키는 그 학교에 등록하여 가전제품을 만드는 법을 배웠다. 그 결과 리키는 성장하고 있는 한 회사에 입사했다. 얼마 지나지 않아 리키는 승진하여 다른 도시로 근무지를 옮겼다. 이와 비슷한 시기에 톰과 줄리는 집을 팔고 다른 지역으로 이사했다. 톰과 리키는 몇 번 엽서는 주고받았다. 그러나 둘 다 편지 쓰는 데는 소질이 없었다. 그래서 마침내 연락이 끊기게 되었다. 모두 실제적인 목적 때문에 이들의 관계가 지속되었던 것이다.

그런데 재미있는 것은 지금부터다. 20년이 지난 지금 톰은 50대가 되었다. 나는 그를 멘토링에 대한 한 세미나에서 만날 수도 있다. 그리고 그에게 "당신이 정말 중요한 영향을 미쳤다고 생각되는 사람들이 있습니까?"라고 물어볼 수도 있다. 그러면 그는 머리를 긁적이면서 이렇게 말할지도 모른다.

"헨드릭스 박사님, 글쎄요. 저와 함께 일하던 래리(Larry)가 있었습니다. 저는 그를 주님께 인도했습니다. 그리고 그의 결혼생활이 파탄에 이르지 않도록 제가 도와주었다고 생각됩니다. 그리고 제가 다니던 교회에 할(Hal)이라는 친구가 있었습니다. 저희는 긴 시간을 함께 기도하곤 했습니다. 그리고 저는 제 아이들이 속한 리틀 야구팀도 지도했습니다. 그런데 지금 이름은 기억나지 않지만 제가 대단한 사람이라고 생각하는 아이가 있었습니다. 그 아이는 커서 꼭 저처럼 되고 싶어했습니다. 그러니까 제 생각에는 제가 그 아이에게 좋은 인상으로 심어진 것 같습니다.

그러나 그 밖에는 아무도 생각이 나지 않습니다. 제 말은, 제가 아이들과 청소년들과 친구처럼 지내려고 노력했다는 뜻입니다. 박사님께서도 아시다시피 그들과 함께 농구도 하고 이야기도 나누었습니다. 저희 집에서 조금 아래쪽에 때때로 저를 찾아오는 아이가 있었습니다. 그러나 박사님, 제가 말했던 두세 명 빼고는 제가 박사님이 말하는 '멘토'의 역할을 했던 사람이 없었습니다. 저는 스승의 역할을 하고 싶습니다. 제가 오늘 이렇게 세미나에 참석한 것도 바로 이것을 배우기 위해서입니다."

멘토의 영향

한편 나는 40대가 거의 다 된 리키를 만날 수도 있을 것이다. 그리고 그에게 내가 이 책 첫머리에서 던진 질문을 할 수 있을 것이다. "지금의 당신이 있도록 당신을 도와준 사람은 누구입니까?"

리키는 주저없이 이렇게 말할지 모른다.

"톰이라는 사람입니다. 저는 그를 절대 잊지 못할 것입니다. 그분은 저랑 같은 동네에 살았습니다. 저희는 모든 것을 이야기했습니다. 제 말은 제가 그분에게 무엇이든 물어볼 수 있었다는 뜻입니다.

그분은 저에게 설교조로 이야기하지 않으셨습니다. 또 그분은 설교에 대해서는 전혀 알지도 못하셨습니다. 그분은 다만 제 이야기를 들어주셨습니다. 그리고 그의 태도는 언제나 나로 하여금 생각하게 만드는 것처럼 보였습니다.

저는 그분이 가는 곳이라면 어디든지 따라갔을 것입니다! 그분은 제가 만난 사람들 중에 가장 경건한 분이셨습니다. 그분은 저를 그리스도께로 인도해 주었습니다. 제 말은 아무도 제게 관심을 보이지 않을 때 그분이 제게 복음을 주었다는 뜻입니다. 그분 때문에 저는 신앙생활을 시작했습니다. 그분이 제게 성경을 읽고 기도 생활을 시작해야 한다고 말해 주었습니다. 그분은 참된 아버지와 남편이 어떠해야 하는지 보여주었습니다.

또한 그분은 제가 학교를 그만두고 직장을 구하는 실수를 하지 않도록 해주었습니다. 제 말은 제가 지금 같은 일을 하고 있는 것도 그분이 저를 직업학교에 데려가 주셨고, 적어도 제가 원서는 내보아야 한다고 고집하셨기 때문이라는 것입니다. 저는 제가 그 학교에 들어갈 수 있으리라고 생각도 못했습니다!

저는 그분이 지금 어떻게 살고 계시는지 전혀 모릅니다. 하지만 저는 거의 하루도 빠지지 않고 '주님, 톰을 저에게 보내주신 것을 감사합니다!'라고 기도해 왔습니다. 헨드릭스 박사님, 제가 박사님께서 말씀하시는 '멘토'란 말의 뜻을 분명히 알고 있는지는 모르겠습니다. 하지만 박사님께서 말씀하시는 멘토가 다른 사람의 삶을 참으로 변화시키는 사람을 가리키는 것이라면, 저에게는 바로 톰이 멘토였다고 생각합니다. 박사님께서 말씀하시는 '멘토'가 바로 이런 사람입니까?'

두 사람의 관계에 대해 전혀 다른 두 시각이 존재한다. 그러나 결정적인 것은 리키의 시각이다.

그런데 내가 당신에게 확신할 수 있는 것은 이러한 시나리오가 실제 생활에서 이따금씩 나타난다는 것이다. 젊은 사람들은 나이 든 사람들(연장자)이 거의 상상할 수 없을 정도로 그들을 존경한다. 사실 연장자들이 가질 수 있는 영향력은 말할 것도 없고 실제로 가지고 있는 영향력을 조금이라도 알고 있다면, 이 사회에서 사람들 사이의 관계가 바뀔 것이다. 그렇게 되면 본서와 같은 책들은 거의 필요치 않을 것이다. 왜냐하면 사람들은 이미 생명력 있는 관계를 가지고 있을 것이기 때문이다.

멘토가 무엇인가를 정의하려는 노력은 중요하다. 그러나 내가 당신에게 경고하고 싶은 것은 말이나 개념에 집착하지 말라는 것이다. 톰과 리키는 그들이 멘토링 관계에 있었다는 생각을 전혀 하지 못했을 것이다.

내가 이 장에서 멘토링을 정의하는 중요한 이유는, 당신이 중요하고 의미 있는 방법으로 다른 사람들을 적극적으로 돕게 되도록 당신을 돕기 위해서이다.

당신은 어떤가?

당신 주변에는 리키처럼 당신의 도움을 필요로 하는 사람이 있다. 다음 장에서는 당신이 그런 사람을 찾도록 도와줄 것이다. 그러나 먼저 당신은 당신이 다른 사람의 멘토가 되도록 선택되었는지 궁금해할 것이다. 당신이 멘토의 역할에 적합한지를 평가하는 데 사용될 수 있는 간략한 질문을 제시하는 것으로 이 장을 마치겠다.

1. 당신은 인내심 있는 사람인가? 즉 당신은 장기적인 안목을 가진 사람인가?
2. 당신이 잘 하는 분야는 무엇인가? 당신은 어떤 기술을 가지고 있으며 구체적으로 당신의 전문분야는 무엇인가?
3. 당신의 대인관계기술은 얼마나 좋은가? 당신의 관계들은 일반적으로 건전한가?
4. 당신은 과정 지향적인가? 다시 말해, 당신은 어떤 사람이 발전하고 있는 동안 정해진 시간 외에도 그에게 매달릴 수 있는가?
5. 당신은 기꺼이 위험을 감수하는가?
6. 당신은 누군가의 성장을 돕는 책임을 기꺼이 떠맡는가?
7. 당신의 인격은 본받을 만한가? 하나님께서 다른 사람이 당신의 행동과 태도와 가치관과 언어습관과 버릇을 본받도록 허락하실까?
8. 당신은 다른 사람을 위해 기꺼이 시간을 내는가?
9. 당신이 아직 해결하지 못했으며, 다른 사람과의 관계에 해를 끼칠 수 있는 죄나 불건전한 상황이 당신에게 있는가?
10. 당신은 당신의 삶에서 그리스도의 주 되심의 문제를 해결했는가? 당신은 모든 부분에서 그분을 높이는 일에 철저히 헌신되었는가?

이 질문에 대한 당신의 대답 자체만 보고는 당신이 완벽한 멘토가 될 수 있다고 말할 수 없다. 그러나 당신의 대답이 당신에게 방향을 제시해 줄 것이다. 또한 이 대답은 당신이 제공해야만 하는 것이 무엇이며, 어느 면에서 주의를 해야 하는가를 합당하게 평가하도록 당신을 도와줄 수 있다. 그러나 한 가지 주의할 것이 있다. 그것은 이러한 질문들에 답하면서 이상을 너무 높게 잡아 스스로 위축되는 일이 없도록 해야 한다는 것이다. 높은 기준에 너무 집착한 나머지 당신은 멘토 자격이 당연히 없다고 생각해 버리기 쉽다. 질문 3을 예로 들어보자. "당신의 대인관계기술은 얼마나 좋은가?" 당신은 스스로 이렇게 생각할지 모른다. "안녕히 계십시오. 저는 대일 카네기가 아닙니다. 저는 아내에게 아침인사를 하는 것조차 쑥스러운 사람입니다. 저는 심리학자의 훈련은 전혀 받지 않았습니다. 저는 다른 사람의 마음을 전혀 읽을 수 없습니다. 저는 결코 멘토의 역할을 할 수 없을 것입니다." 그러나 실제로는 당신이 대화를 할 수 있다면 그것으로 충분하다는 것이다.

분명히 당신은 높은 이상을 추구할 필요가 있다. 하나님께서는 멘토가 되라고 우리를 부르고 계신다. 그러나 하나님께서는 또한 우리 중 어느 누구도 완전하지 못하다는 것과 우리 모두가 장점뿐만 아니라 한계도 가지고 있다는 것을 알고 계신다. 이러한 약점 때문에 우리가 멘토의 역할을 기피해서는 안된다. 사실 대부분의 사람들은 그들이 실제로 알고 있는 것보다 훨씬 더 긍정적인 영향을 다른 사람들에게 미칠 수 있다.

※ 멘토란 무엇인가? ※

　멘토링은 멘토, 즉 상당한 지식이나 경험을 가진 사람이… 자신이 가진 것(지혜, 정보, 전문지식, 신념, 통찰력, 관계, 지위 등의 근원들)을 제자에게 적절한 때에 적절한 방법으로 전달하여 제자의 발전이나 성장을 돕는 것이다.

폴 스탠리(Paul Stanly)와 로버트 클린턴(Robert Clinton)

　현대적인 용어로 하면, 멘토는 당신 삶의 중요한 목표들을 달성할 수 있도록 개인적으로 당신을 도와주는 영향력과 경험을 갖춘 사람들이다. 이들은 (그들이 아는 사람이나 아는 것을 통해) 당신의 복지를 증진시킬 힘을 가지고 있다.

린다 필립 존스(Linda Phillips Jones)

　멘토링을 정의하는 것은 다소 어렵지만 이것을 묘사하는 것은 아주 쉽다. 이것은 평생 동안 당신을 보살펴주며 당신이 잘하는 것을 보고 싶어하는 아저씨를 갖는 것과 같다. 그는 당신의 경쟁자가 아니다. 그는 당신과 경쟁하거나 당신을 좌절시키려고 있는 것이 아니라 당신을 지원하려고 있다. 그는 당신의 비평자이기보다는 당신의 응원자이다.

밥 빌(Bobb Biehl)

　멘토링은 한 인간이 초기 성년기에 가질 수 있는 가장 복잡하면서도 개인적인 발전에 중요한 관계 중 하나이다. 멘토는 일상적으로 제자보다 나이가 여러 살 더 많고 세상에서 경험이 더 많으며 더 높은 지위에 있다. 여기에서 우리가 마음 속에 두고 있는 관계의 성격을 표현할 수 있는 적절한 말은 없다. '상담자' 나 '도사'(導師, guru)와 같은 말들은 더 미묘한 의미들을 암시하지만 정작 멘토란 말이 가지는 함축적인 의미들은 놓쳐버린다. '멘토' 란 말은 일반적으로 훨씬 더 좁은 의미로 사용되어 교사, 조언자, 후원자 등을 뜻한다. 우리가 이 단어를 사용할 때, 이 단어는 이 모든 것들과 그 이상의 것들을 의미한다.

멘토링은 형식적인 역할에서가 아니라 이 관계의 성격과 이 관계가 제공하는 기능(역할)이라는 견지에서 정의된다… 멘토링이 무엇을 얼마만큼 제공하는지를 알아보기 위해서는 관계를 긴밀하게 살펴보아야 한다.

다니엘 레빈슨(Daniel Levinson)

그리스도인들에게 있어 '멘토링' 은 실제 세계에서 말로 표현할 수 없는 목적들을 가진다. '제자 훈련' 이 긴밀한 동의어이지만 다음과 같은 차이점들이 있다. 제자 훈련자(discipler)는 제자가 (1) 하나님 아버지의 뜻을 위해 자신의 뜻을 포기하도록 (2) 날마다 그리스도의 영광을 위해 영적이며 희생적인 삶을 살도록 그리고 (3) 지속적으로 그의 주인이신 하나님의 명령에 순종할 수 있도록 도와주는 사람이다. 반면에 멘토는 본을 보이며 특별한 계획들을 세밀하게 감독한다. 또한 멘토는 제자를 훈련시키며, 제자에게 용기를 주고, 제자의 잘못을 바로잡고, 제자로 하여금 문제를 맞대응하게 하며, 제자에게 책임감을 불어넣는 것처럼 여러 부분들에서 개인적인 도움을 준다.

테드 엥스트롬(Ted Engstrom)

제14장

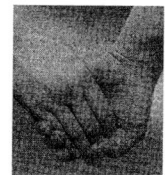

제자는 어떻게 찾는가?

$\mathcal{Z}$사하는 사람들 사이에는 오래 된 속담이 하나 있다. "당신이 더 나은 쥐덫을 만들면 당신 가게 문지방이 닳는다"(더 좋은 물건을 만들어놓으면 손님들이 더 많이 찾는다 - 역자 주). 이것은 좋은 생각이다. 그러나 적어도 오늘날의 시장상황에서는 추천하고 싶지 않은 말이다. 요즈음에는, 더 나은 쥐덫을 만들었다면 당신이 나서서 고객의 문지방을 닳게 하는 것이 더 낫다(더 나은 물건을 만들었다면 앉아서 고객을 기다리지 말고 당신이 직접 고객을 찾아다니는 것이 낫다 - 역자 주). 당신이 쥐덫 도매상을 할 계획이 아니라면 말이다. 요즘 사람들은 당신이 아무리 좋은 물건을 팔더라도 거기에는 관심이 없다. 그들이 더 관심을 가지는 것은 그들에게 필요한 것들이다. 그들은 당신의 상품에 대해 한 가지만 물을 뿐이다. "그것이 제게 필요합니까?" 그게 전부다. 그렇지 않으면 "귀찮게 하지 마세요!" 라고

말할 것이다.

걱정스러운 것은 이러한 마음가짐이 멘토링을 포함하여 개인적인 발전이라는 영역에도 밀려들어오고 있다는 것이다. 당신은 멘토로서 그저 '간판만 내걸고' 제자가 찾아와 초인종을 눌러주겠지 하고 기대할 수는 없다. 만일 그렇다면 더 나은 쥐덫을 만들어놓고 손님이 오기만을 기다리는 사람과 다를 바가 없다. 다시 말해, 당신이 좋은 상품을 구비해 놓고는 있지만 그것을 찾는 사람이 없을 것이다. 왜? 그것은 직접 나가서 잠재적인 고객들을 찾아보는 대신 그저 등짐만 지고 앉아 고객들이 찾아오기를 기다리고 있기 때문이다.

적극적인 물색

그러나 많은 사람들 중에서 제자 찾기는 '건초더미에서 바늘 찾기'처럼 어렵다. 사실은 그보다 더 어렵다. 말하자면, 건초더미 속에서 하나의 바늘을 찾아내는 일만큼이나 어렵다. 멘토가 필요없는 사람이 정말 하나라도 있는가? 그렇다면 당신은 당신의 제자가 될 사람을 어떻게 찾을 것인가?

길을 가다 처음 만난 젊은이를 덥석 붙잡고 악수를 하면서 이렇게 말할 것인가? "자네는 정말 운이 좋네! 무슨 행운인지 궁금한가? 내가 자네 멘토가 되어주겠네." 이러한 방법은 추천하고 싶지 않다.

그렇다고 해서 제자가 될 사람이 제 발로 찾아올 때까지 기다리는 방법도 추천하고 싶지 않다. 내가 말했듯이, 이 경우 당신은 평생 기다리다 끝날 것이다. 사실 수많은 젊은이들이 그들을 이끌어주고 지도해 줄 연장자들을 목말라하고 있다. 그러나 그들 대부분이 그러한 도움과 지도를 요구하지 않는 것 또한 사실이다.

그러므로 당신은 함께 일할 연하자를 적극적으로 찾아야 한다. '연하자'란 당신보다 나이가 적은 사람을 말한다. 대체로 제자는 자신보다 6세에서 15세 정도 나이가 많은 사람을 멘토로 찾는다. 그러므로 십대들은 20대나 30대 초반의 멘토를 구할 것이다. 30대라면 40대나 50대의 멘토를 구할 것이다. 55세라면 60대나 70대에게 주의를 기울일 것이다. 하지만 연령과 관련하여 뚜렷하게 정해진 것은 없다. 청소년기의 아이들은 60대나 70대의 사람들에게 상당한 영향을 받는 것으로 알려져 있다. 그러나 또래 멘토들은 거의 같은 나이임에도 불구하고 서로에게 영향을 미친다. 그러나 이 장에서, 내가 주로 관심을 갖는 것은 뚜렷한 연령 차이가 있는 멘토링이다.

당신이 영향을 미칠 젊은이(제자)를 찾는 일은 말만큼 그리 어렵지 않다. 전혀 어렵지 않을 수도 있다. 그러나 제자 찾기는 "저절로 일어나지는 않는다." 바나바가 의도적으로 사울(또는 바울)을 찾았고, 그를 동료 신자들에게 데려갔다는 사실을 기억하라(행 9:27). 이와 마찬가지로, 바울은 의도적으로 디모데를 그가 하는 여행에 동행하도록 했다(행 16:1-3).

똑같은 방법으로, 당신이 일터에서, 교회에서, 이웃에서, 지역 사회에서 주변의 많은 젊은이들을 장래의 제자로 고려할 수 있다. 이 때 당신의 제자가 될 사람들을 의도적으로 규명하라고 권하고 싶다. 당신 자신에게 이렇게 물어라 - '어느 사람들이 당신이 제공해야 하는 것을 사용할 수 있는 것으로 보이는가?

'잠재력'은 어떤가?

주목하라. 나는 지금 누가 잠재력을 가지고 있느냐고 묻고 있는 것이 아니다. 이것은 어리석은 질문이다. 모든 사람은 잠재력을 가지고 있다. 이것은 인간이 하나님의 형상으로 창조되었다는 사실이 갖는 의미의 한 부분이다. 하나님께서는 우리 각자를 위해 청사진과 계획과 의도를 가지고 계신다. 그러므로 우리는 어떤 사람을 보고 절대로 이렇게 말할 수 없다. "그 사람은 잊어. 그는 희망이 없어. 그에게는 성공에 필요한 요건이 없어." 사실 우리 가운데 성공에 필요한 요건을 갖춘 사람이 어디 있는가?

한 걸음 더 나아가, 당신이 '잠재력'의 기준으로 사람을 평가한다면, 당신은 편견을 가지고 특정한 사람 쪽으로 기울고 말 것이다. 다시 말해, 당신은 그를 평가할 그 순간에 장래성이 있어 보이는 사람 쪽으로 기울 것이다. 그 결과 당신은 '마음에 드는 사람들을 선택한다.' 그러나 이것은 인간 발달에 있어 근시안적인 접근이다.

예를 들면, 훌륭할지 모르지만 변덕스럽고, 판단력이 없으며, 의지할 수 없고, 무례하며, 술을 지나치게 좋아하는 사람을 만났다고 생각해 보자. 그의 친구 중에는 그를 가리켜 "그 사람은 마구잡이로 인생을 산다"고 말하는 사람까지 있다. 당신은 이러한 사람을 제자로 삼아야겠다고 생각하지 않을 것이다. 그러나 이렇게 하는 순간 당신은 윈스턴 처칠(Winston Churchill)과 같은 한 젊은이를 놓쳐버릴 것이다.

또는 특별히 똑똑해 보이지도 않고, 말도 없고 사람들과 사귀길 싫어하며, 오만하고, 학교에서는 말썽만 부리며, 이따금씩 자신의 감정을 억누르지 못하는 십대를 만났다고 생각해 보자. 당신은 이 젊은이의 '잠재력'이 어떻다고 평가하겠는가? 우리 대부분은 '그는 성공하지 못해'라고 말할 것이다. 아인슈타인(Albert Einstein)의 고등학교 선생도 이렇게 생각했다.

또는 당신이 가르치는 학생 중에 시험 때마다 겨우 'C' 밖에 줄 수 없는 답안지를 제출하는 학생이 있다고 생각해 보자. 그의 생각은 우둔해 보인다. 그리고 당신은 이렇게 생각한다. "이 녀석은 절대 성공하지 못할 거야. 이 녀석은 큰일을 꿈꾸기를 좋아하지만 졸업 후 막상 사회에 뛰어들면 이 녀석의 태도는 빠르게 바뀔 거야." 당신이 이러한 태도를 취한다면, 당신은 프레드 스미스(Fred Smith)를 놓치게 될 것이다. 그는 특급 탁송산업에서 탁월한 위치에 있으며, 그의 사업 아이디어는 그가 대학교 2학년 때 시작되었다.

그렇다면 지금 당신이 만나는 모든 젊은이들이 잠재적인 처칠, 아인슈타인, 또는 프레드 스미스라고 말하고 있는 건가? 물론 아니다. 나는 이보다 훨씬 더 중요한 것을 말하고 있다. 그것은 당신이 만나는 모든 젊은이들은 창조주 하나님께서 창조하셔서 이 땅에 존재하게 된 사람들이라는 것이다. 이 사실을 가볍게 생각하지 말라! 이것은 하나님께서 그 사람이 자신이 의도하신 인물이 되는 데 필요한 '바로 그것들을' 자신의 주권으로 그 사람 속에 두셨다는 것을 의미한다. 그러므로 멘토로서 당신이 가져야 할 임무는, 그 젊은이가 하나님의 뜻을 성취할 수 있도록 '바로 그것들'을 찾아 그가 그것들을 드러낼 수 있도록 도와주는 것이다.

4장에서 언급한 다섯 가지 자질(조건)들, 즉 멘토가 제자가 될 사람들에게 찾는 자질들(목표 지향성, 자신의 능력을 증대시키려는 열망, 주도성, 적극성, 배우고자 하는 열의, 자신의 발전에 대한 책임감)은 어떤가? 분명히 이러한 것들은 개인적, 영적 발전에 중요하다. 나는 이

다섯 가지를 전체적인 면에서 보고 싶다. 그러나 이것 중 한두 가지가 없거나 부족하다는 이유만으로 어떤 사람을 제자 후보자 명단에서 제외시키지는 않을 것이다. 우리는 10년, 20년, 또는 30년 후의 그의 모습이 지금과 전혀 다를 수 있다는 사실을 깨달아야 한다. 더욱이, 우리는 그의 미래를 생각하면서 즐거워 할 수도 있다. 그러나 우리는 그의 현재 모습에도 주의를 기울여야만 한다. 그는 지금 당장 어떻게 해야 하며, 멘토 된 나는 그를 어떻게 만들어 갈 수 있는가?

내가 가진 것을 사용할 수 있는 사람은 누구인가?

그러므로 당신의 제자가 될 사람을 가리는 데 있어 궁극적인 질문은 이것이다. "내가 주어야 하는 것을 사용할 수 있어 보이는 사람은 누구인가?"

13장에서 예로 든 톰과 리키의 관계를 기억하는가? 리키는 시간을 내서 자신의 이야기를 들어줄 사람을 찾고 있었다. 톰이 그렇게 해줄 수 있었고 그렇게 했다. 물론 톰은 자신이 리키에게 큰 영향을 미쳤다는 사실을 알지도 못했다. 그러나 톰이 이 책을 읽을 제자를 찾고 있었다고 생각해 보자. 그들의 관계는 실제 그랬던 것처럼 잘 시작되었을 것이다. 그러나 관계가 발전해 가면서 톰은 자신에게 이렇게 말할 수 있었을 것이다. "이 아이에게는 '시간'과 '귀'가 필요해. 시간을 내어 그의 말을 들어줄 사람이 필요해. 나는 이 두 가지를 줄 수 있다. 그러니까 리키는 내 제자가 될 수 있어."

한편, 톰은 그가 제공할 수 없는 것들을 필요로 하는 다른 십대 아이들은 지나쳤을 것이다. 그 한 예로, 톰과 같은 교회에 다니면서 기독교에 대한 깊고 지적이며 철학적인 질문에 대한 답을 원하는 아이일 수도 있고, 살 곳이 필요한 이웃 아이일 수도 있을 것이다. 그러나 이것은 톰이 줄 수 있는 것이 아니었다. 왜냐하면 톰과 아내 그리고 커가는 아이들만으로도 그의 작은 집은 이미 만원이었기 때문이다. 또 다른 경우 유진 랭이 121초등학교에서 도와주었던 아이들처럼 돈이 필요한 경우도 있을 것이다(2장을 보라). 그러나 톰은 재정적인 도움을 줄 수 있는 형편이 아니었다.

이제 당신이 관계를 가지고 싶어하는 사람은, 당신이 주어야 하는 것을 가장 잘 이용할 수 있는 사람이라는 것을 알겠는가? 당신이 줄 수 없는 것이 무엇인가를 아는 것이 중요한 것도 바로 이 때문이다. 이를 알기 위해서는 목록을 만들어보아야 한다. 당신 자신, 당신의 은사, 자원, 그리고 한계를 알아야 한다. 11장 218-220쪽에 제시한 항목이나 13장 257-258쪽에 나오는 질문 또는 이 장 끝에 제시된 몇 개의 평가도구나 목록은, 당신이 이러한 것들을 평가하는 데 도움이 될 것이다.

하나님께서는 당신이 어떤 사람과 시간을 함께하길 원하시는가? 당신은 이를 알기 위해 항상 기도해야 한다. 예수 그리스도께서 열두 제자를 택하시기 전에 밤새도록 기도하셨다는 사실을 알고 있는가?(눅 6:12-13) 바울은 디모데에게 "나의 밤낮 간구하는 가운데 쉬지 않고 너를 생각" 하였다고 말했다(딤후 1:3). 내가 생각하기에, 사도 바울은 디모데에게 함께 일하자고 요청하기 전에 이미 이러한 모습이었다.

당신이 원하는 제자를 거의 찾았다고 생각해 보자. 당신이 주어야 하는 것을 그가 사용할 수 있는가? 이 질문에 대한 당신의 답변은 어떠한가? 이제 당신에게 두 부류의 질문을 제시하겠다. 그 중 여섯 가지는 당신의 제자가 될 사람에게 물어야 하는 진단적인 질문이다. 그리고 나머지 여섯 가지는 당신의 제자가 될 사람에 대해 당신 자신에게 물어야 하는 사색적인 질문이다.

당신의 제자가 될 사람에게 물어야 하는 질문

이 질문은 정보를 모으기 위한 탐사봉과 같다. 당신은 알지 못하는 많은 사람들을 대하고 있다. 그러므로 여기에서 중요한 것은 당신이 정보에 입각한 결정을 내릴 수 있도록 그 사람들에 대한 기본적인 사실을 찾아내는 일이다. 이 질문을 제시된 그대로 던질 필요는 없다. 당신 자신의 말과 개성에 따라 이 질문을 바꾸어 사용하라. 당신은 상대방에 대한 몇몇 기본적인 사실을 다른 방법으로도 알 수 있다. 마치 당신이 경찰서에서 심문하는 것처럼 당신의 제자가 될 연하자에게 이 질문을 던지라는 것은 분명 아니다. 그의 대답을 끌어내는 데는 몇 주 심지어 몇 달이 걸릴 수도 있다. 그리고 어떤 정보는 전혀 알 수 없을 것이다. 결국 언제나 그에겐 침묵할 권리가 있다.

1. **"자네는 자네 인생에서 무엇을 하고 싶은가?"** 이것은 한 사람과 이야기를 시작할 수 있는 재미있는 질문이다. 왜냐하면 이 질문은 개방적이고, 위협적이지 않으면서도 젊은이(상대방)가 가지고 있는 일방적인 시각을 파악할 수 있는 실마리를 제공하기 때문이다. 이 질문을 할 때마다 당신은 상대방의 계획과 목표와 꿈과 열정을 알아내려는 노력이 필요하다. 그는 무엇을 하고 싶어하는가? 그는 어떤

기대를 가지고 있는가? 그는 무엇이 되고 싶어하는가?

  2. **"자네는 이런 일에 정말 관심이 있어 보이는군, 거기에 대해 내게 말해 주게. 그 밖에 자네는 무엇에 관심이 있는가?"** 분명 당신은 이 젊은이의 관심을 알아내려고 애쓰고 있다. 그의 일상적인 일들 뒤에 그의 진정한 관심이 나타나 있는 경우가 많다. 그가 읽고 있는 책, 즐겨하는 운동, 겪었던 모험, 지금 하고 있는 프로젝트 등에 대해 당신에게 말할 것이다. 그가 열심을 가지고 있는 것들에 특별히 주목하라. 다시 말해, 그로 하여금 정열과 감정을 쏟게 하고, 힘써 일하게 하며, 목소리를 내게 하고, 그의 시간과 관심을 투자하게 하는 주제와 상황에 특별히 주목하라. 이러한 열정은 그를 움직이게 하는 원동력과 그의 자연적인 취향을 알아낼 수 있는 열쇠이다.

  3. **"자네는 무엇을 잘 하는가?"** 모든 사람은 특별한 기술과 능력을 가지고 있다. 이러한 것들은 그 사람의 관심사처럼 분명한 것일 수도 있다. 이와는 반대로, 이것들이 항상 발전된 상태로 있는 것은 아니다. 어쨌든, 그가 아무도 알지 못하는 특별한 능력을 가지고 있는지 알아보라. 전형적 예로, 학교 성적은 형편없지만 기계 조작에는 천재적인 재주를 보이는 아이가 있다. 또는 대인관계는 서툴지만 탁월한 기억력과 눈썰미를 가진 젊은이도 있다. 당신은 이와 같은 미묘하지만 중요한 능력을 찾는 일에 관심을 기울여야 한다.

  4. **"자네가 살아온 이야기를 조금 들려주지 않겠나?"** 당신은 더 미묘한 방법으로 이 질문을 던질 수 있다. 핵심은 이 아이(젊은이)가 어떻게 살아왔는가를 알아내는 것이다. 그는 어디 출신인가? 지금까지 그의 인생에서 최고점들(그리고 최저점들)은 어디였는가? 그에게 어떤 사람들과 사건들이 중요한가? 그는 어떤 역경을 겪었는가? 지금의 그가 있게 한 요인은 어떤 것인가? 사람들은 그저 하늘에서 떨

어지지는 않는다. 그들은 세상에 출현한다. 우리 모두에게는 나름대로 독특한 역사가 있다. 당신의 제자가 될 사람이 살아온 모습을 발견함으로, 당신은 그의 삶에서 당신이 해야 할 역할과 관련된 귀한 정보를 얻을 수 있다.

5. **"자네 가족에 대해 이야기해 주겠나?"** 그 사람의 부모, 형제, 자매는 모두 그에게 중요한 사람들이다. 잠정적인 멘토인 당신의 시각에서 볼 때, 그와 아버지와의 관계가 가장 중요할 것이다.

이 관계에는 권위, 일, 하나님, 여자, 남자의 의미 등과 같은 주제들에 관한 그의 태도를 알 수 있는 많은 실마리들이 포함되어 있다. 그의 형제 자매들이 어떤 모습을 하고 있는가에도 주목하라. 때때로 이를 통해 당신은 그의 집안에 대해 많은 것을 알 수 있다.

자주 간과되는 또 다른 핵심요소는, 그의 가계와 뿌리이다. 오늘날 우리는 '가족'을 핵가족의 견지에서 생각한다. 그러나 성경에서의 '가족'에는 어머니, 아버지, 아이들만을 포함하지 않는다. 성경에서 '가족'에는 확대가족, 즉 할아버지, 할머니, 이모, 고모, 삼촌, 사촌뿐만 아니라 그 밖의 다른 친척들과 그 사람의 조상까지도 포함한다. 이러한 사실은 한 사람의 족보가 그 사람의 현재 모습을 형성하는 데 중요한 역할을 한다는 기록, 특히 구약의 기록에서 찾아볼 수 있다.

6. **"자네는 하나님을 믿는가?"** 어느 시점에서 당신은 그의 영적 상태를 점검하고 싶을 것이다.

그는 여기에 대해 자발적으로 말할 수도 있고 그렇지 않을 수도 있다. 그러나 당신은 그가 신앙과 관련하여 어떤 상태에 있는지 알고 싶어한다. 그는 하나님을 믿는가? 믿는다면, 그는 그의 구원 신앙을 알고 싶어한다. 그는 하나님을 믿는가? 믿는다면, 그는 그의 구원 신앙을 예수 그리스도께 두었는가? 그렇지 않다고 해서, 이 이유만으로 당신의 제자 후보자 명단에서 그를 제외시켜서는 안 된다. 사실 당신과 그의 관계는 그를 주님께로 인도할 수 있는 큰 기회이다(6장에 있는 "불신자는 안되는가"를 보라),

그가 이미 그리스도를 믿고 있다면, 당신은 그의 신앙이 얼마나 깊은지 평가해 보고 싶을 것이다.

당신의 제자가 될 사람에 대해(당신에게) 물어야 하는 질문

다음 질문은 당신이 이미 얻은 정보에 대한 반응이자 당신 자신에게 물어야 하는 것들이다. 당신의 제자가 될 사람을 알기 위해 충분한 시간을 할애했다면, 당신은 그에 대해 많은 정보를 얻었을 것이다. 그래도 당신이 그를 도울 수 있는지 자신에게 물어보아야 한다.

1. **"이 젊은이가 어떤 면에서 나를 좋아하는가?"** 당신과 어떤 사람 사이에 공통점이 많을수록 당신은 그 만큼 더 쉽게 그와 관계를 가질 수 있으며, 그 만큼 더 쉽게 그의 삶에 영향을 미칠 수 있다. 그렇다고 당신과 상당히 다른 사람을 도울 수 없는 것은 아니다. 하지만 이러한 차이점이 당신과 그의 관계를 더 어렵게 만드는 경우가 많다는 것을 알게 될 것이다. 당신은 그에게서 당신의 어떤 면을 보는가?(어떤 공통점을 발견하는가?) 당신과 이 사람은 공통점이 많은가? 또는 전혀 없는가? 그와 함께 시간을 보내는 것이 마음 편하고 쉬운가? 그렇지 않으면 그와 함께하고 그에게 할 말을 찾는 것이 당신에게는 스트레스인가?

2. **"내가 보기에 그에게 필요한 것들은 무엇인가?"** 당신은 그에게 필요한 것들을 목록으로 만들어 중요도에 따라 순서를 매길 수 있다. 예를 들면, 당신이 보기에 그에게 가장 필요한 세 가지, 즉 그의 발전을 가로막는 세 가지 문제는 무엇인가? 이 질문을 던지는 또 다른 방법이 있다. 그것은 몇 걸음 뒤로 물러나 큰 그림(그 사람) 전체를 보는 것이다. 여기에서 당신은 이렇게 묻고 싶어한다. "이 사람에게 정말 필요한 것은 무엇인가?"

   예를 들면, 우리는 앞에서 톰이 내렸을 결정을 보았다. 그는 리키가 정말로 필요로 하는 것은 시간과 관심이었다는 결론을 내렸을 것이다. 분명히 리키에게는 다른 많은 것들도 필요했을 것이다. 그에게는 아버지, 안정된 가정, 학교생활에서 갖게 되는 도움도 필요했을 것이다. 그러나 톰은 그림 전체를 재어 본 후에 단순하지만 중요한 것 두 가지를 알아냈다. 이것들은 그가 행동을 취할 수 있는 것들이었다.

   3. **"내가 이 사람의 필요나 상황에 반응하는가?"** 어느 시점에선가 당신은 이 사람에 대한 당신의 반응을 살펴야 한다. 당신은 정직해야 한다. 그가 당신의 마음을 움직이는가? 당신은 그에게 무엇인가 하고 싶은 마음을 느끼는가? 당신 속에 있는 어떤 것이 자극을 받으며, 당신은 정말 그와 함께하기를 원하는가?

   있지도 않은 느낌과 자극을 조작하지 않도록 하라. 그저 있는 그대로의 상태에 관심을 기울이라. 왜냐하면 이것이 하나님께서 당신이 그에게 깊이 관여해야 할 것인가 아닌가를 말씀하시는 한 방법이기 때문이다.

   4. **"그는 나의 도움을 원하는가?"** 멘토링은 에스키모인들에게 얼음을 파는 게 아니다. 이 질문을 기억하라! 당신이 주는 것을 이용할

수 있는 사람은 누구인가? 진정으로 당신을 원하지도 않는 사람에게 매달릴 필요는 없다. 그러므로 당신은 자신에게 이렇게 물어보아야 한다. "이 젊은이가 내가 보인 태도에 반응하면서 나를 찾고 있는가? 또는 나의 도움을 간청하고 있는가?" 그렇다면 이것은 좋은 징조이다. 당신은 그를 도울 수 있다. 그렇지 않더라도 괜찮다. 당신이 줄 수 있는 도움을 필요로 하는 다른 사람이 있을 것이기 때문이다.

5. **"지금이 내가 이 사람을 도와야 하는 적기인가?"** 시기가 매우 중요하다. 때때로 유능한 멘토도 너무 일찍 제자를 돕는 경우가 있다. 때때로 너무 늦게 도움을 주는 경우도 있다. 당신의 제자가 될 사람을 평가할 때, 당신은 때가 무르익었는지 알아보아야 한다. 이것은 하나님께서 당신이 섬기도록 준비하신 사람을 찾는 눈을 열어 달라고, 규칙적으로 기도해야 하는 또 다른 이유이기도 하다.

6. **"만일 내가 아는 모든 것을 이 사람에게 쏟아 붓는다면 이야기는 어떻게 바뀔 것인가?"** 다시 말하지만, 모든 사람에게는 자신만의 독특한 이야기(삶)가 있다. 이야기에는 시작과 중간과 끝이 있다. 당신은 이 젊은이의 인생 이야기 중간 어디쯤에 끼여들고 있다. 지금까지 무슨 일이 있었는가? 당신이 아는 바에 근거해서 볼 때, 이야기가 어떻게 끝날 것 같은가? 마찬가지로, 이야기에는 등장인물과 구성 전개가 있다. 당신의 제자가 될 사람의 삶에서 주요 등장인물은 누구인가? 지금까지의 구성은 어떠한가? 중요한 갈등은 없는가? 그는 어떤 장애물을 극복하거나, 문제들을 해결하기 위해 애쓰고 있는가? 당신은 어떤 면에서 당신이 이 이야기에 들어맞는지 알 수 있는가?

결정의 시간

이 모든 질문에 대답할 때, 당신은 이런 질문을 던질 것이다. "도대체 내가 이 모든 일들과 무슨 관계가 있는가? 이것은 골치 아픈 일처럼 보인다. 이 일의 대가는 무엇인가? 이 모든 일은 어디로 이어지는가?" 그에 대한 대답은, 이 일은 결정(결심)으로 이어진다는 것이다. 조만간 당신은 이 관계가 더 깊어질 것인가, 그렇다면 어떤 방향으로 깊어질 것인가에 관해 몇 가지 선택을 해야 한다. 간단히 말해, 당신은 이 사람에게 당신이 줄 수 있는 것을 얼마만큼 줄 것인가를 결정해야 한다.

기본적으로 네 가지 선택이 있다. 첫째, 당신은 이 관계가 당신을 위한 것이 아니라는 결정을 내릴 수 있다. 이런 결정을 내리지 않더라도 이것이 사실이라는 것을 인정하는 데 부끄러워하거나 두려워하지 말라. "아닙니다, 저는 당신을 도울 능력이 없습니다"라고 말하는 것이 실제로 다른 사람을 돕는 것이다. 왜냐하면 그래야 그 사람이 당신에게 도움을 구하느라 시간을 낭비하지 않을 것이기 때문이다. 거짓 희망과 위선적인 태도로 그를 속이는 것은 전혀 그를 돕는 것이 아니다.

두번째 선택으로, 당신은 기다려보자는 태도를 취하거나 조심스럽게 관계를 진행할 수 있다. 시기(타이밍) 문제가 여기에 영향을 미칠 것이다. 당신의 도움이 6개월, 1년, 또는 3년 후에 더 유익하다는 것을 알게 될 것이다. 이 경우 당신은 더 많은 것을 투입할 수 있을 정도로 때가 무르익을 때까지 관계를 '유지하는' 태도를 취할 것이다.

세번째 가능성은 이 관계가 유익할 것이라는 데는 동의하지만,

당신이 몇 가지 주의점과 제한을 둘 때에만 그렇다는 결정을 내리는 것이다. 때때로 나는 이런 방법으로 신학교 학생들과 관계를 가진다. 예를 들면, 어떤 학생은 다른 사람들의 관심을 끌고 유지하는 데 있어 바람직하지 못한 태도를 취한다. 내가 그에게 시간을 허락하면, 그는 몇 시간이고 내 시간을 잡아먹으려 한다. 나는 그와 기꺼이 관계를 가지고 싶다. 그러나 그에게 몇 시간씩 내줄 시간은 없다. 그래서 나는 그에게 이렇게 말한다. "나는 자네와 30분은 같이 있을 수 있네. 그 30분 동안 나는 완전히 자네 것일세. 하지만 30분뿐이네." 그런 다음 나는 비서에게 스케줄을 조정해 달라고 말한다. 그와 약속한 30분이 끝나면 비서는 나에게 다음 약속이 있다고 말해 준다. 그러면 나는 그를 문 앞까지 바래다준다. 이것은 우리 둘 다에게 덕이 되는 약속이다.

마지막으로 당신이 언제나 바라는 선택은, 관계가 잘 될 것임을 깨닫는 것이다. 당신은 이 사람의 삶에 당신이 진정으로 영향을 미칠 수 있다고 생각한다. 정말 그럴 때는, 하나님을 찬양하며 하나님께 안내자가 될 수 있는 지혜와 종이 될 수 있는 은혜를 허락해 달라고 기도하라. 다음 장에서는 당신과 당신의 제자가 서로의 관계를 생산적인 것으로 만들 수 있는 몇 가지 실제적인 제안을 할 것이다.

그러나 이 장을 마무리하면서, 당신에게 권하고 싶은 것이 있다. 그것은 당신과 멘토링 관계를 가질 수 있는 사람들의 목록을 작성하라는 것이다. 하나님께서 당신에게 인도하여 당신의 영향을 받게 하려는 사람은 누구인가? 떠오르는 이름이나 얼굴이 있는가? 너무 빨리 '예'나 '아니오'라고 말하지 말라.

이상적인 멘토링 관계는 '자연적인' 것이다. 다시 말해, 멘토가 자연적으로, 거의 노력을 기울이지 않고 자신이 가진 것을 제공하며, 제자는 제공된 것을 자연적으로, 거의 본능적으로 취하여 그것을 이용하는 상황이 이상적인 멘토링 관계이다. 우리는 톰과 리키에게서 이러한 경우를 보았다. 어떤 것도 강제적이지 않았다. 어느 누구도 강요받지 않았다. 어떤 대본을 따르라거나 어떤 일을 하라는 강한 압력도 없었다. 이들의 관계는 시간이 지남에 따라 그저 발전했으며, 리키를 인생에서 성공하도록 이끄는 것으로 끝났다.

이것은 당신이 제자를 찾을 때 가능한 한 관계가 자연스럽게 이루어질 수 있는 상황을 찾아야 한다는 것을 말해 준다. 멘토링 관계는 훈련처럼 고된 것이 아니라 춤처럼 즐거운 것이어야 한다. 무엇보다도, 멘토링 관계는 슬픔이 아니라 기쁨을 가져다주어야 한다.

❀ 평가도구 ❀

오늘날 교회 지도자들은 사람들의 장점, 은사, 관심, 개성, 그 밖에 다른 특징을 평가하기 위해 고안된 도구를 점점 더 많이 접하고 있다. 이러한 도구는 멘토가 제자를 가장 잘 섬길 수 있는 방법을 알아내는 데 도움이 된다. 사실 (멘토뿐만 아니라) 제자에게 이러한 평가를 거치도록 하는 것 자체가 귀중한 성장경험이 될 수 있다. 왜냐하면 이러한 평가를 통해 그 사람이 어떤 행동을 하게 되는지 경향을 알 수 있기 때문이다.

텍사스 주 타일러에 있는 리더십 네트워크의 브래드 스미스 (Brad Smith)는 (결코 소모적이지 않은) 평가도구의 목록을 다음과 같이 작성했다. 제시된 항목 외에도 새로운 도구가 계속해서 교회와 기관에 의해 계발, 발전되고 있다. 당신은 기독교서점, 교단 총회본부, 큰 지역교회에서 당신의 필요에 적합하며 가장 최근에 나온 효과적이며 적절한 평가도구를 찾을 수 있을 것이다.

영적 은사를 평가하는 도구

대체로 이것들은 로마서 12장, 고린도전서 12장, 에베소서 4장의 영적 은사에 근거한 평가도구이다.

Basden-Johnson Spiritual Gift Analysis, by Paul Basden and Lee Johnson, McCart Meadows Baptist Church(817-370-9900)

Discover Your Gifts Manual and Workbook, by Charles R. Shumate and Sherrill D. Hayes, Christian Reformed Church(616-246-0764)

Houts Spiritual Gift Inventory(교역자용과 평신도용이 있다); Charles E. Fuller Institute(818-449-0425)를 통해 구할 수 있다.

영적 은사를 측정하는 어떤 시험관들은 전체 평신도 훈련의 한 부분이며, 여기에는 다음과 같은 것이 있다.

Network: The Right People… In the Right Places … For the Right Reasons, by Bruce Bugbee; Zondervan(800-876-7335)이나 Network Ministries International (800-588-8833)을 통해 구할 수 있다.

Mobilizing Your Spiritual Gifts Series, Unleash Your Church, by Paul R. Ford; Charles E. Fuller Institute(818-449-0425)를 통해 구할 수 있다.

자연적인 은사를 평가하는 도구

이러한 도구는 자서전적인 인터뷰나 계속적인 행동에 대한 관찰에서 알 수 있듯이 타고난 은사나 동기를 재는 도구이다. 여기에는 다음과 같은 것들이 있다.

The System for Identifying Motivated Abilities(SIMA), by Art Miller, People Management Inc,; Ministry by Design Division, David McKnight(612-337-9550)를 통해 구할 수 있다.

Motif, by Ralph Mattson, DOMA Inc.(612-895-1544).

개성을 평가하는 도구

이것들은 기질, 역할, 선호도, 지도 유형, 학습 유형 등과 같은 개성의 다양한 측면을 측정하며, 여기에는 다음과 같은 것들이 포함된다.

DISC(이전에는 *Performax*); Carlson Learning Company(800-777-9897)를 통해 구할 수 있다. 또는 *Understanding How Others Misunderstand You*, by Ken Voges and Ron Braund를 보라.

Meyers-Briggs Type Indicator(MBTI); Association for Psychological Type(816-444-3500)를 통해 승인을 받아야 한다. 또는 David Kirsey와 Marilyn Bates의 *Please Understand*

*Me*를 보라.

Roles Preference Inventory, by Bobb Biehl, Masterplanning Group Intl.(800-443-1976).

Styles of Influence, by Gene Getz, Center for Church Renewal(214-423-4262).

관심을 평가하는 도구

이것들은 가치관, 직업적 관심, 작업공간, 바라는 생활양식과 같은 여러 분야에 대해 한 사람이 가지고 있는 관심의 정도를 비교한다. 이러한 평가도구에는 다음과 같은 것들이 포함된다.

Holland's Self-Directed Search(Assessment Booklet) and *The Occupations Finder*, Psychological Assessment Resources, Inc.(800-331-TEST)를 통해 구할 수 있다.

Campbell Interest and Skill Survey(CISS); NCS Assessments (800-627-7271)를 통해 구할 수 있다.

*Ministry Match*와 *Chemistry Match(by Steve Johnson)*는 #1-4의 요소를 하나로 묶는 복잡한 도구를 사용한다; The Profile Croup(303-745-2097)에 연락해 보라.

제15장

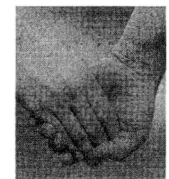

당신도 할 수 있다!

성경에는 '멘토'(Mentor)라는 단어가 없다. 그리고 이 때문에 멘토링 개념을 반대하는 사람들을 가끔 본다.

이들은 "당신은 사업계의 최신 유행을 도입하고 있을 뿐이다" "당신은 제자훈련이라는 성경적 개념에 세속적인 꼬리표를 붙이고 있을 뿐이다"라고 주장한다.

내가 정말 그러고 있는가? '멘토'라는 말이 성경에 나타나지 않는다는 사실은 인정한다. 그러나 멘토링 관계가 최근에 생겨난 유행이라는 데는 동의할 수 없다. 우리가 보았듯이, 최초의 멘토(Mentor)는 호머의 「오디세이」에 등장하며, 이 때는 그리스도께서 탄생하기 800여 년 전이다. 멘토는 아버지가 전쟁에 나가 집을 비운 사이 어린 텔레마쿠스를 키우는 역할을 맡았다. 멘토의 이러한 역할이 역사를 통해 거의 모든 시대와 모든 사회에서 아이들을 어른으로 키워

오고 있는 것이다.

오래된 형태

사실 멘토링은 성경이 증명하듯이 성경시대의 주된 교육방법이었다. 나는 이미 멘토링의 몇 가지 예를 언급했다. 이드로와 모세, 요나단과 다윗, 바나바와 사울, 바울과 디모데(그리고 다음 페이지에 있는 "성경에 나타난 멘토링 관계"를 보라).

우리는 또한 그 당시, 특히 구약시대에는 유대 가정의 아이들이 부모, 확대 가족 구성원, 이웃 사람들에게서 직접적인 전수를 통해 대부분의 기술을 배웠음을 알고 있다. 그 결과 대부분의 사람들은 부모의 자취를 그대로 따랐다. 아들은 아버지의 직업을 이어받았고, 딸은 어머니의 책임을 그대로 떠맡았다.

헬라 사람들은 조금 다른 접근을 취했다. 그들은 아이를 키우는 일은 남자의 몫이라고 생각했다. 그러므로 그들은 자녀양육을 노예들에게 맡겼고, 남자아이가 6세가 되면 교사 또는 가정교사를 두었다. 이 교사는 노예였으며 아이가 결혼할 나이가 될 때까지 그를 키웠다.

바울은 갈라디아서 3:24-25에서 이 역할을 언급했다. 여기에서 바울은 은혜를 주시는 그리스도와는 대조하여 율법을 몽학선생, 즉 교사라고 말했다. 이와 마찬가지로 바울은 고린도인들에게 "그리스도 안에서 일만 스승이 있으되 아비는 많지 아니하니 그리스도 예수 안에서 복음으로써 내가 너희를 낳았음이라"(고전 4:15)고 말했다. 두 경우 모두에서 바울은 기본적으로 호머의 「오디세이」에 등장하는 멘토와 같은 역할을 했던 노예들을 언급하고 있었다(멘토링과 관련된 다른 성경구절에 대해서는 이 장 끝부분을 보라.).

❦ 성경에 나타난 멘토링 관계 ❦

멘토링은 성경시대에는 삶의 한 방식이었다. 이것은 기술과 지혜를 한 세대에서 다음 세대로 전수하는 주된 수단이었다. 그러므로 성경이 우리에게 멘토링 관계의 많은 예들을 보여주는 것은 전혀 놀라운 일이 아니다. 아래에 제시된 예들은 그 중에서 더 분명한 것들이다. 당신은 제시된 구절을 연구함으로써 멘토링의 원칙과 실제에 대해 많은 것을 배울 수 있다(또한 11장에 있는 "바나바의 배가사역"도 보라.).

구약에서

이드로와 모세(출 18장)	이드로는 그의 사위에게 '대표제'라는 귀한 교훈을 가르쳤다.
모세와 여호수아 (신 31:1-8; 34:9)	모세는 여호수아가 이스라엘을 가나안으로 인도하도록 그를 준비시켰다.
모세와 갈렙 (민 13장; 14:6-9; 34:16-19; 수 14:6-15)	모세는 갈렙을 지도자로 훈련시켰으며, 그에게 여호와의 약속에 대한 확고한 믿음을 심어주었다.

사무엘과 사울(삼상 9-15장)	사무엘은 사울에게 기름 부어 이스라엘의 왕으로 세웠을 뿐만 아니라 그의 인격을 형성하기 위해서도 애썼다. 사울이 여호와를 대적할 때에도, 사무엘은 그에게 회개하고 하나님께 돌아가라는 도전을 계속해서 주었다.
사무엘과 다윗 (삼상 16장; 19:18-24)	사무엘은 다윗에게 기름 부어 왕으로 세웠으며, 사울의 살해 음모를 피할 수 있는 피난처도 제공했다.
요나단과 다윗 (삼상 18:1-4; 19:1-7; 20:1-42)	또래간의 멘토링의 탁월한 예인 요나단과 다윗은 사울의 왕권이 쇠퇴하던 어려운 시기에도 서로에게 충실했다.
엘리야와 엘리사 (왕상 19:16-21; 왕하 2:1-16; 3:11)	선지자 엘리야는 엘리사를 후계자로 삼았으며, 엘리사가 엘리야의 필요를 섬기는 동안 여호와의 길을 그에게 가르쳤음이 분명하다.
여호야다와 요아스 (대하 24:1-25)	제사장 여호야다는 겨우 7세에 유다의 왕이 된 요아스가 하나님의 원칙에 따라 나라를 다스리는 법을 배우도록 도왔다. 불행히도, 요아스는 그의 멘토가 죽은 후 여호와에게서 등을 돌렸다.

신약에서

바나바와 사울/바울
(행 4:36-37; 9:26-30; 11:22-30)

바나바는 다메섹 도상에서 극적인 회심을 한 사울이 교회와 연결되는 길을 열어주었다.

바나바와 마가 요한
(행 15:36-39; 딤후 4:11)

바나바는 마가 요한과 함께 일하기 위해 기꺼이 바울과 갈라서려 했다. 후에, 바울은 마가 요한을 가리켜 "저가 나의 일에 유익하니라"고 말함으로 바나바의 견해에 동의했다. 마가 요한은 마가복음의 저자로 믿어진다.

'브리스길라, 아굴라' 와
아볼로(행 18:1-3, 24-28)

천막장이 브리스길라와 아굴라는 에베소에서 아볼로의 영적 교사의 역할을 했다. 그 결과 아볼로는 초대교회 복음의 가장 힘있는 선포자 중 하나가 되었다.

바울과 디모데
(행 16:1-3; 빌 2:19-23;
딤전; 딤후)

바울은 디모데에게 그의 선교여행에 동행하도록 초대했다. 디모데는 마침내 역동적인 에베소 교회의 목회자가 되었다.

바울과 디도
(고후 7:6, 13-15; 8:17; 딛)

바나바와 함께 바울은 헬라어를 말하는 이 이방인을 신앙으로 인도하고 그를 여행의 동행자이자 동역자로 삼았던 것이 분명하다. 디도는 목회자가 되었으며, 전승에 따르면 그레데 섬의 초대 주교(감독)가 되었다.

멘토링과 제자훈련

그러면 멘토링과 제자훈련은 어떤 차이가 있는가? 이 둘은 서로 긴밀한 관련이 있지만 정확하게 말하자면 똑같지는 않다. 둘 다 관계에 기초를 둔 가르침을 포함한다. 그러나 제자훈련은 부름, 즉 멘토로부터의 직접적인 초대를 포함하며 이 초대는 명령에 가깝다. 예수께서는 어부 베드로와 안드레에게 "나를 따라오너라"고 말씀하셨다. 그러자 "저희가 곧 그물을 버려 두고 예수를 좇으니라"(마 4:19-20). 그런 다음 예수께서는 그들의 동료 야고보와 요한에게 가셨다. 그리고 다시 예수께서 저희를 부르시니 "저희가 곧 배와 부친을 버려 두고 예수를 좇으니라"(4:21-22). 나머지 제자들을 부르시는 방법도 똑같았다.

제자(disciple)라는 말은 '배우는 자'를 의미한다. 예수시대에 스승들(teachers)은 '배우는 자들'을 모으면서 고대세계를 돌아다녔다. 배우는 자들이 스승들을 따르면서 그들의 가르침을 받아들였다. 때때로 제자들이 스승이 되어 다시 제자들을 모았다. 그러나 예수께서는 제자들에게 "가서 모든 족속으로 제자를 삼으라"(마 28:19)고 명령하셨다. 이러한 명령은 예수께서 여전히 그 주(the Master)이자 그 제자 양성자(the Discipler)라는 점에서 두드러진다. 예수께서는 믿음으로 부르심을 받은 자들이 당신의 제자들이자 당신의 배우는 자들로 남기를 원하신다.

오늘날 우리가 보듯이, 현재의 제자훈련은 그 초점을 영적인 측면에 한정시키는 경향이 있다. 이상적인 제자훈련은 삶의 모든 측면, 즉 우리의 개인적인 생활과 생활양식, 우리의 일터, 우리의 대인관계 등을 모두 다루는 것이다. 그러므로 제자훈련은 다음과 같은 질문을 던짐으로써 '이러한 부분들이 어떻게 그리스도와 연결되는가?' '그리스도를 따르는 일이 어떻게 내 개인적인 삶, 내 일터, 나의 대인관계 등에 영향을 미치는가?'에 대해 항상 살펴보아야 하는 것이다.

멘토링이 그리스도인들에 의해 실행될 때에는 모든 초점을 그리스도께 맞춰야 한다. 그러나 멘토링은 교훈보다는 직접적인 가르침 - 젊은이들을 성숙한 어른으로 양육하는 것 - 과 관계가 있다. 제자(disciple)라는 말이 '배우는 자'란 의미를 가지는 반면 프로터지(protege, 지금까지 이 책에서 '제자'로 번역된 단어이지만 여기서는 disciple과 구별하기 위해 이렇게 썼다. - 역자 주)는 '보호하다'라는 뜻의 라틴어에서 파생했다. 멘토는 그의 제자가 성인으로 향하는 전선을 넘을 때 그를 보호하는 것이 목적이다.

나의 경우를 보자. 나는 제자훈련과 멘토링을 분명하게 구별하지는 않는다. 이 둘 사이에는 공통된 부분들이 상당히 많다. 그러나 나는 멘토링 개념을 좋아한다. 왜냐하면 이것은 관계에 초점을 맞추기 때문이다. 이것이 바로 오늘날 우리가 교육에서 잃어가고 있는 것이다. 초·중·고등학교와 대학의 정형화된 교육에서든 가정과 교회와 사회의 비정형화된 교육에서든 상황은 마찬가지이다. 요즘 사람들은 이전과는 달리 서로 생명력 있는 활기찬 관계를 갖지 않는다.

그 결과 사내아이들은 남성이라는 사실이 의미하는 바가 무엇인지도 전혀 모르는 채 자라고 있다. 많은 사내아이들의 역할 모델, 즉 그들을 좋은 남편이자 좋은 아버지로 키워줄 역할 모델들이 형편없는 실정이며 심지어 그러한 모델마저 없는 아이들도 있다. 대부분의 사내아이들이 일에 대한 왜곡된 시각을 가지고 직장에 뛰어들고 있다. 그리고 우리 문화에서는 어린 사내아이들을 남성들의 모임에 참여시킬 수 있는 수단이 거의 없다. 그 때문에 수많은 남성들이 다른 남성들을 두려워하면서 살고 있다. 이들은 자신들에게 무엇이 기대되고, 자신들이 무엇을 기대해야 하는지 모른다. 무엇보다도 나쁜 상황은 우리가 그리스도 안에서 남자라는 사실이 의미하는 바에 대해 다음 세대에 물려주는 것이 거의 아무것도 없다는 것이다.

그러므로 중요한 것은, 나이 든 사람들이 어린 사람들을 이끌어 주고, 키워주는 그런 관계가 필요하다는 것이다. 이것은 역사를 통해 내려오는 형태이다. 이것은 또한 성경적인 형태이기도 하다.

제자 끌기

이제 우리는 옛 시절로 다시 돌아가 멘토링과 그 유익을 결정짓는 요인들을 다시 설정할 수는 없다. 그러기에는 세상이 너무 빨리 변하고 있다. 그러나 인간의 본성과 필요는 변하지 않는다. 멘토링에 대한 열망과 필요는 이전처럼 크다. 그러면 어떻게 이 고대의 기술을 다시 파악하여 주변사람들에게 유익하게 사용할 수 있는가? 젊은이들을 당신의 영향권 안으로 끌어들이기 위한 간단한 다섯 가지 전략을 제시하겠다.

그들을 찾을 수 있게 해달라고 하나님께 기도하라.
어떤 형태의 개인적, 영적 발전에서든 간에, 기도는 항상 우리의 출발점이어야 한다. 기도는 다른 사람과 연합하기 전에 하나님과 바르게 연합할 수 있게 해준다. 그리스도와의 이러한 수직적 관계가 먼저 이루어져야 한다. 다른 사람들과의 수평적 관계는 그 다음이다.

그러나 기도할 때, 우리는 하나님께 잠재적인 후보자들을 볼 수 있는 눈을 열어 달라고 간구해야 한다. 우리가 조금 앞에서 던진 질문에 비추어볼 때, 우리는 이렇게 간구할 수 있다. "주님, 제가 주는 것을 이용할 수 있는 사람이 누구입니까? 그 사람을 찾을 수 있도록 제 눈을 열어주옵소서." 이와 마찬가지로, 당신은 14장에서 내가 작성하라고 말한 잠재적인 후보자 명단을 보면서 한 사람 한 사람을 두고 기도할 수 있을 것이다. "주님, 이 명단에 제가 섬기길 원하시는 사람이 있습니까? 여기에 제가 관심을 기울여야 할 이름이 있습니까?"

확신하건대, 당신이 디모데와 같은 사람을 구하는 기도를 드린다면 하나님께서는 조만간 당신에게 그런 사람을 보내주실 것이다. 사실 하나님께서는 이미 그런 사람을 보내주셨는지도 모른다.

당신이 기도하는 이유는 그를 찾아내기 위해서이다. 기도는 당신으로 하여금 사람들을 다른 방법으로 보도록 도와주는 필터나 렌즈의 역할을 한다. 하나님께서는 가장 가능성 있는 후보자들 외에는 모든 것을 제외시켜 당신이 적임자를 가장 빠르게 찾을 수 있도록 하는 데 당신의 기도를 사용하실 수 있다.

당신의 전문분야에서 시작하라.

멘토링으로 이어질 수 있는 관계를 시작하는 가장 자연스러운 방법 중 하나는 당신에게 친숙한 것으로부터 시작하는 것이다. 그렇게 함으로써, 당신은 가장 편안한 상태에서 가장 큰 자신감을 느낄 것이다. 또한 당신은 관계가 처음 형성될 때 자주 생기는 긴장을 피할 수 있다.

당신이 능력이 있거나, 훈련받은 부분에서 곤란을 겪고 있는 연하자를 만나면 그에게 도움을 주도록 하라. 예를 들어, 당신과 같은 교회에 다니는 사람이 기도모임에서 세금문제로 어려움을 겪고 있다고 말했는데 우연히도 당신이 회계사라고 생각해 보자. 당신은 그의 집에 잠깐 들러 몇 가지 조언을 해주겠다고 제안할 수 있는가? 당신이 그 사람 대신에 세금을 내줄 필요는 없다. 그가 그 상황을 헤쳐나가는 동안 지원자의 역할만 하면 된다.

또는 당신이 연관공인데 우연히도 이발소에서 옆에 앉은 친구가 하는 말을 들었다고 해보자. "저희 노모께서 허름한 집에 사시는데 난방이 제대로 가동되지 않아요. 그런데 수리공이 와서는 잘못된 곳을 찾아내는 데만 7만 원을 달라고 하더랍니다." 당신이 고장난 곳을 수리할 수는 없을지라도 어디가 문제인지는 찾아낼 수 있을 것이다. 그러면 그 친구에게 함께 어머니 댁으로 가서 난방시설을 살펴보자고 제안할 수 있지 않은가?

당신의 전문분야를 통해 관계를 시작할 수 있는 또 다른 방법은 당신이 알고 있는 것을 가르쳐주는 것이다. 당신은 변호사인가? 그렇다면 교회의 젊은 부부들에게 유언장 작성법에 대한 워크샵을 열 수 있을 것이다. 당신은 임상병리사인가? 그렇다면 일련의 대학생들에게 인공 호흡법에 대해 가르쳐줄 수 있을 것이다. 당신은 특수교육 교사인가? 그렇다면 고등학생에게 수화를 가르쳐줄 수 있을 것이다.

중요한 것은 사람들에게 당신의 전문지식을 제공하는 것, 그 자체가 가치가 있을 뿐만 아니라 그렇게 함으로써 다른 사람의 필요를 충족시켜주고, 당신의 지식을 나누어줄 수 있다는 것이다.

이렇게 함으로써 당신은 젊은이들과 계속적인 관계를 가질 수 있게 된다. 당신이 제자를 찾기 위해 이러한 관계를 시작한다면 당신은 꼭 찾을 것이다. 마침내, 당신은 다른 사람들의 삶을 부요하게 할 것이다.

젊은이들과 가까이 있어라.

젊은이들을 끌기 원한다면, 당신은 그들을 당신의 마당으로 데려오거나, 당신이 직접 나가서 그들의 마당에서 그들을 만나야 한다. 당신이 그들이 있는 곳으로 간다면 그들을 훨씬 더 많이 만날 것이다.

이렇게 할 수 있는 최선의 방법 중 하나는 자원해서 젊은이들과 함께 일하는 것이다. 커브 스카웃(Cub Scout, 꼬마 스카웃)이나 보이 스카웃 지도자로 봉사하는 것도 한 방법이다. 또 다른 방법은 리틀 야구단이나 축구팀을 코치하는 것이다. 그러나 다른 방법도 얼마든지 있다. 교회학교 교사를 하거나 교회 젊은이들의 모임을 돕는 것도 있을 수 있다. 여름수련회에서 교사로 봉사할 수도 있다. 아동 박물관에서 안내자로 일하거나 도서관에서 아이들에게 이야기책을 읽어주는 일을 할 수도 있다. 지방학교에서 자원 교사로 일할 수도 있다(많은 초등학교와 2차 교육기관들이 최근에 공식적인 멘토링 프로그램을 도입했다. 그러므로 이것도 하나의 방법이 될 수 있다.).

당신이 연하자들과 접촉하기 위해 할 수 있는 일이라면 무엇이든지 하라. 내게 이렇게 말하는 사람들도 있을 것이다. "헨드릭스 선생님, 선생님께서는 언제나 저희들에게 '젊은이들은 멘토에 굶주려 있다'고 말씀하십니다. 하지만 저는 멘토를 한 사람도 만나본 적이 없습니다." 그러면 나는 이 친구가 어떻게 시간을 보내는지 살펴본다. 그는 언제나 또래들과 같이 지낼 뿐이다. 사무실에서, 골프장에서, 교회에서도 그렇다. 그의 주변에는 대학 때 이후로 그보다 어린 사람이 없다. 그 결과 그는 외톨이다. 그는 동료들과 또래들이라는 편안한 고치 속에 고립되어 있다. 당신은 이렇게 되지 않도록 하라!

상호작용을 위해 '위험성이 낮은' 기회를 제공하라.

당신의 마당에서 연하자를 만나는 것이 좋다. 때때로 그를 알게 되는 방법은 그를 그의 마당에서 벗어나게 하고 그의 거처에서 끌어내는 것이다. 그가 '홈 그라운드의 이점'을 가지고 있을 때, 자신이 처한 환경에 너무나 큰 영향을 받을 수 있기에 당신은 그의 진정한 모습이 어떤 것인지 결코 알아내지 못할 수 있다.

이것은 아웃워드 바운드(Outward Bound) 및 이와 유사한 프로그램에 담겨 있는 전략이다. 이러한 프로그램에서는 사람들을 한 팀으로 만들어 황야로 내몬다. 그러면 그 팀의 역학구조가 갑자기 바뀐다. 사무실에서는 대단해 보였던 사람들이 갑자기 자신감을 잃게 되고, 반면에 수동적이며 소극적으로 보이던 사람들이 새로운 지도력을 발휘한다. 한 사람을 알기 위해 그와 함께 암벽등반이나 급류타기를 하라는 말이 아니다. 다만 관계가 형성될 수 있도록 '위험성이 낮은' 기회를 제공하라는 것이다. '낮은 위험성'이라는 말은 그 누구도 강제로 어떤 행동을 할 필요가 없고, 그 누구도 판단받지 않는 상황을 말한다. 그 목적은 좋은 시간을 가지며 서로 함께하는 시간을 즐기자는 데 있다.

예를 들면, 당신은 한 무리의 젊은이들을 집에 초대하여 함께 요리를 할 수도 있다. 당신은 조리기구와 불을 준비하고 그들에게는 고기를 가져오라고 하라. 또는 몇 명이서 함께 사냥이나 낚시를 갈 수도 있다. 또는 몇 명이서 함께 저녁에 야구장을 찾을 수도 있다. 또는 몇 명이 날을 잡아 함께 교회의 특별한 일을 할 수도 있다. 당신은 이 날의 일과를 아이스크림 파티나 수영장을 찾는 것처럼 마음 편한 일로 끝낼 수도 있다.

당신에게 어떤 것이 효과가 있을지 당신의 상상력을 동원하여 생각해 보라. 이러한 만남에는 두 가지 목적이 있다. 하나는 즐거운 시간을 가지는 것이며, 다른 하나는 젊은이들과 함께 시간을 보내면서 당신이 그들 중 누구와 잘 통하는지 알아보는 것이다.

유망한 후보자를 당신의 사적인 일에 초대하라.

제자로 삼을 구체적인 대상을 정했다면, 그에게 일대일의 관심을 기울여야 한다. 다시 말하자면, '위험성이 낮은' 행동을 취하라. 당신은 그에게 점심을 사줄 수도 있다. 또는 그와 함께 골프를 칠 수도 있다. 또는 당신이 참여하고 있는 특별 이벤트나 모임에 같이 가자고 그를 초대할 수도 있다. 또는 그에게 전화를 걸어 상자를 옮기거나, 나뭇가지를 치거나 낙엽을 쓰는 것처럼 당신이 하고 있는 구체적인 일을 도와 달라고 할 수도 있다.

이런 제안을 함으로, 당신은 이 젊은이에게 아무런 부가적인 조건을 내세우지 않고 그를 당신의 영역, 당신의 마당으로 초대 할 수 있는 것이다. 이러한 초대는 그에게 매우 귀중하며, 여러 사람이 모인 상황에서 더 긴밀하게 서로를 대할 수 있는 기회를 제공한다. 당신과 그와의 관계는 더 깊어지지 않을 수도 있다. 당신과 그의 관계는 그저 친구 사이로 남을 수도 있으며, 깨질 수도 있다. 그러나 적어도 당신은 그 사람을 가까이서 관찰했으며, 그에게도 당신을 가까이서 관찰할 수 있는 똑같은 기회를 제공한 것이 된다.

성인 테스트

이러한 다양한 제안을 생각하면서, 당신은 이런 의문이 들 것이다. "이 모든 것의 핵심이 무엇인가? 이러한 개념은 그저 상당한 사교성을 기르는 것과 몇몇 젊은이들에게 좋은 사람이 되는 것으로밖에 보이지 않는다. 이러한 제안들에 대한 실천이 무엇을 이룰 것인가?" 그 대답은 당신이 연하자들이 성인식을 치를 수 있는지 테스트하고 있다는 것이다.

이 말이 지나치게 어렵게 들린다면 이렇게 생각해 보라. 역사적으로 대부분의 사회에는 인생에서 주요한 전환점을 표시하는 의식이 있었다. 나는 최근에 아내 진과 함께 갔던 이스라엘 여행을 잊을 수 없다. 예루살렘에 있는 통곡의 벽을 찾았을 때, 우리는 다섯 명의 아이들이 성인식을 치르는 것을 보았다(유대인 남자들은 13세가 되는 생일에 성인식을 치름으로 종교적 의무와 책임을 지게 된다 - 역자 주). 유대인 아버지, 삼촌, 그 밖의 가족이 성인식을 치른 아이들을 어깨에 태우고 신성한 곳을 중심으로 돌며 춤을 추고 구경꾼들과 여자들이 사탕을 던져주는 모습을 지켜보는 것은 내게는 정말 황홀한 경험이었다. 나는 아내 쪽을 돌아보며 "여보, 이 아이들은 오늘을 결코 잊지 못할 거요!"라고 말했다.

미국문화에는 이와 비슷한 것이 있는가? 아마 없을 것이다. 우리의 세속적인 사회는 사실상 삶의 의식들을 제거해 버렸다. 그 결과 이제는 많은 사람들이 자신이 서 있는 위치를 더 이상 알지 못하게 되었다. 이들은 당혹감에 빠져 있다. "내가 아이인가 어른인가? 내가 충분히 알고 있는가? 그렇지 못한가? 내가 능력이 있는가 없는가? 내가 존경을 받고 있는가 아닌가? 나는 중요한 인물인가 아닌가?"

당신은 한 젊은이를 당신의 세계에 초대함으로써 이러한 자신감 결여라는 문제의 해결을 도울 수 있다. 작가인 게리 스맬리(Gary Smalley)와 존 트렌트(John Trent)가 아주 적절하게 표현했듯이, 당신은 사회의 한 곳에서 그에게 내려지는 '복' 을 여러 방법으로 제안한다.

당신은 이렇게 말할 것이다. "하지만 당신의 제안은 너무 간단합니다. 한 젊은이를 점심에 초대하라. 그와 함께 야구장에 가라. 그와 함께 보트를 타라. 이것들은 너무나 쉽게 보입니다."

당신 말이 옳다! 이것들은 실제로 쉽다. 나는 지금 어려운 뇌수술을 말하고 있는 것이 아니다!

나는 지금 어느 누구든 할 수 있는 일을 말하고 있다. 너무나 많은 사람들이 이런 것을 하지 않고 있으며, 하고 있더라도 불행하게 이를 최대한으로 이용하지 못하고 있는 것이 사실이다.

당신은 젊은이에게 커피 한 잔을 살 수 있는가?

당신도 알다시피, 나는 사람들에게 멘토가 되라는 도전을 주고 있다. 어떤 사람은 나에게 이렇게 말할 것이다.

"헨드릭스 형제님, 저는 제가 멘토가 될 수 있다고 생각하지 않습니다. 저는 멘토가 되기에 필요한 조건을 갖추지 못했습니다."

"정말 그렇습니까? 당신은 젊은이에게 커피 한 잔 사주실 수 있습니까?"

"예."

"당신은 단체 소풍에서 그 사람을 당신 옆에 앉힐 수 있습니까?"

"예, 그렇게도 할 수 있습니다."

"당신은 장모님을 모셔다드리러 공항에 가려 하는데 그에게 함께 가자고 부탁할 수 있습니까?"

"예 그렇게 할 수 있을 것 같습니다."

"좋습니다! 당신은 충분히 멘토링 관계를 세울 수 있습니다."

"하지만 그 관계가 어떤 유익을 가져다줍니까?"

아직도 확신을 갖지 못하고 이렇게 묻는 사람들이 있다. 그러면 나는 이들에게 또 다른 질문으로 대답한다. 당신이 퇴근해서 집에 돌아왔을 때 아이들과 함께 시간을 보내는 일이 어떤 유익을 가져다주는가? 제 말은 당신이 하는 것이라곤 '그저' 소프트볼을 던져주는 일뿐이라는 뜻이다. 당신이 하는 것이라곤 '그저' 인형 목소리를 내며 말을 하는 것뿐이다. 당신이 하는 것이라곤 초롱초롱한 눈망울로 당신을 바라보는 아기와 '그저' 마루를 뒹구는 것뿐이다. 그런 일이 어떤 유익을 가져다주는가?

상당한 유익

여기에 대한 대답은 "상당한 유익을 가져다줍니다!" 이다. 하나님께서는 생활의 가장 중요한 부분을 가장 단순하게 만드셨다는 점에서 우리에게 은혜를 베푸셨다. 그것들은 거의 누구나 할 수 있는 것들이다. 그것들의 중요성과 의미는 일시적으로 볼 때는 하찮아 보인다. 그러나 전체적으로 볼 때 그 유익은 시간이 지남에 따라 눈에 띄게 된다. 이것은 매일 천 원씩 은행에 예금하는 것과 같다. 천 원이라고? 도대체 그걸로 뭘 한단 말인가? 그러나 1년, 5년, 10년, 평생을 그렇게 해보라. 그리고 거기다가 쌓인 이자까지 덧붙여 보라. 당신은 상당한 유익을 얻을 것이다!

더욱이, 마지막으로 중요한 것은 당신이 연하자와 보낸 시간이 유익했느냐, 아니냐에 대한 당신의 평가가 아니다. 중요한 것은 그의 평가이다. 확신컨대, 다행히도 그가 당신이 해야 하는 독특한 헌신을 받아들일 수 있을 만큼 마음과 삶이 하나님에 의해 준비되어 있다면, 당신과 그와의 관계는 이루 헤아릴 수 없을 정도로 가치를 가질 것이다.

빌(이 책의 저자인 윌리엄 헨드릭스)에게는, 지금 미시시피 멘덴홀에 있는 멘덴홀 목회자 협회(Mendenhall Ministries) 회장직을 맡고 있는 돌퍼스 웨리(Dolphus Weary)라는 좋은 친구가 있다. 그는 1950년대와 60년대 미시시피 강변의 시골에서 극심한 가난을 겪으며 자라났다. 돌퍼스는 흑인으로 태어났기 때문에 그 지역의 인종차별이라는 가혹한 시련을 직접 겪었다. 청소년이 되었을 때, 그는 이렇게 믿게 되었다. "내가 어떤 일을 하더라도, 내가 아무리 열심히 일하더라도 여기에서는 언제나 이류일 뿐이야. 이곳의 제도는 내게 너무나 적대적이야. 여기에 있는 한 언제나 하루하루 살아갈 뿐 미래가 없을 거야. 여기는 그런 곳이야. 이런 상태는 결코 바뀌지 않을 거야."

다른 많은 흑인 젊은이들처럼 돌퍼스가 기회만 주어진다면 미시시피를 떠나 다시 돌아오지 않겠다고 결심한 것은 전혀 이상한 일이 아니었다. 그러나 그런 기회는 전혀 오지 않았다. 고등학교를 끝마칠 무렵, 돌퍼스는 '나는 여기에서 막노동이나 하면서 살 팔자인가 보다'라고 생각하게 되었다.

그러나 하나님께는 돌퍼스 웨리의 인생에 목적한 바가 있었다.

하나님께서는 그를 미시시피에서 끌어내셨다. 그러나 결국에는 그를 다시 그곳으로 돌아가게 하셔서 그곳에서 사역하게 하셨다. 그의 삶의 중요한 전환점은 열광적인 한 농구시합에서 찾아왔다. 그것은 돌퍼스가 다니는 하퍼 고등학교와 그 지역의 또 다른 흑인 학교인 뉴 힘 고등학교의 시합이었다.

전반전이 끝났을 때 우리 팀이 45대 12로 이기고 있었습니다. 농담이었습니다만 상대팀 아이들이 코치가 뛰면 안 되겠느냐고 물었습니다. 그 팀 코치는 왕년에 미시시피에서 가장 큰 흑인대학 농구팀의 스타 플레이어였습니다. 우리는 그래도 좋다고 했습니다.

10분 후 후반전이 시작되었을 때 경기 양상은 완전히 바뀌었습니다. 우리 팀 선수들은 전반전처럼 슛을 잘 쏘고 있었습니다. 그러나 문제는 수비였습니다. 상대팀 코치가 거듭해서 골을 넣었습니다. 상대팀 선수들은 점점 더 사기가 올랐습니다. 경기장이 그들의 홈코트였기 때문에, 그 코치가 점수를 2점차로 줄이자 관중들은 소리를 지르며 열광했습니다.

30초가 남았을 때 그들이 작전타임을 불렀습니다. 작전은 코치에게 공을 주어 마지막 슛을 쏘게 하는 것이었습니다. 그래서 우리는 한 사람이 한 사람씩 맡는 일대일 수비로 바꾸었습니다.

나는 언제나 내가 훌륭한 수비수라고 생각했습니다. 그래서 나는 자원해서 그 코치를 맡겠다고 했습니다. 나는 그 상황에서 그가 원하는 것은, 그 슛을 성공시켜 동점을 만들어 연장전을 하는 것임을 알고 있었습니다. 그는 재빨리 왼쪽으로 몸을 돌렸습니다. 하지만 내가 이미 그곳을 가로막고 있었습니다. 그는 주위를 돌아보면서 패스할 기회를 찾았습니다. 하지만 아무 데도 패스할 데가 없었습니다. 그는 드리블을 하면서 골대를 향해 달려갔습니다. 저는 그의 뒤를 쫓아갔습니다! 남은 시간은 5초였습니다. 그가 마침내 슛을 던지려 했을 때 제가 그를 향해 점프를 했습니다. 저는 점프를 아주 잘 하는 선수였습니다. 그러자 그는 공중에서 동작을 바꾸어 슛을 날렸습니다. 볼은 링을 맞고 튕겨져 나가버렸습니다!

관중들은 흥분했습니다. 그들은 우리에게 돌이라도 던질 기세였습니다. 그런데 그 때 믿지 못할 일이 일어났습니다. 우리는 모두 라커룸으로 향하고 있었습니다. 그 때 상대팀인 뉴 힘 고등학교 코치가 다가와 내 어깨에 손을 얹고는 "너 대학에서 농구 해보겠다고 생각해 본 적 있니?"라고 물었습니다.

나는 깜짝 놀라 눈이 휘둥그레졌습니다! 그 순간의 느낌은 도저히 말로 표현할 수 없습니다. 저는 농담이려니 했습니다. 그러나 그의 눈을 보았을 때 그가 농담을 하는 것이 아님을 알 수 있었습니다. 그리고 제게 중요했던 것은 제 어깨를 감싼 그의 손길이었습니다. 그것은 그가 내게 준 진정한 의미의 자신감과 존경심이었습니다. 제가 속했던 팀 코치는 한 번도 제게 그런 말은 고사하고 그와 비슷한 말도 한 적이 없었습니다.

그러나 저는 곧바로 제가 왜 대학에서 농구선수로 뛸 수 없는지 갖가지 변명을 늘어놓기 시작했습니다. "저요? 저는 키가 너무 작습니다. 그리고 저는 외곽 슛도 그다지 좋지 못합니다. 거기다가 저는 가드로 위치를 바꾸어야만 할 겁니다. 그리고 …." 나는 여러 가지 이유를 하나씩 열거했습니다.

그러나 그 코치는 나를 붙잡고 계속 이야기를 했습니다. 내 평생 처음으로 나는 내게도 대학팀에서 뛸 수 있는 자질이 있을지 모른다고 생각하기 시작했습니다. 내게 그런 자질이 있다면, 나는 장학금을 받으며 대학엘 다닐 수 있을 것입니다.[1]

그 코치는 한 가지 간단한 질문을 했을 뿐이었다. "너 대학에서 농구를 해보겠다고 생각해 본 적 있니?" 그것은 누구나 물을 수 있는 질문이었다. 그러나 하나님께서 뉴 힘 고등학교의 이 코치를 돌퍼스에게 보내주시기 전에는 그에게 그렇게 물은 사람이 아무도 없었다. 이 한 번의 질문이 돌퍼스로 하여금 마침내 대학에 들어가고, 목회에 뛰어들고, 고향 사람들에게 복음의 소망을 전하기 위해 다시 미시시피로 돌아가게 하는 일련의 사건들을 일으키는 계기가 되었다. 지금 멘델홀 목회자 협회는 뿌리깊은 가난을 기독교적인 시각에서 다루는 부분에 있어서 미국의 다른 수많은 단체의 귀감이 되고 있다.

　당신의 인생에서도 돌퍼스 웨리와 같은 사람, 즉 숨막히는 장애물들을 극복하려고 노력하는 젊은이가 있다. 그가 직면하는 장애물들은 돌퍼스가 겪었던 인종차별일 수도 있다. 그것들은 낮은 자부심, 제한된 자원, 개인적인 문제, 어리석은 실수로 생기는 결과일 수도 있다. 또는 우리 중 많은 사람들이 '사소한' 장애물들, 즉 성장과정에서 참아내야 하는 '힘든 역경' 중 일부에 지나지 않는다고 생각하는 것일 수도 있다. 그 젊은이가 직면하고 있는 장애물이 어떤 것이든 간에, 당신은 그 장애물을 건너는 다리가 될 수 있다. 그러나 당신의 초대 없이는 그가 그 다리를 건널 수 없다. 당신이 "커피 한 잔 사도 되겠니?"라고 말하기를 그가 기다리고 있는 것도 바로 이 때문이다.

멘토링에 대한 성경적 기초

신약성경에서 멘토링을 말하고 있는 구절

이에 열 둘을 세우셨으니 이는 자기와 함께 있게 하시고 또 보내사 전도도 하며 (막 3:14)

무릇 온전케 된 자는 그 선생과 같으리라 (눅 6:40b)

그러므로 내가 너희에게 권하노니 너희는 나를 본받는 자 되라 (고전 4:16)

내가 그리스도를 본받는 자 된 것같이 너희는 나를 본받는 자 되라 (고전 11:1)

형제들아 너희는 함께 나를 본받으라 또 우리로 본을 삼은 것같이 그대로 행하는 자들을 보이라 (빌 3:17)

너희는 내게 배우고 받고 듣고 본 바를 행하라 그리하면 평강의 하나님이 너희와 함께 계시리라 (빌 4:9)

그리스도의 말씀이 너희 속에 풍성히 거하여 모든 지혜로 피차 가르치며 권면하고 시와 찬미와 신령한 노래를 부르며 마음에 감사함으로 하나님을 찬양하고 (골 3:16)

또 너희는 많은 환난 가운데서 성령의 기쁨으로 도를 받아 우리와 주를 본받은 자가 되었으니 그러므로 너희가 마게도냐와 아가야 모든 믿는 자의 본이 되었는지라 주의 말씀이 너희에게로부터 마게도냐와 아가야에만 들릴 뿐 아니라 하나님을 향하는

너희 믿음의 소문이 각처에 퍼진고로 우리는 아무 말도 할 것이 없노라 (살전 1:6-8)

우리에게 권리가 없는 것이 아니요 오직 스스로 너희에게 본을 주어 우리를 본받게 하려 함이니라 (살후 3:9)

누구든지 네 연소함을 업신여기지 못하게 하고 오직 말과 행실과 사랑과 믿음과 정절에 대하여 믿는 자에게 본이 되어 (딤전 4:12)

나의 교훈과 행실과 의향과 믿음과 오래 참음과 사랑과 인내와… 네가 과연 보고 알았거니와 (딤후 3:10-11)

범사에 네 자신으로 선한 일의 본을 보여 교훈의 부패치 아니함과 경건함과 책망할 것이 없는 바른 말을 하게 하라 이는 대적하는 자로 하여금 부끄러워 우리를 악하다 할 것이 없게 하려 함이라 (딛 2:7-8)

하나님의 말씀을 너희에게 이르고 너희를 인도하던 자들을 생각하며 저희 행실의 종말을 주의하여 보고 저희 믿음을 본받으라 (히 13:7)

맡기운 자들에게 주장하는 자세를 하지 말고 오직 양 무리의 본이 되라 (벧전 5:3)

사랑하는 자여 악한 것을 본받지 말고 선한 것을 본받으라 선을 행하는 자는 하나님께 속하고 악을 행하는 자는 하나님을 뵈옵지 못하였느니라 (요삼 1:11)

제16장

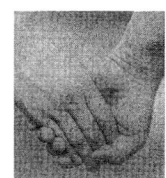

함께 배우고
성장하는 길

멘토링은 연날리기와 같다. 나는 것은 연이다. 그러나 연이 바람을 이용하기 위해서는 사람의 도움이 필요하다. 연은 줄이 끊어졌을 때 외에는 스스로 날지 않는다. 줄이 끊어졌을 때에는 바람에 이리저리 휩쓸리다가 마침내 땅에 곤두박질한다.

이처럼 당신은 멘토로서 한 젊은이가 현재의 상황을 이용하여 개인적인 성장과 성취라는 새로운 고도로 올라가도록 도와줄 수 있다. 이를 위해 당신은 자발적이며 적극적으로 그를 도와야 한다. 다시 말해, 당신은 여가시간을 활용하듯이 그와 관계를 맺어서는 안된다. 시간이나 때우려고 연을 날리는 소년과 같은 태도를 취해서는 안된다. 당신은 벤자민 프랭클린(Benjamin Franklin)과 같아야 한다. 그는 번개가 연을 때리길 바라면서 의도적으로 연을 띄웠다. 당신은 제자가 당신과의 관계에서 힘을 얻기를 바란다. 그러나 그러기 위해서는 어느 정도 당신의 지도가 필요하다.

이 장에서 나는 당신이 단순히 재미있는 시간을 갖는 관계를 넘어서서 '성장의 시간'을 갖는 관계를 세울 수 있는 방법을 몇 가지 제시하려 한다. '세운다'는 말에서 내가 말하고 있는 것은 꽉 짜여진 관계가 아니다. 당신도 알다시피, 이러한 관계에서는 당신과 제자가 서로 개성과 정열을 쏟아 붓지 않고 다만 정해진 대본을 따를 뿐이다. 누가 이런 시간을 가지려 하겠는가?

내가 말하고 있는 것은 당신과 제자 양쪽 모두 적극적이고 자발적인 참여이다. 양쪽 모두 이러한 관계를 갖길 원한다. 양쪽 모두 이러한 관계에 있어야 한다.

학습계약

출발점은 일종의 학습계약이다. 학습계약은 제자와 멘토 양쪽이 가지고 있는 항목과 기대, 관련된 진술이다. 이것은 공식적이며 기록된 문서일 수도 있고 비공식적인 구두진술일 수도 있다. 연관된 관계의 성격과 성장의 형태에 따라 학습계약의 형태가 결정된다.

예를 들어, 내가 한 학생에게 어떤 과정의 교습법을 가르치고 있다고 해보자. 그렇다면 나는 일종의 기록된 합의를 요구할 것이며, 여기에는 우리가 언제 어디서 무엇을 어떻게 함께할 것인가와 관련된 사항들이 명시될 것이다. 그렇지 않을 경우, 우리의 기대를 점검할 방법이 전혀 없을 것이며, 그의 발전을 재는 합의된 기준도 전혀 갖지 못하게 될 것이다. 어떤 과정의 교습법을 배우는 것은 아주 복잡한 일이다. 그러므로 우리는 서로 혼선을 빚기 쉽다. 기록된 합의가 없다면, 제자가 나를 찾아와 "저는 선생님께서 이런 일을 하실 것이라고 생각했습니다"라고 말할 때, 내가 움찔하여 "난 절대 그렇게 말한 적이 없네! 난 그렇게 합의한 적이 없네!"라고 말하는 사태가 벌어질 것이다. 그러므로 합의사항을 기록으로 남겨두는 것이 더 낫다.

그러나 비공식적이고 목표가 다소 낮은 관계일 때는 기록된 학습계약이 꼭 필요한 것이 아니다. 물론 나는 어떤 젊은이가 한 달 건너 한 번씩 찾아와서 그의 직장과 결혼문제에 대해 이야기를 늘어놓는다는 이유만으로, 그에게 공식적인 학습계약서를 작성하라고 요구하지는 않을 것이다. 다른 한편으로, 관계가 의도적인 것이 되어야 한다면, 당신과 제자는 초기 어느 시점에서 그 관계에 필요한 것과 함께 시간을 보내는 목적을 분명히 해두어야 한다.

이것이 부담이 되거나 위협적인 것이 되어서는 안된다. 이것은 제자가 "다음 주에 같이 점심식사할 수 있을까요?"라고 묻고, 당신이 "물론입니다. 무슨 일입니까?"라고 대답하는 것처럼 쉬운 것일 수 있다. 그는 이렇게 말할 수도 있다. "저희 회사 사장님께서 저에게 어떤 새로운 일을 맡기셨습니다. 그래서 조언이 필요합니다." 그러면 당신은 이렇게 말한다. "정말 잘 됐군요! 제가 조금이나마 도움이 될 수 있다니 정말 기쁩니다. 11시 45분에 만납시다. 1시 15분에는 다른 약속이 있거든요. 괜찮겠습니까?"

이러한 대화의 이점은 당신이 무엇을 기대해야 하고, 무엇을 준비해야 하는가를 가르쳐준다는 것이다. 이것은 또한 제자에게, 당신에게 시간적인 제한이 있다는 것을 알게 해준다.

비공식적인 학습계약의 또 다른 예를 보자. 당신이, 어떤 사람이 새로운 기술을 발전시키는 것을 도와주기로 약속했다고 하자. 그것이 작문이라고 하자. 그 사람은 글쓰는 재주가 어느 정도 있으며, 당신은 그가 그 재능을 계발하도록 도전을 주었다. 마침내 그는 "됐습니다. 선생님께서 도와주시면 제 스스로 글을 쓰겠습니다"라고 말한다. 그래서 당신은 "좋습니다. 어느 정도 걸리겠습니까?"라고 묻는다. 그는 "글쎄요, 한 달 정도면 수필 하나 정도 쓸 수 있을 것입니다"라고 대답한다. 그러면 당신은 이렇게 말한다. "좋습니다. 당신이 수필을 다 쓰고 나면 그 후 네 달 정도 함께 노력해 봅시다. 수필을 다 쓴 후에 저에게 보내주십시오. 그러면 제가 읽어보겠습니다. 그 다음에 같이 만나 이야기해 봅시다. 이렇게 당신이 쓴 수필을 네 개 정도 살펴본 후 당신의 글솜씨가 어느 정도 나아졌는지 알아보기로 합시다. 그러면 되겠습니까?"

이것은 유익한 합의이다. 이것은 구두합의로 비공식적이지만 분명한 합의이다. 이것은 의도적이다. 그리고 이것은 그저 "당신도 알다시피, 당신 스스로 글을 써야 합니다"라고만 말하고, 당신이 그를 어떻게 도울 것인가에 대해서는 아무런 힌트도 주지 않고 내버려두는 것보다 훨씬 더 효과적이다.

그런데 학습계약을 하는 데 있어 당신에게 부탁하고 싶은 것이 있다. 그것은 무한정 제자에게 매달려 헌신함으로 당신의 진을 빼지 않도록 하라는 것이다. 언제까지라는 아무런 합의도 없이 매주 제자를 만나주겠다는 약속을 하지 말라. 재평가를 하고 재정비를 할 날짜를 정하라. 이렇게 함으로써 당신과 제자는 설령 상황이 여의치 않더라도 그 상황에서 유익을 얻는 '흠이 없는' 수단을 얻게 된다. 상황이 좋다고 하더라도 상황은 불가피하게 바뀌게 마련이다. 스케줄이 바뀌며, 다른 합의가 바뀌고, 새로운 요구가 등장하며, 목표가 성취된다. 학습과정에 목표점을 정함으로, 당신은 학습기간에 융통성을 부여할 수 있다. 당신은 학습기간을 정할 수도 있다.

항목(목표와 계획) 정하기

학습계약에서 가장 중요한 부분 중 하나는 항목(목표와 계획)을 정하는 것이다. '항목'(agenda)이라는 말은 주로 '비밀계획'(hidden agenda)이라는 말과의 연관성 때문에 어떤 모임에서는 그다지 유쾌하게 들리지 않을지 모른다. 게다가, 어떤 사람들은 항목들이 부자연스럽고 경직된 관계를 낳는다고 주장한다. 그들의 태도는 "내 스타일 구기지 마라! 내게 아무것도 강요하지 마라. 그냥 이대로 내버려두어라. 다만 '관계를 갖자'"라는 것이다.

글쎄 '그저 관계를 갖는 것'이 이 사람들을 성장, 발전시킬 수 있을까? 그럴 수 있다면, 나는 "좋아요, 그렇게 합시다!"라고 말할 것이다. 교회의 예배용 의자들과 교실 책상들을 들어내고 바닥에 방석과 베개를 놓고도 예배드리고 공부할 수는 있다.

그러나 학습과정은 이렇게 이루어지지 않는다. 당신이 어느 곳에 도달하려고 애쓰고 있다면, 당신은 그곳에 가는 방법을 알아야만 한다. 당신이 성장하거나, 다른 사람이 성장하는 것을 도우려고 애쓰고 있다면, 당신은 학습목표가 무엇이며, 그것을 성취할 수 있는 방법이 무엇인가를 알아야만 한다. 이것이 바로 항목이 의미하는 바이다. 목적에 대한 진술과, 그것을 성취하기 위한 계획이 바로 항목이 의미하는 바이다. 이것들을 모두 책상 위에 펼쳐놓으라. 절대 감추지 말라. 당신이 제자 입장에서, 당신이 원하는 바를 말하라. 나에게 당신이 바라는 것, 당신이 두려워하는 것, 당신이 의심하는 것을 말하라. 당신이 내게 바라는 것을 내게 말하라. 나는 그것에 대해 '예' 나 '아니오' 라고 말할 수는 있지만 당신의 마음은 읽을 수 없다.

다른 한편으로, 내가 멘토의 역할을 하고 있다면 나도 내 카드들을 책상 위에 펼쳐놓아야 한다. 내가 지금 이곳에 있는 이유가 여기에 적혀 있다. "내가 생각하기에 이것들이 당신이 해야 하는 것들이다. 이것들이 내가 당신에게 추천하는 것들이다. 나는 내 마음에 있는 모든 것을 당신에게 말할 필요도 없다(그리고 그렇게 할 수도 없다). 그러나 당신의 배움과 성장에 영향을 미치는 한, 그리고 내가 관여하는 한, 나는 최대한으로 솔직해야 한다. 숨기는 게 없으면 놀랄 일도 없다."

제자의 역할

이제 이렇게 말했으니, 당신은 제자와 어떻게 항목을 설정하겠는가? 나는 8장에서 이것에 대해 제자의 시각에서 말했다. 여기에서 두 가지를 덧붙이고 싶다. 첫째는 당신이 무엇을 하든 간에 당신이 아니라 당신의 제자가 항목을 정하도록 하라는 것이다. 그는 항목을 정하는 데 당신의 도움을 필요로 할 것이다. 사실, 당신의 가장 큰 기여는 그를 돕는 것이다 - 나는 그에게 그가 원하는 것과, 필요로 하는 것을 훑어보도록 '강요하라'고는 말하고 싶지 않다. 오히려 당신은 그가 항목을 결정하도록 허용해야 한다. 당신이 그를 위해 항목을 결정해 줄 수는 없다.

이것은 당신에게 충격적일 수도 있다. 그러나 이것은 45년이 넘는 동안 학생들의 학습을 돕는 일에 일생을 바쳐 온 나의 산 경험에서 나온 말이다. 당신도 알다시피, 학문의 세계에서 우리는 학생들을 항목으로 끌어들이거나 그들을 위해 항목을 정한다. 우리는 그들에게 이렇게 말한다.

"자, 나누어준 자료를 보세요. 여러분은 수업에 빠져서는 안됩니다. 이런 이런 책들을 읽어야 합니다. 이런 이런 보고서들을 제출해야 합니다. 이런 이런 스케줄에 따라야 합니다. 이런 이런 시험들을 봐야 합니다. 이것들을 다 끝내면, 우리는 여러분에게 학위를 줄 것입니다. 그리고 여기 등록금 고지서가 있습니다."

그러고서 우리는 학생들이 왜 강의실에서 그렇게 지루해하는지 의아해한다. 우리는 가장 기본적인 교육법칙 중 하나를 범하고 있다. 사람들은 자신들이 사용할 수 있는 것을 배울 뿐이다.

어떤 지식이 사용될 곳이 없다면, 사람들은 그것을 배우지 않을 것이다. 그들은 그것을 쓰고, 정리하고, 시험지에 그대로 적을 수는 있다. 그러나 이것이, 그들이 그것을 배웠다는 것을 의미하지는 않는다.

학습(배움)에는 변화가 포함된다. 배움의 과정을 겪은 후에 배우는 사람은 다른 사람이 된다. 그렇지 못하다면, 배움이 무슨 소용이 있겠는가? 그러나 그가 스스로 일어나는 모든 변화를 완전히 제어한다. 배우는 사람이 항목을 더 많이 정할수록 더 많이 배우는 것도 바로 이 때문이다. 그리고 당신의 제자가 그의 목적들을 설정하는 것을 당신이 더 많이 도와줄수록 당신의 가르침은 그만큼 더 많은 결실을 맺을 것이다.

멘토의 역할

이것은 우리를 두번째 핵심으로 인도한다. 지금 당신의 제자가 그의 필요나 그것을 충족시키는 방법에 대해 모든 것을 알고 있다고 말하는 것이 아니다. 그렇다면 그에게는 당신의 개입이나 도움이 필요없을 것이다. 그에게 그가 하고 싶은 것과, 그것을 하는 방법을 결정하도록 하라. 그런 다음에 당신이 그의 항목들을 개선할 수 있는 방법들을 제시하라. 예를 들면, 당신의 제자가 "저는 정말 하나님의 말씀을 배우고 싶습니다"라고 말했다고 하자.

그는 성경에 대한 무지가 자신의 영적 발전을 가로막고 있다고 생각한 것이다. 그러므로 그는 성경을 배울 필요가 있다. 그리고 그는 정말 여기에 모든 것을 걸고 싶어한다. 그는 당신에게 "제 계획은 1년 동안 성경 전체를 연구하는 것입니다"라고 말한다.

당신은 내가 이러한 사람에게 무슨 말을 할지 아는가? 무엇보다도, 나는 그의 생각을 강하게 지지할 것이다. "이봐 친구, 그 계획 참 멋지구만! 자네는 절대적으로 옳아. 말씀을 제쳐두고는 조금도 자라지 못하지. 정말 훌륭한 생각이네!"

하지만 그런 다음 나는 그에게 방법을 조금 바꿔보라고 말할 것이다. "자네도 알다시피, 성경은 그리만만한 책이 아니네. 그 속에는 66권이 들어 있네, 자네 계획이 현실적이라고 생각하는가? 한 달에 한 권씩 연구하는 게 어떤가? 내가 도와주겠네. 좀 쉬운 부분, 예를 들면 마가복음부터 시작하세. 마가복음은 16장밖에 안 되거든. 그리고 마가복음은 그리스도의 일생에 대한 것이거든. 이번 주에 자네가 마가복음을 한 번 읽어보게. 그리고 다음 주에 그 내용에 대해 이야기하도록 하세. 다섯 주 동안 마가복음을 공부하는 거네. 괜찮겠나?"

당신은 내가 무엇을 하고 있는지 알겠는가? 나는 지금 그의 계획에 성공이란 것을 다져넣으려고 애쓰고 있다. 경험적으로 보건대, 그가 1년 동안에 66권이나 되는 책들을 깊이 있게 연구할 수 없다는 것은 너무나 뻔하다. 그가 애를 써봐도 좌절을 느끼며 나뒹굴어질 것이다. 그는 지금까지 이런 길을 걸어본 적이 없다. 그래서 그는 자신이 무엇을 해야 하는지 모르고 있다. 나는 그의 좋은 의도가 좋지 못한 경험으로 끝나길 원치 않는다. 그래서 나는 성공에 대한 더 큰 약속을 주는 실제적인 대안을 제시하는 것이다. 물론 그는 내 조언을 거부할 수도 있다.

그래도 괜찮다. 그는 조만간 모든 것을 알게 될 것이다. 그러나 최소한 나는 그에게 내가 그의 곁에서 그가 노력하는 것을 지원하고 있다는 사실을 깨닫게 해주어야 한다.

성장 촉진 전략

항목에 대한 논의는 내가 사람들에게 멘토의 역할을 하라는 도전을 줄 때 자주 물었던 질문으로 이어져 있다. "하워드, 나는 연하자에게 영향을 미치는 것이 가치 있다는 것은 알고 있네. 하지만 솔직히 말해 무엇을 해야 할지는 모르겠네. 대화를 못한다거나 조언을 주지 못한다는 뜻은 아닐세. 하지만 장기간에 걸쳐 내가 무엇을 해야 하는가? 관계가 시작되고 서먹서먹한 관계가 끝났을 때 우리가 무엇을 해야 하는가?"

나는 이러한 염려를 이해한다. 하지만 솔직히 말해 이것은 거의 근거 없는 염려이다. 당신의 항목을 정하는 데 주의한다면, 할 말이나 할 일이 동이 나지는 않을 것이다. 그러나 몇 가지 실제적인 전략을 세워두는 것은 도움이 된다.

당신의 제자를 참여시켜라

적극적인 참여는 당신의 일관적인 원칙이어야 한다. 최선을 다하여 당신의 제자에게 직접적인 배움에 참여하도록 하라. 그가 그저 앉아서 당신의 이야기를 들을 필요는 없다. 그에게 필요한 것은 그의 마음과 기술을 사용하도록 어떤 일을 하는 것이다.

이를 성취하는 최선의 방법 중 하나는 그의 능력과 학습목표와 관련해서 그에게 감당할 수 있는 책임을 맡기는 것이다. 예를 들면 다음과 같다.

- 그가 대화법을 배우려고 애쓴다면, 그에게 사람들 앞에서 간략하게 말할 기회를 주어라.

- 그가 교수법을 배우길 원한다면, 그에게 한 학급을 가르치도록 맡기거나 어떤 사람에게 특별한 기술을 가르치도록 맡겨보라.

- 그가 지도력을 계발하길 원한다면, 그에게 모임을 이끌도록 해보라.

- 그가 비평적인 사고를 발전시키길 원한다면, 그에게 어떤 필요나 문제를 분석하고 평가하도록 해보라.

- 그가 글쓰는 법을 배우길 원한다면, 그에게 수필을 쓰거나 보고서를 작성하도록 해보라.

- 그가 자신의 경영기술을 발휘하길 원한다면, 그에게 두 부하 직원들 사이의 갈등을 중재하도록 해보라.

- 그가 종의 자세에 대해 더 많이 배우길 원한다면, 그에게 몇 주 동안 교회버스를 운전하도록 해보라.

올바른 방법으로 책임을 맡겨라.

이제 이러한 것 중 하나처럼 당신의 제자에게 책임을 맡길 때, 그냥 그의 무릎에 던져주고 나와버리지 않도록 하라. 이것은 멘토로서의 가르침이 아니다. 이것은 무책임한 태도이다. 사실 멘토링이 어떤 사람들에게 좋지 않은 인상으로 비치는 것은, 소위 멘토라는 사람들이 자신의 속된 일을 하는 데 제자를 이용하기 때문이다. 이것은 범죄이다! 이것은 사람을 세워주는 행위가 아니다. 오히려 사람들을 무너뜨리는 행위이다.

당신의 제자가 자신에게 주어진 임무로부터 가장 많은 것을 배우도록 도울 수 있는 방법은 다음과 같은 네 단계 접근법을 따르는 것이다.

1. **그의 임무에 대해 간략하게 설명해 주라.** 어떤 일이 포함되며, 그가 해야 하는 일은 무엇이고, 이를 준비하기 위해 그가 해야 하는 일이 무엇인지 점검해 주라.

2. **임무를 연습하라.** 임무가 상대적으로 간단하다면, 이것은 임무에 대한 간략한 설명의 한 부분일 수 있다. 그는 자신의 계획을 큰 소리로 말할 수 있다. 그러나 그 임무가 꽤 중요하거나 복잡한 것이라면, 그것을 시행하기 전에 한두 번 정도 예행연습을 하는 것이 좋다.

3. **그가 임무를 행하도록 하라.** 당신은 뒤로 물러나고 그에게 자신

의 일을 하게 하라.

4. **그와 함께 결과에 대해 검토하라.** 학습(배움)이라는 견지에서 보면, 이것은 가장 중요한 단계이다. 그런가 하면 가장 등한시되는 단계이기도 하다. 어떤 사람이 한 가지 임무를 완수했을 때가 그를 가르칠 수 있는 가장 좋은 기회이다. 사람들은 언제나 경험이 최고의 스승이라고 말한다. 그러나 엄격히 말해 이것은 사실이 아니다. 평가된 경험이 최고의 스승이다. 불행히도, 우리는 이 황금 같은 순간을 놓쳐버린다. 왜냐하면 우리는 한 임무를 끝내기가 무섭게 점검도 하지 않고 다음 임무로 넘어가길 원하기 때문이다. 물론 그 임무가 실패했을 때는 예외이다. 이 경우 실패한 사람은 실패에 대해 다른 사람들로부터 이런 저런 말을 분명히 듣는다. 하지만 우리는 멘토로서 이와는 반대로 해야 한다. 그가 성공했을 때, 우리는 그와 함께 그가 한 일을 곧바로 점검해 보아야 한다. 이렇게 할 때, 그는 자신의 성공에서 무엇을 배울 수 있는지 알게 된다(당신 제자의 성공과 실패를 어떻게 다룰 것인가에 대해서는 조금 있다 더 자세히 말하겠다.).

그의 사고를 유발하라

점검의 요점은 제자에게 자신의 경험을 깊이 생각하도록 하는 것이다. 이것이 멘토링이 갖는 주된 가치 중 하나이다. 점검은 젊은이에게 자신이 어디에 와 있으며 어디로 가길 원하는가라는 견지에서 자신의 삶을 살필 수 있는 이상적인 기회를 제공한다. 그러므로 당신의 제자에게 책임을 맡기는 데만 그치지 말라. 이 외에도 당신이 그의 사고를 유발하는 데 사용할 수 있는 다섯 가지 다른 '도구들'이 더 있다. 당신은 이러한 도구를 당신이 원하는 대로 공식적이거나 비공식적으로 사용할 수 있다. 물론 그 목적은 사고와 통찰력을 촉진하며, 필요와 문제와 가능성을 찾아내는 것이다.

사례연구

사례연구는 어떤 사람이 어떤 특별한 환경에서 한 일을 문서화한 보고서이다. 여러 해 동안, 미국의 일류 경영대학들 중 많은 대학이, 미래의 경영자들이 시장에서 직면하게 될 상황에 대처할 수 있도록 그들을 훈련시키기 위해 사례연구를 사용해 오고 있다. 당신은 제자의 관심사와 연관된 상황을 보여주는 소논문이나 책이나 비디오 테이프를 준비함으로 경영대학들이 한 것과 유사한 사례연구를 그에게 적용할 수 있다.

예를 들면, 당신의 제자가 다른 인종을 대하는 방법을 몰라 씨름하고 있다고 하자. 앞장에서 언급했던 돌퍼스 웨리도 똑같은 문제로 씨름했으며 자신의 이야기를 「나는 돌아가지 않을 거야」(*I Ain't Comin' Back*)라는 책으로 썼다. 당신과 제자는 이 자서전을 인종적 화해에 대한 하나의 사례연구로 읽을 수 있을 것이다.

사례연구를 이용하는 일에서 핵심되는 것은 다음과 같은 올바른 질문을 던지는 것이다. 이 상황이 제자의 상황과 어떻게 같은가? 어떻게 다른가? 결과를 결정하는 핵심요인들은 어떤 것인가? 관계된 핵심인물은 누구이며, 그들은 무엇을 했는가? 이 사례연구에서 배워야 하는 주요 교훈은 무엇인가?

중요한 사건 보고

'중요한 사건'이란 한 사람의 삶에서 기억에 남을 순간을 찍은 스냅사진을 말하며, 중요한 사건 보고는 그 순간을 담은 '솔직한 카메라'(포즈를 취하지 않고 자연스러운 상태에서 사진을 찍는 것 - 역자 주)이다. 당신과 제자는 그의 성장과 유익을 위해 이 보고서의 의미를 평가할 수 있다. 예를 들면, 한 젊은이가 교회학교에서 자기반 아이들을 가르치고 있는 중인데 갑자기 앞줄의 한 아이가 의자에서 떨어져 간질 증세를 보인다고 하자. 아이들은 비명을 지르기 시작한다. 그리고 어떤 사람은 의사를 부르라고 소리친다. 그러는 동안 한 선생이 무릎을 꿇고서 자신의 손가락을 그 아이의 입에 넣는다. 그 아이가 혀를 깨무는 것을 막기 위해서이다. 1분쯤 지난 후, 증세는 가라앉고 그 아이는 다시 정상적으로 숨을 쉬기 시작한다.

이제 교회학교 교사가 당신의 제자라고 생각해 보자. 이 때가 그를 가르치기에 얼마나 좋은 순간인가! 당신은 그에게 이 사건에 대해 한 페이지의 보고서를 작성하게 하고 그것을 가지고 그와 함께 이야기를 나눌 수 있을 것이다. 그 보고서에는 일어난 일(누가, 무엇을, 언제, 어디서, 어떻게)과, 그 일에 대한 자신의 반응(자신의 느낌, 자신에 대해 발견한 것, 자신이 다르게 행동했다면 어떻게 했을까 등)과, 그 밖에 그가 말하고 싶은 내용이 담겨질 것이다.

중요한 사건이라고 해서 극적일 필요는 없다. 하지만 자신이 직접 체험한 것이어야 한다. 이것들은 성공이나 부분적인 성공 또는 중요한 실패에 대한 보고서일 것이다. 이러한 순간을 당신의 도움으로 재구성하고 재평가함으로, 당신의 제자는 자신에 대해 많은 것을 배울 수 있다. 자신이 사람들을 어떻게 대하며, 스트레스에 어떻게 대처하며, 기대하지 못한 일들에 어떻게 반응하며, 자신이 어떤 경향을 갖는가 등을 알 수 있다. 중요한 사건 보고는 실험실에서 분석하기 위해 그의 삶에서 샘플을 채취하는 것과 같다. 이 보고서가 당신에게 모든 것을 말해 주지는 않는다. 그러나 이것은 당신에게 특별한 순간에 어떤 일이 어떻게 진행되고 있는가를 자세히 보여준다.

독서목록

앞에서 나는, 사람들은 자신들이 사용할 수 있는 지식(정보)을 배울 뿐이라고 말했다. 이것이 사실이라면, 사람들에게 필요한 정보(지식)를 찾도록 독려하는 것이 중요하다. 멘토로서 당신은 당신의 제자를 위해 그렇게 할 수 있다.

요즘 우리는 어느 때보다 사람들이 책을 읽지 않으며 특히 남성들이 그렇다는 이야기를 자주 듣는다. 그럴지도 모른다. 그러나 사람은 자신에게 중요하며, 자신의 관심을 끄는 것들을 읽을 시간을 항상 찾고 있다. 한 젊은이가 특별한 분야에서 발전을 모색하고 있다면, 그는 그 분야와 관련된 자료를 능력 닿는 대로 아무런 문제없이 얼마든지 읽을 수 있다.

따라서 당신의 제자에게 그저 "책을 좀더 많이 읽어라"라고 말하는 대신 그의 항목과 관련된 구체적인 책들을 추천해 주라. 예를 들면, 성경을 연구하고 싶어했던 젊은이를 기억하는가? 이 부분과 관련하여 매우 유익한 몇 권의 책이 있다. 빌과 나는 우리가 집필한 「성서에 의한 삶」(Living by the Book)에서 이와 관련된 도서목록들을 제시했다. 아트 밀러(Art Miller), 랄프 매트슨(Ralph Mattson), 리 엘리스(Lee Ellis)와 같은 기독교 작가들이 이 주제와 관련하여 훌륭한 저서들을 많이 내놓았다. 또는 당신의 제자는 더 나은 아버지가 되기 위해 씨름하고 있을 수도 있다. 기독교 서점에는 이와 관련된 책들이 한 면 가득 꽂혀 있을 것이다.

어떤 주제이든 간에, 누군가가 어느 곳에선가 그 주제에 대해 글을 썼을 것이다. 멘토로서 당신은 당신에게 유익했던 책을 제자에게 추천해 주거나 당신이 일련의 일들에 대처하기 위해 했던 일을 그에게 말해 줌으로 그를 참으로 귀하게 섬길 수 있다. 책을 추천하는 데 있어, 나라면 그냥 책 목록을 제자에게 던져주고 자기 마음대로 하도록 내버려두지 않을 것이다. 나는 그 책을 직접 읽고 제자와 만나 그 책에 대해 이야기를 나눌 것이다. 이렇게 함으로써, 나는 저자가 말하고 있는 것을 그가 파악하고 있는지, 그리고 거기에서 얻은 정보를 잘 이용하고 있는지 알아볼 수 있다.

그리고 독서목록을 생각할 때 책에만 국한시키지 말라. 정기 간행물(잡지), 오디오 테이프와 비디오 테이프, 심지어 컴퓨터로 받을 수 있는 데이터 베이스들도 염두에 두라 - 가능성은 무한하다. 왜냐하면 우리는 대중매체사회에서 살고 있으며 정보의 바다가 우리를 둘러싸고 있기 때문이다. 당신의 제자가 항구를 향해 항해할 수 있도록 도와주라. 그렇게 함으로 그는 자신에게 정말 필요한 정보를 얻을 수 있을 것이다. 신문에서 적절한 기사를 오려서 우편이나 팩스로 제자에게 보내주는 단순한 행동까지도 귀중한 것일 수 있다. 이렇게 할 때, 당신의 제자는 그가 성장하는 것을 당신이 얼마나 바라고 있는지 알게 될 것이다. 이것은 그에게 너무나 큰 힘이 될 것이다!

인터뷰

당신은 제자가 관심있어하는 분야의 전문가들을 만나본 적이 있는가? 당신이 아는 사람들 가운데 당신의 제자가 꼭 들어야 하는 말을 해줄 사람이 있는가? 있다면 그 사람과 당신의 제자가 직접 만나도록 해주라. 그 만남이 당신의 제자에게는 잊을 수 없는 경험이 될 것이다.

빌보다 나이가 많은 친구 중 한 사람이 빌에게 제2차 세계대전 참전 용사로 나이가 많이 든 어떤 사람에 대해 말하고 있었다. 그는 죽음의 전투로 악명 높은 바탄 전투에서 살아 남은 사람이었다. 그가 살아 남을 수 있었던 것은 이 위험한 전장에서도 포켓에 성경을 넣고 다니면서 전우들에게 크게 읽어주던 어느 병사 때문이었다. 빌은 그 사람을 만나 직접 이야기를 들어볼 수 없겠느냐고 했다. 이러한 사람이 얼마나 큰 영향을 끼칠 수 있을지 생각해 보라! 자신의 신앙과 용기에 대한 믿기 어려운 이야기를 하면서, 그 사람은 다음 세대들에게 경건의 유산을 물려줄 수 있다.

인터뷰 약속을 하면서, 그저 당신 제자에게 "가서 누구누구를 만나라"고 말하지 말라. 분위기를 조성해 주라. 당신이 전화를 하거나 소개장을 써줄 수도 있을 것이다. 또는 이 두 사람을 함께 초대할 수도 있을 것이다. 당신의 제자에게 인터뷰를 할 사람이 누구이며, 그가 왜 만날 가치가 있는 사람인지 미리 간략하게 설명해 줌으로써 그를 준비시켜라. 당신은 제자에게 그 사람과 어떤 이야기를 나누며 어떤 질문을 할 것인가를 물을 수도 있을 것이다(당신은 또한 인터뷰에 응할 사람에게 당신이 제자를 그에게 보내는 이유와, 그가 당신 제자를 어떻게 도울 수 있는지도 미리 알려주어야 한다.).

인터뷰가 끝난 후에는 당신의 제자와 함께 그가 들은 것과 배운 것에 대해 이야기를 나누어라. 그리고 제자가 그 사람에게 편지를 쓰거나 다른 방법으로 감사를 표하게 하라.

견학여행

우리 대부분은 견학여행을 우리가 중학교 때 가보았던 것쯤으로 생각한다. 견학여행은 교실의 지루함에 대해 하늘이 보내준 해답이며, 어른들을 학습과정에 참여시킬 수 있는 최선의 방법 중 하나이다.

내가 상담학을 강의하고 있을 때 나를 찾아와 이렇게 말했던 학생이 있었다. "교수님, 좀더 화끈한 것 없습니까?" 그 학생은 내 강의가 좀 지루하다고 생각했던 것 같다.

그래서 나는 "그래요, 그런 걸 찾을 수 있을 것 같네"라고 말했다. 그런 다음 달라스 소년원에서 일하는 친구에게 전화를 걸어 "이보게, 교육이 필요한 학생이 하나 생겼네"라고 말했다.

나는 그 학생을 그곳에 보냈다. 내 친구는 그를 중범죄만 26번이나 저지른 14세의 소년과 같은 방에 넣었다. 주 정부로서는 이 아이가 16세가 되기만을 기다리고 있는 실정이었다. 16세가 되면 성인범으로 취급해서 영원히 제거할 수 있기 때문이었다. 내가 보낸 학생이 감방에 들어섰을 때, 이 작은 범죄자는 발을 창문턱에 올려놓은 채 앉아 있었다. 문이 쾅하고 닫히자마자 그 아이가 돌아서서 말했다. "매일같이 다른 사람들이 이 방에 들어와 감언이설로 나를 살살 꾀지. 그래 당신은 무슨 말로 나를 꾈 거요?"

후에 그 학생은 나에게 이렇게 말했다. "교수님, 하마터면 그 자리에서 기절할 뻔했습니다!" 그 다음부터 그는 절대 수업시간에 지루해하지 않았다. 한 사람의 학습태도를 바꿀 수 있는 자리가 있다. 명민한 스승이 그의 제자를 데리고 교도소, 뉴욕 증권시장, 건설현장, 병원 응급실, 신문사 편집실 등을 찾음으로 발견할 수 있는 것들 중 몇 가지만 생각해 보라. 또는 한 사람이 말 목장의 마구간들, 워싱턴의 홀로코스트 박물관, 비행기 조종실 등을 찾음으로 배울 수 있는 것들을 생각해 보라. 사람들이 삶이라는 드라마에 출현하고 있는 곳이면 어디든지 우리가 배워야 하는 교훈이 있다.

이것은 게티스버그(남북전쟁의 격전지), 엘리스 아일랜드(뉴욕항 내에 있는 작은 섬으로 1954년까지 이곳에 이민국이 있었으며 직원들의 오만하고 몰인정한 태도로 악명이 높았다), 베트남 전쟁 기념관, 진주만(일본군이 이곳을 공격함으로 태평양 전쟁을 일으켰다)처럼 역사가 서린 지역이나 상징적인 장소에도 적용된다. 당신과 제자가 방문하는 곳이 당신이나 제자와 직접적인 연관이 있는 곳이라면 그곳에서 받는 교훈은 특별히 오래도록 기억될 수 있다. 내가 당신을 워싱턴 시로부터 포츠맥을 가로질러 위치한 앨링턴 국립묘지에 데려간다고 해 보자. 당신은 틀림없이 존 에프 케네디와 그의 형 로버트 케네디의 무덤을 찾고 싶을 것이다. 그러나 내가 국립묘지 한쪽 귀퉁이로 데려가 내 아버지의 무덤을 보여준다면 당신이 받는 인상은 전혀 다른 의미를 띨 것이다. 갑자기 우리는 추상적인 의미의 죽음이 아니라 마음에 와닿는 실제로서 느끼게 되는 죽음을 이야기하게 될 것이다.

이러한 다섯 가지 도구 외에도 당신이 제자의 사고를 자극하는 데 사용할 수 있는 도구는 얼마든지 있다. 그 중 몇 가지만 들라면 시사잡지, 청강, 스케줄, 예산안, 역할극, 가족사, 주말여행, 거친 탐험 등이 있다. 모든 활동의 목적은 당신의 제자가 학습과정에 적극적으로 참여하도록 하는 것이어야 한다. 최대의 학습은 언제나 의미 있는 행동에 최대한 참여하는 데서 얻어진다.

그가 자신의 한계에 이르면 어떻게 해야 하는가?

그러나 계속되는 문제가 하나 남는다. 경험은 탁월한 스승이며, 특히 평가가 바로 뒤따를 때 그러하다. 그러나 임무를 수행하는 데 있어 제자가 실패에 부딪쳐 가고 있다면 어떻게 해야 하는가? 멘토인 당신은 어느 시점에서 개입하여 그를 구해야 하는가? 또는 그의 자동차가 충돌하여 불탈 때까지 놔두었다가 그가 잔해를 줍는 것이나 도와주어야 하는가?

코치들은 항상 이러한 딜레마에 직면한다. 미식 축구 코치들은 쿼터백(미식 축구에서 볼을 공격수에게 던져주는 사람으로, 배구의 센터처럼 가장 중요한 선수이다)이 두세 개의 패스를 상대 선수에게 안겨주어 지금 21점 차로 지고 있다고 해서 그를 게임에서 빼버려야 하는가? 농구팀 코치들은 스타 플레이어인 자기 팀 센터가 보통 때는 쉽게 넣을 골을 넣지 못했다고 해서 그를 벤치로 불러들여야 하는가? 또는 경쟁과 실패에 대한 중요한 교훈들을 가르쳐주기 위해 패배를 의미하는데도 이런 선수들을 시합에 남겨 두어야 하는가?

어떤 상황에서든지 고려해야 하는 변수가 너무나 많다. 따라서 이와 관련하여 전혀 바뀔 수 없는 절대적인 규칙이란 있을 수 없다. 그러나 나는 당신이 고려해야 하는 세 가지 실용적인 규칙을 제시하겠다. 첫째, 당신의 제자가 완전히 초보자이며, 그런데다 절망적인 상황으로 치닫고 있다면 그 상황에서 그를 빼내는 일을 다시 한 번 고려해 보라는 것이다. 실제로 그는 자신이 겪고 있는 일 때문에 망가질 위기에 있는 것이다.

초보자를 도우라.

어린 아들에게 수영하는 법을 가르쳐주려 했던 아버지의 이야기를 들은 적이 있는가? 그는 아들을 수영장에 던져놓고는 물 속에서 허우적거리게 내버려두었다. 어린아이는 물에 빠지지 않으려고 필사적으로 손발을 놀리며 수영장 바깥으로 겨우 헤엄쳐 나와 숨을 헐떡거렸다. 그런데도 아버지는 팔짱을 끼고 냉정하게 이 과정을 지켜보고만 있었다. 아버지의 태도는 이런 것이었다. "내 아들은 헤엄치는 법을 배워야 해. 그래서 내가 그에게 두 가지 선택권을 준 거야. 헤엄치는 법을 터득하든지 그렇지 않으면 빠져 죽든지."

빌은 꼭 이렇게 아들을 가르치는 사람을 알고 있다. 이것이야말로 얼마나 잔인한 교육법인가! 물론 그 아이는 수영하는 법을 터득했을 것이다. 그러나 그는 아버지를 믿지 않을지 모르며, 배우는 것 자체를 두려워할지도 모른다. 이것은 발전을 돕는 방법은 아니다.

다른 사람들을 보호하라.

둘째 원칙은, 당신의 제자가 실패하여 다른 사람들이 심각한 해를 당한다면, 당신이 개입해서 그들의 이익을 보호해야 할 책임이 있다. 파일럿 양성 과정의 비행 코스에서 낙제하고도 비행 허가증을 받은 학생이 있다고 생각해 보라. 당신은 그가 조종하는 비행기를 타고 싶겠는가? 물론 아니다. 당신은 그가 기초훈련부터 다시 받기를 원할 것이다. 그러나 당신이 정말 교육장으로 다시 보내고 싶은 사람은, 단번에 그 학생을 통과시킨 비행교관일 것이다.

마찬가지로 당신은 제자가 감당할 수 없는 자리에 있을 때 다른 사람들을 위험에 처하게 하지는 않는지 주의깊게 살펴보아야 한다. 빌이 파인 코브 컨퍼런스 센터(Pine Cove Conference Center) 건설

현장에서 일하고 있을 때, 내가 말하고 있는 것을 그대로 보여주는 상황에 직면한 적이 있었다. 그 팀에게는 울창한 삼림지역에 길을 내는 일이 맡겨졌다. 특별히 이 일을 위해 기계톱이 하나 동원되었다. 그래서 현장 책임자는 일꾼들에게 기계톱 사용법을 설명해 주는 시간을 가졌다. 그는 사용법을 직접 보여주었다. 그런 다음 십대인 일꾼들 각자에게 시험적으로 통나무를 잘라보게 했다.

이러한 훈련이 끝나자 진짜 일이 시작되었다. 두 사람이 기계톱 하나를 가지고 일했다. 그리고 나머지 사람들은 아래쪽에서 조그마한 나무들과 관목들을 잘라내고 있었다. 사람들은 기계톱을 조금씩 식히면서 오전 내내 일했다.

점심시간이 다 되었을 무렵, 두 사람이 엄청나게 큰 소나무를 자르고 있었다. 그들은 한쪽의 사분의 삼을 다 자르고 이제 마지막으로 반대쪽을 자르고 있었다. 그런데 갑자기 책임자가 톱을 가지고 일하고 있는 사람에게 달려가 그를 나무에서 끌어내고 동시에 톱도 껐다.

"피해!" 그는 있는 힘을 다해 소리쳤다. 그러자 일꾼들이 사방으로 흩어졌다. 그 나무는 천천히 넘어가기 시작했다. 그런 다음 크게 '우지직' 소리를 내며 '쿵' 하고 땅에 쓰러졌다. 조금 전까지 나무를 자르고 있던 두 사람은 믿기 어려운 표정으로 쳐다보았다. 그 중 한 사람이 소리쳤다! "맙소사! 나는 나무가 반대쪽으로 넘어갈 줄 알았는데. 도대체 어떻게 된 일이야?"

"자네들이 자른 곳을 보게." 책임자가 쓰러진 나무 밑동을 가리키며 말했다. 톱질을 많이 한 부분이 작업을 하는 사람들 쪽을 향하고 있었다. 정확하게 그 반대가 되어야 했다.

"자네들 정말 운이 좋은 줄 알게. 그리고 내 잘못도 크네. 다친 사람이 없는 것만으로도 다행이네." 책임자가 말했다. 그는 셔츠로 이마의 땀을 훔치면서 마지막으로 이렇게 말했다. "점심이나 먹으러 가세."

연하자에게 책임을 맡길 때, 주의를 게을리해서는 안된다. 일어나는 모든 일에 대한 궁극적인 책임은 당신이 져야 한다. 그러므로 당신은 당신의 제자가 당신을 위해 맡은 일을 잘 해낼 수 있고 또 해낼 것이라는 확신을 가져야 한다. 또한 당신은 그가 잘 해내지 못하더라도 어느 누구도 심한 상처를 입지 않도록 해야 한다.

결과를 생각하라.

셋째 원칙은 그가 실패의 결과에 직면하지 않기를 원한다면 당신이 개입해야 한다는 것이다. 학습에는 위험이 뒤따르는 경우가 많다. 따라서 위험을 감수하는 사람이나 위험이 도사리고 있다는 것은 실패의 여지가 항상 있다는 것을 의미한다. 하지만 괜찮다. 실패는 과정의 일부분일 때가 있다. 그러나 당신의 제자가 실패했을 때, 그는 당신이 곁에 있다는 사실을 알아야만 한다. 여기에서 당신의 제자는 상당한 자신감을 얻는다. 만일 관계된 위험이 너무 커서 당신이 그렇게 할 수 없을 때는, 그가 곤란에 빠지기 전에 둘 사이의 합의를 수정하는 것이 더 낫다. 그리고 그에게 그 이유를 말해 주어야 한다.

예를 들면, 당신이 한 젊은이와 같은 회사 같은 부서에서 함께 일하면서 그가 대중연사가 되도록 도와주려고 애쓰고 있다고 해 보자. 그에게 발전이 있어 보인다. 그러던 어느 날 그가 당신을 찾아와 한 가지 제안을 한다. "다음 달에 오메가 프로젝트에 대해 우리 부서에서 브리핑을 한다고 알고 있습니다. 제가 그 일을 맡을 수 있겠습니까?"

"글쎄, 잘 모르겠네." 당신은 주저하는 투로 말한다. "그것은 꽤 중요한 회의거든. 자네도 알다시피 이사님들이 전원 참석하실 거야. 그리고 그런 일은 전통적으로 과장인 내가 해 왔거든."

"알겠습니다." 그가 대답한다. "하지만 이렇게 생각해 볼 수 있지 않습니까? 제가 브리핑을 하게 되면, 부장님께선 우리 부서에서 인재를 키우는 분으로 비쳐질 것입니다. 게다가, 저는 우리가 하고 있는 일을 설명하기 위해 정말 훌륭한 차트도 작성해 두었습니다." 그는 몇 가지 그래프며 차트를 보여준다. 그리고 그것들이 훌륭하다는데 동의한다.

"좋아, 그렇게 하자." 당신은 마침내 그의 제안에 동의한다. 그리고 잠시 생각한 후에 당신은 이렇게 덧붙인다. "다음 주에 우리 부서에서 시험적으로 발표를 한 번 해보지 않겠나?"

"좋습니다!" 그가 자신 있게 대답한다. 그리고 그는 그 일을 준비하기 시작한다. 그러나 다음 주 부서회의에서, 그는 얼굴이 창백해지고 말도 논리정연하지 못하고 우스갯소리만 한다. 그리고 그가 큰 스크린으로 보여준 차트며 그래프도 레이저 칼라 프린터로 출력했던 것만큼 훌륭해 보이지 않는다.

그래서 당신은 그를 불러 이렇게 말한다. "이보게, 다음 회의에서는 내가 브리핑을 하는 게 낫겠네. 자네가 애를 많이 썼겠지만 오늘 아침 회의 이후로 내 마음이 편치 못하네. 자네와 나 둘 중 어느 누구도 중역회의에서 실수를 해서는 안되네. 나는 자네에게 모험을 걸고 싶지는 않네."

당신의 부하 직원은 대단히 실망하고, 마치 자신이 실패자인 양 느낄 것이다. 그러나 당신은 그에게 봉사하고 있는 것이다. 그가 좀

더 실력을 가다듬고 발전시킨 후에는 언제나 다시 할 수 있다. 그러나 그를 실패자로 단정하고 그가 일을 할 때도 나 몰라라 한다면, 당신은 그를 잘 섬기고 있는 것이 아니다.

실패 후에 당신의 제자 돕기

당신은 제자가 실패를 극복하도록 어떻게 그를 돕는가? 무엇보다도, 그가 실망감, 후회, 추락한 자신감과 같은 정직한 느낌을 인정하도록 돕는 것이 중요하다.

그가 실패한 후에 그 감정을 발산하게 하라. 그리고 그의 실패에서 배울 교훈이 있는가? 아마 있을 것이다. 그 교훈 가운데 하나는 토마스 에디슨(Thomas Edison)과 관련이 있다. 그는 전구를 발명하기 위해 2년간 수십 개의 모형을 만들었다. 매번 실험이 실패할 때마다 그는 자신 있게 "좋아, 이제 어디가 잘못되었는지 알았어"라고 말했다. '잘못된 것', 이것이 바로 실패가 가르쳐주는 것이다.

마지막으로, 당신의 제자가 아무리 비틀거리더라도, 당신은 어느 시점에선가 그에게 내일 다시 태양이 뜬다는 사실을 상기시켜 주어야 한다. 그가 실패했다고 세상이 끝나는 것은 아니다. 인생은 계속된다. 그도 계속 시도해야 한다.

그의 성공을 축하하라!

당신이 제자와 신중하게 일을 잘 진행할 수 있는 적기는, 제자가 실패한 후가 아니라 그가 성공한 후이다. 멘토는 이 사실을 놓치는 경우가 많다. 왜냐하면 그들은 성공 그 자체가 보상이라고 생각하기 때문이다. 이보다 진리에서 더 먼 것은 없다. 어떤 사람이 말했듯이 실패가 성공의 뒷문인 것은 사실이다. 그러나 앞문이 열려 있는데 왜 뒷문으로 기어들어가는가? 성공은 성공의 앞문을 여는 열쇠이다.

당신도 알다시피, 실패보다 성공에서 훨씬 더 많은 것을 배우는 경우가 많다. 실패는 우리에게 무엇이 잘못 되었는지만 가르쳐 줄 뿐이다. 그러나 성공은 우리에게 무엇이 제대로 되고 있는지를 보여준다. 그러므로 우리는 '성공의 요인들', 즉 긍정적인 결과를 가져오는 요소들을 찾기 위해 일어난 일을 분석해야 한다. 다음과 같은 실마리들에 특히 관심을 기울여라! 당신 제자의 동기와 열정, 그가 가장 잘 활동할 수 있는 조건, 최선의 노력을 경주하도록 그를 자극하는 주제와 관심사, 그가 자신의 목적을 성취하는 데 사용하는 기술 및 능력, 그가 이상적으로 사람들과 관계를 맺는 방법 등. 이와 같은 요인은 그의 운명을 결정짓는 열쇠이다. 이것들은 그가 최선을 다하기 위해 무엇을 사용하는가를 보여준다. 따라서 미래에 일을 잘 하기 위해 그에게 필요한 것이 무엇인지를 보여준다.

당신 제자의 실패를 묻어버리라. 그리고 그의 성공 위에 집을 지어라. 그리고 당신이 무엇을 하든지 그의 성공을 축하해 주라. 그를 데리고 나가 저녁을 사주어라. 그가 그의(또는 당신의) 동료들 앞에서 갈채를 받도록 하라. 그에게 성취에 대한 상으로 책, 액자, 선물 등을 주어라. 그의 아내나 아이들 앞에서 그를 칭찬하라. 이것이 그가 발전하는 데 그토록 필요로 하는 '복'이다.

제17장

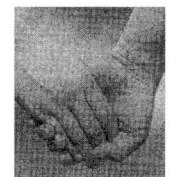

피해야 할 문제와 함정

몰아내고 싶은 신화가 하나 있다. 그것은 '사람이 다른 사람과 생명력 있는 관계를 형성하면 당연히 이 관계에는 문제와 갈등이 없을 것이다'라는 신화이다.

우리 대부분은 이것이 신화라는 것을 본능적으로 안다. 경험에 따르면, 둘 또는 그 이상의 사람들이 피상적인 수준보다 더 깊이 서로를 알게 될 때마다 의견충돌이 일어난다. 더욱이 이들이 서로에게서 특히 자신이 좋아하지 않는 것을 발견하게 되는 것은 당연하다.

우리는 이것을 머리로 알고 있다. 그렇다 하더라도, 많은 사람은 어딘가에 그리고 어떤 방법을 따르면 문제없는 관계가 가능하다고 가슴깊이 믿고 싶어한다. 심지어 우리는 조금 빗나간 영성으로 이러한 희망을 포장하기까지 한다. 우리는 이렇게 추론할 수 있을지도 모른다. 결국 예수께서는 "두세 사람이 모인 곳에는 나도 그들 중에 있느니라"고 말씀하지 않으셨는가? 그리고 예수께서는 우리 모두가 하나가 되도록 기도하지 않으셨는가? 그리고 바울은 신자들이 모두 뜻을 같이하도록 기도하지 않았는가? 그러므로 우리는 이렇게 결론 내린다. 우리 모두가 신자이며 주님과 동행하고 있다면, 이러한 문제와 갈등이 어떻게 일어날 수 있는가?

연합 대 일치

그 대답은 연합(결합, union - 이것은 2개 또는 그 이상의 것이 결합하여 일체를 이루는 것을 말한다)과 일치(unity - 이것은 결합하여 통일된 상태를 말한다)는 같지 않기 때문이라는 것이다. 당신은 두 마리의 고양이를 하나의 끈으로 묶어 빨랫줄 위에 걸어둘 수 있다. 이 경우 당신은 연합(결합)을 이루었으나 일치를 이룬 것은 아니다!

결혼을 예로 들어보자. 어떤 사람이 말했듯이 결혼은 대사(大事)이다. 문제는 결혼 후에 두 사람이 함께 산다는 데 있다. 남녀가 결혼으로 연합된다. 그들의 연합은 법적·정서적·재정적·육체적 연합이다. 그러나 이러한 연합은 그들이 문제를 겪지 않으리라는 것을 의미하지는 않는다. 다만 그들이 그들의 문제를 함께 헤쳐나가게 될 것을 의미할 뿐이다.

교회도 마찬가지다. 사도행전을 읽어보라. 처음부터 끝까지 문제와 갈등을 발견할 것이다. 신자는 같은 믿음에 헌신되었다. 그러나 때때로 이들은 이 믿음을 실천하는 문제를 두고 날카로운 의견 차이를 보였다. 사도행전 6장에서 문제가 된 것은 교회의 구제사업 대상에서 제외된 나이 든 과부들이었다. 사도행전 11장에서 베드로는 이

방인들에게 복음을 전하라는 소명을 받는다. 사도행전 15장에서 전체 교회는 늘어나는 사마리아와 이방인 그리스도인들의 문제로 한바탕 격론에 빠졌다. 그리고 15장 끝에서 바나바와 바울은 마가 요한이라는 젊은 제자를 데려가는 문제를 두고 서로 자기 고집만 부리고 있다.

이것은 멘토링에 대한 우리의 논의에 매우 큰 교훈을 준다. 왜냐하면 이 일은 강한 의견 차이를 가진 한 멘토와 제자를 보여주기 때문이다 - 의견 차이가 얼마나 강한지 본문은 두 사람이 피차 갈라섰다고 말한다(15:39). 이것이 그들 믿음의 끝이었는가? 물론 아니다. 이것이 그들 관계의 끝이었는가? 그렇다고 볼 수 없다. 결국 바울은 마가 요한에 대한 바나바의 생각에 동의하게 되었다(딤후 4:11).

내가 말하려는 것은 문제와 갈등은 신자들 사이에서뿐만 아니라 서로에게 깊이 헌신된 사람들 사이 - 당신과 당신의 제자 사이 - 에서도 불가피하다는 것이다. 그러므로 문제와 갈등이 있을 수 있다고 생각하라. 문제와 갈등을 학습과정의 일부로 받아들여라. 문제와 갈등이 생겼다고 당신과 제자가 갈라설 필요는 없다. 어떤 문제나 갈등이든 간에, 당신과 제자가 정직하게 그 해결책을 찾을 때 그것이 두 사람을 하나로 묶어줄 것이다.

9장에서 나는 멘토링에서 자주 부딪히는 문제의 네 가지 유형을 말했다. 비실제적인 기대, 충족되지 못한 기대, 멘토의 실패, 통제의 문제가 바로 그것들이었다. 나는 이것을 주로 제자의 시각에서 다루었다. 그러나 나는 당신이 행간에 담긴 뜻도 읽어내어 이것을 멘토인 당신에게도 적용할 수 있으리라 생각한다. 본 장에서는 멘토와 제자에게 자주 문제를 일으키는 세 부분을 더 살펴보고자 한다.

시간의 문제

우리가 좌절을 겪는 가장 일반적인 영역 중 하나는 시간과 관계가 있다. 예를 들면, 당신이 멘토로서 제자와 관계를 갖는 데는 많은 시간이 요구되는 것으로 보인다. 사실, 이러한 불평이 멘토링 관계에 전혀 참여하지 않는 이유로 빈번하게 제기되는 것은 재미있는 일이다.

"제가 멘토가 되는 것은 불가능합니다. 제게는 그럴 만한 시간이 없습니다!"

당신의 스케줄과 우선순위를 아는 것은 당신뿐이다. 그러므로 연하자에게 투자할 시간이 당신에게 있는지 알 수 있는 사람도 당신뿐이다. 나는 이 문제에 대해 두 가지를 이야기하고 싶다. 첫째, 나이가 들수록 당신은 당신의 시간에 대한 재량권을 더 많이 갖게 된다. 그래서 멘토로 섬기기로 선택한다면 당신은 제자와의 관계에 필요한 시간을 찾을 수 있을 것이다.

둘째, 멘토링에는 대부분의 사람들이 생각하는 것보다 실제로 시간이 훨씬 덜 필요할 수 있다. 분명히, 당신은 당신이 원하는 만큼 제자에게 시간을 투자할 수 있다. 어떤 관계든 마찬가지다. 그러나 멘토링은 상대적으로 적은 투자로 많은 이익을 얻을 수 있는 관계이다. 왜 그런가? 이 관계에는 함께 이루어야 할 목적이 있기 때문이다. 이것은 단지 파티를 즐기는 것이 아니다. 이것은 성장의 시간이다. 더욱이 제자의 성장에 주된 초점이 맞춰진다.

이것은 멘토링에는 많은 시간이 필요하다는 잘못된 생각에 사로잡혀 있는 사람들을 이 관계로 끌어들인다. 누군가 시간이 없다고 투덜거리더라도 당신은 그런 사람이 되어서는 안된다.

당신에게 시간이 없을 때

시간이 없다고 투덜대는 사람이 당신이라면, 여러가지 잘못된 요인이 있을 수 있다. 그 중 하나는 당신이 모든 일을 하고 있다는 것이다. 그렇다면, 당신은 잠시 멈추고 당신과 제자의 학습계약을 점검해 보아야 한다. 당신은 제자를 가르치고 있다. 그가 당신을 가르치고 있는 것이 아니다. 그러므로 당신은 제자가 할 수 있는 일을 남겨두어야 한다.

이것은 멘토링의 기본규범으로 이어진다. 당신의 제자가 스스로 할 수 있도록 당신은 아무것도 해주지 마라. 그렇지 않으면, 그가 당신을 의지함으로 절룩거리게 될 것이다.

또 다른 가능성은 당신과 당신의 제자가 비실제적인 기대를 가지고 일하고 있다는 것이다. 다시 말하면, 해결책은 당신과 제자의 학습계약으로 돌아가 항목이 합리적인지 너무 과도한 것은 아닌지 점검해 보는 것이다. 당신이나 제자, 둘 중 한 사람이 너무 많은 것을 요구하고 있다면, 당신은 기대를 재평가하고 그 정도를 낮추어야 한다.

학습목표를 높게 잡는 것을 반대하는 것은 아니다. 당신이 금을 찾기를 원하는 정열적인 사람을 만났다면 아주 좋은 일이다! 그에게 더 많은 힘을 주라. 그가 잘 해낼 수 있다면 말이다. 어떤 사람들은 잘 해낼 수 있다. 그러나 그가 아주 야망 있는 계획을 세웠다면, 당신은 혼자서 그의 모든 기대를 섬길 수 있는지 생각해 보아야 한다. 당신은 그의 항목 중 일부만 성취하기로 계약하고, 그가 나머지를 다른 사람들과 성취하도록 도와주어야 한다. 어느 누구도 당신이 모든 것을 해야 한다고 말하지 않는다.

또 다른 가능성이 있다. 멘토링이 너무 많은 시간을 잡아먹는다는 생각은 실제로 충분한 시간을 갖지 못한 데서 생겨난 결과일 것이다. 달리 말하면, 멘토링이 번갯불에 콩 구워 먹기 식으로 되고 있다는 생각이 든다. 당신과 제자는 언제나 일을 처리하기 위해 안달이다. 상황이 이렇다면, 당신은 멘토링의 항목에 요구되는 충분한 시간을 확보하지 못한 상태일 것이다.

그러나 당신은 문제 대신에 행운을 손에 들고 있을 수도 있다. 멘토링이 아주 만족스럽고 생산적이라는 것을 알 수 있는 한 가지 증거가 있다. 그것은 이 관계에서는 언제나 시간이 모자란다는 것이다. 당신은 언제나 시간이 부족하다. 이것은 아주 좋은 문제이다. 사실 나는, 내가 제자에게 많은 변화를 가져다줄 것이라고는 확신하지 않는다.

나는 신학교의 햇병아리 설교자들에게 "청중을 따분하게 만들지 말고 갈망하게 만들어라" 하고 말한다. 다시 말해, 당신의 말을 듣는 사람들이 이미 만족한 것에 대해서는 그만 말하라. 당신은 그들이 "아닙니다, 아니에요! 계속하십시오!"라고 말하길 원한다. 당신은 그들이 다음 주 설교를 간절히 기다려주기를 원한다. 똑같은 원칙이 당신이 제자와 함께하는 시간에도 적용된다. 그가 당신을 지루해하는 것이 아니라 당신을 참으로 기다리게 만들라. 그가 극도로 고무되었을 때, 즉 포화상태에서 당신의 가르침을 잠시 중단하라. 당신은 당신이나 제자가 이렇게 말하는 것을 절대 원치 않을 것이다. "당신과의 관계가 끝나서 기쁩니다. 정말 끝나지 않을 거라고 생각했거든요!"

당신의 제자가 시간이 없어 보일 때

이제 시간과 관계된 문제가 하나 남았다. 당신의 제자가 멘토링 관계를 가질 시간이 없는 것 같다면, 당신은 어떻게 하겠는가? 그는 당신과 약속한 장소에 나타나지 않는다. 나타날 때도 늦기 일쑤다. 그는 당신과의 관계에서 그가 해야 하는 일에 많은 시간을 투자하지 않는다. 당신은 그의 마음이 다른 곳에 가 있다는 것을 감지한다.

이럴 가능성은 아주 크다. 사실 그는 자신이 씨름하고 있는 문제에 정신이 빼앗겨 있을 것이다. 당신이 이를 감지했다면, 그와 함께 그 문제를 살펴볼 수 있을 것이다. "이봐 짐(Jim). 때로 자네는 다른 데 정신을 팔고 있는 것 같아. 때때로 우리는 전혀 다른 생각을 하고 있는 것 같아. 혹시 내가 알아야 될 일이 있는 거 아냐? 그렇다면, 난 할 수 있는 데까지 자네를 돕고 싶네." 당신이 바위를 뒤집었을 때 그 속에서 무엇을 찾아낼지는 전혀 알 수 없다. 그것이 무엇이든 간에, 그것은 당신에게 제자를 가르칠 수 있는 좋은 기회를 가져다줄 것이다.

많은 이유가 있을 수 있겠지만 어떤 이유에서든 당신의 제자가 멘토링을 위한 시간을 정말 찾을 수 없다면, 지금이 멘토링 관계를 가질 최적기인지 다시 한 번 생각해 보아야 한다. 그가 이렇게 말하는 것은 전혀 부끄러운 일이 아니다. "당분간은 안 되겠어요. 지금 당장은 다른 일을 해야 하거든요." 사실, 당신은 그가 우선적인 일을 할 수 있도록 멘토링에서 한 발 물러나는 것을 허락해 주어야 한다.

질투

예수께서는 제자들에게 그들이 마침내 예수께서 하신 것보다 더 크고 나은 일을 할 것이라고 말씀하셨다(요 14:12). 당신은 제자가 당신을 능가하도록 기꺼이 돕겠는가? 그가 당신보다 더 성공하더라도 괜찮은가?

제자의 엄청난 성공을 초연하게 받아들이지 못한 멘토를 역사를 통해 많이 볼 수 있다. 예를 들면, 영화 "아마데우스"에서 18세기 궁중 음악가인 안토니오 살리에르는 질투심에 눈이 멀어 그의 뛰어난 제자 볼프강 아마데우스 모짜르트를 죽이려는 음모를 꾸몄다. 이와 마찬가지로 정신분석학의 개척자 지그문트 프로이드(Sigmund Freud)는 두 제자 칼 융(Carl Jung)과 알프레드 아들러(Alfred Adler)가 점점 더 갈채를 받게 되자 이를 불쾌하게 생각한 나머지 이들을 칭찬하지 않으려고 자신의 저서에서 몇몇 관주를 다시 썼다.

이것은 극단적인 경우로 보일 것이다. 그러나 내 주변에도 이전에 그들의 제자였던 사람들의 성공을 냉소적으로 끌어내리는 사람들이 있다. 어떤 사람들은 그들의 성공을 막기 위해 치사한 수단을 사용하기도 했다. 그러나 다른 사람들이 이들에게 뭐라고 하면, 이들은 자신의 질투심을 거의 감출 수 없음에도 불구하고 이러한 사실을 감추려 한다. 그들은 자신있게 이렇게 말한다.

"칭찬에 취한 저 꼴 좀 보게. 정말 역겹구만! 저 놈은 너무 과대평가되고 있어. 내가 없었다면 지까진 놈이 여기까지 올 수나 있었겠어!"

당신은 이러한 태도를 결코 취하지 않을 거라고 생각하는가? 사무엘상 18장 끝부분을 읽어보라. 사울 왕이 블레셋을 물리치고 돌아올 때, 여자들이 소고 치며 춤추며 그를 맞았다. 이것은 승리를 축하하는 일상적인 방법이었으며, 이 때는 아주 기쁜 순간이었음에 틀림없다. 그들은 사울을 높이면서 "사울의 죽인 자는 천천이요"라고 외쳤다. 그러나 그들은 "다윗은 만만이로다"라고 덧붙였다(7절).

성경은 우리에게 이렇게 말한다. "사울이 이 말에 불쾌하여 심히 노하여 가로되 다윗에게는 만만을 돌리고 내게는 천천만 돌리니 그의 더 얻을 것이 나라밖에 무엇이겠느냐 하고 그 날 후로 사울이 다윗을 '주목하였더라' (NIV 그대로 번역하면 '질투의 눈으로 보았다' 이다 - 역자 주, 8-9절).

제자가 어느 날 당신의 나라를 빼앗을까 두려운가? 그렇다면 당신에게 해줄 말이 있다. 그는 당연히 그럴지도 모른다! 사실, 당신이 멘토로서 해야 할 일을 올바로 한다면, 그는 그 나라를 빼앗을 필요가 없을 것이다. 그는 그 나라를 물려받고 당신이 물려준 유산 위에 당신의 상상을 훨씬 넘어서는 멋진 나라를 세울 것이다. 이것이 바로 당신이 지향해야 하는 이상이다. 당신은 그럴 준비가 되어 있는가?

멘토링에서 질투란 독과 같다. 아주 솔직하게 당신에게 말해야 할 것이 있다. 이 독이 새로운 지도자를 양성하는 과정에 스며들면서 오늘날 그리스도의 몸의 많은 부분을 오염시키고 있다는 것이다. 너무나 많은 사람이 그리스도의 나라를 세워야 하는 때에 자신들의 나라를 세우고 있다. 그 결과, 이들은 배가사역에는 전혀 관심이 없다. 이들은 젊은 사람들의 삶에서 자신들을 재생산하는 수고를 감내하려 하지 않는다. 그들은 "왜 내가 그런 수고를 해야 하지?"라고 생각한다.

당신은 성경이 이에 대해 무엇이라고 말하는지 알고 있다. 이것은 바로 지옥의 생각이다. "이러한 지혜는 위로부터 내려온 것이 아니요 세상적이요 정욕적이요 마귀적이니"(약 3:15). 야고보는 강한 질투심과 이기적인 욕망을 우리의 마음에 두는 것을 경고하고 있다. 당신의 상황이 이러하다면, 당신은 이 상황이 당신의 삶을 망가뜨리기 전에 회개해야 한다. 당신은 하나님께 질투라는 지옥의 독을 하나님의 지혜라는 깨끗한 물로 바꾸어 달라고 기도해야 한다(약 5:17).

다른 사람이 우리를 능가하는 것을 지켜보기란 쉬운 일이 아니다. 여기에는 의심의 여지가 없다. 이 때 지금까지 우리의 가치, 능력, 의미에 대해 우리가 가졌던 모든 두려움이 되살아난다. 군중이 다른 사람의 이름을 부르기 시작할 때, 그들이 우리의 이름을 잊었다는 생각이 든다. 이것은 가슴아픈 일이다.

그렇다면 당신은 이 상처를 어떻게 처리하겠는가? 마귀는 질투심이라는 종을 내놓는다. 주님께서는 구원의 은혜를 내놓으신다. 우리가 어떤 것을 선택하느냐에 따라 우리의 삶은 질투심으로 끝나느냐 기쁨으로 끝나느냐가 결정된다.

동기부여의 결핍

김이 다 빠져버린 음료수를 마셔본 적이 있는가? 윽! 그냥 토해버리고 싶다! 이것은 달콤한 시럽 같은 맛을 내지만 음료수로는 전혀 만족스럽지 못하다. 때때로 멘토링도 이렇게 끝나버리는 수가 있다. 멘토나 제자(때로는 둘 다)가 관심을 잃으면 관계는 무미건조해진다. 동기부여는 온 데 간 데 없이 증발해 버린 것 같다. 예를 들면 다음과 같다.

- 한쪽이나 다른 쪽이 관계를 위한 시간을 찾을 수 없다.
- 가르치는 것이 따분하고 비생산적이다.

- 약속을 잘 지키지 않는다.
- 생산적인 일을 하는 것보다 관계를 분석하는 데 더 많은 시간을 보낸다.
- 논의하려는 것이 항목(목표와 계획)에서 토끼몰이와 같은 피상적인 일로 옮겨간다.

정열과 열심이 고갈되는 이유에 대해서는 여러가지 설명이 가능하다. 모든 이유를 살펴보려면 인간의 동기부여를 복합적으로 점검해 보아야 한다. 그것은 내가 오래 전에 텍사스로 이사해 온 직후에 우연히 알게 된 한 키 큰 텍사스 사람의 조언을 생각해 보는 것만으로도 충분하다. 나는 그에게 "말을 물가로 데려갈 수는 있어도 그에게 물을 먹일 수는 없다"라는 옛 속담을 인용했다.

"그건 네가 틀렸다"라고 그가 대답했다. "너는 언제나 말에게 소금을 먹일 수 있어."

인간의 본성에 대한 얼마나 깊은 통찰력인가? 당신은 결코 한 인간을 강제로 변화시킬 수는 없다. 당신은 점차적으로 변화할 수 있는 환경을 제공해 줄 수 있을 뿐이다. 당신의 제자가 의욕을 잃었다면, 당신이 해야 할 질문은 "이 사람에게 무엇이 잘못되었는가?" 또는 "나에게 무엇이 잘못되었는가?"가 아니다. 당신이 해야 할 질문은 "그가 그의 삶을 발전시키고 싶도록 어떻게 하면 내가 그의 열정에 다시 불을 붙일 수 있을까?"이다.

당신도 알다시피, 당신은 보상, 벌 또는 속임수를 통해 일시적으로 그를 자극할 수는 있다. 그러나 이것은 독려가 아니라 위협이다. 당신은 그에게 당신의 항목을 일시적으로 매력적이게 보이도록 하는 외적인 요소를 단순히 부가하고 있을 뿐이다. 그러나 이에 대한 어떤 의도적이고 자발적인 헌신은 없다.

　더 나은 방법은 그의 타고난 동기, 즉 그의 관심과 노력에 불을 당기는 내적인 요소를 찾아내어 이러한 요소를 자극하는 상황에 그를 두는 것이다. 나는 앞장에서 이러한 내적인 요소를 암시적으로 말했었다. 거기에서 나는 이것을 '성공 요인'이라고만 불렀다. 당신 제자의 성공 요인이란 하나님께서 그에게 주신 성향의 한 기능이다. 이것은 실제로 그에게 동기를 부여하는 열쇠이다. 그가 이것을 찾도록 도와주어라. 그러면 그는 동기를 부여받는 데 그다지 어려움을 겪지 않을 것이다. 왜냐하면 언제나 하나님의 뜻에 따라 행동하기를 더 좋아하는 사람이 그와 연결되어 있기 때문이다. 이것은 숨을 쉬는 것처럼 자연스럽다.

멘토링의 라이프 사이클

　당신이 동기부여의 결핍이라는 문제를 해결할 때 생각해야 하는 또 다른 요소가 있다. 그것은 멘토링 관계가 제 길을 가고 있을 수 있다는 것이다. 이것은 우리를 멘토링의 라이프 사이클이라는 문제로 인도한다.

　자녀양육이나 결혼생활과는 달리 멘토링 관계는 영구적인 경우가 드물다. 이 관계는 쉽게 예견할 수 있는 일련의 단계를 거친다. 얼마나 많은 단계가 있느냐에 대해서는 전문가마다 의견이 다르다. 나는 세 단계가 있다고 생각한다. 이 라이프 사이클을 깨달음으로, 당신은 멘토링 관계에서 어떤 역동성을 기대할 수 있다.

　나는 첫 단계를 '정의'(규정)라고 부른다. 이것은 첫 시기이며, 이 때에 관계가 규정되며 모든 것이 임시적이다. 제자는 멘토를 체크하고 멘토는 제자를 체크한다. 각자는 자신을 상대방에게 헌신할 것인가와, 헌신한다면 어떤 부분에서 그렇게 할 것인가를 결정한다. 이들이 관계를 계속하겠다고 결정하면, 이 단계는 학습계약처럼 함께 일하겠다는 일종의 협정(동의)과 함께 끝이 난다.

두번째 단계는 '발전'이다. 이것은 이 관계에서 대체로 가장 길며 가장 긴박한 기간이다. 멘토와 제자는 제자의 성장과 발전을 돕는 방법으로 서로 관계를 가진다. 이들은 정기적으로 만나거나 적어도 중요한 순간마다 만난다. 이 기간은 건설중인 집이나 건물과 같다. 먼지가 날리고, 망치 소리가 들리고, 기계톱 소리가 요란하다. 제자는 멘토의 인도 아래 자신의 항목(목표)을 달성하기 위해 열심히 일한다.

그러나 어느 시점에서 건축은 마침내 끝난다. - 제자는 자신의 항목을 효과적으로 성취한다. 이것은 그가 완전한 성숙에 도달했다는 뜻이 아니다. 그가 처음으로 멘토의 도움이 필요했던 목적을 성취했다는 뜻이다. 이렇게 해서 세번째이자 마지막 단계인 헤어짐의 시점으로 이어진다.

헤어짐은 갑자기 일어나거나 어느 정도의 시간이 걸릴 수도 있다. 그러나 조만간 멘토링 관계는 끝난다. 이러한 일이 일어나는 몇 가지 공통적인 방식이 있다. 가장 힘든 것은 고통스러운 분열을 통한 헤어짐이다. 어느 날 갈등이 생긴다. 멘토와 제자는 이전의 의견 불일치에서처럼 티격태격한다. 이 때 갈등은 마침내 한 쪽이 "난 그만두겠어!"라고 말할 때까지 증폭된다. 이것이 사도행전 15장에서 바나바와 바울의 경우일 것이다.

나는 이러한 분열을 자극하는 일이 멘토와 제자 양쪽 모두에게

341

일어나는 것을 보았다. 멘토는 "자네가 그렇게 생각한다면, 자네 혼자서 자네 마음대로 하지 그래"라고 말한다. 그러면 제자는 "그래요, 그렇게 하죠!"라고 말한다. 그리고 그는 정말 그렇게 한다. 그 결과 이 둘은 다시 합치지 않는다. 다른 한편으로 제자가 "보세요, 이제 제 방법대로 할 때가 되었잖아요"라고 말할지도 모른다. 그러면 멘토는 "그래, 어디 잘 해봐라"라고 말한다. 그리고 제자는 자기 마음대로 한다. 나중에 화해가 이루어질 수도 있겠지만 그렇지 않을 수도 있다.

둘째 가능성은 제자가 떠나버리는 것이다. 그는 이제 더 이상 멘토를 간절히 필요로 하지 않는다. 그래서 그는 멘토와 만나는 횟수도 점점 더 줄인다. 우리는 이러한 예를 톰과 리키의 관계에서 보았다. 리키가 다른 곳으로 전출되었을 때, 두 사람은 몇 통의 편지를 주고받았다. 그러나 오래지 않아 그들의 관계는 완전히 단절되었다. 리키는 자기 살기에 바빴고, 솔직히 말해 톰도 마찬가지였다. 남은 것이라곤 좋은 기억뿐이며 특히 리키의 입장에서 더욱 그러했다.

셋째 가능성은 분열이 갑작스럽든 점차적이든 뜨거운 것이든 냉랭한 것이든 간에 어느 때라도 일어날 수 있다는 것이다. 곧 관계가 재규정의 기간을 겪을 수 있다는 것이다. 이 기간에 두 사람은 멘토와 제자라기보다는 친구나 동료가 된다. 이들 사이에 놓여진 기초는 훨씬 더 높아지며, 이들은 동등한 입장에서 더 많은 관계를 가진다. 어떤 면에서, 이것은 이상적인 결과이다. 이것은 멘토가 자신의 일을 완수했다는 것을 암시한다. 그는 이전의 제자가 자신의 수준에까지 올라오도록 도왔다. 그는 제자가 한 사람의 온전한 인간이 되도록 도왔다. 사실, 이 두 사람은 또래간의 멘토링 관계를 발전시킬 수 있으며, 프레드와 제리가 했던 것과 비슷하다(제2장 "또래간의 멘토링"을 보라).

이것이 멘토링의 라이프 사이클이다. 이 사이클의 길이나 성취되어야 하는 단계에 관해서는 어떤 기준도 없다. 어떤 사람은 평균적으로 멘토링 관계가 2년에서 6년 정도 지속된다고 말한다. 그러나 거의 모든 멘토링 관계는 어느 시점에선가 끝이 난다.

당신이 그 시점에 도달했다는 것을 어떻게 아는가? 십중팔구 당신이나 제자가 그것을 감지할 것이다. 그러나 살펴보아야 할 두 개의 시나리오가 있다. 첫째, 제자가 자신의 항목을 완수하고 그가 배우려는 것을 다 배웠다면, 이 때는 그가 관계를 계속 가져야 하는 때이다. 실제로 관계는 계속되지만 더 이상 멘토링 관계로 계속되는 것은 아니다. 둘째 상황은 당신이 그를 도울 수 있는 만큼 다 도왔다고 느끼는 때이다. 이 때는 그를 세상으로 '진출시켜' 그 자신의 길을 가게 해야 할 때이다.

작별 인사하기

많은 멘토가 바로 여기에서 실수를 한다. 젊은이와 함께하고 그의 삶을 세워주는 놀라운 일을 한 후에, 그들은 이 관계를 적절하게 마무리하지 못한다. 그 까닭에 그들은 제자에게 영구적이며 긍정적인 인상을 심어줄 수 있는 좋은 기회를 놓친다.

작별인사를 하기란 그리 쉽지 않다. 그러나 당신과 제자의 관계는 작별인사를 나눌 만한 가치가 있다. 당신은 그에게 수많은 시간을 쏟아부었을 것이며, 그는 당신에게 상당한 양의 정서적 에너지를 투자했을 것이다. 그러므로 가능하다면, 이제 모든 것을 정리할 때라는 것을 인정하고 그렇게 하기로 동의함으로 당신과 제자가 함께 이룬 일을 존중하는 것이 좋지 않겠는가?

당신이 제자와의 관계를 돌이켜보는 시간을 갖길 바란다. 당신과 제자가 함께한 일 중 멋진 것들에 대해 이야기해 보라. 뿐만 아니라 좋지 않았던 일에 대해서도 이야기해 보라. 제자가 자신이 배운 것과 성장한 방법에 대해 어떤 인상을 받았는지 물어보라. 그리고 이러한 것과 당신이 직접 관찰한 것을 나누어라. 당신과 제자는 제자의 미래에 대해서도 이야기할 수 있을 것이다. 다시 말해, 그가 자신의 미래를 어떻게 보며, 당신은 그의 미래를 어떻게 보는가를 이야기할 수 있을 것이다. 그런 다음 하나님께 그의 남은 생애를 지켜 달라고 함께 기도하라. 이러한 종료과정을 쉽게 할 수 있는 한 가지 방법은, 졸업식, 전근, 결혼, 은퇴(퇴직)처럼 가능한 한 자연스럽고 예견할 수 있는 때에 시행하는 것이다. 이러한 의식들은 삶에 있어 중요한 전환점이다. 그러므로 당신이 제자와 함께하는 일이 거의 마무리 단계에 있고 그가 이러한 주요 전환점 중 하나에 가깝다면, 이러한 전환점이 그의 다른 변화와 동시에 일어날 수 있도록 작별시간을 정하는 것이 좋다.

당신이 무엇을 하든, 당신을 떠나는 제자에게 확실히 해두어야 하는 것이 있다. 그것은 당신과 제자의 관계가 당신에게 무엇을 의미했으며, 당신이 제자의 삶에서 무엇을 얻었는가이다. 이 관계가 완전하지는 못했을 것이다. 당신의 시각에서 볼 때, 그 관계는 완벽과는 상당히 거리가 멀었을 것이다. 그러나 이 관계가 존재했다는 그 사실만으로도 의미가 있다. 당신과 제자가 이 관계를 최대로 이용했든 못했든 간에, 당신과 제자는 오늘날 수백만의 사람이 갈망하고 있지만 극소수의 사람만이 경험한 것을 나누었다. 이것 하나만으로도 축하할 만하다. 그러므로 하나님께서 그를 어느 곳으로 인도하시든 간에 당신의 일부가 세상으로 나아가고 있다는 것을 알고서 제자를 포옹하고 악수를 나누며 그의 길을 가도록 그를 보내주는 것이다.

제18장

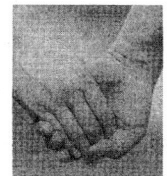

길이 남을 유산 남기기

어느 날 서비스 마스터 인더스트리(Service Master Industries)의 앨런 에머리(Allan Emery)는, 피츠버그 제일장로교회 담임목사인 로버트 라몬트(Robert Lamont)를 태우고 보스턴 근처로 향하고 있었다. 라몬트 목사는 그 날 그곳에서 설교를 하기로 되어 있었다. 앨런은 차를 타고 가면서 라몬트 목사에게 그의 목회사역을 이야기해 달라고 부탁했다.

"그분은 자신의 일을 말해 주었습니다. 그분은 자신을 마치 하나님께서 하시는 일을 지켜보는 구경꾼으로 생각하는 것 같은 느낌이었습니다." 앨런은 그 때를 회상했다. "저는 성취된 것 중 상당량이 그의 재능과 달란트 때문이었다고 생각했습니다."

앨런의 말에 라몬트 목사는 이렇게 대답했다. "초등학교에 다닐 때, 저희들은 이따금씩 거북이가 담장 위에 올라가 있는 것을 보곤

했습니다. 그것을 볼 때마다 우리는 누군가가 그놈을 그곳에 올려놓았다는 것을 알았습니다. 그놈은 혼자서 그곳에 올라가지 않았습니다. 저는 제 삶을 바로 이렇게 봅니다. 저는 담장 위에 있는 거북이입니다."

담장 위의 거북이라, 얼마나 흥미로운 광경인가! 이 광경은 많은 점에서 멘토링을 묘사해 주고 있다. 어떤 사람이 그 누구도 기대하지 못했던 성공을 거두었을 때 당신은 궁금해한다. 도대체 누가 그를 그곳에 올려놓았을까? 그가 성공을 거두도록 도운 사람은 누구일까? 사실, 성공한 사람에게 내가 가장 즐겨 묻는 질문 중 하나는 이것이다. "당신의 멘토는 누구였습니까? 지금의 당신이 있도록 해준 사람은 누구입니까?"

아주 자주, 그 사람은 웃음을 띠며 한 사람 또는 몇 사람의 이름을 댄다. 그는 내가 무슨 말을 하고 있는지 금방 알아차린 것이다. 그는 자신의 성공이 핵심적인 한두 사람의 도움에서 연유했다는 것을 누구보다도 잘 알고 있다. 이것이 멘토의 힘이다.

제자인 갈렙

갈렙은 담장 위의 거북이였다. 85세의 나이에도 그는 여전히 정열적으로 전투에 임했다. "나에게 이 산을 주십시오!" 그는 외쳤다. "여호와께서 나와 함께하실 것이며, 내가 거인들을 그 요새에서 쫓아낼 것이다."

이것은 아주 인상적인 신앙으로 보인다. 그리고 실제 그러했다. 이러한 믿음이 산을 정복하고 거인들을 몰아냈다. 거의 언제나 이들에게는 불을 당겨줄 사람이 필요했다. 무엇이(또는 누가) 갈렙에게 불을 당겼는가? 산을 정복하고 거인들을 몰아내는 것은 용기가 필요한 무서운 일일 수 있다 - 한 거인의 어깨 위에 올라 서 있지 않다면 당연히 그럴 것이다 - 갈렙은 누구의 어깨 위에 올라 서 있었는가? 로버트 라몬트의 비유을 빌리자면, 누가 갈렙을 담장 위에 올려놓았는가?

가장 가능성이 큰 인물은 모세이다. 당신이 성경의 기록을 검토해 보았다면, 모세가 그를 계승한 여호수아에게 멘토의 역할을 했음을 알 수 있을 것이다. 그러나 갈렙도 모세를 일종의 멘토로 생각했을 가능성이 크다. 갈렙은 모세가 선택하여 약속의 땅을 정탐하도록 보낸 12명 중 하나였다는 사실을 주목하라(민 13:13, 6). 다른 사람들이 후퇴하기를 원할 때, 그는 외로이 여호수아와 모세의 편을 들었다(민 13:30; 14:6-9). 그는 또한 이스라엘이 가나안 접경에 이르렀을 때 모세를 도와 그 땅을 분배한 첫 인물들 중 한 사람이었다(민 34:16-19).

직 · 간접적으로 갈렙은 모세의 큰 어깨 위에 서 있음으로 유익을 얻었다. 갈렙의 신앙도 인상적이었다. 어쩌면 그의 신앙은 모세의 신앙을 능가하는 것이었다. 그럼에도 불구하고, 갈렙이 가나안에 들어간 것은 주로 모세의 성실한 지도력 때문이었다. 갈렙은(하나님의 도움으로) 거인들을 몰아내야 했다. 왜냐하면 모세가(하나님의 도움으로) 그와 이스라엘의 남은 자들을 바로에게서 구해냈기 때문이었다.

오늘날, 수많은 사람들이 산 같은 요새를 오르려고 애쓰고 있다. 갈렙처럼 이들은 자신들의 삶에서 거인들과 싸워야 한다. 그러나 갈렙과 달리 이들은 자주 이렇게 묻지 않을 수 없다. "하나님께서 내게 맡기신 싸움을 싸울 때, 내가 누구의 넓은 어깨 위에 설 수 있는가?"

내 기도는 하나님께서 모세, 이드로, 바나바, 바울과 같이 영향력 있고, 지혜가 있으며, 인격이 갖추어진 멘토를 수백, 수천, 심지어 수만을 일으키심으로 이 물음에 답하시리라는 것이다. 이것이 내가 하나님께 드리는 기도이다. 내가 당신에게 하는 질문은 "당신도 이들 중 하나가 되기를 원하는가?"이다.

나는 얼마나 많은 사람이 이 책을 읽을지 전혀 모른다. 그러나 이 책을 읽는 사람 중 10퍼센트만이라도 연령에 상관없이 다른 사람들의 삶에 영향을 미치는 일에 자신을 헌신한다면 어떤 일이 일어날 수 있을까?

내가 이 책을 쓰고 있는 동안 1995년 "약속을 지키는 사람들"의 모임에는 5만 명 이상이 참석할 것으로 기대된다. 이들 중 10퍼센트만 다른 사람과 생명력 있는 멘토링 관계를 세우겠다는 약속을 성취한다면 어떤 일이 일어날 수 있을까?

나는 약속을 지키는 사람들 외에도 그리스도의 수백만 지체들을 생각한다. 우리 중 단 1퍼센트만이라도 다른 사람에게 스승의 역할을 하겠다고 자원한다면 어떤 일이 일어날 수 있을까?

우리는 이 땅에서 곧 두려워해야 할 거인이 아니라 믿음의 거인을 만나게 될 것이다.

네 가지 선택

그러므로 다시 묻겠다. 당신은 이들 멘토 중 한 사람이 되겠는가? 지금쯤 당신은 여기에 어떤 것들이 포함되는지 알고 있다. 여기까지

이 책을 읽었다면 이 질문에 대한 당신의 대답은 다음 네 가지 중 하나일 것이다.

1. "저는 할 수 있고 또 하겠습니다."

이것이 당신의 대답이라면 나는 가서 그렇게 하라고 말하겠다. 하나님께 디모데와 같은 사람을 보내주시며 그 사람 속에 그리스도의 삶을 세우도록 도와 달라고 기도하라. 당신은 결코 후회하지 않을 것이다.

2. "저는 할 수 있습니다" - 그러나 당신은 하려 하지 않는다.

내가 생각하기에 이것은 헌신과 변화를 요하는 부르심에 대한 아주 일반적인 반응이다. 100퍼센트 동의한다. 그러나 전혀 실천하지 않는다.

이 경우 나는 유명한 정신과 의사 칼 메닝거(Karl Menninger)를 인터뷰했던 어떤 사람의 말이 생각난다. 인터뷰가 어떤 내용에 이르렀을 때, 의사는 그 주제에 대해 자신이 쓴 책을 건네주었다. 기자는 꼭 읽어보겠다고 약속했다.

"아니오. 당신은 읽어보지 않을 것입니다!" 메닝거 박사가 엉뚱한 소리를 했다. "게다가, 당신이 그 책을 읽은 뒤에는 어떻게 할 겁니까? 그 책을 내려놓고 다른 어떤 것을 읽을 건가요?"

이 책에 대해 내가 염려하는 바도 바로 이것이다. 당신은 이 책을 읽고 갈채를 보내며 "멋져! 정말 환상적이야! 우리에겐 정말 멘토링이 필요해. 모든 사람이 이 관계를 가져야 해"라고 말하지만 곧 유행하는 다른 사상으로 옮겨간다.

이것은 내가 교회에서 설교한 후에 자주 접한 일이기도 하다. 예배가 끝난 후 대체로 나는 '따뜻한 감사'라고 불리는 인사를 한다. - 당신도 알다시피, 사람들은 예배가 끝난 후 밖에서 한 사람씩 목사와 인사를 나눈다. 그들은 매우 진지하다. 그들은 이렇게 말한다. "목사님, 정말 훌륭한 설교였습니다. 꼭 바울 사도의 설교 같았습니다."

어떤 사람들은 내게 다가와 눈물을 흘리면서 "목사님, 정말 감동적인 설교였습니다. 정말 감사합니다! 제게 정말 꼭 필요한 설교였습니다!"라고 말한다. 그들은 겉으로는 완전히 깨어진 것처럼 보인다. 그러나 그들이 무엇을 하는가? 그들은 집에 돌아가 스포츠 중계나 볼 뿐이다. 어떤 궁극적인 변화도 없다.

고상한 결심을 경계하라! 펜실베이니아에 있는 스크랜튼대학의 심리학 교수인 존 노크로스(John Norcross)는 성인들 중 절반이 새해에 적어도 한 번 이상 결심을 한다고 말했다. 그러나 일 주일 후에는 거의 사분의 일 가량이 그 결심을 포기한다. 한 달 후에는 겨우 55퍼센트만이 그 결심을 지키고 있다. 그리고 6개월 후에 그 비율은 40퍼센트로 낮아진다.

노크로스는 "당신이 2년 후에 그들에게 물어보면 그 비율은 19퍼센트 정도 될 것이다"라고 말한다.

다섯 명 중 한 명. 어떻게 생각하면 나쁘지 않다. 그러나 나는 우리가 이 비율을 어떻게 끌어올려야 할지 걱정이다.

한 가지 방법은 실제적이며 실천적인 계획이 담긴 자극적인 약속으로 대체하는 것이다. 예를 들면, 당신이 알기에 바로 지금 연장자의 인도를 찾고 있을 사람이 누구인가? 연필을 집어 그의 이름을 당장 써보고 그에게 함께하자고 말해 보라.

전략 수립가인 미첼 카미(Michael Kami)는 어떤 사람이 변화를 일으키려 할 때 곧바로 해야 하는 것을 "월요일 아침의 행동들"이라고 묘사했다. 우리는 멘토링의 필요성과 그 유익에 대해 평생 이야기해도 모자란다. 그러나 진정한 문제는 "그렇다면 당신은 이와 관련하여 월요일 아침에 가장 먼저 어떤 일을 할 것인가?"이다.

3. "해야겠지요. 하지만 지금 하고 있는 일도 벅찹니다."

이것이 이 책을 읽는 많은 독자의 대답일 것이다. 당신이 이 책을 집어든 이유는 이미 삶과 삶이 이어지는(life-on-life) 관계의 가치를 알고 있기 때문이다. 당신이 이 가치를 곧바로 알고 있는 것은 이미 다른 사람의 삶에 영향을 미치고 있기 때문이다. 당신은 자녀를 위해 시간을 내려고 애쓰고 있는 아버지이다. 당신은 아들이 속해 있는 축구팀을 지도하는 코치이다. 당신은 교회에서 보이스카웃 지도자이다. 당신은 대학생이나 젊은 장년층을 가르치는 교회학교 교사이다. 당신은 기도회나 성경연구반의 일원이다.

간단히 말해, 당신의 접시엔 이미 많은 것이 담겨져 있다. 그러므로 이와 같은 책을 읽을 때 당신은 이렇게 말하기 쉽다. "헨드릭스 씨, 정말 좋은 생각입니다! 하지만 제가 멘토가 될 수 있는 길은 없습니다. 저는 이제 더 이상 다른 일을 맡을 수 없습니다. 제가 멘토가 되어야 한다는 것도 알고 있습니다. 그것이 중요하다는 것도 알고 있습니다. 하지만 저는 더 이상의 일을 맡을 수 없습니다."

제안을 하나 해도 되겠는가? 멘토링을 하나의 부가적인 사항으로 생각하지 말라. 그것을 하나의 배가사역으로 생각하라. 달리 말하자면, 이미 꽉 짜여진 스케줄에 덧붙이지 말라. 대신에 멘토링의 원칙을 당신이 이미 가지고 있는 관계에 적용함으로 더 많은 것을 성취하도록 하라.

멘토링은 단순한 행동이 아니라 마음가짐이어야 한다. 이것은 '해야 할 것들'을 해 나가는 임무가 아니라 다른 사람과 관계를 가지는 방법이다. 당신이 이미 한 무리의 사람들과 함께 일하고 있다면 정말 멋진 일이다! 당신은 그들에게 가서 다른 사람을 멘토로 찾아보라고 말하지 않아도 된다. 당신은 이미 다른 사람의 삶에 의미 있고 중요한 영향을 미칠 수 있는 위치에 있다. 그러나 그렇게 하기 위해 당신은 이제부터 그러한 관계를 의미 있고 중요한 것으로 여겨야 한다.

당신에게 멘토가 되라는 소명은 지금과 다른 사람이 되라고 요구하지 않는다는 사실을 기억하라. 이 소명은 당신이 다른 사람들에게 꾸밈 없이 영향을 미치라고 말한다. 때때로 이것은 우연히 당신의 눈에 띈 제자를 '취하는 것'을 의미할 수도 있다. 그러나 이것은 이미 존재하고 있는 관계를, 상대방의 삶에 중요한 의미를 갖는 관계로 만드는 것을 의미할 때가 많다.

내가 시간에 대해서 말한 멘토링의 원칙 중 일부를 당신이 갖고 있는 관계 중에서 극히 적은 부분에라도 적용한다면 어떤 일이 일어날까? 확신하건대, 하나님께서는 당신의 물고기 두 마리와 보리떡 다섯 개를 취하시어 당신의 바람이나 생각을 초월할 정도로 그것들을 늘리실 것이다. 내가 이렇게 말할 수 있는 데는 그만한 이유가 있다. 그것은 작은 것들, 즉 인정해 주는 말, 커피 한 잔을 대접하는 것, 잠시 동안의 기도, 적절한 때에 어깨를 두드려주는 위로와 격려처럼 아주 보잘것없어 보이는 것에서 심오한 영향을 받은 사람들을 세계 각처에서 만났기 때문이다. 누가 그 결과를 상상할 수 있을까?

4. "언젠가 그렇게 할 겁니다."

당신은 어떤 사람이 이렇게 대답할 가능성이 가장 크다고 생각하는가? 30대나 40대 또는 50대일까? 아니다. 60대, 70대, 80대이다. 이들은 자신의 시간을 마음대로 활용할 수 있는 사람들이다. 그리고 이들은 가능한 한 얼마든지 자신의 자유시간을 누리고 싶어한다. 이들은 멘토링의 개념에는 반대하지 않는다. 그러나 이들에게 멘토링은 그의 우선순위 중에서 세금을 내거나 이를 손질하는 것과 비슷한 위치에 있다.

당신의 경우가 이렇다면 히스기야 왕의 이야기를 들려주고 싶다. 히스기야는 앞뒤로 깊은 골짜기가 있으며, 높은 봉우리가 있는 유다 왕조를 정복했다. 그의 아버지인 아하스와 그의 아들인 므낫세는 유다 역사에서 가장 악한 왕이었다. 이와는 대조적으로 히스기야는 가장 선한 왕 중 하나였다. 그는 필요한 영적 개혁을 힘있게 추진했으며 유다 왕국의 기본조직과 방어를 광범위하게 증대시켰다.

그러나 말년에 히스기야는 큰 병에 걸렸다. 사실, 선지자 이사야는 그에게 "너는 집을 처치하라 네가 죽고 살지 못하리라"고 말했다(왕하 20:1).

당신이 이 같은 상황에 처했다면 어떻게 하겠는가? 아마도 히스기야처럼 했을 것이다. 그는 하나님께 자신의 생명을 구해 달라고 간구했다. 그는 하나님께 그가 한 모든 선한 일들을 상기시켰다. 여호와께서는 그의 기도를 들으시고 그를 고치셨을 뿐만 아니라 그의 생명을 15년이나 연장해 주셨다.

그러나 이러한 생명 연장은 축복이 아닌 것이 되어버렸다. 회복된 얼마 후에, 히스기야는 바벨론에서 온 사절들을 맞았다. 그러나 이렇게 하는 가운데 히스기야는 심각한 실수를 했다. 그 시대 바벨론은 지정학적으로 볼 때 여러 나라에 비해 상대적으로 작았다. 그

시대에는 앗수르가 중동을 지배하는 강대국이었다. 히스기야는 자만심에 도취되었던 것 같다. 그래서 그는 어리석은 짓을 저지르고 말았다. "히스기야가 사자의 말을 듣고 자기 보물고의 금은과 향품과 보배로운 기름과 그 군기고와 내탕고의 모든 것을 다 사자에게 보였는데 무릇 왕궁과 그 나라 안에 있는 것을 저에게 보이지 아니한 것이 없으니라"(왕하 20:13).

미국의 대통령이 일련의 외국 인사들에게 백악관, 국회의사당, 국방성, 중앙정보부(CIA), 연방준비은행(Federal Reserve Bank), 국세청, 공군전략지휘소, 그리고 국가 방위와 경제의 다른 핵심지역의 제한구역을 보여준다고 생각해 보라. 히스기야가 바로 이런 일을 했던 것이다. 당신이 생각하기에 한 나라의 지도자가 이러한 실수를 범하고 탄핵을 받는 데는 얼마나 걸릴 것 같은가?

히스기야는 자신의 어리석은 실수에 대해 조금 다른 방법으로 '탄핵'을 받았다. 이사야는 어느 날 그에게 바벨론 사람들이 다시 돌아와서 그의 왕궁을 쓸어버릴 것이라고 말했다. 히스기야가 그들에게 보여준 모든 것들이 바벨론으로 옮겨질 것이다. 아무것도 남지 않을 것이다. 무엇보다도 나쁜 것은, 히스기야의 후손이 바벨론에 종으로 끌려가 그곳 왕궁에서 섬기게 된다는 것이었다.

히스기야의 말년 삶에서 우리는 두 가지 교훈을 배울 수 있다. 첫째는 당신이 이미 가진 년수를 이용하지 못하다면 하나님께 당신의 년수를 연장해 달라고 기도하지 말라는 것이다. 히스기야는 15년 전에 죽었으면 더 나았을 것이다. 분명히 그의 나라도 그랬을 것이다. 그가 후손을 위험에 빠뜨린 것은 바로 이 연장된 년수 동안이었다.

오늘날에도 이와 유사한 일이 일어나고 있는 것 같아 걱정이다. 통계적으로 볼 때, 사람들은 그 어느 때보다 오래 산다 - 백인 남성의 경우 평균 수명이 78세 정도이다. 그러나 많은 사람들에게 있어 그들의 수명이 길어진 반면에 그들의 영향력은 그렇지 못하다. 어떤 시인이 아주 적절하게 표현했듯이 현대인은 영광의 불꽃 속에서 이 세상을 떠나는 것이 아니라 "어리석고 별 것 아닌 사냥감을 좇으면서 조금씩 조금씩" 죽어가고 있다. 당신도 그런가? 당신도 하루하루를 어리석고 별 것 아닌 사냥감을 좇는 데 허비하고 있는가? 그렇지 않으면 당신은 사후의 영광을 준비하고 있는가?

히스기야에게서 얻을 수 있는 둘째 교훈은 당신이 오늘 어떤 것을 선택하든 그것이 당신의 자녀와, 그들의 자녀에게 매일 영향을 미친다는 것이다. 당신은 이사야의 무서운 예언에 히스기야가 어떤 반응을 보였는지 알고 있는가? 이사야 선지자가 그의 후손이 이국 땅에서 죽을 것이라고 말했을 때, 히스기야는 이렇게 말했다. "당신의 전한 바 여호와의 말씀이 선하니이다" (왕하 20:19).

선하다고? 세상에 어떻게 이사야의 말이 선하다고 생각될 수 있는가? 히스기야는 자신이 일생을 바친 모든 것들이 무너진다는 말에서 어떻게 선을 찾을 수 있었을까? 그 다음 본문이 그 이유를 설명해 준다. "만일 나의 사는 날에 태평과 진실이 있을진대(나의 남은 날 동안에 평화와 안전이 있지 않겠는가? - NIV 직역) 어찌 선하지 아니하리요"

우리 시대에 얼마나 잘 적용되는 말인가. 오늘날 세상은 전례 없는 위기로 치닫고 있는데도 너무나 많은 사람이 평화와 안전에 안주하고 있지 않은가. 우리 주변의 문젯거리를 둘러보라 - 예를 들면, 우리가 사는 도시들, 자꾸만 늘어가는 국가의 빚, 우리의 환경을 한번 둘러보라. 우리는 어느 영역에서든 지평선 위에서 재난의 그림자를 볼 수 있다.

그러나 현대인은 힘든 선택과 변화는 후대에게 맡겨버린다. 왜냐하면 오늘 그것을 하는 것은 너무나 큰 불편을 초래하기 때문이다. 평화와 안전, 이것이 중요하다. "지금 나를 귀찮게 하지 마" 이것이 현대인의 태도이다. "그건 다른 사람보고 하라고 해. 나는 너무 늙었어. 내 몫은 이미 다했어. 그래 나는 재난이 다가오고 있다는 것을 알아. 하지만 적어도 내가 살아 있을 동안에는 오지 않을 거야!"

이런 식으로 우리 중 어떤 사람은 우리 자녀의 미래를 빼앗고 있다. 사실 인생 말년에 접어들고 있는 사람들을 볼 때, 나는 갈렙과 같은 사람보다는 히스기야와 같은 사람을 더 많이 본다. 다음 세대가 새로운 영토를 정복하는 것을 돕는 사람보다 편안함을 선택하는 사람이 훨씬 더 많다. 제발 그러지 않았으면 좋겠다.

사람은 늙어가면서 누구에게 무엇을 남길까를 생각하기 시작한다. 이들은 유서를 작성하고 상속자를 지명한다. 누가 그의 돈을 상속받을까? 그들의 집은 어떻게 될까? 누가 그의 개인적인 소유물 - 책, 수집품, 도구, 트로피 -을 물려받을까? 그가 사업가였다면 누가 그 사업을 이어받을까? 사람들은 변호사를 고용하고 그의 유산을 정리하는 데 수많은 시간을 보낸다.

그렇게 하는 데는 충분한 이유가 있다. 최근 코넬대학에서 이루어진 연구에 따르면, 앞으로 15년 동안 우리 세대가 남긴 것을 베이비 붐 세대가 물려받을 때 미국은 역사상 가장 큰 규모의 부가 이동하는 것을 경험하게 될 것이다. 그 규모는 수천 조가 넘을 것이다.

얼마나 엄청난 유산인가! 그러나 나는 이렇게 묻고 싶다. 이 전례 없는 유산과 비슷한 '인간 자본'이 상속되지 않는다면, 이 유산이 무슨 소용이 있겠는가? 당신도 알다시피, 당신은 누가 우리의 부를 상속받을 것인가를 결정할 수 있다. 그러나 우리는 또한 '누가 우리의 지혜를 상속받을 것인가? 라고도 물어야 한다.

지혜의 유산

인간이 남길 수 있는 것 중 지혜보다 더 큰 유산은 없다. 부와 지혜에 대해 어느 정도 알았던 솔로몬은 전도서에서 지혜는 길이 남을 것으로, 그 어느 것도 이를 능가할 수 없다고 말했다.

지혜는 유업같이 아름답고
햇빛을 보는 자에게 유익하도다
지혜도 보호하는 것이 되고
돈도 보호하는 것이 되나
지식이 더욱 아름다움은
지혜는 지혜 얻는 자의 생명을
보존함이니라(전 7:11-12).

지혜는 지속된다. 솔로몬이 젊은이들에게 "지혜가 제일이니 지혜를 얻으라 무릇 너의 얻은 것을 가져 명철을 얻을지니라"(잠 4:7)고 말한 것도 바로 이 때문이다. 친구여, 당신의 지혜를 물려받을 수만 있다면, 자신이 가진 모든 것을 기꺼이 주려는 사람들, 즉 참으로 자신의 물질적 유산을 모두 포기하려는 사람들이 있다. 그들에게서 지혜를 빼버리면 그들은 아무런 뜻없이 죽어가는 것과 같다. 그러므로 나는 당신에게 이렇게 촉구한다. 다른 사람의 삶을 세우라. 그렇게 함으로 당신은 영구적이며 영원하기까지 한 유산을 물려줄 것이다.

부록

교회에서 멘토링 프로그램을 시행하는 방법

　이 책을 읽은 후에 당신은 교회에서 정형화된 멘토링 프로그램을 계발하는 데 필요한 어떤 것들을 생각했을 것이다. 꼭 그런 목표를 갖기 바란다. 그러나 당신이 먼저 알아야 할 것이 있다. 그것은, 당신이 아무도 탐험해 본 적이 없고, 당신을 인도해 줄 이정표도 없는 지역을 탐험하는 선구자가 될 것이라는 점이다.

　나는 교회에서의 멘토링 개념에 대해 낙관적으로 생각한다. 왜냐하면 나는 교회가 그들의 지도자를 영입할 때보다는 직접 키울 때 더 잘 되어간다고 믿기 때문이다. 더욱이 멘토링은 목회자들에게 한 가지 기회를 제공한다. 그것은 교회예산을 절대 증가시키지 않고 다만 교인들의 개인적인 스케줄의 아주 작은 부분만 요구하면서도 그들에게 영적인 봉사를 기하급수적으로 증대시킬 수 있는 기회가 될 것이다.

　구미가 당기는가? 당신이 교회에서 멘토링의 원리와 과정을 시행하기 원한다면 몇 가지를 알려주도록 하겠다.

멘토링은 관계에 대한 것이다

첫째, '멘토링 프로그램의 성공과 실패는 멘토와 제자의 관계에 관련된 것이지 프로그램과 관련된 것이 아니다' 라는 궁극적인 법칙을 존중하느냐에 달려 있다. 당신은 일련의 연장자들과 연하자들을 한 방에 넣고, 짝지우는 것을 '멘토링' 이라고 부를 수도 있다. 그러나 관계가 없다면 진정한 멘토링은 이루어지지 않는다.

달리 말하면, 당신은 사람들에게 멘토링 관계를 강요할 수 없다. 당신이 할 수 있는 것은 관계의 가능성을 열어두는 것이다. 하지만 상대방이 반응하는 상황을 만들 수는 있다. 당신의 프로그램은 멘토링을 시작하고 그것을 신선하게 살아있는 것으로 유지하기 위한 촉매제가 될 수 있다.

관계를 지속시키기

따라서 서로간의 상호작용이 일어날 수 있는 기회를 제공하는 것으로 시작하라. 예를 들면, 사람들에게 아침식사를 제공하고, 휴가를 함께 떠나며, 함께 일할 수 있는 프로젝트를 세우고, 견학 여행을 마련하며, 이 밖에 사람들이 함께할 수 있는 일을 마련하라. 이렇게 함으로 당신은 그들이 상호교류를 하도록 배려할 수 있다. 사람들이 늘 하듯이 당신이 어떤 일을 하든 한 세대를 다른 세대로부터 분리시키지 말고 함께 참여시키도록 하라.

이러한 일을 계획하는 가운데 참여자들에게는 낯선 사람들과 함께 할 수 있는 한두 가지 과제를 주어라. 예를 들면, 사람들을 아침 식사에 초대할 때 당신은 이렇게 말할 수 있을 것이다.

"여러분, 오늘 연사는 좋은 아버지에 대해 말씀해 주시겠습니다. 여러분은 테이블에서 식사를 하면서 서로에게 아버지에 대해 귀중하게 여기는 것과 아버지가 다르게 해주셨으면 하고 바라는 것을 각각 한 가지씩 이야기해 주셨으면 합니다." 이것은 서로간에 더 깊은 상호작용을 일으킬 수 있는 사소하지만 중요한 질문이다. 특히 당신이 제자를 찾고 있는 몇몇 연장자들을 겨냥하고 있다면 더욱 그러할 것이다.

성공의 열쇠: 멘토 찾기

이것은 우리에게 '멘토 찾기'라는 과제를 가져다준다. 멘토 찾기는 의도적인 프로그램이 시행되도록 하는 열쇠이다. 멘토의 자격과 의무에 대해서는 이미 말했으므로 여기서는 이를 다시 반복하지 않겠다. 그러나 목회자들과 교회 지도자들에게 한 가지를 촉구하고 싶다. 그것은 나이 든 사람들에게 멘토의 역할을 맡기라는 것이다. 그들을 설득해야 한다. 그렇지 않으면 그들은 방관자로 남을 것이다.

당신은 어떤 사람이 멘토의 역할을 하도록 하는 데 어떤 방법을 사용하는가? 그에게 요구할 것이 아니라 직접 그에게 다가가 기회를 제공하는 방법을 권하고 싶다. 그에게 불쑥 전화를 걸어 "저희는 멘토를 찾고 있습니다. 멘토가 되고 싶지 않으세요?"라고 말하지 말라. 그는 분명히 거절할 것이다. 당신에겐 멘토링에 관한 어느 정도의 교육이 필요하다. 당신은 멘토링에 대한 몇몇 선입견을 극복해야 할 것이다. 그리고 당신은 그가 자신이 멘토로서는 부적격자라고 말하면서 내세우는 이유들도 극복해야 할 것이다. 당신은, 멘토링은 가르치는 것이 아니라 본을 보이기, 즉 한 연하자가 있으면 그에게 자신을 이용할 수 있게 하는 것, 무엇보다도 그저 그 사람 곁에 있는 것임을 설명해 주어야 할 것이다. 물론 당신은 멘토링이 그에게, 그가 함께 일하는 제자에게 그리고 교회 회중에게 가져다주는 유익들도 말해야 할 것이다.

이와 관련하여 당신은 그의 손에 이 책을 한 권 들려주고 싶을 것이다. 결국, 이 책은 당신이 이루려는 목적을 성취하려고 쓰여졌다. 그것은 사람이 멘토링에 참여하도록 돕는 것이다. 그러므로 이 목적을 위해 이 책을 사용하도록 하라.

힘을 더하는 프로그램이지 덧붙여지는 프로그램은 아니다

여기에 멘토를 모으고 훈련시키는 방법이 있다. 일련의 후보자들 - 당신이 이미 개인적으로 접근한 사람들 - 을 한 모임에 초대하여 그들에게 멘토링 프로그램의 비전을 제시하고, 당신이 요구하는 것이 무엇인지 설명해 주며, 이 관계의 유익에 대해 말해 주고, 그들의 질문에 대답해 주어라. 그들이 멘토로서 헌신적으로 신중하게 고려하도록 도전을 주라. 그리고 한 사람씩 그들이 어떠한 결정을 내렸는지 알아보라.

그 다음에 멘토가 되기로 동의한 사람들을 훈련과정이나 휴양지로 초대하여 제자를 찾고 모집하는 방법, 관계를 가장 잘 이용할 수 있는 방법, 그리고 예견되는 문제점 등을 말해 주라. 그런 다음 그들을 다시 교회로 돌려 보내 하나님께서 그들을 통해 어떤 일을 하시며, 어떤 멘토링 관계가 형성되는지 지켜보라.

　이러한 방법의 한 가지 장점은 당신이 기존의 프로그램에서 사람들을 빼내지 않는다는 데 있다 - 물론 기존의 프로그램은 그 사람들을 잃을 수 없는 처지이다 - 오히려 당신은 사람들이 이미 참여하고 있는 프로그램에서 더욱 효과적으로 일할 수 있도록 도와주고 있다. 따라서 멘토링 프로그램은 교회의 다른 프로그램과 경쟁관계에 있는 것이 아니다. 오히려 이 프로그램은 멘토와 제자 관계의 원리를 이미 이루어지고 있는 일에 적용함으로써 다른 프로그램을 더욱 강화시켜준다. 당신 교회의 아동부, 작은 집단, 위원회 등이 멘토링으로 무장했을 때 장기적으로 얻게 되는 유익을 생각해 보라.

기대

　다른 어떤 것들보다 지나친 기대가 정형화된 멘토링 프로그램을 더 빨리 망칠 것이다. 당신이 열 명의 멘토와 열 명의 제자를 짝지어 주었다고 생각해 보라. 이들 중 세 쌍이 전혀 역할을 못할 것이다. 넷 또는 다섯 쌍은 그렇고 그럴 것이며, 단지 둘 또는 세 쌍만이 꽤 적극적이고 지속적일 것이다. 이 정도면 괜찮은가? 물론이다! 환상적이다. 왜냐하면 없는 것보다는 있는 게 낫기 때문이다. 그리고 당신이 관계의 가치를 항상 곧바로 평가할 수는 없기 때문이다. 때때로 제자가 멘토링의 유익을 깨닫는 데는 몇 년씩 걸린다. 그러나 이 정도의 지체가 결코 이 소중한 경험의 가치를 떨어뜨리지는 않는다.

중요한 것은 당신이 실제적인 기대를 갖는 것이다. 성취 가능한 기대를 가져라. 예를 들면, 어떤 간단한 프로그램은 멘토와 제자에게 일 주일에 한 번씩 전화통화를 하며, 한 달에 한 번씩 직접 만나도록 요구한다. 이것은 서로간에 상당한 상호작용을 일으키지 못할 것처럼 보이겠지만 오히려 그 반대일 수 있다. 당신의 기대는 현재 상황에 비해 지나친 것이 아닌가?

멘토링은 목표, 몫 또는 성취지표에 관한 것이 아니다. 멘토링은 내적인 일과 개인적인 성장에 관한 것이다. 멘토링이 이루어질 수 있는 분위기를 조성하라. 그리고 그 결과는 하나님께 맡겨라.

무엇이라고 부를 것인가?

사람들을 모으는 데 걱정을 덜 수 있는 한 가지 방법은 이 프로그램에 '멘토링' 프로그램이라는 이름을 붙이지 않는 것이다. 이러한 이름은 많은 사람들에게 상당한 부담감을 안겨줄 것이다(147-149쪽을 보라).

창의적이 되어라. 그리고 이 프로그램을 남자들의 도전(Men's Challenge), 2:2 프로그램(딤후 2:2에 기초를 두었기 때문에), 이드로(또는 바나바, 성경에서 멘토링의 본이 된 두 사람의 이름을 따서)의 형제애, 길을 찾는 사람들, 새 지평, 일대일과 같은 다른 이름으로 불러라.

위에서부터의 지원

멘토링 프로그램이 어떻게 발전하든 간에, 정형적이든 비정형적이든 간에, 이것들은 위에서부터 지원을 받아야만 한다. 그렇지 않을 경우 이것들은 번성하지도 생존하지도 못할 것이다. 담임 목회자들은 이 프로그램을 단순히 허락하는 데 그치지 않고 적극적으로 후원해야 한다. 그리고 이를 더욱 조장하고 참여하도록 해야 한다. 당신이 목회자라면, 멘토링의 성격과 가치에 대해 설교하고 가르칠 것을 촉구하는 바이다. 당신은 또 멘토링을 단순히 교회의 한 프로그램으로 만드는 것이 아니라 삶의 방식, 즉 사람들에게 그리스도의 형상을 닮아가게 하는 수단으로 삼을 수 있는지 고려할 수 있다.

도움이 되는 책

당신의 교회에서 정형화된 멘토링 프로그램을 시행하려는 생각을 가지고 있다면, 다음과 같은 책들이 도움이 될 것이다. 이 책들은 멘토링의 원리와 교회, 직장, 학교에서 가려낸 모델을 보여준다.

- Ted Engstrom with Norman B. Rohrer. *The Fine Art of Mentoring*, Brentwood, Tenn.: Wolgemuth & Hyatt, 1989.

- Thomas W. Evans. *Mentors: Making a Difference in Our Public Schools*. Princeton, N. J.: Peterson's Guides, 1992.

- Margo Murray with Marna A. Owen. *Beyond the Myths and Magic of Mentoring: How to Facilitate an Effective Mentoring*

Program. San Francisco, Calif.: Jossey-Bass, 1991.

- Linda Phillips-Jones. *The New Mentors and Protégés*. Grass Valley, Calif.: Coalition of Counseling Centers, 1993.

- Michael Zey. *The Mentor Connection* Homewood, Ill.: Dow Jones Irwin, 1984.

멘토링 관계 형성을 위한 실천단계

제임스 벨

이 책에는 이미 많은 실천적 정보와 조언이 포함되어 있다. 그런데 왜 또다시 행동계획을 제시하는 것일까? 당신이 현명한 독자라면 먼저 이 주제를 전체적으로 개괄해 본 다음 이 질문에 대답할 것이다. 당신은 이미 이 책에 제시된 몇몇 제안을 실천에 옮겨보기도 했을 것이다. 그러나 아직은 각 장에서 제시된 그 어떤 것도 조직적으로 적용해 보지 않았을 가능성이 더 크다.

당신이 이미 멘토나 제자를 찾았다면 목차도 보기 전에 이 책을 덮어버렸을 것이다. 그러므로 이 지침(부분)은 몇 가지 중요한 점에서 당신에게 도움이 될 수 있다.

첫째, 각 질문이나 실천의 핵심은 당신이 직접 대답할 것을 요구하며, 당신의 특별한 환경과 필요에 기초하여 책임있게 행동할 것을 요구한다. 똑같은 멘토링 관계란 있을 수 없다. 마찬가지로 당신이 무엇을 촉구하느냐에 따라 당신과 멘토의 모습이 다르게 그려진다. '정답'이란 있을 수 없다. 당신이 어떤 질문에 대답하지 않았다고 해서 어떤 비난도 받지는 않는다. 물론 어떤 보증된 결과도 없다. 그러나 성경이 말하듯이, 당신은 심은 대로 거둘 것이다. 당신이 이 책에서 요구되는 '정당한 땀'을 흘린다면, 이 책은 당신의 목표성취에 효과적인 도구가 될 수 있다.

둘째, 실천계획의 1부는 당신에게 최고의 멘토를 찾아 그와 관계를 가질 수 있는 기초를 마련해 줄 것이다. 그리고 2부는 당신이 멘토로서 제자를 찾도록 도와줄 것이다.

우리 대부분은 멘토와 제자가 되는 소명을 받았다. 그러므로 우리는 두 관계를 세우기 위해 양쪽 모두에 주어진 질문에 답할 수 있다. 각 장에서 '이 장의 요점'을 개괄한 후에, 당신은 '멘토링의 문제'에서 여러 제안에 답할 수 있다. 그 다음 당신은 멘토링 과정에 참여하게 되는 '실천의 핵심'으로 인도될 것이다. 마지막으로 각 장은 당신의 멘토링 파트너와 함께 이러한 개념을 적용할 수 있는 기회를 제공할 것이다. 왜냐하면 이것은 실행중에 있는 관계를 당신에게 보여주며, 당신이 나중에 사용할 수 있는 개념을 제시할 것이기 때문이다.

그러나 내가 강조하고 싶은 것은 이 지침의 모든 질문들이, 당신이 이 책을 다 읽은 후에 세워질 관계에 쉽게 사용될 수 있었으면 하는 것이다. 당신은 당신의 연구와 준비를 끝내고 당신의 파트너에게 그를 선택한 충분한 이유를 말할 것이다. 단순히 "여기 있어, 400페이지가 넘는 이 책을 읽어봐"라고 말하는 대신 당신이 핵심문제에 어떻게 답했는가를 그에게 말해 줌으로 당신의 파트너를 멘토링으로 이끌어들일 수 있다.

당신의 새로운 관계에서 필요한 것은 어느 정도의 구조와 분명한 대화와 목표 등이다. 물론 이 지침에는 이러한 것들이 포함되어 있다. 그리고 당신이 이 과정을 어떻게 겪었는지를 파트너가 알게 될 때, 당신과 파트너는 서로에 대해 많은 것을 알 수 있다. 당신은 더 자세한 논의와 행동의 단계를 설정하기 위해 이 자료를 파트너와의 다섯번째, 열번째, 또는 스무번째 만남까지 사용할 수 있다. 이것은 당신과 파트너의 필요와 바람에 달려 있다.

당신이 이미 알고 있듯이 이 책은 당신의 두뇌에 멘토링에 대한 더 많은 지식을 넣으려는 책이 아니다. 당신이 실제로 멘토링 관계를 경험하지 못했다면 당신은 '거기 있었고 그것을 했다' 고 말할 수 없다. 그러므로 이 지침이 여기에 포함된 것은 당신으로 하여금 멘토링 관계를 갖도록 독려해야 하는 요점을 강화하고, 그것들을 더욱 분명한 형태로 만들기 위해서이다.

멘토링은 과정이나 기술이 아니라 예술이다. 이것은 놀랍고 기대치 못했던 결과를 가져다줄 것이다. 그러나 어떤 일이 일어나든 이것은 유익할 것이다. 이 지침을 법적인 방법으로 사용하지 말고 다른 사람의 도움으로 당신을 자유롭게 하며 하나님께서 당신에게 의도하신 큰 사람이 되기 위한 도구로 사용하라.

제1부

제?장
멘토에게 지목받는 사람이 돼라

이 장의 요점

모든 나라와 모든 연령의 사람들은 그들이 직면하는 어려운 도전을 극복하도록 그들을 도와줄 수 있는, 자신보다 더 지혜롭고 경험이 많은 사람들을 찾고 있다. 그러나 우리 중 너무나 많은 사람들이 우리를 인도해 줄 멘토도 없이 거친 광야를 건너고 있다.

멘토링의 문제들

1. 당신이 지금까지 걸어온 인생여정을 돌아보라. 부모를 제외하고 당신의 삶에 중요하고 긍정적인 영향을 미친 사람들을 생각해 보라. 가능한 한 많이 그들의 이름을 대보라.

나이	이름	사건(들)	결과
1-10세			
10-20세			
20-30세			
30-40세			
50-60세			

2. 각각의 경우 그 사람이 당신에게 영향을 미치지 않았을 경우

당신의 삶에 일어났을 부정적인 결과를 말해보라.

3. 지나온 생활 동안 당신에게 멘토가 전혀 없었거나 거의 없었다면 당신은 어떤 기회 혹은 어떤 사람들을 놓쳤는가? 그리고 이러한 멘토들이 어떤 차이를 가져다주었을까?

4. 멘토가 되기를 구하는 사람들을 애틀랜타, 보스톤, 버팔로에서 열거했다. 당신은 친구, 가족 구성원, 또는 당신의 사회에서 멘토링을 추구하는 사람을 적어도 한 사람은 생각할 수 있는가? 그 이유는 무엇인가? 그리고 멘토링이 어떤 차이를 가져다줄 것인가?(또는 가져다주었는가?) 이에 대해 말해 보라.

실천의 핵심

과거의 멘토들에게 가능한 한 전화를 많이 하거나 편지를 하라. 그들에게 그들의 말과 행동이 당신의 삶을 어떻게 바꾸어놓았는지 말해 주라. 그들에게 감사하라. 그리고 그들이 당신과 맺었던 지난 관계를 어떻게 생각하고 있는지 알아보라.

공동과제

각 사람은 과거에 멘토에게서 영향을 받은 중요한 부분들이 자신을 어떻게 발전시켰는지에 대해 상대방과 이야기를 나누어야 한다. 현재의 관계가 이러한 패턴에 어떻게 들어맞는가?

제2장
"나는 너를 믿는다"

이 장의 요점

성장과 학습은 새로운 정보의 결과일 뿐만 아니라 개인적인 선택, 책임, 그리고 본이 되는 행동이 포함된다. 나중에 말한 세 가지는 관계 바깥에서는 일어날 수 없다. 따라서 멘토링은 배우고 성장하는 효과적인 방법이다.

멘토링의 문제들

1. 다음에 제시된 것들처럼 당신의 삶에서 주로 단순한 정보와 반대되는 본보이기 행동을 통해 얻은 것들을 될 수 있는 대로 많이 열거해 보라. 비즈니스, 기술, 취미, 보선 기술, 영적 훈련, 결혼 생활과 자녀양육, 재정 등.

2. 한 신학생과 회사 사장에 대한 예를 다시 생각해 보라(42-43쪽). 당신이 상호간에 유익한 지식이나 기술을 '거래할' 수 있는 사람을 말해 보라. 부족한 점을 채우기 위해 상대와 서로 바꿀 수 있는 당신의 장점은 무엇인가?

3. '영향을 끼치는 요소'를 볼 때, 우리는 멘토가 다른 사람들에 의해 어떻게 형성되고 어떤 도움과 영향을 받았는지 살펴보는 것이 중요하다. 당신이 1장에서 열거한 이름을 살펴보라. 이 외에도 어떤 사람들이 당신에게 지원했고 상당한 역할을 했는가?

4. 멘토가 당신에게 긍정적인 영향을 미칠 때 당신이 만나는 사람과 환경을 통해 그것을 느낄 수 있다. 멘토의 영향으로 당신이 성장했기 때문에 다른 사람들이 유익을 얻은 경우를 말해 보라.

5. 함께 산을 오를 때 사람들은 같은 줄에 자신을 동여맴으로 한 사람이 추락하는 것을 방지할 수 있다. 이처럼 멘토링이 한 사람의 삶에서 비극을 막은 경우를 생각해 보라. 이제 그 반대의 경우를 생각해 보라. 다시 말해, 더 지혜로운 사람이 책임을 졌다면 막을 수 있었을 비극을 생각해 보라.

실천의 핵심

과거의 사람들과 비교해 볼 때, 오늘날에는 지도자들이 턱없이 부족하며 이는 주로 멘토가 부족한 데 원인이 있다. 성공적인 지도자를 찾아가거나 그에 대해 읽어보라. 그리고 멘토링 관계를 가져보라. 특히 지도자들과 관련하여 당신은 이상적인 당신의 멘토에게서 어떤 모형과 자질을 구하겠는가?

공동과제

당신의 기술과 관심뿐만 아니라 장점과 약점까지 나누어라. 당신이 개인적으로 약한 부분(예를 들면, 목수로서 세금문제에 관련된 도움 등)을 보충하기 위해 당신의 강점을 어떻게 나눌 수 있는지 이야기해 보라.

제3장
당신의 필요를 발견하라

이 장의 요점

우리는 잘 이해하지 못하는 부분과 자기 주관성 때문에 자기 평가가 어렵다. 우리는 우리의 책임을 보지 못할 수 있으며 우리의 특성을 과소평가할 수 있다. 그러나 이 부분에서 올바른 도구들을 사용하면 후에 올바른 멘토를 찾는 데 도움이 될 것이다.

멘토링의 문제들

당신이 이 장을 읽었더라도, 당신은 아마 자기 평가의 다섯 가지 핵심을 피상적으로 보아 넘겼을 것이다. 직업, 영적 생활, 가족과 관련된 다섯 가지 질문에 각각 대답함으로써 이것들을 더 자세히 살펴보도록 하자.

1. **당신이 인생에서 원하는 것은 무엇인가?** 각각 세 장의 종이에 당신이 (a) 5년 내에 (b) 10년 내에 (c) 20년 내에 성취하고 싶은 것을 세 가지씩 적어보라. 또한 지식, 태도, 습관, 기술 등에 관한 부항목들을 만들어보라.

2. **당신은 어떤 대가를 지불하겠는가?** 위에서 말한 각각의 기간에 당신이 성취해야 할 목표를 정해 보라. 그리고 우선 장애물을 제거할 계획을 세우라. 희생할 수 있는 덜 중요한 것들을 열거함으로 그 목표를 성취하기 위해서 치러야 할 대가를 계산해 보라.

3. **이러한 목표가 어떻게 성취될 수 있는가?** 우리는 누가, 무엇을, 어디서, 언제, 어떻게, 왜 그렇게 했는지에 대해 묻지 못함으로 적절한 계획을 세우는 데 실패한다. 당신의 멘토가 될 사람의 견지에서 이러한 질문에 대해 구체적으로 대답해 보라.

4. **당신의 개인적인 장점은 무엇인가?** 다음과 같은 개인적인 성향 중 어디에 속하는가를 아는 것에서 시작하라. 내성적인가? 외향적인가? 정열적인가? 무뚝뚝한가? 사교적인가? 사색적인가? 분석적인가? 직관적인가? 지도적인가? 협력적인가? 당신이 양쪽 다 포함될 수도 있는 이유를 설명하라. 다시 직업, 가족, 영적 생활을 구분하라.

5. **당신은 어떻게 지식과 기술을 습득하는가?** 당신의 생활을 돌아보라. 당신이 잘하고 또 즐기는 일은 무엇인가? 영적 생활, 가족, 직업에서 세 가지 중요한 직무나 행동을 구분하라. 그런 다음 당신이 숙달되었을 때(훈련과 가르침을 받았을 때) 그것들이 어떻게 '성취되었는지' 살펴보라.

실천의 핵심

당신의 개인적인 장점과 그것이 멘토링과 관련하여 갖는 의미를 좀더 깊이 파악하라. 비슷하거나 같은 직업에 종사하는 두 사람을 관찰해 보라. 그들은 개인적인 직무를 행할 때 어떤 차이를 보이는가? 어떤 직무에 더 학습할 수 있는 특별한 방법이 있거나 그것들에 더 잘 맞는 성격을 가진 사람들이 있는가?

공동과제

당신의 개인적인 목표, 목적, 그리고 그것들을 성취하는 방법을 서로 나누어라. 당신의 개인적인 방침과 성취 스타일을 비교해 보라.

제4장
멘토가 찾는 것

이 장의 요점

당신은 제자를 어떻게 평가하는가? 멘토는 제자로부터 자신의 미래를 투자할 만한 가치가 있는 특별한 자질을 찾고 있다. 훌륭한 멘토는 시간이 제한되어 있으며 그를 멘토로 모시려는 사람들이 많다. 대부분의 멘토가 제자에게서 찾고 있는 다섯 가지 자질(조건)은 (1) 목표 지향성 (2) 도전적인 태도 (3) 주도적인 태도(적극성) (4) 배우고자 하는 열망 (5) 책임감이다.

멘토링의 문제들

당신은 멘토들이 중요하게 생각하는 이 다섯 가지 영역 중 어디에 있는지 생각해 보라.

1. **목표 지향성.** 당신이 앞장에서 세운 목표들을 다시 살펴보라. 그것들은 멘토가 관여하기에 충분할 만큼 중요하고, 성취될 수

있으며, 실제적인 것인가? 그것들을 성취하려고 애쓰기 전에 먼저 그것들을 세우고, 기도하고, 재조정하는 시간을 가져라.

2. **도전적인 태도와 책임.** 당신 자신의 직업생활에서 당신이 (a) 다음에 좀더 어려운 업무 (b) 더 큰 책임 (c) 최대한의 잠재력을 발휘하려는 목표에 근거하였던 경우를 두 가지만 들어보라. 그리고 당신이 그렇게 하지 못한 경우를 둘만 들어보라.

3. **주도적인 태도(적극성).** 우리 모두는 먼저 일을 시작할 때 성공도 하고 실패도 한다.

    '주도성에서의 성공'이라는 제목으로 두 경우에 대한 구체적인 예를 생각해 보고, 다음과 같은 것들에 연결지어 보라. 자신감, 깊은 열망, 분명한 비전, 강한 의지, 그리고 인내심.

    '주도성에서의 실패'라는 제목으로 다음과 같은 것들을 생각해 보라. 자신감의 결여, 나태, 수동성, 두려움, 무지.

4. **배우고자 하는 열망.** 멘토링과 관련된 다음 요소들을 살펴보고 자신에게 이것들을 어떻게 증진시키는지 물어보라. (a) 가르치기 더 쉬운 사람이 되기 (b) 어려움을 극복하기 (c) 알려지지 않은 것에 대해 호기심을 갖기 (d) 낯선 거리를 기꺼이 탐험하기 (e) 지적 성장에 대한 열망 갖기.

5. **개인적인 책임감.** 결국 당신은 성공해야 한다. 당신이 멘토의 조언이나 본에 따라 행동하지 못하도록 당신을 방해하는 것은 무엇인가? 당신이 다음과 같은 이유들 때문에 행동을 못하지는 않는지 분석해 보라. (a) 다른 데 정신이 팔림 (b) 헌신이 결여됨 (c) 꾸물대기 (d) 책임전가.

실천의 핵심

당신은 지금 좌절감을 느끼기에 멘토의 도움 같은 것은 그다지 느끼지 못하고 있을 것이다. 당신의 현재 능력과 잠재력을 강화시켜 줄 수 있는 사람을 찾아라. 최선의 첫단계로써 당신의 필요를 발견하도록 하라.

공동과제

제자의 자기 평가를 기본으로 하여, 멘토는 이러한 다섯 가지 기준을 평가하고 충고해야 한다. 당신이 어떤 영역에서 부족하면 그것에 대한 치료책에 대해 서로 합의하라.

제5장
멘토의 특징

이 장의 요점

당신이 멘토를 구할 때 기억해야 할 것이 있다. 그것은, 멘토는 주고받음의 관계에서 당신의 필요들을 충족시켜야 하며, 당신의 발전을 위해 그의 시간과 전문적인 지식을 기꺼이 투자해야 한다는 것이다. 그는 당신의 개인적인 성장을 위한 목표를 충족하는 데 필요한 인격과 경험을 가지고 있어야 한다.

멘토링의 문제들

1. 그들을 잘 아는 다른 사람들과 접촉함으로 당신의 멘토가 될 만한 사람을 세 명만 정해 보라. 당신이 멘토에게서 어떤 자질과 인격을 찾을 것인가를 정하는 일에서 시작하라. 당신은 다음과 같은 항목으로 시작할 수 있다. 또한 다른 덕목도 추가할 수 있다. 당신의 목적을 고려하여 중요한 순서대로 열거해 보라.

   ____ 성실　　　____ 자신감　　　____ 자제력
   ____ 정직　　　____ 인내심　　　____ 지도력
   ____ 겸손　　　____ 섬김　　　　____ 직업정신
   ____ 경건　　　____ 추진력　　　____ 여러 재능
   ____ 야망　　　____ 실용적인 태도　____ 지혜

2. 당신은 어떤 형태의 관계를 찾고 있는가? 당신은 말하는 것과 듣는 것 그리고 당신의 삶과 멘토의 삶을 나누는 것에서 어느 정도의 균형을 바라는지 말해 보라.

3. 우선 당신의 멘토가 될 만한 사람들의 이름을 열거해 보라. 그들을 알고 있는 사람들을 통해 그들의 인격과 능력을 점검하라. 그들 가운데 사람들이 당신과 어울린다고 말한 사람이 있는가?

4. 멘토를 찾을 때 다음과 같은 정보를 모아라.

   a. 그들의 전체 정보망
   b. 그들의 지혜에서 유익을 얻는 다른 사람들

    c. 그들의 대화 기술

    d. 그들이 당신의 필요에 대해 지혜롭게 대처하는가?

    e. 민감한 주제에 대한 그들의 개방성

    f. 당신을 '다음 단계'로 끌어올릴 수 있는 그들의 능력

5. 당신이 멘토에게서 찾고 있는 기술 가운데 가장 중요한 것은 아마도 본보이기, 정확한 진단 그리고 개인적인 목적에 당신을 이용하지 않는 것 등일 것이다. 직접적인 접촉이나 다른 사람들의 이야기를 통해 다음과 같은 것들을 확인하라.

    a. 당신의 멘토가 될 사람은 어떻게 언행일치의 삶을 살고 있는가?(그의 삶의 열매들에 대한 증거)

    b. 그가 핵심적인 문제들을 얼마나 잘 분별하며, 영향을 미치고 있는 사람들의 성장을 위해 얼마나 조언을 잘 하고 있는가?(그는 다른 사람의 인격을 파악하여 그것을 발전시킬 수 있는가?)

    c. 그는 자기 중심적이거나 다른 사람들로부터 더 많은 개인적인 이익을 얻으려 하지 않는가? (그는 주는 것보다 받는 것을 더 원하지 않는가?)

실천의 핵심

당신이 앞에서 말한 것을 한 사람 이상 당신의 잠재적인 멘토에게 적용할 수 있었다면, 그 결과 당신이 발견한 것들을 비교해 보라. 당신이 존경하고 당신을 잘 아는 사람을 찾아 그 결과에 대해 그의 조언을 구하라. 당신의 해석이 맞았는가? 그는 당신에게 앞으로 어떤 길을 택하라고 권해 주는가?

공동과제

당신이 선택한 멘토와 함께 왜 그가 이 장에서 제시된 기준에 적합한가를 살펴보고, 당신의 독특한 성격이 그의 지도로 어떻게 꽃필 것인가를 생각해 보라.

제6장
어떻게 멘토를 찾을 것인가

이 장의 요점

이제 당신은 믿음으로 기도하고, 관심을 갖고 주위를 둘러보며, 함께할 멘토에게 다가가야 한다. 제5장의 기준에 부합하는 사람과 올바른 '재능'과 상호간의 관심사를 가진 사람을 찾아보라.

멘토링의 문제들

당신이 분명히 따를 수 있도록 제시된 몇 가지 행동을 살펴보자.

1. 당신이 올바른 멘토를 찾을 수 있는 곳을 탐험하라 - 교회, 직장, 가정, 사회적 상황 등. 멘토가 있을 만한 곳은 한 곳도 빼먹지 말라.

2. 위에서 말한 각 장소에서 올바른 멘토에게 갈 수 있는 문을 열어줄 핵심적인 접촉을 하라. 도덕적인 비그리스도인들도 배제하지 말라.

3. 위의 조사에서 발견한 것들에 기초하여 당신을 가르칠 수 있다고 생각되는 연장자요, 더 경험이 많은 '바울'을 찾아라.

4. 이제 당신에게 '바나바와 같은' 사람들 - 당신이 함께 상호간의 멘토링 관계를 가질 수 있는 또래간의 영적 형제들 -을 찾아라. 당신에게 가장 적절한 사람은 누구인가?

5. 마지막으로, 당신에겐 '디모데와 같은 사람들' - 당신의 지혜와 인도가 필요한 연하자들 - 이 맡겨져 있다. 당신의 독특한 재능과 경험에 가장 적절한 사람은 누구인가?

실천의 핵심

비정형적인 기초에서 바울 같은 사람, 바나바 같은 사람, 그리고 디모데 같은 사람과 함께하도록 해보라. 당신의 삶에서 연장자에게 인도되어야 할 부분, 또래에게 격려를 받아야 할 부분, 그리고 연하자를 돕는 데 사용해야 할 부분을 생각해 보라.

공동과제

당신 자신의 바울 - 디모데 관계를 더 잘 이해하라. 함께 성경을 연구하고 디모데에 대한 바울의 권고와 본보이기를 살펴보라.

제7장
첫단계

이 장의 요점

멘토의 섬김을 받는 데는 '정해진' 방법이 있는 것이 아니라 친구에서 낯선 사람에 이르기까지 그 친근감의 정도에 따라 방법은 다르다. 알지 못하는 멘토일 경우 당신은 그의 관심을 끌어야 하고, 그의 신뢰를 사야 하며, 그가 당신의 필요를 충족시키도록 그를 적극적으로 설득해야 한다.

멘토링의 문제들

1. 당신이 이미 잘 알고 있는 사람들로부터 시작하라. 어느 정도 신뢰와 이해가 이미 이루어져 있는가? 여기에 근거해서 당신은 이 관계가 성취할 것을 분명히 알고서 각자에게 어떻게 다가갈 수 있는가?

2. 당신이 개인적인 추천을 통해 알게 된 사람들이나 막연히 알고 있는 사람들을 생각해 보라. 당신은 더 긴밀한 관계를 갖기 위해 당신의 제한된 지식을 어떻게 '사용할' 수 있는가?

3. 당신이 예전부터 존경해 왔지만 한 번도 접촉이 없었던 사람들을 생각해 보라. 이런 경우 당신이 그를 처음 만날 때는 이 장에서 제시한 20가지 개념이 특히 필요할 것이다. 각 사람의 관심을 얻는 데 유용할 두세 가지를 골라보라.

4. 모든 멘토는 아무리 작거나 사소한 것일지라도 어느 정도 문제나 필요를 가지고 있다. 그것이 세차하는 것이든 기술적인 정보이든 간에 잠재적 멘토의 필요를 발견하고 그것들을 채워주기 위한 조치를 취하라.

5. 대부분의 사람들은 자신을 잠재적인 스승으로 보지 않는다. 그러므로 '비밀스런' 전략을 세워라. 적어도 당신과 상대방이 모두 유익을 얻을 수 있는 단기간의 관계를 암시하는, 다른 단어들을 사용하는 것으로 시작하라.

실천의 핵심

열거된 20개의 시험적인 접근 가운데, 당신의 멘토(친구, 아는 사람, 낯선 사람) 중 한 사람 또는 전부에게 시행할 것을 적어도 세 가지 정도 정해 보라. 이러한 분야에서 창의성과 주도성이 성공의 열쇠임을 기억하라. 이러한 행동들을 당신의 특별한 유형이나 환경에 맞출 때 기도하고 주의깊게 계획을 세우라.

공동과제

20개의 항목 중 많은 수가 이미 세워진 당신의 관계에서도 시행될 수 있는 것들이다. 정보를 교환하고, 산출된 어떤 일을 평가하며, 함께하는 프로젝트 등이 그 중 몇 가지이다. 적어도 양쪽 모두를 강화시켜 줄 한 가지 활동과 그것을 성취하기 위한 계획에 서로 동의하라.

제8장
성장전략들

이 장의 요점

당신의 관계가 정형적이든 비정형적이든 간에, 당신은 실제적인 기대가 담긴 구체적인 항목(목표)이 필요하다. 당신의 현재 필요를 생각하고, 그것들을 당신 인생의 더 큰 문제들과 연관지어 보라. 당신의 멘토가 당신의 삶에서 현재의 과정이나 문제를 평가하도록 하는 것으로 시작하라.

멘토링의 문제들

1. 당신이 항목을 정할 때, 당신에게는 몇 가지 두드러진 목표가 있을 것이다. 그러나 표면적인 어려움이 당신의 성격에서 몇 가지 뿌리깊은 성향을 지적해 줄 것이다. 당신이 진지하게 도움을 받아야 하는 주요한 부분 세 가지를 열거함으로 당신이 현재 있는 자리에서 시작하라.

2. 이제 긍정적인 면을 보자. 당신의 장점과 성취에 근거하여 당신이 아주 오랫동안 개인적인 발전과 성취를 이룰 수 있다고 믿고 있는 세 영역을 말해 보라.

3. 훈련의 부족과 관련하여 더 나은 기도생활의 필요성에 대한 이야기를 생각해 보라. 몇 가지 더 적은 필요를 더 넓은 영역에서 실패한 경우와 연결해 보라. 이에 대해 생각하고 기도할 때 열린 자세를 가져라. 그러나 당신 자신에게 혹독하게 대하지는

말라.

4. 멘토링의 궁극적인 목적은, 당신을 더 지혜롭고, 더 성숙하게 하며, 그리스도를 더 닮아가는 사람으로 만드는 것이다. 이것이 실현되었을 때 당신의 모습이 어떠할 것인가를 두 페이지 분량으로 기록해 보라. 이렇게 되었을 때 당신의 사고와 행동과 말이 어떨지 생각해 보라.

5. 몇몇 멘토링 프로그램이 제시되었다. 당신이 직장, 교회 또는 가족 가운데서 개인적으로 알고 있는 것들을 몇 가지 생각해 보라. 당신은 그들의 원리나 목표를 당신의 항목에 적용할 수 있는가?

실천의 핵심

이 장에서 제시된 문제나 과정에 관련된 행동을 한 가지 이상 해 보라. 당신의 잠재적 멘토에게 당신과 함께하자고 초대하라. 그 다음 당신이 취해야 할 행동은 기도와 예배이며, 이것은 당신의 선택에 선행되어야 한다.

공동과제

정형적인 멘토링 프로그램에서 학습계약이 자주 이용된다. 당신과 당신의 멘토가 소극적일수록 분명한 기대를 정해 놓는 것이 중요하다. 이러한 기대를 여섯 가지 정도 열거한 다음 당신이 가질 관계에서 이것들이 할 역할에 대해 이야기해 보라.

제9장
주의: 사람들은 공사중!

이 장의 요점

멘토링 관계는 비실제적이거나 실현되지 않은 기대 때문에 단명할 수 있다. 멘토가 자신의 목적을 이루려고 할 수도 있다. 그는 중요한 부분에서 실패할 수도 있다. 중요한 것은 우리가 우리의 행동과 반응에 책임을 지는 것이다.

멘토링의 문제들

1. 당신이 현존하는 관계를 보거나 평가할 때 암시적인 기대에 기초하여 어떤 것들이 잘못될 수 있는지 그 목록을 만들어라. 관계나 그 유익 또는 멘토가 왜 실망스러울 수 있는가? 당신의 긍정적인 목표에 방해가 되는 것으로는 어떤 장애물, 가정, 환경, 약점 등이 있는가?

2. 비록 적은 정도지만 당신의 멘토가 당신을 실망시킨다고 하면 당신은 어떻게 하겠는가? 그가 당신을 실망시킬 수 있는 경우를 열거해 보라. 약속 불이행, 부족한 투자 등. 이제 어떻게 정직하고, 책임감 있고, 부드럽게 대응할 것인가를 말해 보라.

3. 당신은 멘토로 좋은 본을 보였지만 결정적인 실패를 한 사람을 알고 있는가? 이것이 지도자들에 대한 당신의 신뢰를 어떻게 흔들어놓았는가? 당신이 알고 있는 이러한 사람을 위해, 당신이 당신 자신의 삶에 적용할 수 있는 몇몇 긍정적인 교훈과 안

전장치를 열거해 보라.

4. 우리는 영적 위치에 관계없이 서로를 돌보아야 한다. 가장 강한 멘토도 약함을 보이고 함정에 직면한다. 당신은 당신의 멘토의 삶에서 나타나는 잠재적인 어려움에 대해 어떻게 조언하거나, 그를 격려하거나, 인도하거나, 위로할 수 있겠는가?

5. 글렌 아이리 절벽에서 새끼를 떨어뜨리는 독수리 이야기를 생각해 보라. 당신은 삶의 어떤 영역에서, 당신의 능력을 넘어선 일을 떠맡고 있다고 생각하는가? 당신은 책임을 지고 어려움에 당당히 맞서기 위해 어떤 조치를 취할 수 있는가? 멘토는 이 과정에서 너무 많은 요구를 하거나 지나친 통제력을 행사하지 않고 어떻게 당신을 도울 수 있는가? 당신은 어떤 곳에서 지나치게 큰 압력을 느끼는가? 그리고 당신은 이것까지도 어떻게 잘 나눌 수 있는가?

실천의 핵심

멘토가 갖는 효과에 대해 다른 사람에게 평가를 구할 뿐만 아니라 멘토링 관계(또는 이와 유사한 관계)를 실제로 가졌던 사람들을 찾아라. 그들에게 왜 그 관계를 '그만두었으며' 그 관계에서 어느 정도 성공을 거두었는지 물어보라. 거기에 통제의 문제나 부족한 점이 있었는가? 긍정적인 점을 배우고 기록하라.

공동과제

멘토로서 당신이 가지고 있는 약점에 대해 당신의 제자에게 솔직하라. 당신이 실수를 한 사건들과 심지어 그 실수에서 배우지도 못했던 일들을 돌이켜보라. 당신이 멘토로서 지녔던 상당 부분은 당신의 성취가 아니라 하나님의 은혜임을 인정하라. 당신이 필요할 때는 당신의 제자가 당신을 바로잡고 조언을 할 수 있게 하라.

제10장
책임지기

이 장의 요점

사람들은 그리스도 안에서 뚜렷한 성장이 없기 때문에 점점 더 크게 좌절하고 있다. 단순히 정보를 얻는 과정이 관찰과 행동으로 배우는 일을 대신할 수는 없다. 효과적인 성장은 순종(우리가 알거나 이해하는 것에 대한 실천)에서만 일어날 수 있다.

멘토링의 문제들

1. 당신이 살아온 길을 되돌아보고 다음과 같은 세 가지 항목 중에서 어디에 성취목표를 두고 있는지 관찰하라. (a) 지혜 대신 지식 (b) 인격 대신 성취 (c) 창의성 대신 이익. 각각의 경우에 당신은 어떻게 하여 후자의 것을 얻을 수 있었는가? 당신의 멘토링의 목표를 먼저 보라. 그리고 나서 세 가지 항목 중에서 후자 대신에 전자를 얻을 계획을 세워보라.

2. 그리스도를 닮음이란 우리가 가진 정체성의 모든 측면에서 이

루어진다. 당신의 성장은 균형을 이루고 있는가? 자신에게 (그리고 다른 사람들에게) 각 부분에 대해 다음과 같은 질문을 던져 보라.

- **지적인 면**: 나는 관심 있는 모든 분야에서 나의 능력을 최대로 발휘하고 있는가?
- **육체적인 면**: 다이어트, 휴식, 운동이 질서를 이루고 있는가?
- **사회적인 면**: 나는 서로 유익하고 깊고 의미있는 관계를 추구하고 있는가?
- **정서적인 면**: 나는 성숙한 모습 속에서 마음으로 반응하고 있는가?
- **영적인 면**: 나는 영적 훈련을 온전히 균형 있게 시행하고 있는가?

3. 제자들은 멘토링을 삶의 한 방식으로 만들 것을 우리에게 독려한다. 당신이 아직껏 생각해 보지 못한 덜 중요한 영역 가운데 멘토링이 가능한 부분을 열거해 보라. 아마도 취미나 새로운 모험이 있을 것이다. 지금부터 5년, 10년, 20년 후에는 어떤 종류의 멘토가 필요할지 생각해 보라. 이것은 미래의 계획을 세우는 좋은 연습이 될 것이다.

4. 당신의 자녀를 위해 멘토를 구해 주는 것에 관한 중요한 언급이 있었다. 당신의 자녀가 현재 단계에서 필요로 하는 것들, 학교나 교회나 운동클럽 등에서 그들의 잠재적인 멘토를 열거해 보라. 여러 가능성에 대해 당신의 자녀와 이러한 잠재적인 멘토에게 접근하는 것으로 시작하라. 당신의 자녀양육이 멘토링

의 도입으로 어떻게 증진될 수 있는가?

5. 우리는 앞에서 디모데와 같은 사람을 찾는 일에 대해 말했었다. 이것은 아주 놀라운 일이 될 수도 있다. 왜냐하면 제자로서 당신은 '멘토가 필요한 것은 바로 나야'라고 생각할 것이기 때문이다. 그럼에도 불구하고 젊은이들은 당신의 경험에서 유익을 얻을 수 있다. 당신이 알기에 다음과 같은 사람을 필요로 하는 사람들과 함께하라. (a) 그들의 필요와 관심에 귀기울여 줄 사람 (b) 그들에게 관심을 가져주는 사람 (c) 그들에게 중요한 상황에서 자신이 살아온 이야기를 해줄 사람 (d) 그들의 싸움에서 그들을 지원해 줄 사람. 당신이 기꺼이 이런 일을 하고자 한다면 당신은 젊은 디모데 같은 사람을 진정으로 도울 수 있다.

실천의 핵심

당신이 그리스도와 동행하는 가운데 일어난 중요한 변화를 돌이켜봄으로 그리스도 안에서의 당신의 성장을 돌아보라. 이러한 사건들이 지식이나 순종에서 일어났는가 그렇지 않으면 이 둘의 결합에서 일어났는가? 이 사건들이 영적인 훈련에서 일어났는가 그렇지 않으면 다른 사람과의 관계 속에서 일어났는가? 성경에서 (하나님의 은혜를 통해) 순종하기 어려워 보이는 세 가지 원칙을 말해 보라. 그리고 도움을 구하기 위해 이러한 원칙에 순종한 사람을 찾아보라.

공동과제

멘토에게 당신이 위에서 언급된 몇 가지 기술을 사용하는 것을 도와 달라고 부탁하라. 그런 다음 당신의 새로운 디모데를 가르쳐라. 그로 하여금 그의 '비법'을 당신과 함께 나누게 하라. 그렇게 함으로 당신은 다른 젊은이(연하자)를 대하는 데 그것을 사용할 수 있다.

제2부

제11장
멘토가 되라는 부르심

이 장의 요점

제2부는 멘토에 관한 것이다. 우리에게 강력한 지도자가 없는 한 가지 이유는, 우리가 신약의 위대한 바울과 디모데 뒤에 있었던 멘토링 과정을 등한시하고 있기 때문이다. 멘토는 그들이 소유한 것만 주면 되지만, 이것은 그들이 알고 있는 것보다 훨씬 더 많다. 당신이 당신의 제자를 인도하고 균형을 잡아주면 나머지는 그가 할 것이다.

멘토링의 문제들

1. 바울/바나바/디모데와 같은 형태의 관계를 보자. 또래 간의 멘토링에 대해서는 성경이 요나단과 다윗에 대해 무엇이라고 말하는지 알아보라. 연장자/연하자 관계에 대해서는 이드로 - 모세의 관계를 좀더 자세히 살펴보라. 연하자/연장자 관계에 대해서는 엘리사 - 엘리야의 관계를 살펴보라. 당신은 성경에서 멘토링에 대한 다른 예를 찾을 수 있는가?

2. 이혼이 자녀에게 미치는 반향에는 불안, 분노, 성취 저하, 학대와 무관심, 낮은 자부심 등이 있다. 이런 기본적인 문제들이 유사한 나약함을 가져온다. 재능은 있지만 부정적인 과거를 가진 젊은이를 생각하라. 당신의 멘토링이 이러한 성향들을 어

떻게 바꿀 수 있는가?

3. 멘토링에 대한 당신의 부정적인 태도를 검토하라(그러한 생각에 대해 죄책감을 느끼지는 말라. 모든 멘토는 비록 그 정도는 적을지라도 잠재적인 허물을 가지고 있다). 당신에게 있을 수 있는 다음 여섯 가지 태도와 관련하여 당신은 어떤 이유 때문에 어느 정도로 그런 태도를 취하는지 평가해 보라. 관심의 결여, 회의주의, 무관심, 부적절함, 고립, 무지 등 이러한 장애물을 제거하기 위한 전략을 생각하고 기도하라.

4. 당신이 부적절하다는 생각을 극복할 수 있는 효과적인 방법이 있다. 당신보다 젊은 제자가 필요로 할지 모르는 것 중 어떤 것을 가지고 있는지 자세히 기록해 보라. 경험, 지식, 평가, 돈, 자원, 친구, 시간, 독특함. 너무 겸손하지 말라. 오히려 하나님의 축복을 인정하며 하나님 앞에 나아가 기꺼이 이러한 축복을 당신보다 덜 '운이 좋은' 사람들과 나누라.

5. 당신이 당장 인정하지 않는다 하더라도 멘토링은 당신 주변에서 여러 단계로 일어난다. 한 사람이 다른 사람에게 영향을 미치는 세 가지 경우만 들어보라. 형태와 정도는 다양할 것이다. 아마도 그것이 멘토링이라고 생각되지 않을 것이다. 화려하거나 멋진 외양보다는 겸손하고 단순한 섬김에 초점을 맞춰라. 당신은 이러한 방법으로 다른 사람과 관계를 가질 수 있는가?

실천의 핵심

당신이 활동하고 있는 영역에서 적어도 세 명의 연하자를 상대로 조사해 보라. 교회, 일터, 확대가족 또는 친구들, 그들에게 그들 자신이나 그들의 친구가 적극적으로 멘토를 찾고 있는가와 관련된 질문들을 해보라. 왜 찾고 있는가? 왜 찾고 있지 않은가? 무슨 목적으로 찾고 있는가? 등등.

공동과제

멘토는 그의 첫 반응과 관찰을 제자와 함께 돌아보아야 한다. 당신과 제자의 관계 때문에 줄어든 부정적인 태도에 대해 이야기하라. 제자에게 유익을 가져다줄 긍정적인 것을 더 자세히 살펴보라. 아직까지 이용되지 않은 것 중 적어도 하나에 초점을 맞추도록 애써라.

제12장
왜 멘토가 되어야 하는가?

이 장의 요점

멘토링에는 제자뿐만 아니라 멘토에게도 해당되는 몇몇 중요한 유익이 포함되어 있다. 멘토의 개인적 성취가 그의 말년에는 끝나게 되겠지만 그는 유산을 남김으로, 즉 자신의 영향을 받은 더 젊은 세대에게 성숙을 가져다줌으로 다시 젊어진다.

멘토링의 문제들

1. 성경의 멘토링에서 많은 힌트를 얻는다. 구약성경과 신약성경

에서 당신이 생각하기에 멘토가 그 관계에서 제자 못지않게 많은 유익을 얻었다고 생각되는 예를 각각 하나씩 들어보라. 필요하다면 당신의 주장을 뒷받침하기 위해 배경도 연구해 보라.

2. 당신의 멘토가 30세가 넘었다면, 당신은 어느 정도 나이 든 세대의 시각에서 현재의 사건과 사람들의 태도를 평가할 수 있을 것이다. 최근의 동향이나 태도 중에서 당신이 젊은 사람의 관점에서 큰 통찰력을 얻을 수 있는 것들을 열거해 보라.

3. 당신은 아마도 책임이라는 것을 당신 또래의 판단에서 볼 것이다. 한 연하자가 당신의 조언뿐만 아니라 당신의 행동을 역할 모델이라는 견지에서 생각한다고 해보자. 이것이 또래간에 상호작용하는 것과 다른 방법으로 당신의 개인적인 성장을 어떻게 도울 수 있는가?

4. 당신의 인생에서 당신이 가장 큰 성공을 거두고 있는 영역을 열거해 보라. 당신은 이러한 공간을 새로운 도전으로 채웠는가? 어떻게 이러한 성공의 지혜를 함께 나누고 다른 사람을 세워주는 일이 실제로 당신의 삶에 더 많은 도전뿐만 아니라 온전함을 가져다주겠는가?

5. 당신은 과거의 선택이나 나약함이 당신으로 하여금 효과적인 역할 모델이 되지 못하게 했다고 생각할 것이다. 당신의 삶에서 실패와 역경을 분석해 보라. 당신이 어떻게 해야 당신의 제자에게 함정을 경고해 주고 성장의 기회를 보여줌으로써 그가 당신의 실패와 성공 양쪽 모두로부터 배우게 할 수 있는가?

실천의 핵심

중년이 되면 사람은 예기치 못한 전환점을 맞는다. 그들에겐 새로운 도전에 맞설 영적·정서적 자원이 부족하다(당신의 현재 나이와 관계없이). 당신의 앞으로의 5년을 생각해 보라. 그리고 당신이 직면할 수 있는 어려움에 대해 다른 사람의 조언을 구하라. 그들에게 그 어려움을 극복할 수 있는 당신의 능력을 평가해 달라고 부탁하며, 그 때를 위해 자신을 훈련시키고 강하게 하려면 당신이 어떤 조치들을 취해야 할지에 관해서도 조언을 구하라.

공동과제

당신의 제자와 함께 멘토와 제자 양쪽 모두에게서 성공과 중요성의 차이에 대해 이야기를 나누어라. 그 다음에는 함께 당신의 삶을 점검해 보고 당신이 과거에 개인적인 유익을 위해 다른 사람의 재능을 사용했던 때는 언제이며, 당신이 다른 사람에게 당신의 지혜와 경험을 투자한 때는 언제인가 알아보자.

제13장
멘토는 어떤 일을 하는가?

이 장의 요점

젊은이들은 연장자들의 성숙하지 못한 모습을 본다. 그러나 연장자들은 이것을 알지 못할 수 있다. 이러한 이유 때문에 어떤 사람은 무의식적으로 다른 사람들을 가르쳤으며 심지어 이를 눈치채지도 못했다. 시간, 경청, 당신의 인격, 당신의 신앙처럼 제자에게 아주 귀중할 수 있는 간단한 선물이 있다.

멘토링의 문제들

1. 「오디세이」의 이야기에서 멘토는 평화유지, 중재, 공동체의 가치 유지라는 재능을 소유한 남성 보호자였다. 당신은 이러한 지도자적 재능을 어떻게 발휘하고 있는가? 또한 이러한 재능이 당신의 제자가 직면할지도 모를 갈등에서 어떻게 사용될 수 있겠는가?

2. 멘토와 관련된 다음 역할에서 당신이 어느 정도 역할을 감당할지 1-10까지 그 점수를 매겨보라(왜 그런지 그 이유도 설명하라). 그런 다음 당신에게 가장 중요한 것을 선택하고 그것을 어떻게 증진시킬지 생각해 보라.

    — 안내자(다른 사람을 이끌기)
    — 본보기(다른 사람에게 귀감되기)
    — 훈련자(한 가지 기술을 가르치기)
    — 아버지의 모습(양육, 훈계)
    — 교사(가르치기)
    — 가정 교사(학습 돕기)
    — 상담자(필요를 만족시키기)
    — 지도자(길을 분명히 보여주기)

3. 다음은 이 장에 제시된 제자와 나누어야 할 매우 실천적인 재

능에 관한 목록이다. 본문에서 설명을 읽고 각 항목에 대해 당신이 기여할 수 있는 한 가지 구체적인 방법을 제시해 보라.

자원망 _____

반향판 _____

지혜 _____

절친한 친구 _____

기술과 행동 _____

계획 _____

평가(Feedback) _____

새로운 기회 _____

지도 _____

4. 톰과 리키의 이야기를 다시 생각해 보라. 평범해 보이는 일, 별로 부담 없는 상호작용이 장기간에 걸쳐 중요한 멘토링 관계로 변했다. 당신은 중요한 결정을 내려야 할 때나 영적인 헌신에 조언을 줄 수 있는 신뢰와 우정을 누구와 쌓을 수 있는가?

5. 이 장에 제시된 멘토의 적합성에 대한 열 가지 질문은 제안적이기는 하지만 십계명처럼 소중하게 취급하라. 이것을 매주 한 번씩 읽고 매번 볼 때마다 새로운 것을 첨가하라. 일 주일 후에는 당신의 헌신, 자기 평가, 성장을 위한 목표를 요약하라. 당신이 어떤 부분에서는 부족할지 모르지만 당신이 조금만 노력하고 보충하여 그 부분을 개선시킬 수 있다.

실천의 핵심

가장 중요한 것은, 당신이 자신을 멘토라고 생각하는 것이 아니라 다른 사람이 당신을 멘토로 보느냐 하는 것이다. 적어도(몇 명의 또래들뿐만 아니라) 두 명의 연하자에게 멘토로서의 당신의 능력과 행동에 대해 정직한 평가를 부탁하는 용기가 필요하다.

공동과제

제자는 멘토의 적합성에 대한 열 가지 질문 중 자신의 멘토가 평균보다 높거나 월등히 뛰어난 능력을 보이는 부분 세 가지를 찾아보라. 멘토는 이제 자신이 장차 세우고 싶은 세 부분을 말하고 그 이유도 설명해 보라.

제14장
제자는 어떻게 찾는가?

이 장의 요점

당신과 당신이 선택한 제자 양쪽 모두는 당신이 제공해야 하는 것으로부터 유익을 얻는다. 당신은 올바른 제자를 어떻게 찾는가? 첫째, 제자의 배경, 관심, 그의 헌신 등에 대해 중요한 질문을 던져라. 그런 다음 당신 자신에게 당신의 동기부여, 기여, 긍정적인 반응 등에 대해 물어보라. 당신의 제자가 될 만한 적절한 인물이 있는가?

멘토링의 문제들

1. 제자를 찾는 데 있어, 당신이 한순간에 선택하거나 수동적으로

기다리는 것. 이 두 가지 극단적인 방법을 사용하고 싶은 유혹을 받을 것이다. 이제 당신은 주의깊게 수집한 정보와 기도로 결정을 내리겠다고 결심하라. 그러면 능력이 없는 제자를 만날 확률은 눈에 띄게 줄어들 것이다.

2. 틀에 맞지 않는 젊은이들, 다시 말해 별볼일없는 행동이나 모습을 보이는 젊은이들을 떠올려보라. 하나님께서 이들을 올바로 세우시면, 이들도 자신의 특징에 맞는 인도를 받음으로 성공할 수 있다. 이러한 사람들 가운데 당신의 영향을 받을 수 있는 사람은 없는가?

3. 잠재적인 제자에게 본 장에서 제시된 여섯 가지 개인적인 질문을 던지는 것은 최소한 그에 대한 이해를 가져다줄 것이다. 이 여섯 가지 질문을 다시 살펴보라(14장의 "당신의 제자가 될 사람에게 물어야 하는 질문"). 각 질문을 살펴보고, 당신이 친구나 배우자 앞에서 어떻게 이 질문을 던질지 생각해 보라. 그런 다음 그들의 평가를 받아 그 '행동'에 대한 평가를 내려보라.

4. 미래의 제자로부터 자료를 모은 후에 이것에 대한 그의 대답이 당신과 어떻게 연관되는지 살펴보고, 관련된 그 다음 여섯 개의 질문과 연결시켜 보라. 당신의 대답을 살펴볼 때, 제자와 관련하여 가장 중요한 요소는 무엇이며, 그 다음으로 당신에게 중요한 것은 무엇인지 생각해 보라. 이것들이 어떻게 한데 어울릴 수 있겠는가?

5. 12개의 모든 대답의 경중과 우선순위를 매겨보라. 당신이 발견한 것들을 한 페이지로 요약하고 아래쪽에 세 가지 간단한 결

론을 내려보라.

실천의 핵심

이 장의 결론에서 제시된 네 가지 선택을 차트로 만들어보라. (1) 관계는 당신을 위한 것이 아니다. (2) 전적인 개입은 뒤로 미루어라. (3) 시작하라. 그러나 분명한 경계를 가지고 시작하라. (4) 가능한 한 관계에 최선을 다하라.

당신의 제자가 될 후보자와 함께 각각의 경우에 일어날 수 있는 일을 열거해 보라. 당신의 마지막 한 가지 선택을 당신의 배우자, 조언자, 또는 동료와 나누어라.

공동과제

두번째로 여섯 개의 질문을 보라. 멘토는 제자의 '이야기'를 지각할 때 그것을 빠짐없이 구두로 확인해야 한다. 부분적으로 견고한 멘토링에 기초하여 '해피 엔딩'으로 끝나는 이야기를 꾸며보라.

제15장
당신도 할 수 있다!

이 장의 요점

오늘날의 사람들은 함께해야 하는 일을 나눔으로써 성장할 수 있는 생명력 있는 관계를 갖고 있지 못하다. 많은 젊은이들이 적절한 역할 모델이 없기 때문에 남성에 대한 분명한 개념을 갖고 있지 못하다.

멘토링의 문제들

1. 가족의 연장자들에게 '확대가족/멘토링' 개념이 그들의 부모와 할아버지, 할머니 때에 어떻게 적용되었는지 물어보라. 당신은 이러한 원칙 중 어느 것이라도 당신의 자녀, 조카, 질녀 등에게 적용할 수 있는가?

2. 제자도(제자훈련)는 그리스도의 명령에 초점을 맞춘다. 멘토링은 이것을 확대시켜 모든 부분에서 하나님의 사람이 되는 것을 포함한다. 세 가지 '비영적인' 행동과, 당신이 각각을 한 인간으로서 당신의 경건생활에 어떻게 발전시킬 것인지 생각해 보라.

3. 올바른 제자를 위해서 기도하라. 그와 함께하는 효과적인 기도는 다른 어떤 인간적인 전략보다 중요하다. 하나님의 뜻에 따라 열심히 기도하는 주제와 관련된 성경과 다른 기독교 서적들을 읽어보라.

4. 당신이 기본지식을 가진 분야뿐만 아니라 전문지식을 가진 분야를 모두 열거해 보라. 당신은 하나 또는 그 이상의 이러한 영역을 도움이 필요한 연하자를 돕는 도구로 어떻게 사용할 수 있는가? 이러한 것을 당신의 교회, 일터 등 실제 삶의 영역에 연결시켜 보라. 이 시점에서 주로 다른 사람을 지원해 주거나 용기를 북돋아 주는 사람이 되도록 하라.

5. 이제 당신은 적절한 필요를 가진 연하자들을 어떻게 도울 것인 가를 생각하면서 이 장에서 제시된 부족한 점에 대해 살펴보라. (1) 어떤 형태의 선입견 (2) 낮은 자부심 (3) 제한된 자원 (4) 개인적인 문제 (5) 어리석은 실수 (6) 사소한 충돌. 이러한 지식은 당신이 어떤 사람의 약점을 더 잘 참아내고 그에게 즉각적인 발전이 없더라도 더 인내할 수 있도록 어떻게 도와주는가?

실천의 핵심

이 장의 상당 부분은 제자에게 접근하는 방법에 초점을 맞추고 있다. 이 방법을 따르겠다고 마음먹고 적어도 한 사람의 잠재적인 제자와 만날 약속을 정하라. 이상적으로, 이것은 (적어도 어느 정도는) 남성 지향적인 행동이어야 하며, 재미있고, 긴장을 늦춰주며, 즐거움을 가져다주는 것이어야 한다(이것은 두려움과 염려를 제거해 준다는 점에서 당신에게도 도움이 될 것이다.).

공동과제

함께 보낸 시간이 가치가 있었는지에 대한 평가는 주로 제자의 몫이다. 이것은 지금까지 맺어 온 관계의 유익을 살펴보는 좋은 기회가 될 것이다. 당신 자신에게(그런 다음 당신의 제자에게) 멘토로 봉사하는 사람이 그를 인도하고 있지 않더라도 적어도 그를 도와주고 있는지 물어보라. 그런 다음 제자가 더 경건한 사람으로 성장하기 위해 멘토의 지시를 따르고 있는지 물어보라.

제16장
함께 배우고 성장하는 길

이 장의 요점

학습계약은 본질적으로 목적에 관한 진술로 여기에는 성취를 위한 구체적인 계획이 포함된다. 이 계획에는 제자의 능력 및 목표와 관련하여 그가 학습과정에서 적극적으로 참여해야 하는 일이 포함된다.

멘토링의 문제들

1. 당신의 제자가 한 가지 기술을 발전시킬 수 있도록 단기간의 비정형적 학습계약을 가져보라. 좋은 항목을 정하는 것 외에, 변화와 융통성 그리고 끝나는 날짜와 새로운 발전 등을 포함하여 미리 정해지지 않은 모든 문제를 확실히 하도록 하라.

2. 제자가 항목을 정하게 하라. 그가 자신의 필요와 목적과 결과를 분명하게 말하도록 하라. 이제 실제적인 기대뿐만 아니라 당신의 경험에 기초하여 이러한 것을 다듬도록 하라.

3. 계약에 입각하여 실제적인 임무를 정하라. 제자와 함께 브리핑, 실천, 평가의 과정을 가져보라. 당신이 평가할 때 기존의 계획을 계속해야 할지 새로운 계획을 세워 다시 시작해야 할지 결정하라.

4. 적어도 다음 메뉴에서 하나를 선택하라. 사례연구, 중요한 사

건보고, 독서목록, 인터뷰, 견학여행, 당신이 선택한 가치, 목적, 유익 등에 대해 깊이 연구하라. 이것을 당신의 제자에게 맡기며, 다시 한 번 변수와 측정결과를 구체적으로 생각하라.

5. 성공과 실패를 어떻게 다룰 것인가를 먼저 결정하라. 어떤 상황에서 제자가 실패해도 내버려둘 것이며, 그가 자신의 실수를 고칠 수 있도록 어떻게 도와줄 것인가를 결정하라. 어떤 상황에서 당신이 개입하여 그를 도울 것인가? 왜 그렇게 할 것인가?

실천의 핵심

당신의 제자가 임무를 수행한 후에는 그를 독려하고 인정하라. 그가 성공했다면, 그에게 유형의 보상을 주라. 그가 실패했다면, 그의 노력에 박수를 보내고, 긍정적인 방법으로 그가 나아질 수 있는 방법을 보여주라.

공동과제

제자는 어느 정도 성장이나 성공을 거두는 경우가 많다. 우리는 실패뿐만 아니라 성공을 이용하지 못하는 경우가 많다. 성취를 흘려버리지 말고 거기에 초점을 맞추라. 이렇게 물어라. (1) 우리는 무엇을 배울 수 있는가? (2) 우리는 어떻게 세울 수 있는가? (3) 그것은 장점과 어떻게 연관되는가? (4) 그것은 멘토링의 가치를 어떻게 확증해 주는가?

제17장
피해야 할 문제와 함정

이 장의 요점

어떤 갈등은 서로 다른 시간적 헌신, 잠재력, 상이한 동기부여, 성장과 학습에서 변하는 사이클 등에서 불가피하게 나타난다. 그러나 서로 이해될 경우 이러한 요인들이 멘토링의 질을 높일 수 있다.

멘토링의 문제들

1. 어느 정도의 갈등에 대한 대비책을 세울 수 있는 한 가지 방법은 당신의 지난 친구들을 떠올리는 것이다. 분열과 오해를 낳는 요소를 열거해 보라. 이러한 요소 중 당신이 타고난 것은 어떤 것이며 당신의 친구가 타고난 것은 어떤 것인가?

2. 앞에서 한 평가에 기초하여 당신은 과거의 잘못을 되풀이하지 않기 위해 어떻게 성장하고 변화했는가? 그와 동시에 당신은 파괴적인 갈등을 막기 위해서 어떤 유형의 성격을 피하는 것이 가장 좋다고 생각하는가?

3. 이 장을 읽을 때, 당신은 제자에게 이미 한 가지 행동을 맡겼음에도 불구하고 여전히 '정의'(규정) 단계에 있을 것이다. 시간, 목적, 성취 등의 모든 변수를 동원하여 가상적인 '발전' 단계를 그려보라. 이것은 당신의 헌신과 기대에 도움이 될 것이다.

4. 이제 '헤어짐'의 단계를 생각해 보라. 비록 당신이 오랫동안의

우정을 위해 문을 열어놓길 원하더라도, 완결(관계가 끝났다는)에 대한 공식적인 인정이 중요하다. 당신 제자의 성취에 대한 어떤 보상이나 칭찬이 주어질 수 있는가? 당신이 말을 하는데 서툴다면 이 관계가 당신에게 어떤 의미를 갖는지 글을 통해 그에게 말해 주도록 하라.

5. 질투, 시기심, 자만이 우리의 죄악된 본성에서 비롯된 매우 미묘한 것이기에 당신의 제자를 향한 하나님의 은혜의 흐름을 가로막는다. 당신이 그의 성공을 직접적으로 시기하지 않더라도, 당신은 자신의 문제를 자부심, 만족, 비교 등으로 위장할 수도 있다. 당신의 마음을 점검하고 회개하라.

실천의 핵심

당신의 잠재적(또는 실재) 제자와 당신의 성공요인, 즉 학습과 성장을 도와줄 성취, 재능, 야망 등에 대해 이야기를 나누어라. 당신이 생각한 임무, 평가 등에 대한 항목을 그의 성취를 독려하는 것에 덧붙여라.

공동과제

동기부여가 적은 기간은 학습계약의 완전한 성취에 대한 가장 큰 위협일 것이다. (이 장에서 발견되는) 여기에 대한 중요한 이유들을 함께 생각해 보라. 시간, 지루함, 비생산성, 궤도 이탈. 이러한 것이 다양한 정도로 일어날 수 있는 곳을 알아보라. 목표 실현을 돕는 요소(능력, 개인적인 만족, 기회)로 다시 돌아가라.

제18장
길이 남을 유산 남기기

이 장의 요점

마지막으로 멘토링에 대한 헌신의 정도도 다양하다. 생명력 있는 관계를 회피하는 것은 다음 세대에게(영원한 결과들과 함께) 지혜의 유산을 남기길 거부하는 것이다.

멘토링의 문제들

1. 당신 자신에게 진정으로 정직하라. 멘토링에 대한 네 부류의 반응 중 당신은 어디에 속하는가? 다음 달 안에 "저는 할 수 있고, 또 하겠습니다"라는 태도를 취할 수 있기 위해서는 어떤 것이 필요하겠는가?

2. 당신은 일반적으로 결심과 약속을 어느 정도의 비율로 맞추는가? 당신으로 하여금 약속을 깨뜨리게 하는 환경과 성격문제는 어떤 것이 있는가? 멘토링의 유형에 대한 당신의 결심을 통해 그것을 어떻게 피할 수 있는가?

3. 멘토링 관계에 대해 당신의 마음을 바꾸는 두 가지 길을 생각해 보라. (1) 기존의 관계에서 새로운 전략으로 다른 사람에게 영향을 미칠 수 있는 당신의 능력을 인정하라. (2) 하나님의 나라에서는 그리스도와 같은 영향력이 언제나 중요하며 결코 사소하지 않다는 것을 깨달아라.

4. 이 책에서 당신에게 설득력 있는 열 가지 개념을 열거해 보라. 이제 이러한 원리 중 일정량(적어도 50퍼센트)을 적어도 하나의 중요한 관계에 적용해 보라.

5. 히스기야 왕 외에도 하나님을 공경하는 지혜가 끝까지 지속되지 못한 경우가 성경에 있는지 찾아보라. 그러한 사람들이 적절한 인도를 받았다면 그 다음 세대가 어떻게 변했을 것인가?

실천의 핵심

멘토링은 부가가 아니라 배가인 경우가 많다. 나아가 당신이 이 책에서 배운 멘토링의 기술을 다른 사람들과의 관계에 적용하라. 당신과 상대방 양쪽 모두가 어떻게 강해지는가?

공동과제

당신의 제자와 함께 큰 그림에 대해 이야기해 보라. 당신의 멘토링이 지도력에서의 위기, 남성들의 역할 포기, 윤리의 상실 등과 같은 문제에 어떻게 적용될 수 있는지 논의해 보라. 당신과 제자는 각각 어떻게 긍정적인 기여를 할 수 있는가?

공동과제에 대한 결론

1. 두 사람 다(스승과 제자) 멘토링의 긍정적인 가치를 확신한다면 그 유익을 서로 나누기 위한 계획을 세우기로 동의하라. 이것이 중요한 이유를 세 가지만 들어보라.

2. 위에서 말한 것을 실제적인 방법으로 적용해 보라. 말과 글로 짧게 표현하라. 질문에 기꺼이 답할 준비를 하라. 마음이 열려 있고 능력이 있는 사람들의 명단을 작성하라. 그리고 가서 멘토링 관계를 가져라!

3. 당신의 메시지를 구체적으로 당신의 교회에 전달하라. (a) 영적 상황을 말하라. (b) 장로들에게 제자훈련이나 다른 사역과의 연합에 대해 이야기하라. (c) 다른 장소들, 즉 교회학교, 다른 모임 등에서 말할 준비를 하라.

4. 당신의 멘토링 관계가 당신의 결혼생활을 어떻게 떠받치는가를 논의하라. 이 책에서는 논의되지 않았지만, 멘토링 관계가 당신과 배우자의 관계를 증진시켜야 한다.

5. 멘토링에 대한 다른 책들도 매우 유익할 수 있다. 멘토링에 관한 다른 자료들, 특히 사업과 교회환경에 대한 것들을 살펴보라.

6. 최소한 그리스도인들로 형성된 좀더 큰 단체에 때때로 참여하

라.

여기에는 "약속을 지키는 사람들의 모임"(Promise Keepers)과 같은 전국적인 모임이나 지역 선교회 같은 것이 포함될 수 있다. 당신은 이러한 모임에 참여함으로 그들에게 멘토링 개념을 전해 줄 수 있다.

주(註)

제2장: "나는 너를 믿는다"
1. "Helping Dropouts Climb In," *New York Times*, 13 September 1986, 26.

또래간의 멘토와 제자 관계
1. Jerry White, "A Friend on All Accounts," *Moody Monthly*, July/August 1991, 52.
2. Fred Hignell III, "Sharing the Paddle," *Moody Monthly*, July/August 1991, 51.
3. White, "A Friend on All Accounts," 52, 54.

제3장: 당신의 필요를 발견하라
1. "Letters," *New York*, 2 January 1995, 8.

제4장: 멘토를 찾는 것
1. Douglas Hyde, *Dedication and Leadership*(South Bend, Ind.:Notre Dame Univ. Press, 1966) 62-69.
2. William D. Hendricks, *Exit Interviews: Revealing Stories of Why People Are Leaving the Church*(Chicago: Moody, 1993), 295.

제10장: 책임지기
1. Ted Engstrom, *The Fine Art of Mentoring*(Brentwood, Tenn.:

Wolgemuth & Hyatt, 1989), ix-x.

2. Richard Nelson Bolles, *What Color Is Your Parachute?* 1988 edition(Berkeley, Calif.: Ten Speed, 1988), 42-43.

제11장: 멘토가 되라는 부르심

1. Michael Medved, "Hollywood Vs. Religion," videotape produced by Chatham Hill Foundation, Dallas, Tex., 1994; distributed by Word Inc.
2. Anastasia Toufexis, "The Lasting Wounds of Divorce," *Time*, 6 February 1989, 61.
3. George Barna, *Today's Pastors*(Ventura, Calif.: Regal, 1993), 122.
4. 이러한 수치는 교회 성장 전문가 칼 조지(Karl George)에게서 얻은 것이다. 이러한 사실은 최근에 남침례교단의 가정사역위원회가 행한 한 연구에서도 입증된다. 이 연구에 따르면 80 퍼센트가 넘는 남침례교단 교회들의 교인 수가 줄고 있다고 한다. 그리고 다른 주요 교단들도 비슷한 상황을 보여주는 보고서를 내놓고 있다.

제13장: 멘토는 어떤 일을 하는가?

1. Homer, *The odyssey*, Trans. Robert Fitzgerald (Garden City, N.Y.: Doubleday, 1961), 473-74.

제15장: 당신도 할 수 있다!

1. Dolphus Weary and William Hendricks, "*I Ain't Comin' Back*" (Wheaton, Ill.: Tyndale House, 1990), 46-47.

제18장: 길이 남을 유산 남기기

1. Michael Precker, "You say you want a resolution?" *Dallas Morning News*, 30 December, 1994. 1c.

요단 사역정신

"그러므로 너희는 가서 모든 민족을 제자로 삼아 아버지와 아들과 성령의 이름으로 침(세)례를 베풀고 내가 너희에게 분부한 모든 것을 가르쳐 지키게 하라 볼지어다 내가 세상 끝날까지 너희와 항상 함께 있으리라 하시니라"

1. For God and Church
   하나님의 영광과 그의 몸 된 교회의 영적 성장과 성숙을 위한 도서를 엄선하여 출판한다.
2. Prayer-focused Ministry
   기획·편집·제작·보급의 전 과정을 기도 가운데 진행한다.
3. Path to Church Growth
   건강한 교회를 세우는 축복의 통로로 섬긴다.
4. Good Stewardship and Professionalism
   선한 청지기와 프로정신으로 문서 사역에 임한다.
5. Creating a Culture of Christianity by Developing Contents
   각종 문화 컨텐츠를 개발함으로 기독교 문화 창달에 기여한다.